中国社会科学院学部委员专题文集
ZHONGGUOSHEHUIKEXUEYUAN XUEBUWEIYUAN ZHUANTI WENJI

中国财政制度改革研究

何振一◎著

中国社会科学出版社

图书在版编目(CIP)数据

中国财政制度改革研究 / 何振一著 . —北京:中国社会科学出版社,2013.1

(中国社会科学院学部委员专题文集)

ISBN 978 – 7 – 5161 – 2004 – 0

Ⅰ.①中… Ⅱ.①何… Ⅲ.①财政改革—中国—文集 Ⅳ.①F812.2 – 53

中国版本图书馆 CIP 数据核字(2012)第 311483 号

出　版　人	赵剑英
责任编辑	王　曦
责任校对	孙洪波
责任印制	戴　宽

出　　　版	中国社会科学出版社
社　　　址	北京鼓楼西大街甲 158 号
邮　　　编	100720
网　　　址	http://www.csspw.cn
发 行 部	010 – 84083685
门 市 部	010 – 84029450
经　　　销	新华书店及其他书店

印刷装订	北京七彩京通数码快印有限公司
版　　　次	2013 年 1 月第 1 版
印　　　次	2013 年 1 月第 1 次印刷

开　　　本	710 × 1000　1/16
印　　　张	27.75
插　　　页	2
字　　　数	445 千字
定　　　价	78.00 元

前　　言

　　哲学社会科学是人们认识世界、改造世界的重要工具，是推动历史发展和社会进步的重要力量。哲学社会科学的研究能力和成果是综合国力的重要组成部分。在全面建设小康社会、开创中国特色社会主义事业新局面、实现中华民族伟大复兴的历史进程中，哲学社会科学具有不可替代的作用。繁荣发展哲学社会科学事关党和国家事业发展的全局，对建设和形成有中国特色、中国风格、中国气派的哲学社会科学事业，具有重大的现实意义和深远的历史意义。

　　中国社会科学院在贯彻落实党中央《关于进一步繁荣发展哲学社会科学的意见》的进程中，根据党中央关于把中国社会科学院建设成为马克思主义的坚强阵地、中国哲学社会科学最高殿堂、党中央和国务院重要的思想库和智囊团的职能定位，努力推进学术研究制度、科研管理体制的改革和创新，2006 年建立的中国社会科学院学部即是践行"三个定位"、改革创新的产物。

　　中国社会科学院学部是一项学术制度，是在中国社会科学院党组领导下依据《中国社会科学院学部章程》运行的高端学术组织，常设领导机构为学部主席团，设立文哲、历史、经济、国际研究、社会政法、马克思主义研究学部。学部委员是中国社会科学院的最高学术称号，为终生荣誉。2010 年中国社会科学院学部主席团主持进行了学部委员增选、荣誉学部委员增补，现有学部委员 57 名（含已故）、荣誉学部委员 133 名（含已故），均为中国社会科学院学养深厚、贡献突出、成就卓著的学者。编辑出版《中国社会科学院学部委员专题文集》，即是从一个侧面展示这些学者治学之道的重要举措。

　　《中国社会科学院学部委员专题文集》（以下称《专题文集》），是中国社会科学院学部主席团主持编辑的学术论著汇集，作者均为中国社会科学院学部委员、荣誉学部委员，内容集中反映学部委员、荣誉学部委员在相关学科、专业方向中的专题性研究成果。《专题文集》体现了著作者在科学研究实践中长期关注的某一专业方向或研究主题，历时动态地展现了著作者在这一专题中不断深化的研究路径和学术心得，从中不难体味治学道路之铢积寸累、循序渐进、与时俱进、未有穷期的孜孜以求，感知学问有道之修养理论、注重实证、坚持真理、服务社会的学者责任。

2011年，中国社会科学院启动了哲学社会科学创新工程，中国社会科学院学部作为实施创新工程的重要学术平台，需要在聚集高端人才、发挥精英才智、推出优质成果、引领学术风尚等方面起到强化创新意识、激发创新动力、推进创新实践的作用。因此，中国社会科学院学部主席团编辑出版这套《专题文集》，不仅在于展示"过去"，更重要的是面对现实和展望未来。

这套《专题文集》列为中国社会科学院创新工程学术出版资助项目，体现了中国社会科学院对学部工作的高度重视和对这套《专题文集》给予的学术评价。在这套《专题文集》付梓之际，我们感谢各位学部委员、荣誉学部委员对《专题文集》征集给予的支持，感谢学部工作局及相关同志为此所做的组织协调工作，特别要感谢中国社会科学出版社为这套《专题文集》的面世做出的努力。

《中国社会科学院学部委员专题文集》编辑委员会

2012 年 8 月

目 录

第三篇　财政宏观控制体系改革

第四篇　国有资产管理改革

第五篇　财政监督体系改革

一点说明

　　这本专题文集，是选择作者在中国改革开放过程中，有关财政改革的各个主要方面的研究成果。选集由政府间理财体制改革编、公共分配制度改革编、财政宏观调控体系改革编、国有资产管理改革编、财政监督体系改革编构成，各编文章按论文发表的时序编排。在编辑文集时，为保留文章原貌，只对文章的标点、文字错漏及个别文章段落安排不当之处做些修改。

何振一

序

　　中国共产党的十一届三中全会，开辟了当代中国改革开放的伟大新时代，中国财政依照中央的决定，始终走在这场伟大实践的前沿，率先发动了制度的大变革，为改革开放铺路搭桥。经过三十多年的艰苦卓绝的奋斗，不仅初步构建起中国特色的社会主义财政制度体系，出色地完成了为改革开放事业做开路先锋的重任，也为未来的改革与发展积累了丰富经验。

　　三十多年来我国财政改革与发展，大体可划分为三个阶段：第一个阶段，1978—1991 年，以突破旧体制的统得过死、集中过多的弊端，以搞活经济为目的的放权让利改革时期；第二个阶段，1992—2002 年，为适应建设社会主义市场经济体制的要求，以构建公共财政体系为目标，转换财政模式阶段；第三个阶段，2003 年至今，全面实践科学发展观，创建科学发展的财政体系阶段。

一　放权让利、搞活经济阶段

　　我国城市改革是从财政放权让利为基本方略起步的，为打破旧体制对城市改革的阻碍，从纵横两个方面进行了一系列的、富有成效的改革与探索，为城市改革开放发挥了开路先锋的作用。

（一）在纵向上

　　1. 多次向企业进行了放权让利改革，于 1979 年在恢复企业基金制的基础上，启动了多种形式的向企业放权让利改革试点，于 1980 年在总结试点经验的基础上，全面推行了企业利润留成制改革，从而初步打破了财政对企业财务的统收统支体制，企业从此有了自己的利益，也有了一定的财务自主权，为搞活经济打开了突破口。但是这次改革并没有从根本上改变财政对企业统收统支的基本格局，旧体制的政企不分的状况并没有改变。为改变这种局面，于1983年和1984年先后进行了两步利改税改革。这次改革应当说是财政放权让利改革的一次质的飞跃。第一，规范了财政与企业之间的利益分配关系，消除了财政与企业之间需要通过谈判来确定留利水平的不稳定状态，企业纳税后剩余利润无论多少，都归企业支配；如果发生亏损，则要企业自己负责，这样既扩大了企业财务自主权，又消除了企业吃国家财政"大锅饭"的弊端。第二，在调动了企业增产增收和提高效益的积极性的同时，也形成了国家财政稳定增长机制。从第二步利改税改革完成到1985年两年间，国有工业企业的留利比实现第一步利改税的1983年增长了1.27倍，留利水平从1983年的15%提高到33%，同时，国家财政收入也从负增长、低增长，一举转为高增长状态，从1979年至1982年财政收入增长分别是 - 1.6%、 - 1.6%、0.4%、3.2%，1983年即在第一步利改税完成当年，财政收入就增长了11.1%，完成第二步利改税改革当年又增长了20.2%，1985年增长了24.3%。利改税改革的实现，一举克服了财政宏观规模连年下降和连年赤字的困难局面，出现了财政收支平衡略有结余的良好态势。第三，两步利改税改革，使我国工商税制发生了根本性变化，初步建立起适合商品经济发展需要的复合税制体系，恢复和增强了税收宏观调控功能，为建设适应商品经济发展的宏观调控体系提供了有效的税收杠杆。第四，为理顺国家与企业之间关系，实现政企分开改革，提供了财政分配制度上的条件。用税收形式处理国家财政与国有企业之间利润分配关系，乃是实现政企分开改革不可缺少的首要前提，旧体制之所以造成政企不分，是与旧财政体制安排上，混淆国家与国有企业之间两种利益关系分不开的，在社会主义社会中，国家与国有企业之间存在着两种性质不同的利益关系。一是国家作为生产资料全民所有制的所有者代表同国有企业之间的利益关系；二是国家作为经济社会管理者与国有企业之间发生的利益关系，这两种利益关系不仅性质不同，而且实现的依据也各不相同，前者的依据是财产所有权，后者的依据是国家拥有的行政权力。这种情况在客观上就要求政府采取不同分配方式来实现，即国家依据财产权力参与企业收益分配要运用收取红利的形式，国家依据行政权力参与企业收益分配要运用税收的形式。如果在实践中把这两种不同性质的分配关系搅在一起，就不可避免地由于两种权利混淆而形成政企不分的局面。因此，只有通过"利改税"改革，做到两种利益分配桥归桥路归路，才能为实现政企分开改革提供前提条件。第五，实行"利改税"，也突破了国家不能对国有企业征收所得税的理论认识误区，从而在治税理念上，打破了传统观念，为税制建设上实现国民待遇打开了通道。总之，两步利改税改革在我国改革开放初期阶段，乃是一项具有里程碑意义的变革，它不仅实现了放权让利改革的目标，也为后来发展市场经济做了早期铺垫。然而利改税实践也表明，在新的税制体系中设置利润调节税的缺欠很大，不仅加重了企业负担，也不利于鼓励先进和鞭策落后。财政为纠正这一缺欠，于1986年改利润调节税为税后利润上缴大包干办法，即实施了企业承包经营责任制。从而初步消除了利润调节税弊端，也进一步增强了向企业放权让利的力度。

2. 多次探索实施分级财政体制改革的方略。于1979年实施向企业放权让利改革的同时，也着手准备向地方各级政府实行放权让利改革，以调动地方各级政府当家理财，发展经济的积极性。1980年初国务院颁布了《关于实行"划分收支、分级包干"财政管理体制的暂行规定》（以下简称"分灶吃饭"体制），从此拉开了破除我国高度集中的财政体制改革的序幕。与计划经济时期中的几次向地方放权让利不同，此次改革具有质的突破。此前的改革，虽然也表现为向地方放权让利，但每次改革都是以不改变政府各经济主管部门（以下简称"条条"）掌握地方财力使用方向的权力为前提，所谓向地方下放财政权力，仅仅是向地方下放一部分经常经费使用权，经济建设的财权依然掌握在中央政府各经济主管部门手中。而1980年实施的"分灶吃饭"体制改革，却破除了以"条条"为主支配地方财力使用方向的旧框架，转向了以地方（以下简称"块块"）为主的真正分权轨道上来，"分灶吃饭"体制规定：中央财政向地方下放财权之后，中央各经济主管部门对已经明确划归地方自主安排的各项经济建设事业，不再归口安排支出，也不再向地方分配支出责任，地方财力使用完全与中央各经济主管部门脱钩。因此，1980年实施的"分灶吃饭"体制，才是我国真正实施分级财政制度的开端，是我国财政体制从统收统支走向分权的历史性突破。在 1984 年第二步利改税完成之后，本期将我国财政体制向更有利于实现分权的分税制体制推进，最终实现完整的分级财政，但是由于改革之初条件所限，一些税种还不具备开征条件，诸如城市维护税、房产税、土地使用税和车船使用税，作为保留税种，暂不开征。其中大部分属于地方性税种，因此不得不实施变通式的分税制体制，即"划分税种、核定收支、分级包干"体制。经过以上两次改革，地方财政自主权空前扩大，截至 1990 年，地方已拥有国家总财力的 50% 以上自主支配财力，并掌握了国家总财力的 70% 的组织收入权。极大地调动了地方发展本地区经济、培养财源的积极性，一举扭转了地方财政收入连年下降的不良态势，从 1981 年开始止降而呈逐年增长的良好态势，改革的前 10 年我国财政收入总量从 1979 年的 874.46 亿元增长至 1988 年的 2628.02 亿元，10 年增长了两倍多。[①] 表明实行分级财政的改革方向是十分正确的。

（二）在横向上

改革了政府各个经济部门的财务管理体制，扩大了各个部门财务自主权，实行了经济主管部门财务大包干和基金制等形式的放权让利改革。即把应当纳入国家预算内集中统一管理的部分财政收支，交给各个经济主管部门放在预算外，由各经济主管部门自收自支、自行管理。此项改革虽然从后来改革发展实践来看，带来一些消极影响，然而在计划经济基本体制没有也不能改动的情况下，各个经济主管部门实际上是企业的总经理部门，财政要搞活经济只对企业放权让利是不够的，对经济主管部门实行放权让利也是不可缺少的。这项改革极大地调动了各个经济主管部门发展经济、增产增收的积极性，效果十分显著。截至 1991 年由企业和各经济主管部门自主支配的预算外资金已高达 2500 亿元之巨，比 1980 年放权让利开始前翻了两番。有力地推动了我国经济以年均 15% 的速度持续发展。

总之，第一阶段的放权让利改革使企业、经济主管部门和各级地方政府，初步从旧的统收统支体制中解脱出来，搞活了经济，使国民经济以前

---

① 《中国财政统计》，科学出版社 1992 年版。

所未有的高速度持续、健康发展，国力得到极大提升，人民生活得到显著改善，成就十分巨大。当然，我国的改革开放事业是一项前无古人的伟大事业，由于没有经验，在放权让利改革中也出现了放权让利方法上的某些失当，致使在取得巨大成就的同时，中央财政陷入严重困境，出现财政宏观规模持续下滑的不良状态，以致财政收支矛盾日趋尖锐，既失去了应有的宏观调控能力，又难以保障各方面的公共需要的财力供给。面对这种情况，在1991年的全国财政工作会议上不得不提出振兴财政的任务。经济决定财政，没有经济持续大发展而财政宏观规模却发生萎缩的道理，是放权让利方向不正确吗？回答只能是否定的。从前边所述放权让利改革的巨大成就可以看出，如果中国城市改革不从财政放权让利起步，旧的高度集中、统收统支体制就无从打破，从而在统收统支的束缚下，城市经济改革也就无从启动。因此，放权让利改革乃是中国进行渐进式改革的历史必由之路，改革大方向是十分正确的。那么问题出在哪里？问题就出在放权让利改革的具体设计上。无论中央与地方财政体制、或是财政与企业财务体制安排上，以及财政与经济主管部门的财务体制上，都采用了"包"字当头，保存量、让增量的具体方略。这种方略，虽然有利于不会因改革而降低财政收入存量水平，也更有利于稳定财政与企业等各方面的分配关系，有利于增强体制的稳定性，增强改革效果，但与此同时也"包"死了国家财政收入，造成国家财政增长定量化，使国家财政收入弹性变异，不能正常地随经济增长而同步增长，从而财政收入占国民收入的比重不断下降也就成为必然。此外，主管部门自收自支管理办法，乃是造成国家集中财力大量流入预算外，导致财政收入占国民收入比重持续下降的一个重要原因。

二 以构建公共财政为目标、调整财政职能范围阶段

1992年党的十四大决定，我国经济改革以建设社会主义市场经济体制为目标，财政部门即刻行动起来，在总结前一阶段的改革经验基础上，创新了改革思路，走上了调整财政职能范围，转换财政模式，即构建公共财政体系的改革新路。于1994年，首先配套地推出了旨在创新财政运行机

制的三项改革举措，翻开了中国财政改革的新篇章。

（一）启动了分税制财政体制改革，破除了前一阶段实施的以"包"字当头的体制模式。1994年推出的分税制方案，尽管由于主客观条件所限，还留有一些过渡性痕迹，但它毕竟是对原有大包干体制的否定，将我国财政体制初步推上了符合市场经济发展需要的科学、规范、透明的轨道，从而也一举解决了长期困扰着财政放权让利改革的一个难题，即克服了随着放权让利改革深化，财政宏观规模不断下滑的困难，和助长地方保护主义，不利于统一市场形成的弊端，并且形成了中央与地方财政双增长机制，增强了地方自求财政收支平衡的意识。1994年分税制改革的成功，给我们一个重要启迪：在发展社会主义市场经济的条件下，为充分调动中央与地方的两个积极性，仅仅不断加大放权让利不成，关键在于要在制度安排上创新机制，真正有效地建立起责、权、利三统一的，激励与约束相对称的制度机制，方能达到目的。

（二）推出了税制和征管体制改革新举措。1984年的第二步利改税，虽然初步建立起符合市场经济发展的复税制体系，但由于条件所限，在税制构造中留下了一些适应计划经济的税制痕迹，改革的结果是税收机制并没得到完整转换。此次改革的目的是最大限度地消除税制上的计划经济痕迹，一是依公平、中性、透明、效率优先原则，调整了流转税制，建立了以增值税为主体，消费税与营业税为辅的流转税制新体系，强化了税收调节功能，又避免了税收对市场机制正常运行的干扰。二是归并和统一所得税制；统一了内资企业所得税制，并调整了税率，使之向外资企业所得税率水平靠拢，将进一步在所得税制上实行国民待遇向前推进一步，将《个人所得税》、《个人收入调节税》和《城乡个体工商户所得税》三个税种归并起来，建立统一个人所得税制，强化了调节收入分配的功能。三是开征土地增值税，以适应我国房地产业发展的需要，和扩大税收的调节作用覆盖范围。四是改革税收征管体制，以统一税政、调动中央与地方两个积极性为原则，在明确划分中央与地方各自征管的税种及其权限的基础上，实行中央与地方两条线，两套机构的分管体制，有力地配合了分税制财政体制的有效实施。

（三）启动了旨在完善"利改税"成果，实现国家财政职能与企业财务职能全面归位的改革。实施利改税本意是消除计划经济体制下，国家与企业间两种不同性质分配关系搅在一起的弊端，实现税利分流，为实现政企分开使企业成为独立经营的市场主体，和使国有企业与其他经济成分企业具有平等竞争提供税制上的条件。然而由于某种原因，导致了从原来以上缴利润形式的税利混流，变成了以税收形式上缴的税利混流（即企业在缴纳 55% 所得税后，剩余利润再缴纳一道利润调节税来完成企业利润的上缴任务），结果是财政与企业财务关系上依然是税利不分，导致了国家与企业之间两种不同性质的分配关系并没有实质性分开。因此，财政要为建设社会主义市场经济开路，就必须率先启动新一轮财政与企业财务关系改革。1994 年在继承两步利改税成果的基础上，实行了税利分流改革，主要举措是：第一，取消利润调节税和降低所得税率；第二，改所得税税前还贷为税后还贷；第三，启动了变企业办社会为社会化和公共化改革，诸如启动了社会保障社会统筹改革，以及将企业办的各项公共事业剥离出来交给社会举办等，从而为解决企业办社会问题，迈出了可喜的一步。

1994 年启动的财税及企业财务的三项配套改革，是十分成功的。最为突出的功绩是，彻底放弃了改革初期形成的"包"字当头的改革方略。改革真正实现了按市场经济要求的机制创新。

第一，此次改革一举使财政收入弹性恢复了正常状态，呈现出中央与地方持续双增长的良好态势，全国财政收入从此次改革前年增长不过二三百亿元，提高到年增长规模达到上千亿、两千亿、三千亿、五千亿乃至万亿元之巨。这种惊人的增长规模引起一些人的疑问、为什么会有这样高的增长规模？其实问题很明显，其根本原因就在于改革实现了财政运行机制的创新。

第二，实现了税制建设上的质的新飞跃，第一次是 1983 至 1984 年的两步利改税，既打破了国有企业不可征收所得税的理论禁锢，又破除了传统的阉割税收宏观调控功能的单一化税制，建立起多税种、多次征的复税制体系，进一步完善和强化了税收调控功能，适应了发展市场经济的需要，有力地发挥了宏观调控作用。

第三，初步实现了国家财政与企业财务两种职能归位，消除了财政与企业财务混流的弊端，为企业在市场上平等竞争，和实现政企分开改革创造了财政制度上的条件。

在实现了三项配套改革之后，财政部门于1998年又全面展开了财政职能范围转换，优化支出结构的改革，其目的是解决在市场经济建设中，财政职能越位与缺位问题。要建设与市场经济相适应的财政新体系，仅仅实施放权让利，调整财政运行的集权与分权关系，完善和改革集权与分权方式，等等，是不可能最终达到目的的。要建立与市场经济相适应的新的财政体系，很关键的环节就是要转换财政职能范围，优化支出结构。财政职能范围的转换，从本质上说乃是财政资源配置范围和配置结构的大调整，它势必涉及有关财政资源供给各个方面关系的变化，因此，实现财政职能范围转换改革，既要靠财政供给范围，即支出结构的调整，又必须通过改革相关方面的体制关系乃至运行方式方能达到目的。所以，财政为实现职能范围转换，解决职能越位与缺位问题，在不断优化支出结构的同时，又配套进行了相关方面的体制改革，（1）启动了财政在经济建设方面职能归位的改革，即从一般竞争性投资领域逐步退出去的改革，同时配合以国有资产管理体制的深化改革；（2）在总结1994年展开的财政在文教事业职能范围归位改革试点经验基础上，全面启动了事业体制改革，逐步将不该由财政供给和不该全部供给的各项事业推向社会，实行市场化运营；（3）启动了旨在建设惠及全民的社会保障制度体系建设；（4）为强化财政管理职能，启动了优化支出预算分配方式改革。支出预算，是将稀缺的财政资源在政府的各项职能需要之间分拨和使用的过程。分配总是要通过一定方式才能实现，支出预算分配方式科学与否，不仅决定着财政资源配置结构符合客观实际需要的程度，也决定着财政职能范围转换改革能否落到实处。所以，财政在实施职能范围调整的同时，也启动了支出预算分配方式改革。经过多年的努力，随着上述各项改革到位，可以说与社会主义市场经济相适应的财政职能范围，在整体上已经基本归位。

构造公共财政体系的要素，是多方面又是多层次的，但从最基本层次来看，决定体系基本特征的要素，无非是两个方面，一是财政运行机制，二是职能范围，不同财政模式之间的基本区别就在于职能范围和运行机制不同。所以我国财政从计划经济财政模式转换为市场经济财政模式，即公共财政模式，关键在于转换机制和职能范围。在我国第二阶段财政改革中紧紧抓住了主要矛盾，从而不仅初步理顺了财政关系，也初步搭起了公共财政基本框架，为建设中国特色的社会主义市场经济体制作出了巨大贡献。

三　全面实践科学发展观、构建科学发展财政体系新阶段

科学发展观是人类对发展规律认识的新飞跃，是马克思主义关于发展的世界观和方法论的继承和发展，它回答的是在历史新时期，为什么发展和怎样发展的问题，是统领经济社会发展一切方面的指针。财政作为社会资源配置的一个基本方面，作为公共资源筹集和配置主体，不仅直接决定着社会公共资源配置能否实现以人为本、全面、协调、可持续发展，也是直接制约社会发展总体能否沿着科学发展观指引的方向运行的重要手段。因此，财政部门在落实科学发展观中有着举足轻重的作用，居于特殊重要的地位。党的十六届三中全会确立了科学发展观之后，我国财政部门针对落实科学发展观所面临的诸多需要解决的社会共同需要问题，及时展开新一轮的改革，现已取得了十分喜人的阶段性成就。

（一）实施了把公共财政阳光普照"三农"大地的改革工程

1. 加大和加快农业综合开发的力度和进度，创新开发机制，完善开发投入政策。有力地推动了农业生产条件、农村经济结构和农村生态环境的不断优化，促进了农民增收。仅 2003 年至 2007 年五年间，投入农业综合开发的资金就达 1510.95 亿元，改造中低产田 1.28 亿亩，新增和改善农田灌溉面积 1.2 亿亩，新增粮食生产能力 167.7 亿公斤，直接带动种田农民亩均收入增加 250 元，每年使 3000 万农民从中受益，扶持农业产业化经营项目 5758 个，建设高效优质种植基地 312.01 万亩，发展水产养殖 196.23 万亩，每年使 2000 万农民受益，人均增加纯收入 500 元，同时也加快了农业生态环境改善，新增农田林网防护面积 5627 万亩，改良草原（场）1294 万亩，大量地实施了土地沙化治理、小流域治理和生态建设

工程。①

2. 加大农村基础设施建设投入，并构造了财政支持新农村建设长效机制，有力地保障和推动了新农村建设快速发展。经过多年的努力，极大地改善了农村缺电、少路、文化设施落后的面貌。

3. 展开了旨在为减轻农民负担的农村税费改革，取消了农业税、牧业税、农业特产税、屠宰税，取消了乡五统筹和村三提留等，以及向农民征收的各种费税，同时取消了农民义务工和劳动积累工等农民税费外的负担，经多年的改革工作，终于取得历史性的成就，解除了长期以来压在农民身上的过重负担，进一步解放了农业生产力。对此广大农民欢欣鼓舞，将其称之为实现了第二次土地革命。

4. 加速了农村社会保障制度建设改革，五年来农村最低生活保障和五保户供养制度迅速铺开，改革成果十分显著，至 2007 年受保人已达 3614 万人，已经向应保尽保目标迈出决定性步伐。新的农村合作医疗和农村医疗救助制度基本建立，至 2007 年参加合作医疗的农民已达 7.26 亿人，成为我国覆盖面最广的一项社会保障制度。

5. 全力推进农村普及九年制义务教育，现已实现了农村教育全部免收学杂费和书本费，并对困难家庭学生住宿费实行了补贴制。

（二）优化财政收支结构，建设民生财政

为此，财政采取了许多有力的改革举措，其主要改革项目有：（1）在教育方面，不断加大投入力度，实施统筹城乡供给政策，在投入总量上，由 1978 年的 75.05 亿元增加到 2006 年的 5411.59 亿元，增长 71 倍（赵路：《财政支持教育事业发展三十年回顾与思考》，《中国财政》2008 年第 15 期）。在义务教育方面现已实现了覆盖全民的免费义务教育目标，并初步建立起对城乡家庭困难学生的资助体系，至 2007 年全国约 400 万名高校学生和约 1600 万名中等职业学校学生获得资助，教育部直属的师范院校开始实施免费教育。（2）着力发挥财政调节收入分配职能作用，特别是不断地加大再分配调节力度。为此，财政不断地建立健全各种调节收入分

---

① 数据由国家农业综合开发办公室提供。

配政策与制度，现已初步建立起税收、财政转移支付、社会保障、农村扶贫、社会救济等再分配调节体系，有效地保障了城乡弱势群体，特别是贫困人群的基本生活需要，并随着经济发展生活水平得到不断提高，有力地促进了城乡居民顺利地向全面小康社会阔步前进。这集中地表现在城乡居民消费的恩格尔系数不断下降，由 1990 年的 58.8% 下降到 2007 年的 43.1% （个人调研资料计算数）。（3）不断地深化社会保障制度改革，促进保障的覆盖面迅速扩大，保障水平不断提高，至今我国的社会保障体系已初步形成，正在向应保尽保而且保好的目标大步前进。（4）养老保险制度不断完善，财政投入力度日益增大，养老保障水平不断提高，比如 2003 年至 2010 年先后八次提高企业离退休人员基本养老金水平，全国低保的水平从 2003 年的每月 58 元，提高到 2007 年的每月 98 元。（王军：《保障民生、改善民生，开拓财政社保工作新局面》，《中国财政》2008 年第 4 期）（5）加大医疗保障体系建设的投入力度，五年来年均投入增长 20%，大大高于同期财政支出增长速度，从而极大地加快了医疗保障体系建设，农村合作医疗已实现全覆盖，并初步建立起医疗救助制度，在城镇从业人口的基本医疗保障体系也已基本建立，除少数历史遗留问题外也达到了 100% 的覆盖。非从业人员的基本医疗保障制度建设也已起步，并迅速地向应保尽保目标逼近，就是说经过几年改革，一个人人都享有基本医疗的服务网已初步形成。

（三）实施住房制度改革新举措

加大了投入力度，启动了廉租房建设，进一步规范了经济适用房的供给制度，以及启动了限价房建设，在解决中低收入家庭住房困难问题方面，已取得显著成绩。

总之，经过积极转换财政职能范围，调整支出结构，将公共资源配置向民生倾斜，在我国一个"学有所教、劳有所得、病有所医、老有所养、居有其所"的和谐社会已初见端倪。

（四）大力推进基本公共服务均等化，有力地促进了地区间协调发展

地区间（包括城乡间）的公共服务不均等，既是地区间经济发展不均等的一个重要表现，又是地区间发展不均衡的一个重要原因。加快推进公共服务均等化，乃是促进地区间协调发展的一个不可或缺的基本条件。因此，改革开放以来财政始终关注地区间财力平衡，以增加各地区发展公共服务的能力，特别是近些年来，在科学发展观的指导下，财政更加关注公共服务均等化的改革与建设，在大幅度增加转移支付力度，支持后发展地区公共服务事业建设的同时，把大量财力用于增强中西部地区，特别是西部地区的公共服务基础设施建设。仅就中央财政向地方转移支付来看，2003 年转移支付总量为 4836.14 亿元，至 2007 年则高达 13991.18 亿元，五年间增长近两倍，其中 85% 的份额支援了中西部地区，中西部地区财政支出总额中的 50% 来源于中央财政转移支付。除此之外，财政还制定了各种旨在鼓励和推动各级政府对后发展地区进行对口支援的政策措施，调动了大量的财力、物力和人力向后发展地区流动。从而极大地增强了后发展地区经济社会发展的能力，促进了公共服务事业的快速发展，公共服务能力快速大幅度提高。如果以 2003 年东部地区人均财力为 100，中西部地区则分别为 32、34，至 2007 年中西部地区分别上升到 59、69，东中西地区间提供公共服务的财政能力差距已明显缩小（石化龙、刘慧娴：《中国财政转移支付结出丰硕果实》，《中国财政》2008 年第 9 期）。可见在改革的新时期，财政转移支付力度之大是空前的。随着青藏铁路建成开通，一个覆盖中国全部大地的公共交通主干网已经基本形成，电信电话已延伸到偏远山村边陲小镇，有线电视已实现了全覆盖。近些年来基本公共服务均等化建设成就之大是十分惊人的。

（五）着力建设绿色财政，促进人与自然和谐及经济社会可持续发展

所谓绿色财政，就是具有促进节省地利用资源和切实保护生态环境长效机制的财政。多年来我国在促进节省资源和保护生态环境方面做了大量工作，也取得了一定成绩，但由于主客观原因导致各个方面投入力度不足，远远没有达到实际需要的程度，造成我国资源利用和生态环境形势依然严峻。科学发展观的树立，人们对发展规律的认识提高到一个新高度，认真节省资源，实行节能减排，切实保护生态环境已成为全民共识，成为全民的一项迫切要求。财政部门面对新的形势，在千方百计加大节省资源和保护生态环境投入力度的同时，开启了旨在促进节省资源、保护生态环境的财税政策制度改革，为我国发展的绿色化作出了新贡献。在财政大量投入引导，和各项财税政策制度激励下，各个地方和各个企业、各个机关团体和人民群众纷纷行动起来，大力发展循环经济，以节省资源消耗，努力加大生态环境保护力度，已取得了显著成效。我国的能源消耗、污染物排放已呈现出下降趋势，2007年单位GDP能耗降低了3%，二氧化硫排放量减少1.81%，土地沙漠化、森林覆盖率减退等方面的治理成就也十分喜人，现已开始呈现出治理快于退化的良性发展状态。森林覆盖率已经止降回升，土地沙漠化也已呈现出减速趋势。人与自然和谐发展的前景已是可期。

四　改革的基本经验

三十多年财政改革实践，所积累起来的经验是十分丰富的，总结这些经验，对今后改革与发展具有十分重要的意义。从不同角度、不同层面进行总结，可以得出许多经验。我们认为值得特别强调和重视的经验，可归结为以下四点：

1. 必须始终牢牢把握住建设中国特色社会主义政治方向，我们的改革是为了实现社会主义制度自我完善，以建设社会主义市场经济体制为改革目标，是作为更好地发展社会主义经济的手段，同样也是为了社会主义制度自我完善。所以财政改革与发展的方略、方法、举措以及制度、体制、政策抉择中，既要着眼于适应社会主义市场经济体制建设需要，更要以利于坚持中国特色社会主义社会制度为前提。只有这样才能使财政改革与发展不迷失正确的政治方向。三十多年财政改革成功的实践，充分证明了这一点。例如，在财政职能向适应市场经济建设需要方向转换的改革中，人们提出两种方案可供选择：一是财政从生产建设投资领域全部退出去；二是从一般竞争性投资领域退出去。这两种方案，如果单纯从市场经济建设来看，都可以采纳，并且前者要优于后者。但从建设中国特色社会主义大局来看，则后者优于前者，因为前者不利于保卫和发展社会主义制度赖以存在的、以公有制为主体、多种所有制共同发展的经济基础。三十多年改革，我们坚持选择了从一般竞争性投资领域退出去的方略。实践表明这一选择是十分正确的，它既满足了建设市场经济体制的需要，又有力地保卫和促进了公有制在国民经济中的主导和控制地位，利于坚持中国特色社会主义建设道路。从马克思主义基本原理来看，这种选择也是十分正确的，财政作为社会再生产的有机组成部分，其职能的具体内容，既要受社会经济运行方式制约，又受社会制度性质制约。这就决定了在不同的社会制度下，实行相同的经济运行方式时，财政职能就必然是既有其共性，又有其特殊性。因此，在我国财政职能转换过程中，就不能只注意保障市场经济发展的共性需要，还必须注意社会主义社会制度决定的特殊性需要。这样才能既保障建设市场经济体制的要求，又坚持正确的政治方向。

2. 必须始终坚持马克思主义的解放思想、实事求是思想路线。三十多年财税改革的实践表明，解放思想、实事求是乃是财税制度变革始终适应新形势、新任务、解决新问题的思想保障，只有不断解放思想，才能勇于探索、勇于创新，实事求是才能正确地从中国实际情况出发，解决前进中的问题。三十多年来，正是由于广大财税工作者和广大理论工作者，始终坚持解放思想、实事求是的思想路线，才做到了始终紧跟改革开放的需要，始终走在改革开放的前沿，充分发挥了为改革开放铺路搭桥、保驾护航的巨大作用，并取得了财政改革的丰硕成果。

3. 必须始终坚持以人为本。以人为本是科学发展观的核心内容。为全体人民谋利益，不断提高全体人民的福祉，乃是我们发展经济的根本目的。因此，财税改革与发展必须始终把实现好、维护好、发展好最广大人民群众的根本利益，使全体人民共享改革与发展的成果，作为改革与发展的出发点与归属点。

4. 在财政体制改革中，必须始终坚持责、权、利三者协同变革，不可偏废。这是一条财政体制变革必须遵循的规律。在财政体制构造上，责权利三者是相互制约、相互依存、不可分割的有机整体。分清责任是体制构造的核心，是完善而有效体制形成的基础，又是分权与让利的依据，在体制构造中，赋予相关主体权力乃是为了给相关主体履行责任提供必要手段，而赋予相应的利益是为了给相关主体履行责任以动力和压力。因此，在财政体制改革中，首先要划清各相关主体的责任，否则放权让利就失去依据。三十多年财政改革实践一再证明，相关主体责任边界划分不清，所构造起来的体制，运行起来就会失去稳定性，不得不处于不断调整其权和利的不稳定状态，从而影响体制效果的充分发挥。

　　三十多年改革实践所取得的丰硕成果的经验充分表明，改革是发展的强大动力，也是不断取得创新成果的根本手段。相信财政在今后深入落实和贯彻科学发展观的过程中，坚持改革不动摇，坚持成功经验，必将取得更加辉煌的新成就。

中国社会科学院荣誉学部委员

何振一

第一篇

政府间理财体制改革

现行财政体制的缺点和改进的途径

在 1980 年，针对财政体制集中过多、管得过死、统收统支、"吃大锅饭"的弊端，进行了改革，实行了"分灶吃饭"的办法。两年多来新的财政体制，在调动各个地方当家理财的积极性方面，在促进地方因地制宜地发展本地区的生产建设事业方面，在推动各地方加速经济调整工作方面，等等，都发挥了积极作用。实践证明，这次财政体制改革是富有成效的。但是，新的财政体制在发挥积极作用的同时，也给国民经济带来许多消极影响，它对"地方所有制"、画地为牢、地区封锁、重复生产、重复建设等不良倾向，起了强化和助长作用。这说明新的财政体制仍然存在着严重的缺点，亟待改进。总结经验，弄清现行的财政体制的根本缺点，找出改进的途径，无疑是当前经济改革工作的一项重要课题。

一

现行财政体制的问题在哪里？由于各方面在实践中的感受不同，认识是很不一样的。有的认为体制本身是好的，问题在于生不逢时；有的认为，问题在于分权过量，等等。这些看法就某种意义来讲，都是有其道理的，但这些并不是现行体制的根本问题所在。党的十一届三中全会决议明确指出："现在我国经济管理体制的一个严重缺点是权力过于集中，应该有领导地大胆下放，让地方和工农业企业在国家统一计划的指导下有更多的经济管理自主权。"为了落实三中全会决议的精神和贯彻国民经济"调整、改革、整顿、提高"的八字方针，在 1980 年，实行以扩大地方财政自主权为重要内容的财政体制改革，是完全必要的。从总体上来讲，这次改革的方向是正确的，肯定不能说是生不逢时。至于是否分权过量的问题，从现实的情况看是存在财力使用上过于分散的问题，但从中央财政来看，三年来中央分给地方的好处，由于中央向地方借款及发国库券等，实际上又把分给地方的一点好处收上来了，从地方来看并没有多得，这当然也就谈不上什么分权过量了。那么问题在哪里呢？我们认为，造成财力使用上的分散和盲目性等问题还要从财政体制本身去找，现行财政体制的根本弊病在于分权办法不当。

现行的"分灶吃饭"办法有四种具体形式：第一种是"划分收支，分级包干"的办法。这个办法是按照企业事业的行政隶属关系（以下简称按隶属关系），划分中央与地方各自的收支范围，并以此范围为依据确定地方收支包干的基数，收大于支的地方则确定一个比例，包干上交，支大于收的地方，中央则用工商税的一定比例给予调剂，如果把该地的全部工商税，都用来调剂还不足以平衡预算时，中央则再给予一定数额的补助。第二种是"分级包干，总额分成"办法。这种办法，在收支划分上与第一种方法一样，仍然是按隶属关系划分，所不同的是按收支总额计算一个分成比例，而不划分固定收入、调剂收入和定额补贴，等等。第三种是对少数民族自治区的办法，也是在按隶属关系划分收支的基础上，确定收支包干数，所不同的是这些地方都是支大于收，中央都要给予一定数额的补助，并且每年把补助的数额递增 10%，同时还把地方收入增长部分全部留归地方。第四种是"分级包干、定额上缴或定额补助"的办法。划分收支的办法与第二种方法相同，所不同的是收支确定后，不计算包干比例，而是按收支情况确定一个固定的数额上交中央或由中央补助给地方。从上述四种具体形式中可以看出，现行"分灶吃饭"体制，虽然在形式上是多样的，其实在方法上没有多少差别。除了在收支差额上交或下拨的方法上有些区别之外，基本方法都是一样的，都是以企业事业的行政隶属关系为依据划分收支范围，都是收支挂钩地方财政主要靠自己的收入平衡预算，中央财政主要靠地方上交的收入平衡预算，都是收支包干，一定几年不变。不难看出，这些方法都是着眼于在中央与地方之间，从数量上分清财权，只注意了分而没有注意合，这就是现行体制的弊病所在。

首先，现行财政体制所采用的基本方法，都是处理中央集权与地方分权之间数量划分的手段，它只能解决集权与分权之间，谁多谁少和何者归谁或不归谁的数量划分问题，而不能解决中央财政的集权与地方财政的分权之间相互制约，特别是中央财政对地方财政的统一计划控制问题。用这些办法来处理财政管理体制，就必然会割断财政管理上的集权与分权之间的有机联系，造成集权与分权脱节，分权变分家，结果中央集权与地方分权的关系，只简单地表现为：中央分管一块，地方分管一块，只有分管而没有统一。我们是统一的社会主义国家，生产资料是公有制，国民经济是计划经济，决定了搞生产建设必须有统一计划控制，各项经济活动包括财政活动必须遵循全国一盘棋的原则，经济上的任何自主都只能是统一计划下的自主。因此，财政管理中的分权问题，在任何情况下都不能是完全独立的，只能是在集中指导下的分权，在统一计划控制下的相对独立。安排财政体制时，在解决集中多少、分散多少的财权问题的同时，必须解决集中多少、分散多少的财权制约与控制问题。在集权与分权关系上，做到有分有合，合中有分，分中有合，既保证中央集权能充分发挥统一领导，对地方分权实行统一计划控制的作用，又不妨碍、不抹杀地方财政的自主权限；既保证地方分权能充分发挥因地制宜、自主管理的积极性，又不脱离中央统一计划的制约与控制。只有这样，才能达到充分发挥中央与地方两个积极性、活而不乱、管而不死的目的。否则就会每当实行分权，发挥地方的积极性、自主权时，就失去统一控制，而出现盲目性。这一点已为过去财政体制改革的经验所证明。过去历次改革，之所以没有很好地解决财政管理的集权与分权问题，除了"左"的干扰之外，关键就在于改革财政体制中，只注意在数量上解决分权问题，而没能同时相应地解决统一计划制约问题，往往是强调集权的时候，就简单地减少分权的数量，尽量扩大中央管理的一块，甚至完全把地方分权收光，结果是统收统支、管得过死；当强调分权时又单纯地在数量上向下划分，尽量扩大地方分权这一块，结果是分权变分家，地方灵活性有了，却失去了中央统一控制，出现混乱。过去几次财政体制改革，始终没有摆脱一统就死，一分就乱，一乱就收，一收又死的局面，其中一个根本原因就在这里。

1980年的财政体制改革，仍然是在这一点上发生了失误，仍然是只把注意力放在管理权限集中多少、分散多少的数量划分上而没有相应地解决集权对分权的制约问题。结果，旧的统收统支的控制关系打破了，没有建立起新的与分权相适应的控制关系，致使地方在取得自主权、发挥当家理财的积极性的同时，也就自觉不自觉地脱离了统一计划控制，而出现盲目性。

其次，按企业事业行政隶属关系划分收支范围的办法，虽然有把地方的经济责任与地方物质利益紧密联系起来的优点，有利于调动地方办好本地区经济事业的积极性，但这种办法却造成中央利益与地方利益脱节，强化了"地方所有制"的不良倾向。因为，把隶属于地方的企业事业收入全部划归地方，把属于中央的企业事业收入全部划归中央，这就使地方的企业事业只与地方财政利益挂钩，而与中央财政利益无关；中央企业事业收入只与中央财政利益挂钩，而与地方利益无关。这样，地方为了扩大自己的财源，很容易对企业事业产生亲疏之分，地方企业事业增加收入归地方，就亲，中央企业收入与地方无关，就疏，在客观上必然会强化"地方所有制"倾向，助长本位主义、画地为牢、地区封锁、以小挤大、重复建设等不良现象的滋生。

按隶属关系划分财政收入范围是与社会主义公有制性质相违背的。在社会主义制度下，国家的每项生产资料不论归中央管理或者归地方管理，都属于社会全体劳动者共同所有，每一个地方、每一个企业及劳动者都是生产资料的主人，然而每项生产资料又都不属于他们个人、单位和地方所有，都是全社会的公共财产，这就决定了生产资料不论归谁来使用和经营管理，也不论它处在什么地方，都必须用来为全体人民谋利益，而不能只用来谋局部的或某一地方的利益，地方只能在为全局谋利益的同时取得自己的利益。因此，任何地方所属的企业都必须把自己的生产成果，所取得的收入首先提供给国家，以满足全局的需要，显然把地方所属企业的收入全部划归地方是不妥当的，同样中央管的企业也应当兼顾地方的利益，把中央所属企业的收入都划归中央也是不合适的。

最后，收支挂钩，地方靠自己收入平衡预算的办法，虽然有发挥地方开辟财源的积极性作用，但是这个办法却使中央财政完全失去了控制地方财政资金运用方向的物质力量。因为，第一，地方有自己的财源平衡预算，而中央却靠向地方伸手要钱来平衡预算，中央财政被置于被动地位，完全颠倒了集权与分权之间集权是主导的制约关系，放弃了中央集权对地方分权的制约。第二，由于大部分企业事业归地方管理，按隶属关系划分收入，就使地方财政收入大约占全国财政收入的80%以上，而中央财政只掌握20%收入，可是中央的支出却占全部支出的55%以上。这样，中央财政就完全失去了可以用来调节与制约地方财政活动的物质力量。

二

如何改进现行的财政体制，才能实现既保证地方财政的自主权，而又能实现中央财政对地方财政活动的制约与控制呢？针对"分灶吃饭"办法的根本弊病，我们认为在分权方法上，应作如下一些改革：

第一，把按企业事业的行政隶属关系划分财源的办法，改为中央地方财源共享制。所谓财源共享制，是指每一项财源都要成为，既是中央财政收入的源泉，又是地方财政收入的源泉。举例来说，企业利润这项财源，在按隶属关系划分收入的情况下，这个企业属于地方的则只是地方财政收入来源。而共享制则不然，不论企业隶属于哪一级，其利润都要实行中央财政与地方财政共同分享。实行共享制，要改革现行税收征管体制，建立中央税与地方税两套机构，实行中央与地方对同一税源同时征税的办法。中央收的税全归中央财政收入，地方收的税全归地方财政收入，当然一些特殊的税源，比如关税，不宜分散，就可以只归中央；一些属于纯地方小税源，比如车船使用牌照税等，可由地方专收而不必双重征收。中央与地方对同一课征对象同时征税，其税收名称可以相同，也可以不同，便于区别。是不是为了减少麻烦，可以不设中央与地方两套机构，而用中央税附加办法来征地方税呢？我们认为还是不用附加办法为好。中央、地方分别设征收机构，虽然征税手续麻烦一些，但更有利于运用税收的杠杆作用，可以免除运用税收杠杆时，在中央与地方之间发生相互影响的麻烦。在实行附加办法的情况下，中央变动税法，就会直接影响地方。比如，中央为了鼓励企业生产某种产品，实行降低税率政策，就会直接造成地方财政收入的减少，反过来地方要运用税收杠杆，也会与中央财政发生牵扯，增加很多麻烦。

实行财源共享制有很多优点。其一，有利于消除"地方所有制"的倾向。因为，共享制可以使中央利益与地方利益直接结合起来，不论财源隶属于谁，中央与地方都能从中取得收入：中央企业办不好，不仅对中央财政不利，对地方财政也不利。同样，任何地方兴办的企业事业为本地区开辟财源也就是为中央开辟财源。在增加财源上，中央与地方有福同享，有难同当，这就可以消除地方对企业有亲疏之分的现象，利于消除地方所有制倾向，利于防止以小挤大、重复生产、重复建设等毛病。其二，有利于促进跨地区发展联合、发展专业化协作。在按隶属关系划分财源的情况下，当实行地区间联合与协作时，一旦改变企业隶属关系，会直接影响该企业原属的地方利益，减少其收入，从而遭到反对。实行共享制不管隶属关系怎么变，只要企业不搬出这个地方，照样要分得利润，收它的税，而且实行专业化协作或发展联合，增强经济效果又会增加地方收入，地方是会积极赞助的。这一点在国民经济改革和调整时期尤为重要。

第二，改变地方靠自己的固定财源收入平衡预算的办法，实行由地方固定收入和中央返还收入双重来源平衡预算的办法。具体地说，就是要改变地方财政收入占全国财政收入总额的80%的状况，减少地方财政固定收入数量，使固定收入减少到只能满足其支出的一部分，每一个地方都要依靠中央财政的返还收入方能平衡自己的预算。

中央财政如何向地方返还收入？为了充分而又灵活地发挥返还收入对地方的制约作用，初步设想可以同时采用以下三类返还办法：第一类，按地方财政的标准收支差额补助的办法。这个办法主要用来弥补地方维持和发展基本事业所需经费之不足。标准收支差额是标准收入与标准支出（或标准需要）的差额。标准收入是依各地方正常情况下，按规定的标准计算应得的财政收入总额，标准需要是各地方各项基本事业达到一定标准所需要的定额费用总额。中央按这种办法向地方返还一部分收入，有很大的好处，它既可以克服现行办法所带来的中央与地方争指标等矛盾，又有利于鼓励地方增收节支，提高财政效果的积极性。因为，在按标准计算的差额进行过补助的情况下，补助额可能等于地方财政收支的实际差额，也可能大于或小于实际差额。地方财政工作做得好，完成规定的事业标准水平所需的费用低于标准需要，或积极开辟财源增加了地方固定收入，地方的实际收支差额小于中央返还收入数额，地方就可以得到额外收益，多办地方事业。反之，搞不好，就会造成中央的补助不足以抵补实际差额，而发生财政困难。第二类，对某些虽然属于地方事业，但又具有全局性事业的经费开支，按标准需要在中央与地方之间实行比例分担的办法。比如，普及中等教育、实施计划生育等经费由中央分担50％，等等。这个办法可以鼓励地方兴办某些事业，又可以发挥中央对这些地方事业的监督与制约作用。第三类，中央财政对地方财政专项补贴的办法，这项补贴不是固定的，补贴哪些事业项目，补贴多少，每年由中央财政按国民经济计划的需要来确定。这个办法可以用来促进地方从全局利益出发，兴办具有全局意义的特定用途的事业。第四类，中央向地方委托拨款的办法。即中央举办的一些项目，委托给地方代办，中央将所需款项拨给地方包干办理，如果按质按量按期完成任务，结余资金可以归地方，这样可以调动地方关心在其境内兴办的中央项目的积极性。

实行地方财政收入来源双轨制，可以改变中央财政要靠地方上交收入平衡预算的被动局面，是不是又减少了地方财政的自主权呢？回答是否定的，改行双轨制并不意味走统收统支的回头路。它是在坚持扩大地方财政自主权的前提下，改变划分中央与地方收支的形式和分权的方法。中央返还制，与过去的统收统支体制的中央拨款不同，也和"分灶吃饭"体制中的调剂收入及补贴不同，中央返还地方的收入是按事先规定的标准计算的，中央财政是不能随意减少返还或不返还的，每年必须按法律规定的标准向地方返还，可见返还收入与现行的划给地方固定收入实际上是一样的，并没有收回地方支配的财源，所不同的是中央在一定程度上参与了地方财政资金使用方向的监督和指导，可以发挥计划控制作用。当然，地方财政固定收入要比"分灶吃饭"体制下减少一些，但是经过中央财政向地方返还收入后，地方最终得以支配的财力要比现在所能支配的还要多。由于返还收入是按事先规定的标准，地方完全可以事前测算自己的收入状况，因地制宜、统筹安排本地区各项事业，而且可以减少中央与地方之间扯皮现象，地方财政自主权更加有保证。

第三，加强财政法制建设，明确规定地方财政的责任。所谓地方财政责任，是地方财政对法律规定必须完成的各项基本事业、任务和各时期必须达到的标准水平所承担的责任。扩大地方财政自主权本身并不是目的，其目的是为了使地方承担财政责任，而且负完全的责任。财政上的权责关系，同其他方面的权责关系一样，责任是目的，权力只是实现目的的手段：离开对地方财政责任的要求，扩权就失去意义，同时扩权也失去依据；只有明确财政责任，扩权多少才有客观标准。扩权又是要求地方财政负责任的前提，要地方负责任就必须给予必要的财政自主权，否则地方财政责任就失去了物质保证。"分灶吃饭"体制划分了收支范围，规定了地方收支数额，粗看似乎是有权有责，仔细推敲来，其实只有权而没有责。因为"分灶吃饭"体制在收支权力方面规定得很具体，而对应负的责任却没有任何具体规定。为了改变这种状况，使权责统一起来，必须根据党和国家的方针政策、国民经济发展规划、各地区的经济特点及各项基本事业的现状，明确规定各地方财政应承担的各项基本事业的职责范围，和这些事业在一定时期内应达到的标准水平，以及实现这些标准水平应负的法律责任，同时还要规定为实现标准水平的标准费用。这些标准既是监督检查地方财政责任完成程度的尺度，又是核定给予地方财政权力的依据。财政责任确定后，地方为完成这些责任，有权因地制宜统筹规划使用自己的财力，国家只在地方违反法律规定和违反政策的情况下，或不履行规定的财政责任的情况下，才加以干涉并追究其责任。

最后，实行新的改革后，原来为了增加地方机动财力的各项规定，特别是所谓预算内与预算外之分就无意义了。应当说原来这些规定虽然有其积极意义，但对全局实行综合平衡也是不利的。因此，有必要取消这些规定，凡属各级财政支配的资金，一律纳入统一的国家预算，编制统一的财政计划，实行自下而上、自上而下的综合平衡。以保证各地方财政安排有所遵循，中央财政对地方财政制约与控制有所依据，以保证新体制充分发挥积极作用。

（原载财政部财政科研所《财政研究资料》1982 年第 82 期）

我国财政发展战略初探

为实现党的十二大规定的我国经济发展的宏伟战略目标，在今后二十年内财政的发展战略目标是什么？要采取什么样的发展战略？这是财政理论工作者和财政实际工作者必须答复的重大理论问题。

财政发展战略目标

后二十年的财政发展的战略目标是什么，迄今为止，意见还很不一致。有一种意见认为财政战略目标应当是，为实现总产值翻两番的任务筹集和供应足够的资金。仅仅考虑总产值翻两番的任务，单纯从财政收支数量上来规定财政发展的战略目标是不全面的。

胡耀邦同志在中国共产党第十二次全国代表大会上的报告中指出："从一九八一年到本世纪末的二十年，我国经济建设总的奋斗目标是，在不断提高经济效益的前提下，力争使全国工农业的年总产值翻两番，即由一九八〇年的七千一百亿元增加到二〇〇〇年的二万八千亿元左右。实现了这个目标，我国国民收入总额和主要工农业产品的产量将居于世界前列，整个国民经济的现代化过程将取得重大进展，城乡人民的收入将成倍增长，人民的物质文化生活可以达到小康水平。"很明显，党的十二大确定的战略目标并不是单纯追求总产值，而是以提高经济效益为前提，是以满足人民需要、增加人民收入为目的，是要实现速度与效益的统一，实现速度与人民需要的统一。走的是以提高经济效益为前提，以最大限度满足人民需要，使人民真正得到实惠为目的的一条新路子。它与过去那种单纯追求产值、追求速度的发展战略是根本不同的。第一，过去的发展战略是把速度放在压倒一切的地位，一切都要为速度服务，人民需要也服从于速度。而新的经济发展战略，是以满足人民需要，提高人民生活水平，实现小康水平为目的，速度要为人民需要服务。第二，过去的发展战略是产值挂帅，只讲产值不讲效益。而新的发展战略是以提高经济效益为前提，是要没有水分的速度，走的是速度与经济效益统一的路子。第三，过去的发展战略是重点突出，以某一种产品为纲，跳跃式的发展，所谓积极平衡忽视按比例的发展战略。而新的发展战略是坚持按比例、稳定的、持续平衡发展战略。

前述我国新的经济发展战略目标的三个基本内容和特点，直接制约着或决定着各部门发展战略目标的内容。就是说，财政部门的战略目标，必须与经济发展战略目标相适应。仅仅从财政收支数量的多少来确定财政发展战略目标，是不能全面适应和满足经济发展总目标要求的。因为，财政只是满足了翻两番的资金需要，既不等于同时保证了经济效益的提高，更不等于同时保证人民收入成倍增长和小康水平的实现。所以，根据我国经济发展战略总目标的要求，财政发展战略至少应当包括如下三方面的内容：第一，实现人民收入成倍增长和实现生产总值翻两番所需资金双保证。财政在参与国民收入分配过程中，只有在筹集和分配生产建设资金中，坚持"一要吃饭，二要建设"的原则，兼顾生产发展的需要和人民生活提高的需要两个方面，才能保障经济发展战略目标中的总产值双倍增长和人民收入成倍增长两个内容的实现。如果只注意一方面，要不就是只顾人民收入的增长，造成消费过头，建设资金不足，妨碍生产发展；要不就是只顾增加产值的资金需要，片面追求财政资金增长，而挤了人民的收入，挤了消费。第二，财政效益有显著提高。经济发展战略目标要求速度与效益统一，产值翻两番要以提高经济效益为前提，这就要求财政不仅要充分发挥经济杠杆作用，促进经济效益不断提高，更要求财政工作要全面讲求经济效益，极大地提高财政效益，做到财政增长与财政效益统一。否则，虽然财政资金筹集很多，但使用效果不佳，浪费不少，也无法实现经济发展战略总目标的速度与效益统一的要求。第三，实现财政收支符合各项客观限量，保障结构合理持续平衡发展。总战略目标要求经济平衡发展，稳定增长，财政收支安排对实现这一目标，有着决定性的制约作用。财政收支安排违背客观数量界限，就会破坏国民经济比例平衡。所以，坚持收支平衡，收支符合客观限量，这也是财政发展战略目标不可缺少的内容。

财政发展战略方针

通观全局，要实现财政发展战略目标，最根本的一环就是要全面提高经济效益，把财政工作全面转移到提高经济效益的轨道上来，为此就必须在战略方针上实行根本的转变。

第一，要从单纯保障供给的方针，转到保障供给同讲财政效益和讲财政责任并重的方针上来。多年来在"左"的思想指导下，把保障供给理解成"供给制"、"吃大锅饭"，只强调需要而不讲量力而行，只讲保障供给而不讲财政效益和财政责任，不讲财政制约。社会主义发展经济的目的是为了满足人民的需要，财政保障供给不是为了发展经济而发展经济，而是要发展效益好、对人民有实惠的经济，财政在分配资金时必须对此负责，对那些不符合社会主义生产目的的，不讲经济效益的需要，不但不能保障供给，而且要坚决抵制，要对资金使用的效益承担法律和经济的责任。财政责任不仅是财政部门的事，它关系到所有参与分配和运用财政资金的各个方面，不能只要财政部门保障供给，而自己不承担财政资金使用效益的责任。否则就谈不上讲求经济效益，只能是"吃大锅饭"，这是与生产资料公有制的客观要求相违背的。讲保障供给又讲承担责任，讲经济效益，这是社会主义财政性质决定的，只有这样才能保障财政资金的运用沿着高效益、符合人民需要的方向顺利发展。

第二，从多年来的"粗放式"财政，转到"集约化"财政轨道上来。所谓"粗放式"财政，就是主要靠增加产值来增加财政收入，靠外延式扩大再生产增加财政收入，在财政支出上，单纯参照上年实际为基数确定支出，不讲科学定额的财政管理方针。多年来在"左"的指导思想影响下，财政也习惯于向速度要收入，讲增加收入首先就是要看速度多大，速度低就认为增加不了收入，往往不在降低消耗、提高劳动生产率上下工夫。其结果速度是高了，而财政收入增长得并不快，而且增加的财政收入中还往往带有"水分"。其实产值增加不一定就有财政收入增加，速度低些不一定财政收入就上不去。因为总产值可以是主要由转移价值构成，也可以是由较多的新创造的价值构成，如果增加的总产值主要是由转移价值构成的，那么这种产值增加再多也不会给财政带来多少收入的。如果我们还是像过去一样靠速度来增加财政收入，而不是靠节约消耗、提高劳动生产率来提高财政效益，仍在目前经济效益很低的基础上，靠增加产值来增加收入，就无法摆脱困境，财政经济状况很难根本好转，也很难完成为实现总目标服务的任务。

财政管理向"集约化"转变，这也是国民经济发展战略的要求。从以外延为主的扩大再生产转向以内涵为主的扩大再生产，这是我国经济发展战略的一个重要转变。我们实现总战略目标，实现总产值翻两番，一半要靠科学技术进步，靠现有企业的技术改造，提高经济效益。这在客观上就要求财政工作改变过去那种主要向增加产值要收入的粗放式办法，而转向集约化管理，向节约物质消耗要财政收入，向老企业改造要收入，向科学技术要收入。一句话，靠提高经济效益增加收入，靠节约来解决资金问题。

第三，从先生产后生活，优先保障基本建设投资供应的发展战略方针，转向坚持"一要吃饭，二要建设"，和按比例发展的方针。多年来在"左"的思想指导下，财政在安排支出时，首先保证基本建设，为了多搞基本建设，往往挤掉其他必要的支出，使财政各项支出失去应有的平衡比例，财政支出结构长期处于不合理的状态中。这就极大地妨碍了国民经济按比例正常发展，给国民经济带来许多消极影响。当前存在着的国民经济生活中欠债太多，是与多年来财政实行片面地优先保障基建投资供应的方针有关。财政分配对国民经济结构是否协调，有着决定性制约作用，这是财政运行的一条客观规律。人们忽视这一规律的作用，就会使财政失去控制，对国民经济按比例平衡发展造成破坏。承认它，自觉地遵循它，运用它就可以发挥积极作用。三十年来的经验充分证明了这一点。因此，财政转向坚持"一要吃饭，二要建设"和均衡按比例发展的方针，这是实现经济发展总战略目标的保障，也是财政工作按客观规律办事的必然要求。

所谓均衡按比例发展方针，还有另外一层意思。就是坚持财政收支平衡略有结余，这是财政收支结构合理、按比例发展的前提条件。收支不平衡本身就意味着财政支出正常按比例的破坏。因为财政赤字在客观上必然引起国民收入再分配，引起生产和生活需求与供给不平衡，这样不仅会破坏国民经济的按比例发展，而且反过来也要干扰财政收支的合理结构。有一种主张认为，财政赤字也是一种发展经济的办法，其实这是一种误解。从表面上看由于搞财政赤字，财政支出多了些，似乎用于生产建设的钱多了一点，或者用于人民生活消费的钱多了一点，但是，钱是物资的价值表现，生产和生活只靠加钱是解决不了问题的，最终是要靠物资供应的增加。财政赤字表现在财政上是钱的差额，其实反映的是物资供应与需求上的差额，财政收入的多少，反映财政能够支配的物资多少，只有按收入多少来安排支出，才能是真实的供应，而超过收入的支出，只能是一种人为的、虚假的、没有物质保证的空头需求。结果只能造成供应紧张或者物价上涨。所以，靠赤字发展不了生产，也改善不了生活，相反只能扰乱经济生活，带来消极影响。

财政发展战略措施

要实现财政战略目标，完成财政战略方针的转变，在今后若干年内要着重采取以下一些措施。

1. 进一步消除思想上"左"的禁锢。我们已经完成了历史性伟大转变，但是还要看到，肃清"左"的影响的工作并没有结束。"左"的思想禁锢我们头脑多年，影响很深，有一些同志在认识和处理问题上还不能从"左"的影响下彻底解放出来。比如，统包统管的"供给制"思想，在改革中往往跳不出陈规旧习的旧框框；在分配政策上"吃大锅饭"，搞平均主义还时有表现。此外，"四人帮"的无政府主义余毒的影响，忽视财政规律和其他不正之风仍然存在，等等，都说明我们财政工作者必须进一步努力在肃清财政领域中的"左"的影响上继续下工夫，为开创财政工作新局面扫清思想障碍。

2. 进一步改革好财政管理体制，调整好各方面的财政责任和经济利益关系，促进经济效益提高。

第一，全面改革现行税制，在完成利改税改革的两步过程中，要彻底把税收改革成既保财政收入，又能充分发挥杠杆作用的灵活税收制度。现行税制虽然已比原来税制有不少的改进，但总的来看，仍然是在70年代简化得已失去调节作用的工商税制的基础上的调整和补充，并没有完全跳出单纯保财政收入而忽视调节作用的旧框框。税率设计上，仍然是以保财政收入为主，往往没有做到保财政收入和发挥调节作用兼顾。税种选择上，没有考虑全面发挥税收的各种调节作用和各种税的调节作用之间的协调等问题。实行了利改税的第一步，虽然在某种程度上扩大了税收的作用，但仍然不能全面地发挥税收的调节作用。这就要在利改税第二步的同时实行全面税制改革，对原有税制进行全面改革，真正把税收转移到充分发挥调节作用的轨道上来。

第二，打破按行政隶属关系划分财源的旧框框，按照财源共享制原则，用分税办法改革中央与地方财权划分的办法。所谓财源共享制，是指每一项财源都要成为既是中央财政收入的源泉，又是地方财政收入的源泉。共享制与现行的总额分成不同，总额分成是按地方收入总额与地方应当支出的总额之间比例为依据，来确定地方与中央之间财力分配数额，从表面上看，这也是中央与地方共享的，然而它并没有改变按行政隶属关系划分收支原则，只是把按隶属关系归地方的收入总额在地方与中央间划分共享了，这样仍然是只有地方自己的企业事业才是对地方有利的。财源共享制的分税办法，也和一般的分税制不同，一般的税制是把某些税种归地方，某些税种归中央，这仍然是按税源划分收支，这样尽管是分税，仍然没有完全摆脱按隶属关系划分的毛病，同样会造成归地方的税源，地方重视，归中央的税源地方不重视，仍然会出现对税源的亲疏之分。而共享制的分税不同，它是同一税源都要设中央税和地方税两个税种，这就有利于消除"地方所有制"的倾向，克服中央利益与地方利益脱节的毛病，把中央与地方利益紧密地结合起来，在增加财源上做到中央与地方有福同享有难同当。这样就可以消除以小挤大，地方企业挤中央企业，重复生产重复建设的缺点，同时也有利于促进跨地区经济联合。

第三，建立健全财政收支标准定额体系，以建立财政责任制。我们是计划经济，经济责任首先是完成计划的责任，定额是确定各方面经济责任，划分权力与利益的数量依据，没有定额就没有真正的计划，也就没有真正的经济责任，划分权力与利益也就失去了客观依据。当前财政体制出现的责任不清、鞭打快牛、保护落后等毛病，其重要原因就是缺少完善的财政定额和忽视财政定额作用，而简单地以上期或历史实际为依据的结果。没有科学定额，不按定额标准确定财政责任、分配利益和划分权力，是不可能把财政工作真正转移到提高经济效益的轨道上来的。

第四，要全面清理和整顿现行的各项财政规章制度，彻底消除规章制度中"左"的影响，这是保证财政战略转变的一项重要工作。现行规章制度中有不少是已经陈旧了，不少成分仍然存在不利于提高经济效益，不利于实行经济责任制，不利于实行按劳分配，不利于消除平均主义"吃大锅饭"的毛病，必须把这项工作作为体制改革重要内容来抓。否则，不仅将同新的财政方针相矛盾，而且会妨碍财政体制的改革。

第五，坚持财政收支平衡略有结余的原则，力争尽快实现财政状况根本好转。第一步要稳定已经取得的财政收支基本平衡的局面，第二步要取得收支全面平衡并略有结余的胜利。当前就要继续坚决控制基本建设规模，并适当地调整财力分配，集中必要的资金以保证重点建设。

第六，建立综合财政计划管理。随着扩大各方面财权，经济搞活了，资金松动了，但也出现了资金分散的问题。当前在资金管理上出现了多头、多层、多渠道管理，纵横交错、条块分割、层层分割的局面。建立综合财政计划，把各类资金纳入统一计划中进行综合平衡，并用统一计划来集中指导和控制各个方面资金的运用，这是社会主义公有制的客观要求。当然，我们说统一计划控制绝不是要走过去那种管得死死的老路，必须给地方与企业必要的自主权，特别是企业要有较大的灵活性。要做到自主灵活是在统一计划下的自主灵活；统一计划控制是保证地方和企业自主权基础上的统一计划管理。

（原载《财贸经济资料》1983 年第 10 期）

财政的集中与分散数量界限的研究

在中央财政与地方财政关系上，中央应当集中什么，地方可以分散什么？集中与分散各多少才是适度的？其客观数量界限在哪里？这些是在财政体制改革中，必须正确认识和把握的关键性问题。

一

任何事物都是质和量的统一体，没有无质之量，也没有无量的质。质和量相互规定、相互制约。一定的质决定一定的量，质规定量的活动范围。同时，质又是以一定的量为存在的条件，任何质都是有其数量界限的，量的变化突破了质所规定的活动范围的和数量界限，也就改变了事物的性质。因此，注意事物数量方面的研究，掌握事物的数量界限，才能正确地调节中央财政与地方财政的集中与分散关系，做到集中与分散的"分寸"适度，否则就会发生"过"或"不及"而造成改革的失误。毛泽东同志说："对情况和问题一定要注意到它们的数量方面，要有基本的数量的分析。任何质量都表现为一定的数量，没有数量就没有质量。我们有许多同志至今不懂得注意事物的数量方面……不懂得注意决定事物质量的数量界限，一切都是胸中无'数'，结果就不能不犯错误。"①

财政集中与分散的客观数量界限，要从度和量两个层次进行研究。所谓财政集中与分散的度，是指集中与分散的数量不可超越的最高和最低的客观幅度。所谓量是指在度的范围内，在某一个特定的时期内与特定的条件下，集中与分散的客观可行数量界限。度制约量，是第一层次的数量界

① 《毛泽东选集》合订本，人民出版社1964年版，第1443页。

限；量在度规定的范围内，规定着各个不同条件下、不同时期内的数量界限，是第二层次的数量界限。

1. 财政集中与分散的度。中央财政与地方财政之间的集中与分散的度是由社会主义公有制及我国具体国情和我国社会主义财政分配的性质所规定的。社会主义公有制下，财政分配是为了满足社会共同需要而由国家集中进行的一种分配活动。所谓社会主义社会共同需要，是以社会整体消费为特征的需要。所以，财政分配就其本性来说，是高度集中化的分配，具有强烈的社会集中性。财政分配这一特性，决定了它的分配和管理必须由社会统一来实施，必须集中于中央，否则就会破坏财政分配的社会集中性，无法有效地满足社会共同需要，从而妨碍社会再生产顺利进行。但是，我国的具体国情又决定了财政分配具有层次性特点，不能只有中央统一集中而没有必要的分散，必须在中央集中统一控制下保留必要的分散。因为，我国是一个幅员辽阔、人口众多、多民族的社会主义大国，各地区的生产力水平参差不齐，社会经济状况区别很大，风俗习惯不尽相同，这就造成了社会共同需要的许多方面具有地区的或民族的特点，因而形成了社会共同需要的层次性。有以全国为单位的社会共同需要，有以地区为单位表现为地区特点的社会共同需要。比如，在一些民族地区，宗教活动需要社会公共设施，这种需要从本质上说，是社会共同需要的组成部分，但它具有地区性特点，只能在有需要的少数民族地区来实施和管理，因而它以地区需要的形式表现出来。再比如，城市的公用设施，不仅仅是为一个城市的居民服务，也为各地居民服务，属于社会共同需要，但它表现为各个城市的公共需要，只能由各个城市来实施，来满足。共同需要这种层次性特点，决定了我国财政分配、财政管理也具有层次性特点，社会共同需要中以全国为单位的部分，则必须由中央集中组织实施分配才能有效地满足。具有地区特点的社会共同需要，必须由各地区分头组织实施分配才能有效地满足。这样，在客观上就形成了财政集中与分散的数量界限，其界限是满足以全国为单位的社会共同需要的最低数量，是中央必须集中的最低限度，其余部分则是地区可以分散的最大限度；反之，满足具有地区特点的社会共同需要的最低数量，是地方分散的最低限度，其余部分则是中央集中的最大限度。以上就是中央财政与地方财政之间集中与分散的度。

2. 财政集中与分散的量。中央与地方之间财政集中与分散的量，除了受财政集中与分散的度所规定的范围约束之外，在各个时期的具体数量界限，是由各个时期的国民经济发展状况及国家所面临的政治经济任务所决定的。

（1）国民经济发展状况是否正常，经济效益的好坏，直接制约着财政集中与分散的量的变化。我们知道，每年财政可以动员的收入数量，是与国民经济效益高低成正比例变化的：国民经济效益高，财政可以动员的收入量也就越大，这样中央集中必不可少的一部分财政资金后，即扣除必须由中央集中组织实施分配才能满足的社会共同需要部分，余额就可以大些，因而地方可以分散的部分就多些。反之，国民经济效益低，财政动员的收入总量就少些，扣除中央必须集中的部分后，余额就少，可分散给地方的就少。国民经济发展的协调程度是与中央财政责任大小成反比例变化的。例如国民经济发展的协调程度高，中央财政面临的发展全局性重点建设任务就相对少些，为了调整国民经济所必需的各项支出量也会少些，从而中央财政集中的责任也就会轻些，中央财政集中的数量也就可以少些，地方财政就可以多办一些事。相反，当国民经济结构处于不协调，国民经济发展不够平衡时，为了调整国民经济，纠正不合理的经济结构，中央财政就必须承担较多的重点建设责任，客观上就要求中央财政集中的数量更大些。例如，当前我们的国民经济结构还不完全协调，能源、交通与经济发展需要很不相适应，必须较多和较快地进行能源交通等方面的重点建设，而这些任务主要是由中央来承担，因此，客观上决定了中央财政要比正常情况下，承担更多的责任，需要集中较多的财力，以保证国民经济调整任务的需要。从总体上调整国民经济，只能由中央来集中进行，各个企业和地方是无法承担的。因为，企业和地方所处地位的局限性，很难全面了解社会各方面需要总量及劳动总量的布局，只有中央才能综观全局，根据社会劳动总量按照社会需求及其构成，有计划地按比例进行分配。

（2）国家在各个时期所面临的政治经济任务不同，中央与地方财政所承担的财政责任的轻重就会不一样。国家所面临的政治经济任务，需要中央办的多，中央财政责任相对增大，集中的程度就必须相应的高些。反之，政治经济任务多数是可以在中央统一制约下，由地方分散去办，这样，中央财政承担的责任相对少些，集中的程度就可以低些，地方分散的数量就可以大些。

总之，各个时期国民经济发展状况及国家所面临的政治经济任务，所决定的中央与地方财政责任大小，就是各个时期内，中央与地方财政集中与分散的具体数量界限。当然这个财政集中与分散数量界限的量的变化，又是以不超过客观规定的集中与分散的度为限。

二

财政的集中与分散，其核心的数量界限是什么？有的同志认为，财政的集中与分散问题，就是财政的集权与分权问题，研究集中与分散的客观数量界限，就是研究集权与分权数量的界限。其实集权与分权并不是财政的集中与分散的核心内容：如果在财政体制改革中，仅仅把注意力放在集权与分权上，不仅会背离集中与分散客观数量界限，而且会使财政体制改革失之于偏，给国民经济带来消极影响，也达不到改革财政体制的目的。

财政管理的集中与分散问题，同其他经济管理问题一样，从根本上说也是正确处理责权利关系问题，财政的集中与分散，包括财政责任、财政权力、财政利益三个方面的内容。财政体制改革中，必须全面地处理这三个方面的集中与分散关系，任何一个方面处理不当，都会影响财政体制改革的效果。责权利三个方面的内容，既是相互联系、相互制约、相互依存的统一整体，又是有主有从的，其中财政责任是主、是核心，其余两个是从。我们改革财政体制的目的，并不是为了分权和分钱，其目的是为了正确处理财政关系，以调动各个方面当家理财的积极性，都能独立地承担起财政责任，更好地完成责任，以提高财政效果。因此，财政责任是财政关系的核心内容，是调节财政集中与分散关系必须首先解决好的内容。只有把握了财政责任的集中与分散的界限，确定财政权力和财政利益的集中与分散才有依据，才有意义。在财政体制改革中，调整集权与分权关系并不是目的，它只是为了给各方面完成所承担的财政责任提供物质前提条件和利益激励。财政权力的集中与分散程度，只能以财政责任的集中与分散程度为依据，必须与财政责任的集中与分散程度相一致、相适应。我们讲积极性，就是讲承担财政责任和完成财政责任的积极性，提高财政效果的积极性。离开财政责任，只在财权的多少或在分钱多少上谈积极性，是与财政体制改革的宗旨相背离的。至于权与利的集中与分散，则是为实现财政责任、提高财政效果提供经济动力和使财政责任物质化的手段。就是说只有把财政责任和财政利益结合起来，财政责任才具有实质性内容。财政责任完成的好坏，取得财政效果的高低，与财政责任承担者能得到的财政利益多少直接结合起来：财政责任完成得好，财政效果高，就可以多得财政好处；责任完成得不好，财政效果低，就会少得甚至得不到财政好处，这样，财政责任才会真正落到实处。如果只有财政责任的划分，而没有把财政责任完成的好坏与财政利益直接结合起来，干好干坏一个样，那么，承担财政责任也就失去实质性内容，责任将成为空话。总之，财政的集中与分散关系，包括责权利三个方面的内容，财政责任是核心内容，财政权力与财政利益是依财政责任为转移的。在这个意义上说，财政的集中与分散的客观数量界限，实质上也就是财政责任的集中与分散的数量界限问题，找出了财政责任的集中与分散的合理界限，财政权力和财政利益的集中与分散的数量界限也就在其中了。

三

在体制改革中，如何具体地测定财政集中与分散的合理的数量界限呢？根据前面的分析，可以看出，财政集中与分散的客观数量界限，其度是稳定的，其量在度的范围内是可变的，其具体的数量界限是通过各个时期财政责任的集中与分散的数量界限表现出来。因此，必须从测定财政责任的集中与分散程度入手，依据财政责任划分财政权力与财政利益，方能正确解决集中与分散的限度和从总体上调节好责权利的集中与分散关系，这是搞好财政体制的根本。现行财政体制的一个重要欠缺，就在于它测定中央与地方财政集中与分散数量的依据失当，从而在集中与分散的数量关系上背离了客观数量界限。现行财政体制不是以财政责任为出发点，而是以企业和事业单位的行政隶属关系为出发点，依据上年财政收支实际数量来测定集中与分散的具体数量界限。这种办法虽然简单易行，也容易使各方面接受，但以这种办法来划定中央与地方财政的集中与分散的数量界限，既不能分清中央与地方的财政责任，也不能正确处理责权利关系，更不符合集中与分散的客观数量界限。在现行的经济体制下，隶属于中央的企业和事业单位的各项需要，并不都属于社会共同需要部分。隶属于地方的企业、事业单位，许多事情需要由地方来提供，由地方为它服务，其各项需要，也不都属于具有地区特点的社会共同需要部分，从而并不一定都属于地方财政所承担的责任，许多事情需要中央为地方提供条件和服务。按隶属关系划分财政责任范围，就必然造成中央与地方之间财政责任不清，界限不明。几年来，在实际中发生的中央财政与地方财政相互埋怨的情况，就是证明。中央财政总感到收入放下去了，而支出没有完全放下去，即所谓统收打破了，统支却没有打破。而地方财政却不承认，认为"分灶吃饭"是在财政困难的情况下实施的，先分支出，后分收入，而且分的不是收入而是债，已明确划分了收支范围，没有什么统支没打破的问题。相反，收支已划分清楚了，可是中央还常出题目，开口子，额外增加地方支出负担，所谓包而不干。

同样，按上年收支实际来测定中央与地方财政之间的集中与分散的数量界限，也必然地会与客观的数量界限相背离。因为，1980年开始实行的财政体制，是为改变中央集中过多、统得过死的统收统支体制而改革的。在统收统支的体制下，中央支出的各项开支，不等于没有属于应当由地方财政承担的责任部分；地方支出的各项开支，也会包括属于应当由中央财政所承担的责任部分。并且，各年实际财政收支数量与财政责任的数量并不完全花了那么多钱，不能反过来说明花了那么多钱，发生了那么多项目开支，就是其职责也那么多。因为，没有执行某些其应当执行的职责，是不必花钱的，从而实际支出中也就没有这个项目，上年没有发生的支出项目不等于就不是应当由地方承担的职责，反过来，上年发生的项目，不等于今年也一定发生，即使发生了，也不一定仍然要支出那么多。花钱还有个节约与浪费的问题，同样执行一项职责，可以花得多些，也可以花得少些。花钱多，并不等于其执行的职责多。所以，以上年实际收支数额来测定财政集中与分散的数量，是不可能与集中分散的客观数量界限相符合的，往往造成背离客观数量界限。几年来的实践也证实了这一点。几年来，根据企业、事业行政隶属关系划分收支范围以及按上年实际收支数额测算，中央与地方收支数额的结果，中央财政只掌握了全部财政收入的20%，而地方财政却掌握了全部财政收入的80%。在支出上，中央实际支配全部财政支出的55%，地方支出则达45%，结果形成中央财政靠向地方要钱来平衡预算的被动局面，使中央财政失去了制约地方财政资金运用方向的物质力量，完全颠倒了集中制约分散的关系。这显然是与客观财政集中与分散的数量界限相背离的。也许有的同志会说，划分收支本身就是划分财政责任。不错，从表面看收支也是一种责任，但这不是真正意义上的财政责任。所谓财政责任首先是指实现财政目的的责任，社会主义财政分配的目的是为了满足社会共同需要，收支的划分是完成满足社会共同需要的手段，只能是在满足社会共同需要的责任划分的基础上，保证满足社会共同需要的供给，并做到以最少的支出取得社会共同需要的最大限度的满足，这才是社会主义财政责任。所以，为了克服现行体制的缺陷，必须改变测定收支的办法和依据，改为以社会共同需要的状况为依据，即以测定中央与地方旨在为满足社会共同需要必须承担办理的社会及经济的事业范围和数量为依据，采用从划清中央与地方的事业责任范围，确定财政责任的集中与分散数量着手，划定财政收支数量的办法，处理财政收支的集中与分散关系。

那么，中央与地方各自应当承担办理哪些社会和经济的事业呢？前面我们讲过，中央与地方财政集中与分散的客观数量界限的度的规定，需要以全国为单位组织实施。满足社会共同需要，是中央财政的责任，为中央集中的范围，它应当包括：国家战备需要、外交援外需要、中央行政管理需要、需要全国集中组织的事业需要、国家后备需要、关系国民经济全局的生产建设需要，以及支持经济发展低水平地区的需要等。这些都属于中央集中的事业范围。地方应当承办的事业包括：所有具有地区性特点的社会共同需要的事业，诸如地方道路交通及基础设施的需要、城市建设、公共设施和房屋建筑等需要，发展商业、饮食、服务、修理及公用事业的需要，日用工业品及食品工业等需要，地方性的农、林、水利、气象等事业的需要，地方科学、文化、教育、卫生及社会救济等福利事业的需要，民族特需的公共设施事业的需要，地方行政管理的需要等等。这些都属于地方应当承担的事业范围。这一事业范围也就规定了中央与地方财政责任的集中与分散的数量界限。当前，依照这一范围，根据历史资料，结合国民经济发展状况及中央与地方面临的政治经济任务估算，从全国来看，中央必须承担的财政责任，大体要占全国财政总责任的50％—60％，地方必须承担的财政责任大体要占全部财政责任的40％—50％。如果要考虑到中央财政对地方财政收入的调剂，以及实行宏观控制的需要，还要加大中央财政收入集中数额，以增强中央财政对地方财政资金运用方向的宏观控制能力，在财政收入上，中央集中的收入大体要占总收入的65％—70％。而在支出上，中央要集中财政总支出的50％—60％，地方承担30％—35％。地方收入不足以满足其支出的需要，则采取中央财政向地方返还收入的办法加以解决，以发挥中央对地方财政的制约作用。

四

确定了符合客观数量界限的集中与分散的数量，还要选取正确的办法来划分收支，以落实所确定的集中与分散的数量关系。如果方法不当，也会带来各种消极后果。例如，在过去，我们曾多次向地方扩大财政自主权，试图正确处理集权与分权关系，实行分级财政。分级财政无疑是符合我国国情的，正确地反映了客观要求。但是，由于实施的方法不当，每次都是在保留各部门对财力实行条条分割的状态下实施，在方法上仅仅是财政对本条条内的放权，其他各条条仍然归口决定地方财力的分配和使用，实施直接的干预，地方仍然不能对本地区财力的运用因地制宜、统筹安排。因而始终没有达到真正实行分级财政的目的。在1980年的改革中，总结了过去改革经验，采取了按块块放权的办法，条条对于明确划给地方的各项事业，不再归口安排支出和分配支出指标，这就保证了地方统筹安排本地区财力因地制宜地发展本地区各项事业的权力。使一直没能真正实现的分级财政，初步得到实现。实行"分灶吃饭"体制以后，地方真正拥有了财政自主权，调动了地方当家理财的积极性。但几年的实践也暴露出这个体制在具体实施办法上仍然存在不当之处，因而给国民经济带来了一些消极影响，妨碍着分级财政优越性的充分发挥。现行财政体制的具体实施办法上的主要欠缺是，只着眼于中央与地方之间从财政资金数量上分清你我，只注意了分，而没有注意统一制约的问题。因而，只能解决分，而不能解决集中制约和综合平衡。这表现在：（1）现行体制为了扩权，在方法上，把统一的财政资金，分成预算内与预算外两块进行管理，而没有同时制定宏观控制和综合平衡的办法。这样，只有分的办法，没有制约的办法，实际上等于放弃了财政的统一计划管理，这是与财政资金特有的社会集中性相违背的，这就不能不给财政分配活动带来某些盲目性。（2）在预算内资金的管理上，同样也只注意了分，而忽视了制约，结果造成中央与地方财政利益上相互脱节，财政分级变成分家。（3）在地方预算收支平衡的办法上，采取了收支完全挂钩，地方依靠自己收入平衡预算的方式。这种方法虽然有调动地方积极开辟财源的优点，但它却使中央财政失去了诱导地方财政资金运用方向的物质力量。（4）收支范围的划分上，采取了按企业、事业的行政隶属关系划分的办法。这个办法虽然有把地方的各项经济事业发展状况与地方财政利益紧密联系起来，调动地方办好本地区经济事业积极性的优点，但其缺点也很多。第一，不能正确地分清中央与地方之间的财政责任，这一点在前边已讲过，这里不再多讲，第二，造成中央财政利益与地方财政利益脱节。因为，把隶属于中央各部门的企业收入全部划归中央财政收入，把隶属于地方的企业收入全部划归地方财政收入，这就使地方企业只与地方财政利益发生联系，而与中央财政利益无关，中央企业收入只与中央财政利益相关，而与地方财政利益无关，地方出于自己财政利益的考虑，很容易对企业产生亲疏之分。对地方企业分外爱护，这不仅会强化"地方所有制"，而且会助长地区封锁、重复生产、重复建设等毛病。与此同时，由于地方企业的收入实现情况同地方财政利益和经济主管部门的经济利益挂得过紧，地方和部门出于自己利益的考虑，往往对企业进行过多的、不必要的行政干预，使企业的经济活动束缚于行政的条块框框之中，不利于政企职责分开、简政放权，不利于保护企业商品生产者的独立经营自主权，不利于经济的横向联系，妨碍流通，妨碍流通体制改革。所以，在财政体制改革中，要达到正确处理集中与分散之间数量关系的目的，寻找正确的具体实施办法是不可忽视的。

根据我国历次财政体制改革的经验，及现行财政体制实行方法的一些欠缺，在进一步改革财政体制时，为了坚持分级财政方向，恰当地调整集中与分散的数量关系，在确定财政体制的具体实施办法时，以下几点是必须注意的：

第一，必须摒弃按行政隶属关系划分收支范围的方法，采用收支分别划分，在支出范围的划分上，首先要确定地方财政的事业责任范围，然后按地方承担的各项事业的性质，实行分类划分支出责任范围。各项事业按其性质和其关系全局的程度，可能有如下几类：（1）纯属地方性质的，不涉及全局的地方基本事业，如地方行政事业、城市建设、地方道路、公用设施等，这一类应全部划归地方负责；（2）虽属地方事业，但又关系到较多地区或全国的需要，如具有特殊医疗价值的温泉设施、旅游胜地的开发等事业，这一类应由地方和中央共同承担经费供给的责任；（3）纯属全国性事业，但又需要由地方分头去办的事业，其责任应以中央为主，地方为辅，而其经费供给应全部由中央承担；（4）属中央事业，而又只能由中央去办的事业，比如中央行政管理、国防战备、外交等，则应由中央负责，并由中央财政承担全部费用的供给。

在收入划分上则要采用能使中央财政利益与地方财政利益结合起来的方法，例如，实行中央与地方之间的财源共享的分税制。所谓财源共享，是指每一项财源不论隶属于谁，都要成为既是中央财政收入的源泉，又是地方财政收入的源泉，这种共享分税制与现在实行的总额分成办法不一样，总额分成并没有脱离按隶属关系划分收支的框框，而分税制是对按隶属关系划分收支的否定。

第二，在平衡预算方法上，要改变收支全部挂钩的方式，实行双重来源平衡预算办法。即地方财政要靠自己的固定收入和中央财政向地方返还收入，才能平衡自己的预算。这样，才能保证中央财政掌握引导地方财政资金运用方向的物质手段。为了充分发挥中央财政向地方返还收入的经济杠杆作用，而又不妨碍地方财政的自主权运用，要根据不同情况采用多种具体办法。比如可以采取如下一些办法：（1）按地方财政的年标准收入与标准支出的差额给予补助。这个办法主要用来帮助收入不足以维持和发展地方基本事业需要的地区。所谓标准收支差额，是指地方财政在正常情况下，按规定的标准计算应当取得的收入，和按标准费用定额计算的地方各项基本事业所需要的费用数额之间的差额。这种不按实际收支差额补助的办法，既有利于克服中央与地方每年争财政指标的矛盾，又可以促进地方努力增收节支，提高财政效果的积极性。按标准收支差额进行补助，其补助的数额可能等于实际差额，也可能大于或小于实际差额。如果地方讲求财政效果，完成各项基本事业所需的实际费用低于标准需要，或积极开辟财源和组织收入，实际收入高于标准收入，地方就会得到额外的财力，多办一些事业。反之，搞不好，就会造成中央返还收入不足以抵补实际差额，发生财政困难。(2) 按规定的标准给予一定比例的补助。这个办法主要用于地方举办有关全局性事业和按规定应由中央与地方共同负担费用的事业。其特点是：不按实际需要而是按规定的标准补贴，不考虑地方举办这些事业是否有足够的财力，只要地方办这类事业，中央就按规定给予补助。这就可以引导地方积极举办有关全局性的事业，又可以发挥中央财政对地方财政资金运用的制约作用。(3) 专项补贴办法。它不是固定的补贴，哪些项目给予补贴，每年由中央财政根据国民经济计划的要求和调节经济的需要来确定，并事先公布，它主要用来指导地方财力运用方向，发挥财政杠杆作用。(4) 中央对地方委托拨款办法。它主要用于中央委托地方去办的事业需要。中央将要兴办的一些项目交给地方去包干办理，地方按质按量按时完成任务，如果资金结余则由地方留用，不足则要由地方负责弥补。这种办法有利于调动地方关心在其境内的各项中央举办的事业和节省投入成本的积极性。

实行地方财政收入来源双轨制，会不会减少地方财政自主权呢？不会的，这种办法是在坚持分级财政，扩大地方财政自主权的前提下实施的。这种返还，与统收统支体制下的中央拨款不同，也和现行体制中的调剂收入及中央给地方的补助不同，中央向地方返还是按规定的标准不能随意少返还或不返还的，每年必须按规定如期如数返还。从这个意义上说，返还收入也是地方财政的一种固定收入，并没有收回地方财权，只是改变地方财政收入的形式。所不同的是中央财政通过返还办法，在一定程度上参与了地方财力使用的指导，发挥了集中对分散的制约作用。此外，由于返还是按规定的标准，地方每年可以事先测算出自己可以得到的收入，便于从长远打算来统筹安排本地区的财力和发展地方事业。地方也不必再和中央财政争取收支指标，这对地方来说也是自主权的一项有效保证。

　　第三，应取消预算内与预算外的划分，实行统一完整的国家财政计划制度，以完整地反映国家财政面貌和所有财政资金的运用不脱离各级人民代表大会的监督与制约。在不能暂时完全取消预算外资金的情况下，也应尽力压缩预算外资金的范围，并且采用综合财政计划办法，加强宏观计划引导。

（原载《财政研究》1985 年第 1 期）

所有制关系变化与财政改革的新课题

随着经济运行模式的转换和所有制关系的变化，财政分配关系需要作什么样的改革，怎样改革，这是当前必须研究回答的重要课题。

一 所有制关系的变革与现行财政体制的摩擦

经过几年的改革，我国的所有制关系和全民所有制的具体存在形式及实现方式出现了许多新的变化。

第一，全民所有制内部关系方面，随着经济横向联系的发展，国有企业冲破了行政隶属关系条块的分割，跨地区、跨行业的合作经营、联合经营等各种合资经营形式发展起来，出现了不同条块所有者共同组建的新型的国有经济形式。

第二，在全民所有制与非全民所有制之间打破了相互隔绝、壁垒森严的局面，出现了各种不同所有制企业之间相互渗透、相互交融的混合型经济形式。这种经济形式多数是以国有经济为主导。从发展趋势看，它很可能是各种经济成分发展的最终归宿，将导致我国所有制形式的一个新的飞跃。如果这种估计有道理的话，经济改革中混合经济将会成为越来越重要的形式。这将改变原有企业的所有制内涵的单一性，除特殊行业的企业外，全民所有制将不再以国有企业形态独立存在，而是以国有资金参股、控股等国有股份形式独立存在。

第三，企业的所有制关系内涵的变化，引起了国有企业同各级政府和主管部门之间隶属关系的变化。在旧的经济体制下，国家对国有企业的所有权，是通过行政隶属关系以行政的条块所有形式实现的。随着国有企业间的跨地区、跨部门联合经营和合作经营的发展以及不同所有制企业之间相互渗透所形成的新的经济实体，超越了专一归属某一种所有制或某一条条、某一块块所有的界限、行政条块就不能再以整个企业的所有者身份直接干预企业的生产经营，只能以股东身份对企业施加影响，以政权身份对企业进行行政管理。

分配关系是所有制关系的体现，所有制变化必然引起并要求分配关系相应地改变，而财政分配作为生产关系中分配关系的特定组成部分，也必须随着所有制关系的变化而相应变革。旧的财政分配形式是与旧的所有制模式相配套的。经过几年的改革，财政分配的旧形式虽然已有很多变化，但这些改革基本上是以所有制关系，特别是全民所有制关系不变为前提的。从财政分配同所有制关系配套的角度来考察，现存的财政分配形式并没有突破旧格局，用这种财政分配形式的旧格局与已经变化了的所有制关系配套运行，必然会产生这样那样的摩擦。

1. 现行财政体制按企业行政隶属关系划分收支范围的办法，与国有企业所有制关系的内涵多元化之间存在矛盾。在企业不再单纯隶属于某一行政条块的情况下，财政仍然按行政隶属关系划分收支范围，就会发生财政分配形式与新的所有制形式之间两个方面的不适应。一是财政收入关系上造成经营实体（核算单位）与财政缴纳任务单位之间的脱节，给财政征纳关系带来诸多摩擦；二是在财政支出上造成财政服务的区域性与财政服务效益享用的多地域性之间的不协调。这样，行政的各个条块出于本地区、本部门利益的考虑，势必要多方干预企业的经营活动，对本地区、本条块有利的就支持，否则就会设法阻拦。由于上述两方面的不协调，不仅企业无法摆脱行政条块不应有的干预，不利于政企分开改革的完全实现，不利于企业之间跨地区、跨行业的横向联系的发展，而且由于企业的所有制关系的多元化，还会给企业带来更多的"婆婆"，多头的干预。

2. 财政体制的税前还贷办法，同企业资金所有权与经营权分离之间的矛盾。企业借款行为本是企业经营权范围内的事。根据权责统一原则，企业有权向银行借款，就应承担还款的责任。所谓税前还贷，实质上就是财政替企业承担归还贷款的责任。企业有借款权力，并享受借款的利益，却不承担借款风险和归还贷款的责任；而财政承担企业借款风险和归还贷款责任，却没有决定企业可否借款的权力。这种权责脱节的信用方式，不但颠倒了国有资金的所有权与经营权之间的主从关系，与旧的资金供给制办法没有多少差别，而且也使企业失去控制投资行为的自觉性。

3. 企业追逐赢利的动力日益增强，同现行的财政与企业之间分配方式不足以控制企业行为的矛盾。随着全民所有制关系的改革，国有企业相对独立商品生产者地位的形成，企业能否赢利以及赢利多少已成为决定企业经营成败、企业利益大小、职工福利高低的基本因素，企业追逐赢利是不可避免的。并且在价值规律作用下由于诸种经济机制运行的不平衡性的存在，企业增加赢利与社会利益之间的矛盾也会时常出现。所以，控制企业行为，把企业的赢利目标引导到同社会共同利益目标相一致的轨道上来，就成为有计划的商品经济的客观要求。

企业行为决定于可能取得自身利益的方式和利益实现的途径。利益的实现最终决定于分配，分配过程从本质上说也是利益实现的过程。因此，控制企业追逐利益的行为，就必须从正确处置国家与企业之间的分配关系入手，把企业利益与社会利益紧密衔接起来，使追逐社会效益成为企业实现自身利益的途径。可是按照现行的国家财政与企业之间的分配办法，企业利益的多少只和企业取得利润总量的大小挂钩，而和社会效益好坏无关，企业只要逐年增加利润总额就可以相应地增加自己的利益，这就是目前企业任意搞外延性扩大再生产的重要因素。应当特别指出的是，这种办法在企业产品销路不存在问题的情况下，增加资金占有量对企业利益多少具有决定性的意义。企业只要增加资金搞外延扩大再生产，不仅可以得到企业规模升格的各种好处，而且由于产值增大，即使企业成本升高，资金效益降低，也会增加利润总额、留利总量和职工的福利和奖金。因此，现行的财政与企业之间的分配方式不但不引导企业沿着社会效益方向运行，反而在一定程度上助长企业单纯追逐利润量和投资，忽视经济效益的提高，这同对企业行为实行宏观控制的目的相悖。

二 财政改革的途径和对策

为了正确解决上述各项矛盾，考虑到所有制关系特别是全民所有制关系变革的趋势，对财政采取以下一些改革措施也许是必要的。

第一，进一步改革国有资金的管理体制，分清国有资金投资者与经营者的责任和权力，明确企业使用国有资金的责任，以加强财政对企业资金行为的制约作用。当前企业资金行为不正常，主要是由于国有资金分配和使用上的权责脱节造成的。为了克服这个缺点，可考虑采取以下几项对策：

1. 继续调整国家与企业之间资金运用关系。在给企业留有足够的生产发展基金以保障内涵扩大再生产需要的基础上，改税前还贷的办法为企业用自有资金还贷的办法，并在实施企业破产法的基础上，对企业经营性亏损不再给予补贴，以便明确和硬化企业使用国有资金的责任。

2. 对企业财务管理实行规范化。财政只做国有资金投资者代表，对企业收取国有资金法定红利，保护国有资金的利益，代表政府对企业实施财经法令、财政政策的监督，而不再直接干预企业经营者日常的财务活动和经营活动，以划定投资者和经营者之间的权力范围，保障企业财务经营的充分自主权，明确企业对其所使用的国有资金的实质性责任。

3. 对国家投资的新建企业，不仅采用投标方式进行建设，以完善"拨改贷"办法，建成投产后也采用投标办法经营。由财政部门设立的国有资金经营管理机构出榜招聘厂长，由受聘厂长同资金经营管理机构签订合同，规定厂长任期内实现社会利益的目标以及缴纳法定红利标准等事宜，以分清投资者与经营者的责任。

第二，改革国家预算管理体制，建立国有资金经营管理预算，对国有资金实行集中计划管理，以解决国有企业所有制内涵多元化与国有资金条块分割所有之间的矛盾。国有资金改分散管理为集中计划管理，并不是要恢复统收统支的老办法。原有财政体制在财政与企业之间的分配关系上实行统收统支，但在财政与行政条块关系上又是十分分散的。现在的改革，对企业应是进一步完善扩权的办法，对条块则应适当集中。只有这样，才能使财政在国有资金管理上适应所有制关系变革和全民所有制关系调整的需要。国有资金从分散型向集中型转变，需要采取如下几项对策：

1. 把政府机关对经济的行政管理同国有资金的经营管理严格分开。国有资金的分配和管理，在国务院总理直接领导下，只授权财政部的国有资金经营管理机构行使职权，并责成其对国有资金使用效果负完全的法律责任。其他任何政府机关不再有权直接干预国有资金的分配和使用。其他各经济主管部门在国有资金使用方面，只有权根据国民经济发展计划和平衡经济的需要，提出本部门、本行业所需国家投资的规模、项目和技术经济目标的要求，以及所需采取的财政政策和其他调节手段的要求等。财政则根据各部门的要求和国民经济发展的总情况、总需要，具体确定国家资金投入方向、方式，以及为实现目标所采取的财政政策和财政杠杆的具体办法。这样才有可能彻底解决国有资金管理上的谁都有权而又谁都不承担实质性责任，权责脱节、责任模糊的混乱状态。

2. 划分各级政府的经济建设责任范围，把生产性投资权集中在中央和省（或经济区）。中央承担有关国民经济全局、各个时期内国民经济计划和规划要求重点发展的国民经济薄弱环节的投资；省或经济区则承担具有本地区全局性而又不涉及国家全局的投资。不论省或中央都不再对现有企业和一般企业建设项目进行投资；把非生产性建设投资，除少数关系全国和跨几个地区的重大项目交由中央财政承担之外，其余各项社会公共设施、城市基础设施等，全部交由市、县政府负责，城市不再承担生产建设投资，这样就可以有效地实现政企分开，保障市政府集中精力办好社会，充分、有效地发挥其应有的服务功能。

3. 重新构造预算体系，把原国家预算中生产性建设投资分离出来，并相应地划定收入来源，成立专门预算。在国家总预算下，建立两个预算。一个是国家资金经营管理预算。这个预算的收入可以设想是国有资金的法定红利收入、在国内外发行的生产性建设公债收入以及根据需要关闭的国有企业或抽回国有资金收入等；支出则应当是生产性投资支出、公债还本付息、投资者责任所需支出的各项费用以及运用财政杠杆所需要的各项政策性补贴支出等。一个是社会发展及社会经济管理社会共同需要收支预算。这个收支预算包括原国家预算收支剔除国有资金经营预算收支以外的全部内容。在预算编造和执行过程中，两个预算之间的经费不得流用。这样，财政管理就可以实现向有计划的商品经济发展方向的需要转化，既管好国有资金，又可以增强财政弹性；既有利于发挥财政杠杆作用，也有利于防止财政的生产性支出与非生产性支出相挤占，从而全面发挥财政职能作用，保证社会共同需要的全面满足。

　　第三，改革国家与企业之间的利益分配方式，以改进企业行为和保障国有资金所有权的充分实现。

　　1. 改变现行的只把企业利益与企业利润总额挂钩的分配办法，实行企业利益同企业生产经营的社会经济效益和企业赢利率挂钩的办法，使企业利益的多少随企业实际经济效益好坏而浮动。

　　2. 实行国有资金效益法定责任制，以解决企业占用国家资金缺少实质性责任所造成的软预算约束问题。在这方面，曾经试行过资金付费办法和分红制。从实验的结果看，这两种办法各有利弊。资金付费制的费用比例固定，不论企业实际经营效益好坏都要缴纳，有利于硬化企业占用资金的责任，对推动企业提高资金利用效率有较大作用；缺点是把投资者的责任和经营者的责任一并推给企业承担，特别是由新建企业投资决策正确与否而带来的效益或损失是与企业经营无关的，其责任由企业承担显然是不合理的。分红制是按企业实际经营效果分配，由投资者和经营者双方共同承担投资风险和经营风险，这也不够合理。从理论上讲，企业经营成果是投资决策和经营管理效果的综合体现，但实际情况要复杂得多。可能是投资决策正确，而企业经营管理不善，也可能与此相反。在这两种情况下，投资者与经营者共同承担风险责任是不公平的。付费制和分红制共同的缺点是在利益分配上不能分清资金使用责任，因而有必要寻找新的办法。工程建设的招标方法给人以启示，在国有资金管理上采用招标办法也许是有益的。对新建企业和现有企业都实行招标，以承诺法定红利水平和达到社会效益水平为标的，按投标结果确定的红利率和实现社会效益目标为法定的缴纳红利责任和考核标准。在合同期内，受聘者在经济上和法律上承担完全的责任。为了适应企业在年度间出现经营状况波动的可能性，以及保障国有资金红利的安全，可仿效股份公司中"积累优先股"的做法。不论企业利润状况如何，都必须首先如数缴纳国家法定红利，如果企业年盈余不足以支付法定红利，可在下年盈余中补足。这个办法同资金付费制相比，形同实异。其区别点就在于前者经过招标来认定法定红利率，可排除投资者因决策优劣所造成的效益好坏这一因素；如果投资决策失误，投资没有效果，从而无人投标，投资决策者则要对此向国家承担完全的经济和法律责任。这样有利于区分和明确投资者和经营者双方的责任。

三　财政不能退出生产建设资金分配领域

有一种意见认为，经济管理中的诸多弊病是同全民所有制采取国家所有形式，并由财政分配和供给国有资金有关的。不改变国家所有制和财政分配、供应资金的办法，只是改革财政分配形式，不可能克服国有资金使用和管理上的缺陷。因此，财政必须从生产建设资金分配和供给领域退出去，以改变国家所有制形式。不可否认，我国经济管理中的一些弊端的确同财政分配方式的欠缺有关，但和财政作为国家资金所有者代表分配和供给资金无关。在社会主义社会，全民所有制采取国家所有制形式，由财政代表国有资金所有权分配和供给资金，这是全民所有制性质决定的。就全民所有制本性来说，它具有两个根本特征。一是从全社会看，任何一项生产资料都属于每一个劳动者所有，他们在生产资料关系上处于平等地位，"全体公民都有利用公共的生产资料、公共的土地、公共的工厂等进行劳动的同等的权利"。① 二是从每一个劳动者看，任何一项生产资料都是社会公共财产，任何个别劳动者或劳动者集团都无权直接占有。全民所有制这两个特征决定了只有社会主义国家才能代表全体劳动者占有生产资料，才能确保全体劳动者共享生产资料所有权及其利益。试图取消财政代表全民资金所有权的方式，代之以银行或个人或集团代表资金所有权的方式，从而改变国家所有制形式，都无法确保全体劳动者共享生产资料所有权的利益，势必模糊全民所有制关系。以银行代替财政分配和供给国有资金形式的主张，经过几年的讨论，现在已很少有人再坚持了。实践证明，银行是无法代替财政的。劳动者个人所有在财产关系上具有排他性。从历史上看，生产资料的劳动者个人占有方式从来没有作为普遍现象而存在，因而用劳动者个人所有制形式作为全民所有制关系的存在和实现形式是不可能的。集体所有制是社会主义社会公有制的一种形式，但它与全民所有制仍有质的差别。集体所有制是社会主义社会公有制的一种形式，但它与全民所有制仍有质的差别。集体所有制是生产资料在劳动者集团范围内的公

---

① 列宁：《自由派教授论平等》，《列宁全集》第 20 卷，第 139 页。

有，它不能容纳集团外劳动者来共享生产资料所有权的利益。

财政承担国有资金分配职能，也是有计划的商品经济的客观要求。财政投资不仅是满足社会主义物质再生产发展的外在条件所必需的，也是创造物质生产内在条件所必需的。国家财政集中掌握一部分财力，向有关国计民生的重大项目、国民经济发展的薄弱环节投资，保障国民经济按比例发展，这是不言而喻的。有的同志主张，财政虽然不能完全从国有资金分配领域退出去，至少可以从营利性投资领域退出去。应该说，营利性企业的投资同样是不能完全离开财政资金供给的。营利性企业也存在着一些耗资巨大、建设周期长的各种重大工程项目，比如大型水电站、核电站、铁路干线、大型矿山、油田，任何个人或企业之间集资都无法承担。

此外，从国家财政发展史来看，国家财政进行集中性投资是始终存在的。早在奴隶制社会的国家，财政就是如此。在现代资本主义条件下，由于资源分布和生产力配置等需要，经常会在某些生产领域或某些地区的某些行业，虽然是社会再生产发展所需要的，但由于不赢利或暂时不赢利而发生投资障碍。为了保障社会再生产发展，财政投资就成为客观的必要。当今资本主义世界没有一个国家财政能够完全离开生产投资领域的。私有制下的生产投资尚不能完全离开财政，在社会主义公有制和有计划的商品经济条件下，财政就更不能完全退出生产建设资金的分配领域。

（原载《经济研究》1986 年第 3 期）

财政改革基本思路的若干思考

一　财政改革基本思路的回顾

经济改革以来，财政始终沿着让利放权这样一个思路进行改革，实践证明，财政改革从让利和放权开始是完全必要的，没有财政的让利放权，城市改革的第一步就无以发动，后来的各项城市改革也无从实现。然而，改革的实践也表明，以让利放权为主要内容的改革思路，只能是我国经济改革发动初期阶段的财政改革思路，并不可以作为贯穿财政改革始终的战略思路。单纯地进行让利放权，并不能达到全面理顺财政关系、建立符合有计划的商品经济要求的新财政体制的目的。

第一，任何经济关系都是权、责、利关系的统一体。在经济改革中，只有将权、责、利关系安排得协调统一，经济关系才能理顺，经济的运行才能顺畅。财政关系也不例外，在财政改革中也必须时时注意权、责、利的统一。旧财政体制是权、责、利高度集中的体制，在财政改革中，只注意放权让利而不相应地变革财政责任关系，在扩大地方和企业的权和利的同时，也就必然会破坏财政关系的权、责、利的统一。财政的权、责、利三个方面关系，是相互依存而又不能相互代替的。在财政关系中，财政责任关系是核心关系，承担财政责任是取得财政权力和利益的根据，财政权力则是实现财政责任的条件，无权也就无法实现其责，而财政利益则是实现财政责任的动力。在财政改革中只注意放权和让利，不注意责任关系的改革，不仅使放权让利失去依据，也会使地方和企业要权要利失去控制，在权力的使用上失去约束。当前企业行为的短期化，地方行为的区域化，其重要原因就在于财政改革只有让利放权，没有相应地改革财政责任。

　　第二，单纯让利放权并不能触动旧财政体制的根基。旧财政体制是建立在"全民所有同政府机关直接经营企业混为一谈"的思想认识基础上的，它反映着经济运行上的条块分割关系，以及国家与企业之间的政企不分关系。旧财政体制的统收统支弊病，只是旧财政体制弊端的表象，并非本质。在中央与地方的财政关系上，按企业、事业行政隶属关系划分收支范围，形成经济上的条块分割，和在国家与企业的财政关系上，财政与财务不分，财政代替企业财务承担全部资金供给和盈亏责任，这才是旧财政体制的根本弊端所在。财政改革以让利放权为主要改革内容，只能解决中央与地方，国家与企业之间，在财力使用权上的你多我少的问题，它能够打破统收统支，但并不会消除上述弊端。事实正是如此，多年来改革的结果是，旧财政体制的基本弊端不但没有被触动，反而在某些方面起到强化的作用。"分灶吃饭"体制，以及后来的分税体制都没有打破经济上的条块分割，反而在一定程度上强化了条块分割，助长了"地区封锁"、"地区割据"和重复建设等弊端。同样，在国家与企业关系上，经过各种形式的让利放权改革，也没有动摇财政代替企业财务承担责任的旧财务体制的根基。企业吃财政"大锅饭"的问题，并没有从根本上解决。

　　第三，财政始终以让利放权为主要内容进行改革，也难以为继。（1）国家财力的集中与分散，一定时期内都有其客观的数量界限，不论集中或是分散，超越了客观限度，都会给经济的正常运行带来阻碍。增强企业活力是经济体制改革的中心环节，向企业下放财权应当是财政与企业关系改革上的重要内容。但不能忘记，保证国家集中必要的财力，也是搞活企业所必需的。在社会化大生产的条件下，任何企业的生产经营，没有社会为之创造必要的环境和条件，就无法进行，如城市的基础设施、各项公用设施以及能源、交通重点建设，等等。没有这些，企业的生产经营，就难以正常进行，要举办这些事业，财政就必须集中必要的财力。所以，让利放权虽然是搞活企业所必需，但不能无限度地进行下去，只能适度而止，超过限度就会走向反面。从国民经济总体上看，当前让利放权已经达到了客观允许的最大限度，有些方面甚至已超越了客观允许的限度。下面我们略加具体分析：（1）就中央与地方之间关系方面来看，经过放权让利，地方已掌握了70%以上的国家财政收入，中央财政已从统收统支状态，转化为必须向地方要钱才能平衡自己收支的被动状态，显然财政收入权的下放已过了头。(2) 就国家与企业关系方面来看，至1985年止，企业留利水平已达39%，如果加上税前还贷的利润，已达50.7%，每年企业已能自主支配近千亿元的财力，如果"国家拿大头、企业拿中头"这一原则是正确的话，显然，当前企业的留利水平已超越客观界限。(3) 从财政本身来看，由于多年的连续让利放权，致使收入增长很慢，收入总量占国民收入比重在"六五"时期年平均只占26.1%，像我国这样人口众多、经济处于发展之中的大国，财政担负着保障国家机器运行所必需的资金供给，及平衡国民经济运行所必需的重点投资，承担着支援经济落后地区和发展民族的科学、文化、教育、卫生事业所必需资金的供给，和为企业创造生产经营环境所必需的社会投资等重任。应当说，占国民收入26%比重的财政收入，已不能再低了，继续放权让利对中央财政来说，已是无能为力。

总之，随着经济改革的深入发展，财政改革也要进一步深化，要放宽改革的视野，向未曾改动和改动不够的领域发展，把改革思路转到全面理顺财政关系的方向上来。如果继续以让利放权为主要改革内容，则不但深化不了财政改革，还会给经济改革带来消极影响。当然，至今某些企业、某些行业留利仍然偏低，在今后的改革中仍然是要认真解决的。

二　财政体制改革目标模式的选择

财政体制改革最终要建立一个什么样的体制模式，从1980年实行"分灶吃饭"体制以来，似乎已经明确，那就是建立分级财政体制。其实这只是确定了体制改革的大方向，并没有把体制模式具体化。因为，财政分级可以有各种不同形式的分级。综观古今中外已经存在的财政分级模式，归其大类可有四种：(1) 区域割据型分级财政，比如封建庄园经济下的诸侯割据型财政体制，就属于这一类。(2) 联邦型分级财政，比如美国财政体制就属于这一类。(3) 中央集中调控下的地方自治型分级财政，如日本财政体制就属于这一类。(4) 中央集权下的条块分工型的分级财政，我国改革前的财政体制就属于这一类。这四类分级财政体制中的区域割据型分级财政的特征与我国国情是不相适应的，这一点是不言自明的。而其他三类却有略加说明的必要。联邦型分级财政与地方自治型分级财政，两者的实质都是地方自治型财政，但其自治的程度差别很大，联邦型是地方自治权最大的一种分级体制，地方不仅有自己独立自主的财政收支权，还有独立自主的税收立法权，而地方自治型体制则只有独立自主的财政收支权，没有独立自立的税收立法权，地方开征什么税，不征什么税，税率高低等，只能在中央颁布的地方税法规定的范围内确定，地方开征新的税种，必须要中央有关当局的批准。条块分工型分级财政，实际上只是执行预算上的分工，地方只在中央核准的收支范围内，有因地制宜地独立执行的权力和责任，地方并没有实质性的自主权，并不是严格意义上的分级财政。

　　在我国，应当以什么样的分级财政体制作为改革的目标要依据我国的国情和经济改革的总目标模式来确定。因为，一个国家在各个历史时期内实行什么样的财政体制，是由各个国家、各个历史时期的实际情况、社会再生产的组织结构、社会经济运行方式，以及由此决定的国家行政区划、行政组织结构等许多因素综合决定的。例如，处于自然经济形态下的封建庄园经济的国家中，财政体制只能是区域割据型的分级财政。现代资本主义社会，商品经济高度发展，民族统一市场的形成，就排斥了区域割据型分级财政，只能实行有利于商品经济发展的各类自治型分级财政。所以，在财政体制研究上，不能抽象地谈哪种分权型好，只能根据国情来具体分析研究。我国是一个幅员辽阔、人口众多的社会主义大国，在客观上决定了我国财政体制只有实行分级财政，才能充分调动各地方的积极性，因地制宜地处理好各地区的特殊需要。至于我国应当实行什么样的具体分级形式，这又决定于经济运行模式，在过去有计划的产品经济下，经济运行是纵向进行的，中央集权下条块分工型的分级财政体制最为合适。经济改革后，我国的经济形式向有计划的商品经济形式转变，这就向财政管理提出了新的要求。第一，要求财政政策和法制的决策集中于中央。在有计划的商品经济下，各企业的生产经营活动直接受市场状况所制约。只有全面保障企业自主经营权，企业才能有旺盛的活力，市场才能充分发挥调节经济个量的积极作用。为了保障企业自主权和市场的调节作用，国家在经济管理上，就必须从以指令性计划为主，转向以指导性计划为主，从对宏观经济与微观经济一齐管，转向只对宏观经济直接管理的方向上来，即借助财政、货币、信贷政策等经济手段，有计划地控制和调节市场，使市场按照计划的要求调节企业的生产经营活动。计划调节市场和市场调节企业，是国家宏观经济管理的两个相互结合的不同过程。计划调节市场，从本质上说，是国家有计划地对宏观经济总量的调节，市场调节企业，则是在国家计划控制市场总量平衡的基础上，通过市场运用价值规律对微观经济的调节。财政要有效地承担起有计划地调控市场总量平衡的任务，就必须在财政政策和法制上保持高度的集中统一。应当指出，这种宏观经济调节与控制所要求的财政集中，与旧财政体制的集中不同，旧财政体制的集中是分条条实施的，是一种条条分散型集权。有人说，旧财政体制从地方和企业来看是中央高度集中，但从各级块块来看，则是条条分割，高度的分散。这种说法颇有道理，各地城建中存在着的"拉锁马路"、重复施工等现象，就是这种条条分割在实际经济生活中的具体表现。所以，旧财政体制的那种集中，并不符合财政宏观调节的需要。第二，要求地方财政自治。因为，在商品经济下，分散在各地的企业，其生产经营各有特点，对经营环境要求也各异，只有各个地方政府依本地实际情况和本地区企业的特点，因地制宜地搞好各项公共服务设施，才能满足各经济实体发展商品经济的需要。要做到这一点，地方政府没有较大的财政自主权是办不到的。总之，我国的国情和有计划的商品经济要求，决定了我国的财政，既要保持在宏观经济调节上的高度集中，又要求地方政府有充分的财政自主权，就是说，我国的财政体制既不能是单纯的中央高度集中，也不能只有地方财政自治，必须是高度集中和高度自治的有机结合。

综上所述，可以看出，在我国实行中央集中调控下的地方自治型分级财政体制最为适当。所谓中央集中调控包括两层含义，一层是财政的纵向运行不再按条条实行，而统一由财政逐级实施；一层是财政改革，财政法制以及财力调剂等方面宏观决策权统归中央财政，这对克服财政关系的条块分割，政出多门，妨碍财政宏观调控效果等弊病是十分必要的。所谓财政的地方自治，是指地方财政在中央统一政策、统一法制和统一调控下，拥有自主的收入来源和独立自主使用财力的权力，并对满足本地区各项社会共同需要，搞好对居民及商品生产者的服务承担完全的责任。

　　1980 年实施的"分灶吃饭"体制，我在 1982 年一篇文章中曾指出，改革的方向是正确的，但这个体制在办法上和思路上有缺点①，那就是在放权的同时，忽略了建立新的集中调控体系问题。特别是新的体制沿用了旧体制的按企业行政隶属关系划分收支范围的办法，造成了"分灶"变"分家"，集权与分权失去结合点，致使中央财政失去了控制和调节地方财政运行的物质力量。因此，下一步财政体制改革，首要的是弥补"分灶吃饭"体制的不足，应当以强化中央调控力量、明确中央与地方事权和责任为主要内容，以保障我国财政体制向中央集中调控下的分级财政方向发展。要强化中央财政的调控力量，主要是加强财政政策和法制的集中，以及适当集中收入权，使中央财政拥有必要的调控地方财政的物质力量。只有这样才能有效地发挥财政控制宏观经济的作用。这一点从资本主义各国的实践经验也可以得到证明。当今资本主义各国，自从实行国家对经济的干预以来，在财政管理上几乎无一不采取提高中央财政收入占财政总收入比重的措施，以加强中央财政的调节力量。以美、日、英三国为例，美国联邦财政收入占财政总收入的比重，1932 年是 34.3%，1940 年则上升到49.3%，而在 1981 年已达到 56.3%，因而各地方支出都大于自己的收入，需要由中央财政采取各种形式返还。英国中央财政收入占总收入的比重，1910 年是 50%，1932 年国家开始干预经济，当年就上升到 65%，到 1981年后，始终处于 70% 左右。地方政府财政收入因中央收入提高而降低，均需中央补贴方能平衡收支，中央补贴的数额，从 60 年代以来，几乎占支出总额的 50%，日本在第二次世界大战前实行的是统制经济，财政收支高度集中在中央，在战争结束的 1945 年，中央财政收入占全国财政收入的比重是 92.1%；实行民主改革后，中央向地方下放财权，开始向地方自治财政体制转化，中央财政收入比重也随之下降，1955 年为 71%，到 1965年又下降到 67%，但此后基本稳定在这个水平上。在日本，中央财政向地方下放的支出权却很大，几乎下放了 70% 的支出权，1965 年以来，地方收入大约只能满足地方支出的 55%，约 40% 以上支出须由中央财政返还

---

　　① 　参见何振一《谈现行财政体制的缺点和改进的途径》，《财政研究资料》1982 年第 82 期。

收入来弥补。这些国家之所以要这样做，唯一的目的就在于通过返还收入来控制地方财政支出的方向，以保证宏观调节政策的实现。

我国是一个大国，各地区经济发展很不平衡，不少地区的财政收入甚微，全部留给地方也维持不了基本需要，必须由中央财政给以必要的支持，加之经济发达地区也需要适当压缩自有收入，以便于中央财政对其调节和控制，因此中央财政要有效地实现宏观调节和控制，就必须掌握大大超出自身需要的财力，中央财政收入占全部财政收入的比重，要比一般国家更大一些。据测算，中央财政要掌握 70% 左右的收入，把 50% 的财力使用权交给地方，较为合适。

三　财政与企业之间财务分工界限的思索

财政与国有企业之间在财务上如何分工，要从两个方面来考察，一是财政支持企业日常生产义务的界限；二是财政与企业在扩大再生产投资上的分工界限。

（一）支持企业日常生产的义务界限

社会主义财政作为国家资金所有者代表，对国有企业使用的国家资金不仅有当然的监督权，也有不可推卸的责任。然而，作为所有者对其所有企业的资金如何承担责任，和承担什么样的责任，又是随所有者与企业经营关系的不同而不同。总的说来，所有者自己直接经营企业，则承担的责任就多，与经营关系越间接，其责任也就越少。在企业所有者与企业经营分离的情况下，所有者对企业承担的责任，则是有限的。从当今世界各国实际情况来看，也正是这样，企业所有者与企业经营之间的关系大体有两类；一类是所有者直接经营企业；一类是所有者与经营分离，所有者把经营权和责任全部交给经营者承担，所有者不再直接干预经营活动。前一类所有者往往要对企业承担无限责任，后者则只承担有限责任，除承担经营者失败造成的所有者投入资金的损失之外，即投资风险之外，不承担其他任何责任或义务。在所有权与经营权分离的情况下，之所以形成所有者对企业只负有限责任这样一种关系，是为了保障企业所有者利益，避免因经营者的失败而给所有者带来无限损失的危险。

我们改革企业经营管理体制的目标，是实行所有权与经营权分离，使企业成为有自我改造、自我发展能力的自主经营，财务自理、自负盈亏的独立经济实体。财政向企业放权让利，就是为了实现这一目的，给企业创造财务管理上的条件。这样，理所当然地在下放财权的同时，就必须相应地减少财政对企业承担的资金责任或义务，最终只对企业承担投资风险的有限责任。如果在改革财政与企业财务关系的过程中，一方面为了实现企业财务自理和自负盈亏，不断地大量下放财权和财力给企业，而另一方面又照旧对企业承担着资金供给上的无限责任，这不仅会使财政包袱太重，难以承受，而且还会造成企业吃国家财政的双份"大锅饭"，既吃原有的"大锅饭"，又吃新添的让税留利的"大锅饭"。有人说，全民所有制企业只能负盈不能负亏，认为要使全民企业负盈又负亏，就必须变全民所有制为企业所有制。这种意见很难令人信服，我们进行经济改革，是为了完善全民所有制，为了充分发挥全民所有制的优越性，如果把全民所有制改掉，这就偏离了改革的宗旨。事实上，经过向企业让利放权之后，企业仍然不能承担起财务自理的责任，并不是全民所有制造成的，根本问题在于各方面改革没有配套和企业财务改革不彻底，特别是在向企业让利放权的同时，财政没有同步向企业下放财务责任，仍然替其承担着弥补亏损和资金供给的无限责任，这就造成企业财务上的权力与责任分离，只有权力而无责任，企业当然也就无财务自理可言。

此外，财政在向企业放权让利之后，没有相应地下放财务责任，也弱化了企业自我控制行为的能力。在扩大企业财务自主权之后，财政仍然承担着支持企业生产的全部义务，实际上是财政对企业生产资金实行了重复供给制。企业在生产资金上有了重复来源就可以放心地搞消费膨胀，而无须担心会发生把留利全部用于消费性支出之后，没有发展生产资金来源的危险。加之企业归还贷款的利润，照提奖励基金和集体福利基金，以及借款利息计入成本等规定，更使企业完全摆脱了借债风险的责任，这样，企业怎么会有自我控制行为的能力呢？

综上所述，财政从对企业财务承担完全责任，向承担有限责任方向转变，是当前财务体制改革必须解决的一个关键性问题，不改变这种状态，实现企业自主经营，自负盈亏，端正企业行为就无法实现。当然，由于客观条件所限，当前还不能即刻完全实现这一转变。但是，在深化企业改革过程中，必须十分注意这一问题，在实行新的改革步骤时，应当尽可能使财政向有限责任方向转化，否则将给经济改革带来消极后果。

（二）财政与企业之间扩大再生产投资上的分工界限

当前在这个问题上有三种主张：一是财政退出再生产投资领域，把扩大再生产投资责任全部交给企业；二是企业承担一般性生产投资责任，财政承担国家重点投资责任；三是企业承担简单再生产，即内涵扩大再生产责任，财政承担扩大再生产投资的责任。第一种意见，其不可行性是十分明显的，这方面已有许多论证。后两种意见各有长短，都有一定的可行性，但比较起来，第三种意见更适合我国的国情。从表面上看，第二种意见既合乎企业自我改造和自我发展的要求，又可以解决国家掌握必要的财力，以实现宏观经济直接调节的作用。但仔细分析一下，却有颇多的不可行性。首先，中外经济发展的历史经验证明，国民经济扩大再生产投资总量上的平衡，由国家集中调节和控制最为有效，而依靠个量自我调节，却有着不可避免的盲目性。其次，国民经济中的供给与需求在总量上虽然是不断增长的，但在个量上却经常是有升有降的。因而，一般性生产从个量上看，并不时时都需要扩大投资，如果把一般性生产投资都留给企业去办，势必带来需要收缩其生产的企业资金有余，而需要扩大生产的企业资金不足的矛盾。当然，这种状况从理论上说，可以通过信用手段加以调节，使资金投向达到均衡。但这只是一种可能，最终能否实现，还决定于各企业的决策状况和市场发育的程度。在我国，地区之间经济发展很不平衡，特别是广大农村，在相当一个时期商品经济还只能处于初级阶段，现代化的统一的大商品市场，一时还难以形成，单靠信用的调节，实现资金投向的均衡是难以办到的。并且，即使统一的大商品市场形成了，通过市场来调节资金的运行，达到扩大再生产投资的按比例，也有其局限性。因为市场调节天然地具有滞后性，企业依此来决定扩大或缩小其投资，很难避免决策上的迟滞性。由于商品交换过程中大量中间环节的存在，常常是供给达到饱和的初期，仍然会保持着需求旺盛的假象，并通过市场继续刺激着生产，只有达到一定程度后，才会突然显现出过剩状态，这时，生产者已来不及转移投资。我国前几年西服生产就有过这样的经历，西服生产在 1985 年后期，事实上已经饱和，可是订货仍然很旺，致使生产者继续筹划扩大其生产投资，结果不少企业在扩大投产之时就是产品积压之日，损失不可避免。其实，西方的凯恩斯主义也好，货币学派也好，从其本质上说，都不外是为了解决投资个量化的局限性。社会主义革命的胜利，生产资料全民所有制的建立，消除了资本主义社会所固有的社会化大生产与私人占有之间的矛盾，从而为国家从宏观经济上有计划地分配社会资源，自觉地从总量上组织国民经济平衡，创造了无限可能，我们应当充分运用和发挥公有制这个优越性。过去经济上的失误和体制上的缺点，并不在于国家有计划地从总量上来直接调节经济，而在于忽略了社会主义历史阶段商品经济的不可逾越性，把国民经济看成是产品经济，把全社会办成了一个大工厂，否定了企业的独立商品生产者地位，窒息了企业的活力。所以，把一般性生产的扩大再生产投资交给企业去办，把国民经济扩大再生产投资个量化，并不是一个理想办法，采用这种办法很可能是在把资本主义管理经济的优点吸收过来的同时，把其弊端也带了过来。看来第三种办法，即把内涵扩大再生产任务交给企业，而把外延扩大再生产的投资权集中在国家，由财政集中承担的办法可行性最大，它与有计划的商品经济要求更为接近。因为，把内涵扩大再生产责任交给企业，政府不再对其生产经营进行直接的干预，完全可以保障企业能够自主经营，根据市场需要，灵活地安排其产供销活动，并对国家资金的经营效果独立负责，达到财务自理、自负盈亏的目标，避免了扩大投资的盲目性。把扩大再生产投资责任由财政承担，国家就可以有足够的物质力量，通过投资的计划安排，直接控制国民经济总量平衡，做到直接用计划调节市场供求总量，间接通过市场制约企业生产经营，使计划调节与市场调节，宏观经济控制与企业自主经营有机地结合起来，从而充分发挥有计划的商品经济的优越性。

（原载《财贸经济》1987 年第 8 期）

关于首都财政体制问题研究

首都北京的财政发展受到现行财政体制的极大限制，致使财政状况难以适应首都发展战略转变的需要。

一

新中国成立以来，北京市的经济发展十分迅速。从 1949 年发展到现在，工农业总产值增长 112 倍，其中工业产值增长 300 倍，人均国民收入达 1890 元，名列全国第二位。随着经济的发展，财政收入增长也十分迅速，"六五"时期财政收入比"一五"时期增加近 9 倍。有这样的收入规模和雄厚的经济基础，首都财政本不应有多大困难，为什么首都财政适应不了首都发展战略转变的需要而陷于困境呢？问题就在于现行财政体制与北京财政结构变化的要求不相一致。

（一）现行财政体制束缚了首都财政

"划分税种、规定收支、分级包干"的财政体制，对于那些以经济中心为主体功能的城市来说，是有一定好处的。但是，对于发展战略发生根本转变的北京来说，却成为财政发展的消极因素。北京市是党中央和国务院所在地，又是一个历史悠久的文化古城，这一客观历史条件和现实处境，决定了北京既不是、也不应当是经济中心城市，只能是以全国的政治中心和文化中心为主体功能的城市，其他功能的发展，只能服从和服务于政治、文化中心的需要。可是在很长一个时期内，人们对北京市这一特殊性质及其发展规律的认识不深，加上"左"的思想干扰，把北京按照一般的经济中心为主体功能的城市进行改造。经过几十年的建设，北京已变成门类齐全的重化工业基地城市，北京主要工业产品的产量，在全国已名列前茅。比如，有机化工工业居全国首位，年产万辆以上汽车厂家全国有 5 家，北京就有 2 家，冶金、工业设备制造等居于全国第五位。而工业中重工业就占 60%。其发展结果，不仅使经济和社会需求大大超过了供给的能力，使北京各种不可代替的自然资源已经到了枯竭耗尽的边缘，而且形成了经济发展脱离为政治中心和文化中心服务的轨道，处于经济中心功能排挤政治中心和文化中心功能的状态。党的十一届三中全会后，拨乱反正，党中央和国务院全面地总结了北京发展的历史经验和教训。从我国社会主义四个现代化建设需要，和北京在全国及世界的地位和作用出发，科学地规定了北京城市的性质是全国的政治中心和文化中心，并明确指出，北京各项事业的发展，必须服从和充分体现这一城市性质的要求。北京不必形成经济中心，当然也要繁荣经济，但经济发展只能服务于北京城市的政治文化中心功能发展的需要。这就要求北京在发展战略上进行根本性转变，坚决停止重化工业的发展，弱化一般工业的发展，转向发展符合北京城市性质，为政治中心和文化中心服务的产业，特别是要大力发展第三产业。

北京发展战略的大转变，要求北京财政必须为这一转变服务，首先要相应地改变收支结构。北京长期侧重重化工业发展，必然给北京财政收支结构带来重化工业基地的特色，近 80% 的财政收入来自工业，特别是重化工业，这就是北京成为重化工业基地的突出表现。在北京停止重化工业发展、弱化一般工业发展的情况下，就必然要在一定时期内带来财政收入增长上的弱化和停滞，从而给财政带来严重困难。事实也证实了这一点，北京市财政收入在"四五"计划时期年平均增长 13%，在"五五"计划时期即首都发展战略开始转变时期，财政收入年平均增长下降到 2.6%，在"六五"计划时期又下降到 0.6%。面对这种形势，首都财政只有开辟新的收入来源，改变主要依靠工业，特别是重化工业生产取得收入的局面，才能克服收入下降的困难，有效地适应首都发展战略转变的需要。现行财政体制，并没有使地方成为真正的独立的一级财政，地方没有独立地开辟地方财源的自主权，没有开征地方性税收的权力，只能按中央规定的范围和税种取得收入。旧的财源在萎缩，新的财源又无权去开辟，就使北京财政面对经济结构调整的困难而束手无策。

（二）现行财政体制的收支划分的基数法，与北京财政分配结构的战略转变相矛盾

现行财政体制的基数法，是以历史上已经形成的支出结构和支出数额为依据的办法，已脱离了北京财政目前发展需要的实际，实际上冻结了北京财政支出结构，把北京财政推向背离首都发展战略转变方向的困境。财政支出结构的调整，不能通过简单地把原来某些支出项目取消，转移到需要增加的新支出项目上来，或者减少某些项目的支出量，以增加某些项目的支出量来实现。因为，刚性是财政支出的一个重要特性，一项支出一经形成往往是不可逆转的，要转变其方向，需要有一个相当过程，以历史上实现的决算数为基础，确定地方分成比例，这种收入只能满足已经存在的各项支出需要；要调整支出结构，增加某些项目的需要，新添某些支出项目就必须按新的需求来核定基数，相应地增加基数，否则，财政分配结构就会人为地被禁锢住，转变分配结构就只能是空话。

（三）现行的城市建设资金分条切块、多头管理的体制，与现代城市基础设施建设需要统一规划、整体开发、配套建设的客观要求相矛盾，在现行的财政体制下，城市建设投资是极其分散的，这不仅是造成城市建设资金不足的重要原因，更给城市建设带来很多弊病

1. 城建资金的多家投资、多头管理，造成同一用途的基础设施的重复建设，力量分散和浪费。例如，北京市地下水开发，据专家计算，如果集中统一投资，统一开发，做到合理布局，只要有六千眼机井就足够了，而现在却达到六万眼之多，隔墙打井的现象很多，这在北京水资源缺乏的情况下，不仅是资金浪费，也是资源的浪费。再如，北京公用货运汽车平均单车运量比各部门自备运货车运量高出8倍，如果将现在公用的运货车，从占货运车总量的6.7%，提高20%，那么全年完成的货运量就可以抵得上4万辆货运车的运货量，也就是说可节约购买汽车的资金达10亿元之巨。

2. 资金管理上的条条分割，造成不同用途的基础设施建设之间不能统一规划和同步施工，造成同一地点重复施工的情况屡屡发生。北京市一年仅重挖、重修马路就占新建马路面积的 20%，如果能集中规划，统一投资，配套施工，仅这一项就可以在不增加投资、人力和物资的情况下，每年多修出 20% 的马路。

3. 由于投资分散、各自为政，不仅造成集中供热等有利于减少污染的措施无法实行，而且，造成各基础设施系统之间，以及基础设施与主体设施之间难以配套和协调，主要表现在主体设施建成后，由于缺气少水而长期无法投入使用。

4. 建设资金分散管理，在各单位使用资金过程中，往往只管主体施工的需要，而没有配套工程资金，造成主体工程、配套工程资金脱节，结果是城市建设越发展，城市基础设施欠债越多。

二

如何解决现行财政体制与首都财政发展之间的矛盾，办法可有多种。从表面上看，提高首都财政的分成比例，不改变财政体制也可以缓解北京财政面临的困难。就当前来说，增加分成比例，或给北京以特殊照顾，增拨一些专项基金都是必要的，无疑也是解决北京财政困难的一种办法。但是，这些办法只能解燃眉之急，而解决不了根本问题。只有改革现行体制，搞活首都财政，才能从根本上解决首都财政困难，实现首都财政发展战略的转变，使首都财政的发展形成良性循环；为此，做如下一些改革是必要的：

第一，加快分级财政改革步伐，使首都财政成为真正的独立自主的一级财政。为此，就要改革现行的总额分成办法，实行彻底的分税制，授权北京建立符合首都财源特点的地方税制，保证首都财政收入结构的调整，以适应首都发展战略转变的需要。在这种税制体系下，地方不仅对纯地方性税源有独立设税进行征税的权力，而且在中央统一立法的前提下，对中央税源也有独立征税的权力。比如，中央财政对所有的企业征收所得税，地方也应有独立的在中央所得税之外征收地方所得税的权力。这种办法不仅是建立真正独立自主的首都财政所必需，也有利于中央和地方实行财政政策。因为，中央地方税制分开，就可以在地方或中央运用税收杠杆调节经济时，不发生中央与地方之间在利益上的矛盾，不致由于中央运用税收政策杠杆调整国民经济运行时，影响地方财政收入的稳定和增长。比如，减税同时也减少了地方财政收入，当地方运用税收杠杆减税时，又会同时把中央财政收入减掉。实现中央税制与地方税制分开，就可以消除在运用税收杠杆过程中，中央与地方之间相互牵制的弊端，而且有利于保障地方财政的独立自主权，从而搞活地方财政。

第二，改革现行的按企事业的行政隶属关系划分收支范围，和按历史年度决算数确定支出基数的办法。按商品经济发展的客观要求，重新划分各级政府的事业职责范围，在此基础上，按标准责任量和费用标准定额来确定收支基数的办法。所谓标准责任，是指国家根据各个历史时期的社会发展的需要和财力的可能，按各地区不同情况，分别规定的各项事业发展应达到的目标。之所以要按地区分别确定，是因为我国幅员辽阔，各地区生产力水平差距很大，各项事业在不同地方已经达到的水平参差不齐，是无法在全国实行统一标准的，只能按照不同情况实行分类目标责任制。所谓标准费用定额，是指实现每一单位标准责任所需要的平均费用。用这种办法核定各地收支基数，可以消除按企业事业行政隶属关系划分收支范围，和以决算数核定收支基数法的种种弊端，有利于实现政企分开的改革，充分发挥地方提高财政效果的积极性。实行这种办法需要一定的条件和各种技术性准备，短期内难以变成现实。鉴于当前首都财政体制改革的紧迫性，可以考虑采用一个过渡办法，在重新划定北京市人民政府对北京市经济和社会发展应承担的事业范围的基础上，支出的需要可以按照历史上的费用水平，结合现实的各种变动因素进行核定，把财政支出划分成三大基金，分别核定基数。一是首都经济和社会发展维持基金，即用于吃饭的钱。这项基金可以按近几年实际需要量确定，不过所谓维持基金并不是一个固定不变的数，它也是要逐年增加的，因为每年各项事业要维持原有的服务水平，都需要有一个自然增长，并且未来时期内物价因素的变动也需要增加费用。二是城建及公用事业偿债基金，即用来归还城市建设欠债所需要的资金。这个基金则按照实际欠债情况和预期还清欠债的时间，以及物价变动可能达到的程度进行核定。三是北京市发展基金，即用来满足实现中央批点的首都发展战略目标的各项资金需要。上面三项基金的总和就是首都财政支出需要的最低基数。首都财政支出最低基数确定后，依此来确定首都财政收入基数，然后依照确定的收支基数，根据首都财政现存的收入总量在中央与地方之间，进行税源分配，实行分税制，并给予北京市在划分税种之外，开发地方税源、开征新的地方税的权力。

第三，改革城市建设资金条条分割管理办法，实行块块集中管理办法，除生产性投资以外，一切城市建设投资都集中在城市和中央财政统一管理，中央承担的首都建设任务所需投资，在中央各部门核定投资额度后，由财政部直接统一拨给北京市财政，北京市在保证完成中央交办的各项建设任务，并满足各项服务要求的前提下，统筹安排，保障配套设施，以便解决首都建设资金分散、重复建设、低效益运转等弊病，从而达到相对充裕城市建设资金，加快首都发展的步伐的目的。

三

改革首都财政体制，给予首都财政独立自主权，使首都财政成为真正的一级财政，这只是为搞活首都财政创造了外部条件；它本身并不会自发地形成首都财政的活力。要使新的财政体制给首都财政创造增强活力的条件，变为首都财政现实的活力，最终克服首都财政的困难。还需要彻底转变理财观念和理财方式。

首先，要打破单纯依靠工业生财的观念，把眼光转向流通领域和服务领域，逐步从主要依靠增加物质生产部门投资的生财之道，转向主要靠搞好首都服务来发展财源的生财轨道上来。为此，必须把理财思想从产品经济观念，转移到商品经济轨道上来。在财政分配活动中只要善于运用等价交换原则，就可以变支出为收入，变支出为周转，搞活财政。例如，在北京市进行事业投资和生产投资的单位或个人，在建设中碰到的最大难题，就是建设用地的开拓和配套工程的困难。如果把这些事情由市政府统一管理起来，作为北京市一项经营事业去办，财政先行筹集和进行垫支性投资，把建筑用地准备好后，按照北京市建设规划把配套工程搞好，然后以成本加适当费用的价格，把建筑用地卖给使用单位，甚至连地面主体工程的建筑都统一承包起来，这样就可以使城建的财政支出变为周转，不仅开辟了服务中的生财之道，又可以充分发挥城市服务功能，理顺各方面关系。

其次，要广开财路，转变传统的单纯依靠产业部门初次分配取得收入的聚财之道。长期以来把财政信用从消费活动领域聚财等视为禁区。这种观念就产品经济模式来说当然正确，在统收统支体制下，在分配上执行的是低收入、平均主义政策，人们收入大体均等，而且都是维持在满足基本生活需要的低水平上。在这种情况下，当然不能、也不应当从消费中取得财政收入。随着经济改革的深入发展，人们的收入已拉开了差距，绝大多数人的收入也在不断增加，人们的消费不再仅仅是维持基本需要，开始进入发展和享受资料的消费领域，这样对发展资料及享受资料的消费领域进行征税，不仅成为可能，而且成为必要。如果我们停留在对消费行为不能征税的旧观念上，就会流失大量的财源，也使财政失去对消费调节的能力，不利于宏观经济控制体系的完善。也许有的同志会说，我们已开征了个人收入调节税。当然，这也是对个人消费的一种调节，但它是一种间接调节，不要说个人所得税的局限性，就其调节作用也是和直接对某种消费行为征税不一样的，两者是不能相互替代的。

经济改革的发展，人民储蓄的迅速增长和各经济主体自有资金不断扩大，已为运用财政信用创造了巨大的物质基础。在商品经济下，财政分配有利用货币信用的充分条件，许多由原来无偿供给的事业，可以改变为周转。因为，在商品经济下，财政所承担供给的各项社会公共事业需要，虽然在举办时仍然需要财政支付费用，但有一些事业当进入运营之后，却是可以实行商品的等价交换原则，实行谁受益谁付费的方式。诸如当今世界许多国家对国有的高速公路、涵洞、重要桥梁收取使用费，车辆通过就要交纳通过费的事实就是证明。财政对这些事业就可以运用信用形式筹集资金，先投入，而后用收入偿还，这样财政支出就变成了周转。

最后，要改变财政统包一切供给的观念，向公共财政转化。随着经济改革的深入发展，企业自主权的扩大，多种经济成分的存在和发展，对外开放政策的实施，首都建设资金已从原来单一财政渠道，发展成多渠道、多来源、多投资主体的局面，财政以外的各类资金量已大大超过了财政资金。仅北京市预算外资金一项，1985 年已相当于当年地方财政收入的

86%，北京地方信贷资金的数量和增长的速度也很可观。资金来源的多元化，客观上使财政有可能，也有必要在首都建设上，充分发挥其他各类资金在首都建设中的作用。

（原载《财政研究》1987 年第 11 期）

财政改革若干战略性问题研究

一　财政改革战略思路的回顾

经济改革以来，财政始终沿着让利放权这样一个思路进行改革，为经济改革作出了重大贡献。没有财政的让利放权，城市改革的第一步就无以发动，后来的各项城市改革也无从实现，改革的实践，证明财政改革从让利放权开始是完全必要的。然而，改革的实践也表明，以让利放权为主要内容的改革思路，只能是我国经济改革发动初期的财政改革思路，并不可以作为贯穿财政改革始终的战略思路，单纯的让利放权，并不能达到全面理顺财政关系、建立符合有计划商品经济要求的新财政体制的目的。

第一，财政关系是权、责、利关系的统一体。在经济改革中，只有将权、责、利关系安排得协调统一，经济关系才能理顺，经济的运行才能顺畅。财政关系也不例外，在改革中也必须时时注意权、责、利的统一。旧财政体制是权、责、利高度集中的体制，在财政改革中，只注意放权让利而不相应地变革财政责任关系，在扩大地方和企业的权和利的同时，就必然会破坏财政关系的权、责、利统一。

财政关系的权、责、利三个方面，是相互依存而又不能相互代替的。在财政关系中，财政责任关系是核心，承担财政责任是取得财政权力和利益的根据，财政权力只是实现财政责任的条件，无权也就无法实现其责，而财政利益则是实现财政责任的动力，在财政改革中只注意放权和让利，不注意责任关系的改革，不仅放权和让利失去客观依据，也会使地方和企业要权要利失去控制，在权力使用上失去约束。当前企业行为的短期化、地方行为的区域化，其重要原因就在于财政改革只有放权让利，没有相应地改革财政责任。

第二，单纯让利放权并不能触动旧财政体制的根基。旧财政体制是建立在"全民所有同政府机关直接经营企业混为一谈"的思想认识基础上，它反映着经济运行上的条块分割关系，和国家与企业之间的政企不分关系。旧财政体制的统收统支毛病，只是旧财政体制弊端的表象，并非本质。在中央与地方的财政关系上，按企业事业行政隶属关系划分收支范围，形成经济上的条块分割；在国家与企业之间的财政关系上，形成财政与财务不分，财政代替企业财务承担全部资金供给和盈亏责任，这才是旧财政体制的根本弊端所在。财政改革以让利放权为主要改革内容，只能解决中央与地方、国家与企业之间在财政使用权上的你多我少问题，能够打破统收统支，但并不会消除上述弊端。事实正是如此，多年来改革的结果是，上述旧财政体制的基本弊端不但没有被触动，反而在某些方面起了强化的作用。"分灶吃饭"体制，以及后来的分税体制都没有打破经济上的条块分割，反而在一定程度上强化了条块分割，助长了"地区封锁"、"地区割据"和重复建设等弊端。同样，在国家与企业关系上，经过各种形式的让利放权改革，也没有动摇财政代替企业财务承担责任的旧财务体制的根基，国家财政至今还承担着弥补企业亏损、税前还贷款、重点技术改造项目的拨款等资金供给任务；企业吃财政"大锅饭"的问题，并没有从根本上解决。

第三，财政始终以让利放权为主要内容使改革难以为继。国家财力的集中与分散，在一定时期内都有其客观限度，不论集中或是分散，超越了客观限度，都会给经济的正常运行带来阻碍。增强企业活力是经济体制改革的中心环节，向企业下放财权应当是改革财政与企业关系的重要内容，但不能忘记，保证国家集中必要的财力，也是搞活企业所必需。在社会化大生产的条件下，任何企业的生产经营，没有社会为之创造必要的环境和条件，就无法进行，如城市的基础设施、各项公用设施以及能源交通，等等，没有这些企事业单位的生产经营，全社会的生产就难以正常进行。要举办这些事业，财政就必须集中必要的财力。所以，让利放权虽然是搞活企业所必需，但不能无限度地进行下去，只能适度而止，超过限度就会走向反面。从国民经济总体上看，当前让利放权已经达到了客观允许的最大限度，有些方面甚至已超越了客观允许的限度。下面我们略加具体分析。（1）就中央与地方关系来看，经过放权让利，地方已掌握了70%以上的国家财政收入，中央财政已从统收统支状态，转化为必须向地方要钱才能平衡收支的被动状态，显然财政收入权的下放已过了头。（2）就国家与企业关系方面来看，至1985年止，企业留利水平已达39%，如果加上税前还贷的利润已达50.7%，每年企业已能自主支配近千亿元财力。如果"国家拿大头、企业拿中头"这一原则是正确的话，显然，当前企业的留利水平已超越客观界限。（3）从财政本身来看，由于多年的连续让利放权，致使收入增长很慢，收入总量占国民收入比重在"六五"时期年平均只占26.1%。像我国这样人口众多、经济处于发展之中的大国，财政承担着保障国家机器运行及平衡国民经济运行所必需的资金供给；承担着支援经济落后地区和发展民族的科学文化教育卫生事业所必需的资金供给，以及为企业创造生产经营环境所必需的社会投资等重任。应当说，占国民收入26%比重的财政收入已不能再低了，继续放权让利对财政来说已是无能为力。

总之，随着经济改革的深入发展，财政改革也要进一步深化，要放宽改革的视野，向未曾改动和改动不够的领域发展，把改革思路转到全面理顺财政关系的方向上来。如果继续以让利放权为改革的主要内容，则不但深化不了财政改革，还会给经济改革带来消极影响。当然，至今某些企业、某些行业留利水乎仍然偏低，例如纺织行业以及某些大中企业就是这样，在今后改革中仍然要认真解决，不过对当前各方的继续让利放权的要求要具体分析，绝不可以简单地归结为财政让利放权不够，当前让利放权呼声有增无减，其原因是多方面的。就财政改革本身而言，主要是由于留利水平不均衡，引起相互攀比造成的。例如，1985年工业企业人均留利为800元，而纺织行业留利只有447元，这无疑是不足的，然而汽车工业却高达4571元，这显然又多了些。如能以有余补其不足，则无须更多的让利就可以解决。此外，企业活力和拥有必要的自主财力有联系，但财力并不等于活力，企业留利大小不能和企业活力大小画等号，企业活与不活并不单纯决定于有多少留利。在日本，许多公司80%的资本靠借贷，自有财力并不多，可是其活力之大为世界公认。在我国当前的改革中，同是一个企业在租赁经营之前，活力颇差，甚至濒临破产，而实行租赁经营之后，财政既没有给其多留利润，也没有减少其税收，这些企业却活了起来。原因在哪里？就在于改变了所有权与经营权关系，理顺了财政关系，国家财政不再当其"保姆"，强化了经营者责任的结果。

二　财政体制改革目标模式的选择

财政体制改革最终要建立一个什么样的体制模式，从 1980 年实行"分灶吃饭"体制以来似乎已经明确，那就是建立分级财政体制。其实，在财政体制上确定了分级或不分级，只是确定了体制改革的大方向，并没有把体制模式具体化。因为，财政分级可以有各种不同形式的分级。纵观古今中外，已经存在着的财政分级模式，归其大类可分四种：一是区域割据型分级财政，如封建庄园经济下的诸侯割据型财政体制；二是联邦型分级财政，如美国财政体制；三是中央集中调控下的地方自治型分级财政，如日本财政体制；四是中央集权下的条块分工型的分级财政，如我国改革前的财政体制。在这四类中，区域割据型分级财政的特征不言自明。而其他三类却有略加说明的必要。联邦型分级财政与地方自治型分级财政，两者的实质都是地方自治型财政，但其自治的程度差别很大，联邦型是地方自治权最大的一种分级体制，地方不仅有自己的独立自主的财政收支权，还有独立自主的税收立法权，而地方自治型体制则只有独立自主的财政收支权，没有独立自主的税收立法权。地方开征什么税，不征什么税，税率高低，等等，只能在中央颁布的地方税法规定的范围内确定，地方要额外开征新的税种，必须经中央有关当局的批准。条块分工型分级财政，实际上只是执行预算上的分工，地方只在中央核准的收支范围内，有因地制宜的权力和责任，并没有实质性的自主权，并不是严格意义上的分级财政。在我国，应当以什么样的分级财政体制作为改革的目标，这要依据我国的国情和经济改革的总目标模式来确定。因为，一个国家在各个历史时期内实行什么样的财政体制，是由各个国家、各个历史时期的实际情况，社会再生产的组织结构、社会经济形式以及由此决定的国家行政区划、行政组织结构等许多因素综合决定的。例如，处于自然经济形态下的封建庄园经济的国家中，财政体制只能是区域割据型的分级财政。现代资本主义社会，商品经济高度发展，民族统一市场的形成，就排斥了区域割据型分级财政，只能实行有利于商品经济发展的各类自治型分级财政。所以，在财政体制研究上，不能抽象地谈哪种分权型好，只能根据国情来具体分析研究。我国是一个幅员辽阔、人口众多的社会主义大国，在客观上决定了我国财政体制只有实行分级财政，才能充分调动各地方的积极性，因地制宜地处理好各地区的特殊需要。至于我国应当实行什么样的具体分级形式，这又决定于经济形式和经济运行模式。在过去有计划的产品经济下，经济运行是纵向进行的，中央集权下条块分工型的分级财政体制最为合适。经济体制改革后，我国的经济形式向有计划的商品经济形式转变，这就向财政管理提出了新的要求。第一，要求财政政策和法制的决策集中于中央，在有计划的商品经济下各企业的生产经营活动，是直接受市场状况所制约的，只有全面保障企业的自主经营权，企业才能有旺盛的活力，市场才能充分发挥调节经济个量积极作用。为了保障企业自主权和市场的调节作用，国家在经济管理上，就必须从指令性计划为主，转向指导性计划为主，从对宏观经济与微观经济齐管，转向只对宏观经济直接管理的方向上来，即借助财政、货币、信贷政策等经济手段有计划地控制和调节市场，使市场按照计划的要求调节企业的生产经营活动。计划调节市场和市场调节企业，这是国家宏观经济管理的两个相互结合的不同过程。计划调节市场，从本质上说，是国家有计划地对宏观经济总量的调节。市场调节企业，则是在国家计划控制市场总量平衡的基础上，通过市场运用价值规律对微观企业的个量调节。财政要有效地承担起有计划地调控市场总量平衡的任务，就必须在财政政策和法制上保持高度集中统一。应当指出，这种宏观经济调节与控制要求的财政集中与旧财政体制的集中不同。旧财政体制的集中是分条条实施的，是一种条条分散型集权。有人说，旧财政体制从地方和企业来看是中高度集中，但从各级块块来看，则是条条分割、高度的分散，这种说法颇有道理。各地在城建中存在着的"拉锁马路"、重复施工等现象，就是这种条条分割在实际经济生活中的具体表现。所以，旧财政体制的那种集中，并不符合财政宏观调节的需要。第二，要求地方财政自治。因为，在商品经济下，分散在各地的企业，其生产经营各有特点，对经营环境要求也不同，只有各个地方政府依本地实际情况和本地区企业的特点，因地制宜地搞好各项公共服务设施才能满足各经济实体发展商品经济的需要。要做到这一点，地方政府没有较大的财政自主权是办不到的。总之，我国的国情和有计划的商品经济决定了我国的财政，既要保持在宏观经济调节上的高度集中，又要求地方政府有充分的财政自主权。就是说，我国的财政体制既不能单纯地由中央高度集中，又不能只有地方财政自治，而必须是高度集中和高度自治的有机结合。那么，集中与自治的结合点在哪里呢？这要到财政集中与自治的目的中去探求。中央财政的集中是为了实现宏观经济控制与调节；财政的地方自治，则是为了搞好地方各项事业，为微观经济服务。而实现宏观调控要靠财政政策和国家财力的支配权，地方要自主地、因地制宜地办好各项事业，靠的是独立自主的财力使用权。因此，国家财力的集中支配和分散使用，就是财政体制集权与分权的结合点。这就决定了，在我国实行中央集中调控下的地方自治型分级财政体制最为适当。所谓中央集中调控包括两层含义，一层是改纵向运行不再按条条实行，而统一由财政逐级实施；一层是财政政策、财政法制以及财力调剂等方面宏观决策权统归中央财政，这对克服财政关系的条块分割、政出多门、妨碍财政宏观调控效果等弊病是十分必要的。所谓财政的地方自治，是指地方财政在中央统一政策、统一法制和统一调控下，拥有独立自主的收入来源和独立自主使用财力的权力，并对满足本地区各项社会共同事务需要，搞好对居民及商品生产者的服务承担完全的责任。

1980 年实施"分灶吃饭"体制，本意是企图打破条块分割的旧体制框架，给地方以充分的财政自主权，当时明确规定，实行"分灶吃饭"，中央各条条对已经明确划给地方自主安排的各项事业，不再由各条条归口安排支出，也不再向地方分配支出指标，就是这个意思。这无疑是向分级财政方向迈进了一大步。然而，这个体制的实施办法，在思路上是有缺点的，那就是在放权的同时，忽略了建立新的集中调控体系问题。特别是新的体制沿用了旧体制的按企业行政隶属关系划分收支范围的办法，造成了分灶变分家，集权与分权失去结合点，致使中央财政失去了控制和调节地方财政运行的物质力量。因此，下一步财政体制改革，首要的是弥补"分灶吃饭"体制的不足，应当以强化中央调控力量、明确中央与地方事权和责任为主要内容，以保障我国财政体制向中央集中调控下的分级财政方向发展。强化中央财政的调控力量，主要是加强财政政策和法制的集中，以及适当集中收入权，使中央财政拥有必要的调控地方财政的物质力量。只有这样才能有效地发挥财政调控宏观经济的作用。这一点从资本主义各国的实践经验中也可以得到证明。当今资本主义各国，自从实行国家对经济的干预以来，在财政管理上几乎无一不采取提高中央财政收入占财政总收入比重的措施，以加强中央财政的调节力量。以美、日、英三国为例，美国联邦财政收入占财政总收入的比重，在 1932 年是 34.3%，到 1940 年则已上升到 49.3%，而在 1981 年已达到 56.3%，因而各地方支出都大于自己的收入，需要由中央财政采取各种形式返还。英国中央财政收入占总收入的比重，在 1910 年是 50%，1932 年国家开始干预经济，当年就上升到 65%，到 1981 年后，始终处于 70% 左右。地方政府财政收入因中央收入提高而降低，均需中央补贴方能平衡收支，中央补贴的数额从 60 年代以来几乎占支出总额的 50%，日本在第二次世界大战前实行的是统制经济，财政收支都高度集中在中央，在战争结束的 1945 年，中央财政收入占全国财政收入的比重是 92.1%。实行民主改革后，中央向地方下放财权，开始向地方自治财政体制转化，中央财政收入比重也随之下降，1955 年为 71%，到 1965 年又下降到 67%，但此后基本稳定在这个水平上。在日本中央财政向地方下放的支出权却很大，几乎下放了 70% 的支出权。1965 年以来，地方收入大约只能满足地方支出的 55%，约 40% 以上支出须由中央财政返还收入来弥补。

　　我国是一个大国，各地区经济发展很不平衡，不少地区的财政收入甚微，全部留给地方也维持不了基本需要，需要中央财政给以必要的支援，加之，经济发达地区也需要适当压缩其自有收入，以便于中央财政对其调节和控制。因此中央财政要有效地实现宏观调节和控制，就必须掌握大大超出自身需要的财力，中央财政收入占全部财政收入的比重，要比一般国家更大一些。据测算，中央财政要掌握 70% 左右的收入，把 50% 的财力使用权交给地方较为合适。

三　财政与企业之间财务分工界限思索

财政与国有企业之间在财务上如何分工，要从两个方面来考察，一是财政支持企业日常生产义务的界限，一是财政与企业在扩大再生产投资上的分工界限。

（一）支持企业日常生产的义务界限

社会主义财政作为国家资金所有者代表，对国有企业使用的国家资金不仅有当然的监督权，也有不可推卸的责任。然而，作为所有者，对其所有企业的资金如何承担责任，和承担什么样的责任，又是随所有者与企业经营关系的不同而不同。总的说来，所有者自己直接经营企业，则承担的责任就多，与经营关系越间接，其责任也就越少。在企业所有者与企业经营分离的情况下，所有者对企业承担的责任，则是有限的。从当今世界各国实际情况看，也正是这样。企业所有者与企业经营之间的关系，大体有两类，一类是所有者直接经营企业，一类是所有者与经营分离，所有者把经营权和责任全部交给经营者承担，所有者不再直接干预经营活动。前一类所有者往往要对企业承担无限责任，后者则只承担有限责任，除承担经营者失败造成的所有者投入资金的损失即投资风险之外，不承担其他任何责任或义务。在所有权与经营权分离的情况下，之所以形成所有者对企业只负有限责任这样一种关系，一方面是为了保障企业经营者的自主经营权，督促企业经营者有效经营，另一方面则是为了保护所有者利益，避免因经营者的失败而给所有者带来无限损失的危险。

我们改革企业经营管理体制的目标，是实行所有权与经营权分离，使企业成为有自我改造、自我发展能力的自主经营、自负盈亏的独立经济实体。财政向企业放权让利，就是为了实现这一目的，给企业创造财务管理上的条件。这样，理所当然地在下放财权的同时，要相应地减少财政对企业承担的资金责任或义务，最终只有对企业承担投资风险的有限责任。如果在改革财政与企业财务关系的过程中，一方面为了实现企业财务自理和自负盈亏，不断地大量下放财权和财力给企业，而另一方面又照旧对企业承担着资金供给上的无限责任，这不仅会使财政包袱太重，难以承受，而且还会造成企业吃国家财政的双份"大锅饭"，既吃原有的"大锅饭"，又吃新添的让税留利的"大锅饭"。有人说，全民所有制企业只能负盈不能负亏，认为要使全民企业负盈又负亏，就必须变全民所有制为企业所有制。这种意见很难令人信服。我们进行经济改革，是为了完善全民所有制，为了充分发挥全民所有制的优越性，如果把全民所有制改掉，这就偏离了改革的宗旨。事实上，经过向企业让利放权之后，企业仍然不能承担起财务自理的责任，并不是全民所有制造成的。根本问题在于各方面改革没有配套，在于企业财务改革不彻底，特别是在向企业让利放权的同时，财政没有同步向企业下放财务责任，还替其承担着弥补亏损、税前还贷等资金供给责任，致使企业财务上的权、责、利互相分离，只有权利而无责任，当然也就无财务自理可言。

综上所述，财政从对企业财务承担完全责任向有限责任方向转变，是当前财务体制改革必须解决的一个关键性问题，不改变这种状态，就无法实现企业自主经营、自负盈亏，端正企业行为。在深化企业改革过程中，必须十分注意这一问题，否则将给经济改革带来消极后果。

（二）财政与企业之间扩大再生产投资上的分工界限

当前在这个问题上有三种主张，一是财政退出再生产投资领域，把扩大再生产投资责任全部交给企业；二是企业承担一般性生产投资责任，财政承担国家重点投资责任；三是企业承担简单再生产，即内涵扩大再生产投资责任，财政承担外延扩大再生产投资的责任。第一种主张，财政完全从再生产投资领域退出去，其不可行性是十分明显的，这方面已有许多论证。后两种主张各有长短，都有一定的可行性，但比较起来，第三种主张更适合我国的国情。从表面上看，第二种主张既合于企业自我改造和自我发展的要求，又可以解决国家掌握必要的财力，以实现宏观经济直接调节的作用，但仔细分析一下，却有颇多的不可行性。首先，中外经济发展的历史经验证明，国民经济扩大再生产投资总量上的平衡，由国家集中调节和控制最为有效，而依靠个量自我调节，却有着不可避免的盲目性。其次，国民经济中的供给与需求在总量上虽然是不断增长的，但在个量上却经常是有升有降的。因而，一般性生产从个量上看，并不时时都需要扩大投资，如果把一般性生产投资都留给企业去办，势必带来需要收缩其生产的企业资金有余，而需要扩大生产的企业资金不足的矛盾。当然，这种状况从理论上说，可以通过信用手段加以调节，使资金投向达到均衡。但这只是一种可能，最终能否实现，还决定于各企业的决策状况和市场发育的程度。在我国地区之间，经济发展很不平衡。特别是广大农村，在相当一个时期内，商品经济还处于初级阶段，现代化的统一的大商品市场，一时还难以形成，单靠信用的调节，实现资金投向的均衡是难以办到的。并且，即使统一的大商品市场形成了，通过市场来调节资金的运行，达到扩大再生产投资的均衡和按比例，也有其局限性。因为市场调节天然地具有滞后性，企业依此来决定扩大或缩小其投资，很难避免决策上的迟滞性。由于商品交换过程中大量中间环节的存在，常常是供给达到饱和的初期，仍然会保持着需求旺盛的假象，并通过市场继续刺激着生产，只有达到一定程度后，才会突然显现出过剩状态，这时生产者已来不及转移投资。我国前几年西服生产就有过这样的经历。西服生产在 1985 年后期，事实上已经饱和，可是订货仍然很旺，致使生产者继续筹划扩大其生产投资，结果不少企业扩大投产之时就是产品积压之日，损失不可避免。其实，西方的凯恩斯主义也好，货币学派也好，从其本质上说，都不外是为了解决投资个量化的局限性。社会主义革命的胜利，生产资料全民所有制的建立，消除了资本主义社会所固有的社会化大生产与私人占有之间的矛盾，为国家从宏观经济上，有计划地分配社会资源，自觉地从总量上组织国民经济平衡，创造了无限可能，我们应当充分运用和发挥公有制这个优越性。过去经济上的失误和体制上的缺点，并不在于国家有计划地从总量上来直接调节经济，而在于忽略了社会主义初期历史阶段的商品经济的不可逾越性，把国民经济看成是产品经济，把全社会办成了一个大工厂，否定了企业的独立商品生产者地位，窒息了企业的活力。所以，把一般性生产的扩大再生产投资交给企业去办，把国民经济扩大再生产投资个量化，并不是一个理想办法。采用这种办可能在把资本主义管理经济的优点吸收过来的同时，将其弊端也带了过来。看来第三种主张，把内涵扩大再生产任务交给企业，而把外延扩大再生产的投资权集中在国家，由财政集中承担的办法可行性最大，它与有计划的商品经济要求更为接近。因为，把内涵扩大再生产责任交给企业，政府不再对其生产经营进行直接干预，完全可以保障企业能够自主经营，根据市场需要，灵活地安排其产供销活动，并对国有资金的经营效果独立负责，达到财务自理、自负盈亏的目标。把扩大再生产投资责任由财政承担，国家就可以有足够的物质力量，通过投资的计划安排，直接控制经济总量平衡，做到直接用计划调节市场供求总量，间接通过市场制约企业生产经营，使计划调节与市场调节、宏观经济控制企业经营有机地结合起来，从而充分发挥有计划的商品经济的优越性。

（原载中国财政学会编《第八次全国财政理论讨论会文选》，
中国财政经济出版社 1988 年版）

九十年代财税改革的总体构想

一　面临的形势和改革战略

党的十一届三中全会后的十年财税改革，取得了有目共睹的成就，在促进国民经济和科学文化教育事业的发展、提高人民物质文化生活等方面，都作出了重大贡献。但在此同时也碰到了严重困难。这主要表现在：

1. 赤字连年，10 年改革 9 年赤字。按照我国预算制度规定的口径计算，从 1979—1989 年赤字累计已达 765 亿元。如果按国际通用的口径计算，即借债也算赤字，则赤字累计已达 2100 多亿元，相当于 1989 年财政收入总量的 78.7%，国民生产总值的 13.3%。

2. 赤字从中央向地方扩展，最初只是中央财政赤字，地方财政尚有结余。而现在地方财政也很困难，有一半县的财政收支难以平衡。

3. 财政的债务负担有增无减。国内国外债务统算账，1989 年借债额比 1979 年增长了 6.7 倍。从今年起已进入偿债高峰时期，据预测，每年还债量将远远超过当年财政收入增长量，如果不采取必要的改革措施，将陷入借新债还旧债的不良循环之中。

经济决定财政，经济增长，财政理应随之相应增长。我国的 10 年改革，经济得到了高速度的发展，财政怎么反而出现这样严峻的局面呢？原因当然是多方面的，但我们认为最直接最主要的原因，在于我国分配改革政策，特别是财政分配政策过分向企业和个人倾斜，以及由此引起的无序社会分配增加和社会分配秩序混乱。社会无序分配和社会分配秩序混乱，不仅使财政失去宏观调控的力度，也使国民收入大量漏出财政分配之外，造成财政收入的大量流失，有人估算仅因此项原因造成的财政收入流失，每年可达 300 亿—400 亿元之巨。加之财政分配政策上过分地向企业和个人倾斜，这就不能不造成财政收入占国民收入的比重大幅度下滑。据统计，改革前的 1978 年财政占国民收入的比重为 37.2%，到 1988 年下降到 19.2%，1989 年已下降到 19% 以下，10 年共下滑了 18 个百分点。这其中固然有必要的放权让利引起的正常下降因素的影响，但下降这么大幅度，显然是超过了客观允许的限度。众所周知，财政分配的性质是为满足社会共同需要的分配，是一种社会集中化分配，能够向社会下放的是很有限的。在统收统支体制下，财政所承担的供给范围大体可归结为满足三个方面的需要，一是社会公共消费需要，二是非生产性公共积累需要，三是生产性国有资金积累需要。这三方面的供给中，前两类是不能下放给企业的，这是不言自明的，能下放的只有生产性国有资金积累部分，即使把这项分配全部放给企业去办，把财政变成"吃饭财政"，从改革前的 1978 年财政支出结构来分析，所能下放的最大限度，也不能超过财政收入的 39%（相当于国民收入 14% 左右）。就是说，财政不承担任何生产性建设投资供给任务，财政收入也要维持在国民收入的 23% 以上，才能满足其执行职能的最低需要。

何况无论从中国现行体制的实际情况出发，还是从人类社会财政发展的历史来观察，财政是不可能也不应当完全不承担生产性投资供给任务的，以全民所有制经济为主体的社会主义社会，尤其是不可能完全退出再生产领域的。事实也是这样，改革以来，财政碰到了困难，也曾尽可能地压缩生产建设投资的供给，但压缩的结果只能压缩到保障社会再生产发展最低需要水平上，而无法全部压缩。如果加上财政必须承担的社会再生产投资供给部分，财政收入总规模至少也要相当于国民收入的 30%。用相当于国民收入的 19%，来满足相当于国民收入 30% 的需要，怎么能不发生严重困难？又怎么能不赤字连年，债务有增无减呢？此外，财政占国民收入的比重大幅度下降，也不符合经济社会发展的要求。随着生产、生活社会化发展，在客观上会不断地要求财政相应的扩大其服务范围和规模。这一点，环顾一下当今世界各国财政发展的现实，就可以明晰看到。各国财政收入占国民收入比重的发展趋势，都不是在下降，而是在大幅度提高。在 1961—1986 年的二十多年中，主要资本主义国家财政收入占国民收入的比重都有很大提高：美国从 27.1% 上升到 31.3%，日本从 19.3% 上升到 31.3%，英国从 36.2% 上升到 41.9%，法国从 38.2% 上升到 48.5%，联邦德国从 36.7% 上升到 44.7，瑞典从 42.7% 上升到 61.5%，荷兰从 40.6% 上升到 52.8%，世界各国财政发展的这种趋势反映了财政发展的规律。随着我国经济改革的深入发展，社会经济各个方面也正在向财政提出更多和更新的要求，财政服务的规模和范围不是在缩小，而是在扩大。显然当前财政收入占国民收入比重的这种大幅度下降趋势，是极其不正常的。

　　财政面临的这种收入占国民收入比重大幅度下降和支出的需要有增无减的严峻形势，一时还难以转机，必将制约"八五"时期乃至"九五"时期的改革。因此，今后 10 年的财政改革，特别是前 5 年，只能立足于克服财政困难，从提高财政占国民收入比重入手，采取理顺分配关系、整顿分配秩序、调整分配格局三管齐下的战略，以改革来解决财政困难，以解决财政困难来推进改革，这样才能顺利打开财政改革的局面，取得良好的效果。

二　财税体制的主要问题

　　十多年来我国的财税体制进行了多方面的多次改革，从集权制向分权制推进了一大步。在财政体制方面，已初步建立起了分级财政的框架；在税制方面，已搭起了适合有计划商品经济发展的多税种、多次征的复税制体系的框架，但这两方面的改革都还很不完善，还存在很多不足。

（一）承包制在包活了企业和部门的同时，却包死了财政

　　承包制自从农村引入城市之后，立刻引起了较为强烈的反应，显示出很大的吸引力，这并不是偶然的。它既有承包制本身的原因，也有我国国情上的原因。

　　1. 就承包制本身而言，它是用契约手段确定当事者双方责权利关系的一种经济管理形式，它有两大基本特点：一是发包与承包双方通过平等协商的办法，确定各个承包事项，二是承包者向发包者提供的利益量，在事

前被量化并固定化。发包与承包者一对一的谈判，虽然是一种不规范的办法，但双方签订合同后，在承包与发包双方关系上，都会得出一个暂时的规范化结果。承包者可以在这个范围内享有较为稳定的经营自主权。

2. 在目前我国经济关系的方方面面还没有完全理顺的情况下，单纯用规范化办法处理分配关系，很难全面照顾到各方面的特殊困难和特殊利益，从而苦乐不均、鞭打快牛等情况难以避免，而用承包制这个不规范办法，却有利于缓解这个矛盾。承包制在中国本是一个较为古老而又广为人知的办法，它既符合民习，又与当前有关经营管理者怕政策多变的心态相适应。我国正处于社会主义初级阶段，社会主义的法制建设还要有一个过程，经济管理许多方面，一时还很难实现法制化，其矛盾在一定程度上还需靠"人治"办法来解决。用"人治"办法解决经济问题，难免不发生因人而变，和干预不应干预的情况。而用承包制通过契约关系，却可以在一定程度上弥补"人治"上的不足和管理不规范的缺欠。承包期内承包者对国家承担的义务被量化和固定化，有利于承包者放心地发展经济，提高效益。

承包制在我国虽然有其优点，对各方面有很大魅力，但它的缺点和局限性也十分突出。

（1）削弱了财政的聚财能力，造成财政收入总规模随着经济发展而逐年相对萎缩，使财政陷入难以维持国家职能正常运行需要的困境。如前所述，承包制的一个基本特点就是承包者向国家的缴纳量固定化，在包活承包者一头的同时，包死了财政。从静态上看，虽然财政收入在承包规定的限度内有了保障，似乎对财政也很有利，但从动态上看，却使财政收入增长脱离了经济发展，不能随之同步增长。这样，随着经济增长，经济效益的提高，越来越多的国民收入漏出财政分配之外，从而使财政收入占国民收入的比重逐年下降，造成财政国民经济发展之间比例失调。

（2）凝固了现存的不合理的产业结构，不利于产业结构调整。国家对企业和部门实行承包制，留给利润供其发展生产，实际上是承认该企业该行业的经营方向在现存产业结构中的合理性。同样，在全国推行承包制，对所有企业都同等的留给利润供其发展生产，短线的留给利润供其发展，长线也留给利润供其发展，长短线一齐发展，也就凝固了现存产业结构。

这显然是不合理的。不仅在当前产业结构失调下，就是在正常情况下，也是不合理的。因为再生产作为一个连续不断的发展过程，由于需求结构的不断变化，恒定的优化产业结构是不存在的，要使再生产过程持续地保持结构的优化状态，只有使资金存量、特别是增量，不断地在企业之间、行业之间、部门之间流动，即随社会需求结构变化而变化方能实现，资金增量按现存产业结构分配，只有在假定未来时期内需求结构不变才是正确的，否则就会带来产业结构低下的危险。

（3）企业实行承包制，也更加强化了政企不分的弊端。承包制作为所有者与经营者之间实现所有权与经营权分离的一种形式，在收益分配方面，承包者本应承包缴纳红利的责任。可是由于第二步利改税把企业税后收益也改成了税，这样条件下实行承包制，企业与国家之间已无利可包，能够包的只能是税收。而包税就直接涉及各级政府财政利益，结果要承包就必须由政府主管部门的官员，甚至由市长来组织实施。企业发展速度、技术改造、留利水平及留利使用等，都由政府在事先确定，这样，就不可避免地加强了政府对企业生产经营的干预。

（4）破坏了国家税制的严肃性，妨碍税收功能的正常发挥。尽管现行承包制明确规定，企业要照章缴纳所得税，然而在税利合一的条件下，无论企业如何严守税法，严格依法纳税，也无法改变包税这一事实。最终都要依承包条款规定，来分配已经上缴了的所得税，该留给企业的部分只能如数退还给企业。这样，所得税也就仅仅是形式上的存在，已失去了实际作用。特别是那些亏损企业，承包的是减亏，当承包合同兑现时，只能从企业上缴的工商税收中退还，工商税收也因此失去了严肃性。

（二）税前还贷办法在利于企业运用银行信贷进行技术改造的同时，在企业资金使用上却开了一个新的"大锅饭"

税前还贷是在改革之初，企业留利很少的条件下实施的，其目的在于鼓励企业利用银行贷款加快技术改造步伐，和建立企业节省而又有效地利用资金的机制。这个设想在当时是完全合理的，也的确起了积极作用。但随着改革的深入，企业留利的增加，它却走向了反面。

1. 税前还贷实际上是企业借款、财政替其还款的一种办法。这种办法不仅解除了企业承担借款风险的责任，而且企业借款多少，资金浪费与否，效果高低都与企业和职工利益无关，特别是后来又规定了还贷利润视同财政上缴，企业可以照提职工奖励基金和集体福利基金，企业还贷成了企业及职工利益增加的来源，企业借款越多，还款就越多，所提"两金"也就越多，而借款运用效果不好，甚至失败，却不会减少企业与职工的利益。企业借款、财政还贷、企业照提"两金"，这样就形成了一个企业敞开的借钱，财政敞开口替其还钱，而财政替企业还钱越多，则企业和职工获得利益越多的不合理局面。

2. 为企业搞投资与消费双膨胀开了闸门。在一定时期内企业的财力总是有限的，如果没有额外的资金来源，企业把自有资金过多地用于消费，即搞消费膨胀，就必然会挤掉用于投资方面的财力，反之，用于投资的过多，消费就会相应减少，搞"双膨胀"是不可能的。而税前还贷却提供了条件，企业借钱由财政替其归还，企业就可以放心地把自有资金用于扩大消费，再靠银行贷款搞扩大投资，从而搞投资与消费双膨胀有了现实可能。

3. 增加了财政负担，造成财政拖累。税前还贷办法，实际上是通过银行垫支形成，允许企业提前使用未来年度财政收入的办法。银行贷款越多，就意味着企业提前使用未来时期的财政收入越多，从而未来时期财政收入就会相对地不断减少。据一些城市的统计，由于企业多年借款增长过快，已大大超过了企业实现利润增长速度，截至 1988 年，仅工业企业的基建与专用借款余额已达 1700 亿元，加上其他借款，其数额更大，用于还款的税利，已从 1980 年的 18 亿元上升到 1988 年的 297 亿元，增长了 15 倍半，年均增长 41.9%。这种情况如果任其发展，势必导致财政难以承受。

4. 造成信贷杠杆失灵。信贷杠杆对企业的调节作用，除了通过贷与不贷，贷多贷少等手段外，主要是通过利率变动对企业利益的影响来实现的。实行税前还贷，企业还本付息大部分由财政承担，这不仅消除了银行放款风险，不利于银行经营机制的完善，而且利率变动也失去了对企业的调节作用。因为利率变动只能对财政收入发生影响，而触及不到企业根本利益，从而就极大地削弱了信贷对企业的调节作用。

（三）税利合一的大税收制度，造成了国家与企业关系难以理顺

众所周知，社会主义国家中，由于全民所有制占主体地位，国家代表全体人民执行全民所有制的所有者职能。这样，国家面对国有企业，就具有双重身份，即既是企业的所有者，又是企业的行政管理者。这种双重身份形成双重分配关系：作为所有者，凭借所有权参与企业收益的分配；作为行政管理者，凭借社会权力向企业征税。这两种分配关系的性质和运行规律是不同的，本应分开来管理。如果实行税利合一，捆在一起管理，不仅会扰乱两种不同分配关系，从而造成国家与企业分配关系上的不顺，而且也造成政企难以分离。因为政府作为所有者对企业的干预，与作为行政管理者对企业的干预，其目的是不同的。税利合一就使政府常常从行政目的出发，变通和解释国家与企业之间的分配政策，从而用行政权力左右企业经济运行的情况就在所难免，当然，政企也就难以分开，企业商品生产经营者的改革也就无从到位。

（四）税收制度不完善，妨碍税收职能作用的正常发挥

经过 10 年的改革，在我国已初步建立了适合有计划商品经济发展要求的复税制体系，但还有许多不够完善之处，需要深化改革。这主要表现在：

1. 经济结构的政策倾向模糊，没有全面体现以公有制为主体、发展多种经济成分的方针。社会主义建设的历史经验表明，在社会主义社会一个相当长的历史时期中，必须建立以公有制为主体、其他经济成分为补充的所有制结构，才能有效地发展社会主义生产力。所有制是生产力获得发展和实现的社会形式。任何一种所有制形式的产生和发展，或者为更高级的所有制形式取代，都是由生产力的性质与状况决定的。我国的生产力发展状况，由于历史的及其他原因，存在着极度的不平衡性，这种生产力水平的高低不同，决定了在我国所有制发展上必然要呈现出多样化的特点。但是在社会主义社会中，生产力性质决定公有制占主体地位，它支配着和影响着其他各经济成分，它是"一种普照的光，一切其他色彩都隐没其中，它使它们的特点变了样。这是一种特殊的以太，它决定着它里面显露出来

的一切存在的比重"①。其他经济成分只能处于从属和补充地位。因此，我们在鼓励和发展其他经济成分的同时，必须时刻注意，非公有制经济成分仅仅是公有制经济的补充，它的发展绝不能动摇或取代公有制的主体地位。社会主义税制构造，只能也必须从这一点出发，在维护公有制的主体地位的前提下，鼓励和推进非公有制成分的协调发展。而现行税制在这方面的体现却存在许多模糊性。以所得税制为例，现行税制是依经济成分不同而分别设税的。由于在税制设计中单纯从奖励非公有制经济成分出发，而忽略了各经济成分之间协调发展的问题，特别是在维护公有制主体地位方面有所忽略，结果在税率待遇上，就出现了大中型国有企业所得税率一律为55%，如加上调节税则为70%，国营小型企业和集体企业所得税率最低为15%，最高为55%，私营企业所得税则一律是35%的税率，而中外合资企业所得税率为33%，外国企业所得税率为30%。这种逆调节倾向显然是与以公有制为主体来发展非公有制经济的政策目标不相适应的。当然，这并不是说要把税率政策再颠倒过来，限制非公有制经济，优惠国营经济，而是说现行税制中存在地这种不利于国营经济发展的政策倾向是不合理的。

2. 产业政策倾向模糊，没有正确体现产业政策要求。现行税制不仅税种重复，而且税率复杂。据统计，现行的各项税及税收性质的费，共有42种之多。其中仅所得税就有7种，所得税性质的调节税5种，而且这5种，就税法而言，还存在你中有我、我中有你的交叉情况。流转税类也是这样，产品税、增值税、营业税、特种消费税等并立。由于对同一课税客体课征多种税，甚至又有所交叉，这就不仅造成征收管理上的复杂性，增大了税收成本，而且造成税收杠杆的运用难以统一在产业政策目标上。更为严重的是，现行各种税制的设计，往往屈从于既得利益的压力，执行一种所谓"不挤不让"原则，这就更难以考虑产业政策调整的要求，往往形成逆产业政策调节的倾向。这一点在现行的产品税与增值税两大流转税中表现得十分突出，原材料工业重于加工工业，生活必需品重于高级消费品等情况比比皆是。例如，原材料工业方面，烧碱和原油的产品税率为

---

① 《马克思恩格斯选集》第二卷，人民出版社 1972 年版，第 109 页。

15%，而一般加工工业产品如扩音机、电唱机、电烤炉、电取暖器等税率仅有5%，圆珠笔、牙膏、日用搪瓷制品等生活必需品的产品税率为15%—25%，而电子游戏机、地毯、金银首饰等高级消费品税率仅为5%。这种税率结构状况，显然是与我国产业政策和消费政策导向相悖的。

3. 税收管理体制上的集权与分权关系没有理顺，主要表现在税权该集中的没有完全集中，该下放的没有完全下放。税收作为财政政策的主要手段，其调节功能主要着力点应当是宏观政策，而不是微观的调节，这就必须把调控权集中在中央，由其来统一实施，方能奏效，而现行体制却把税收的宏观调控大权层层下放，结果造成税收调控职能过分向微观倾斜和税收调节上的条块分割，从而妨碍了我国当前治理整顿中的产业结构调整和不利于统一市场的形成。而要发挥地方管理税收的积极性，本应把地方性税源完全下放给地方征管，而现行税制在这方面却又下放得很不够。结果由于地方税种的税收规模过小，妨碍了地方税收自主权的扩大，也妨碍了财政体制向分税制方向过渡，不利于财政分级体制的完善。

（五）既得利益刚性，严重制约着财政关系的理顺

财政体制改革从根本意义上讲，就是财政利益关系的调整，因而财政改革每前进一步，都要从现存的利益格局出发，以在某种程度上改变现存的利益格局为目标，方能实现体制和制度上的创新。也就是说，没有利益格局的改革，就不存在实质性的改革。人们结成的一切经济关系，说到底是一种经济利益关系。经济利益是人们结合起来进行生产的根本动因，是推动人们努力生产、提高经济效益的内在经济动力。因此，人们在改革中，以本地区、本单位及自我经济利益的得失，作为评价改革方案优劣的尺度。凡是对自己利益有损失的改革措施，他就反对，或者加以扭曲；对自己有利的，则加以维护和积极推行。这样，就出现了利益上的刚性。多年来财政体制改革，一次又一次地被迫采取保护既得利益的原则，就是由这种利益刚性与利益关系调整之间的矛盾所致，结果使财政改革陷入改不动、理不顺的困境。

三 体制模式的探索

（一）国家财政管理体制模式的选择

分级分权体制是我国财政管理体制改革的既定目标，也是人们的共识。但实现这一目标，应当采用什么样的具体模式，人们的认识却差异很大：一种意见认为现行的财政大包干体制是一种较为理想的模式，而另一种意见则认为分税制才是最佳模式。而在赞成分税制者之间，对分税制内涵又存在着眼于分"税"和着眼于分"制"两种不同理解。着眼于分"税"者，把分税制理解为在中央财政与地方财政之间划分税种、税率或税额，故认为实行划分税种和税源共享办法，是在我国实现分级财政体制改革的最佳模式。而着眼于分"制"者，把分税制理解为在中央财政与地方财政之间划分税制，认为在中央与地方设两套税制，才能真正实现分级财政改革。

我们认为，这三种主张从理论上说，都各有其道理，但哪个最优，哪个最劣，只有从国情出发方能作出正确判断。联系我国的国情来看，大包干和分"制"式的分税制，都有其局限性，都是不可取的，而分"税"式的分税制，虽然也有其不足之处，但它却符合现阶段我国的国情。

1. 大包干办法。在我国财政体制发展的历史上早已有之，在改革之前就曾多次实行过，改革以来先后实行的三种体制模式，尽管其名称各异，但本质上说也都属包干形式。这说明包干办法在我们这样的国度里有其特殊的存在条件。问题是现存的大包干体制形式，与过去历次包干形式有很大的不同。过去的包干都是包活干，即都是包死基数，而增量部分中央财政和地方财政却都能随之水涨船高。但现行的大包干体制却不同，它主要是针对经济发达、财政上缴任务大的省市而实施的，其目的在于制止其收入"滑坡"。从近期看，虽有利于保证中央财政收入不因"滑坡"而减少，但同时也不可避免地要被迫承认已经"滑坡"的事实，从而使承包的上缴任务停留在低水平基础上。结果在调动地方增加收入积极性的同时，地方向中央上缴任务的减少也成了合法的事实，这也就增加了中央财政困难。此外，这次大包干是在绝对额上做文章，无论是上缴任务递增包干，或是上缴任务定额包干，等等，从本质上说都是上缴额的包死干，在包活地方的同时也就包死了中央财政，使中央财政收入的增长脱离了经济实际增长状况，从而扼制了中央财政的正常增长，加重了中央财政的困难，也大大地削弱了中央财政对地方财政的宏观调控能力，强化了地方经济割据等弊端，显然这是十分不可取的。

2. 分"制"式的分税制，难以适应当前国情。分"制"式的分税制，是当今世界许多家实行分级财政的主要形式，并取得了很大成功，是一种有利于商品经济发展的分级财政式。从理论上说，在我国要发展有计划的商品经济，也应当以这种分级形式作为财政分级体制改革的目标模式。因为它有许多优点。第一，可以消除地方对企业亲疏之分的弊端，利于地方政府一视同仁地对待本地区内的所有企业，有利于企业间平等竞争；第二，有利于排除地方政府对企业生产经营过多的行政干预，搞活微观经济；第三，有利于减弱于财政利益区域化所引起的地区封锁、重复建设等弊端；第四，有利于增强中央财政与地方财政之间权责关系的透明度，更好地发挥中央与地方的两个积极性。正因为分"制"式的分税制有这么多优点，所以很多人把克服现行财政体制缺点的希望寄托于此。可是，如果结合我国地区间经济发展的极度不平衡性来考察，又不能不承认，这种分税制很难全面推行，至少在相当长的一个时期内，难以在各省市被普遍采用。

因为这种办法对大多数省份起不到积极作用，弄不好还会走向旧的统收统支体制。由于历史和自然条件等原因，我国各省区之间的生产力水平高低悬殊，经济社会发展状况差异极大。由此带来了财源状况各异，各地区之间财政自理能力相差甚远。有的自理有余，还能向中央财政上缴大量收入，有的勉强能够做到财政自理，却没有余力或极少有余力支援中央财政，有的地区则无力做到财政自理，需要中央财政大量支援才能维持其职能。据统计，我国除台湾、港澳地区外，30个省、市、自治区中，有13个省区的财政无力自理。在这些省区，不仅需要将其全部收入留下，而且需要中央财政再给予大量补贴，才能维持其最低财政支出的需要。在这些地区实行分"制"式的分税制，显然是没有实际意义的，如果硬要实行的话，势必造成中央财政从这些地区把税收走，从而拉大这些地区收入与需要之间的差距，大幅度降低其财政自理能力，反过来，还需要中央再向这些地区进行大量返还。其结果同实行统收统支体制没有多少差别，反而只能加重这些地区"等、靠、要"思想，不利于调动这些地区增加财政收入和当家理财的积极性。此外，还有 7 个省的情况也差不多，这些地区全部财政收入只够满足本地区的基本需要，能从这些地区取走的数量极其有限。据材料表明，有的省只能向中央财政提供其收入的 1%—2%，有的省多些，也不过是 10% 左右。显然在这 7 个省实行分"制"式的分税制，其意义也不大。并且，实行起来，由于降低了这些地方财政自给的能力，反而需要中央的补贴，这不但不利于调动这些地区的积极性，反而还会带来诸多消极影响，有违实行分级财政体制改革的初衷。在 30 个省、市、自治区中，有 20 个省区实行分"制"式的分税制不但没有实际意义，反而会带来诸多消极影响，那么，怎么能够在全国顺利推行呢？

基于上述原因，在全国推行也有技术上的难处。首先，就碰到中央税制和地方税制总税率的处理问题。在全国总税源范围内，中央税率和地方税率的高低是互为消长的，以中央税率来说，税率定高了也不是，定低了也不是。定高了，财源贫乏地区就会所剩无几，这些地区就要基本上靠中央过日子，等于实行统收统支，导致对分级财政的否定；如果定低了，就会出现财源丰厚地区财力剩余过大，中央财政收入过少而满足不了基本需要的矛盾，反过来，中央财政还要伸手向这些地区要，又有违实行分税制的初衷。有人提出为了解决这个问题，可以不实行全国统一税率，而实行分区税率，在财源充裕地区，中央税的总税率定高些，在财源贫乏地区定低些。这从数学上讲有道理，但从经济学上讲不可以。因为这不仅会给税收运行带来混乱，而且也会造成税负上的极大不公，妨碍商品经济发展。

另外实行分税制要以税收是财政收入的基本形式为前提。在实行税利分流的条件下，即在财政收入采取税和利两种基本形式的条件下，虽然仅就税收这一侧面，也可以实行分税制，但其效果是不同的。因为，实行分税制，虽然在中央与地方之间分成两套税制，税收不再按企业行政隶属关系划分了，可是利润的划分是无法离开行政隶属关系来实施的。

这样，分税制的积极作用就会被按行政隶属关系分利的反作用所抵消。

3. 划分税种式的分税制，比较起来，是我国当前条件下的最佳抉择。从前面的分析可以看出，在我国企图一刀切的、采取标准化的体制模式处理中央与地方财政关系，很难行得通。只有多种分税形式并用，方能取得最佳效果。根据我国各省区财政自理情况来看，分别选择如下形式可能是有益的。

第一，经济比较发达、财源丰厚的地区，它有支援中央财政和支援不发达地区的责任，其财源状况关系到全局。为了促进这些地区发展财源和增加收入，同时又保障中央财政收入能随这些地区经济发展而同步增长，壮大中央财政的宏观调控能力，应当对这些地区实行完整的分"制"式的分税制。在重新划分中央与地方政府职能范围的基础上，依职能定支出，按支出划定地方和中央的税种。

第二，经济欠发达、财源薄弱的地区，其财政自理能力虽然弱，但基本上可以凭借本地区财源，满足本地区财政需要。有些省还可能有少量剩余，但很不稳定，经济情况稍有变化，就有可能出现难以完全自理的局面。针对这类地区的特点，可以采取税种划分大幅度地向地方倾斜的办法，除了必须由中央掌握的税种之外，全部划给地方，由地方自收自支，实行"财政自给责任制"，以利于提高这类地区的财政自主意识，促进其放手开辟财源，提高财政资金使用效果，不断增强财政后劲，加快经济发展的步伐。

第三，经济贫困、财源贫乏地区，或者是依靠本地区财源，仅可以勉强维持本地区公共消费性支出之需，而无建设之力，或者是不仅建设无力，而且公共消费支出也不能完全自理。对这类地区，中央财政必须给予大力支援，才能维持其经济社会正常运转和满足发展该地区经济之需。但根据我国经济建设经验，这些地区财源虽然贫乏，在发展经济方面却存在许多优势。因此，在财政体制安排上，要防止出现单纯"恩赐"，不能仅仅在补贴数额上打圈子，应当在提高财政效果，发展经济上下工夫，从而帮助这些地方壮大财源，不断提高其财政自理能力。为此，对这些地区采取财政双重包干办法，可能是一个较好的选择。所谓双重包干，就是把这些地区预算分成两部分，把"吃饭"需要和经济建设需要分开处理。对靠自己财力可以基本维持"吃饭"需要的地方，实行"划分税种，吃饭自理"的办法；对"吃饭"也不能全部自理的地方，则实行"税收下放，定额补贴，超支不补"的办法。在经济建设方面，则根据国民经济社会发展总规划，核定各省、自治区五年为期的建设资金额度，并把生产性建设与非生产性建设资金额度分列，非生产性建设资金由中央财政按计划分年度拨给，生产性建设资金则由中央财政设立专项基金，按核定的额度和计划进度拨给，实行"投入产出包干"这种办法的好处是：有利于正确处理积累与消费关系，既可以防止挪用建设资金用于消费，又能使这些地区生产建设资金有稳定的来源，促进这些地区经济发展，壮大经济实力，逐步提高财政自理的能力。同时，这些地区仅在"吃饭"需要方面实行自理，就可以使其财政责任与实际承担能力统一起来，消除以往体制中存在的责任与承担能力相脱节的毛病，有利于提高财力运用上的效果，并且由于实行生产建设资金的"投入产出包干"，加强了资金运用上的责任，有利于提高国家支援不发达地区经济建设的效果。

（二）国有企业财务体制模式的抉择

下一步企业体制改革的目标应当是"税利分流、税后还贷、税后承包"，这已为多数人所认同。但反对的意见也很尖锐。税利分流试点的实践表明，这一办法比起已经实行过的各种办法（包括现行的承包制）都要优越得多。

第一，实行这一改革，可以增强企业自我约束机制，进一步调动企业发展生产，提高经济效益的积极性。从各地试点总结材料来看，尽管试点办法和进度不尽相同，但各试点企业，都得到了速度与效益的同时提高。重庆市 242 户试点的国营工业企业，试点前的 1987 年总产值为 52.47 亿元，实现利润 3.48 亿元，而试点当年 1988 年总产值增长了 8.6%，达 56.98 亿元，实现利润增长了 53.74%，总额达 5.35 亿元，到 1989 年总产值又上升到 64.54 亿元，较上年增长了 13.27%，实现利润又增长了 45.42%，总额达 7.78 亿元。两年总产值年平均增长 10.93%，实现利润年平均增长 49.58%，两年翻了一番多，产值利润率从改革前 1987 年的 6.6% 上升到 1989 年的 12.1%，其经济效益的提高是十分明显的。湖南省益阳市全市预算内工业企业只有 37 家，实行税利分流试点的有 25 家，试点当年 1988 年总产值比 1987 年增长了 13.6%，实现利润增长了 25.1%。这一切都表明实行税利分流不仅加快了生产发展的步伐，更是提高企业经济效益的巨大推动力，担心实行税利分流会造成生产力的萎缩是没有根据的。

第二，进一步理顺了国家与企业之间的分配关系，克服了收益分配向企业倾斜和包死国家财政的弊端，实现了国家所得和企业所得都随生产发展而水涨船高。湖南益阳市的 25 户试点企业，1988 年留利增长 38.5%，扣除税后还贷，纯留利增长了 15.7%，上交国家部分增长了 28.7%。重庆市试点企业 1988 年企业留利增长了 44.85%，1989 年增长了 48.47%，上交国家部分 1988 年增长了 51.27%，1989 年增长了 61.12%。达到了企业留利继续大幅度增长和扭转了上交国家部分滑坡的不合理现象，国家与企业分配关系得到明显的改善。有一种意见认为，在国家与企业分配关系上，只有包死国家这一头，才有利于发展社会主义经济。这种看法是十分不妥的，研究国家与企业之间分配关系，不可忘记我国是以公有制为基础的社会主义国家，绝不可照搬资产阶级经济学的所谓财政支出最大与国民产出最大不相容的理论。社会主义社会是全民所有制占主体地位的社会，这决定了社会主义财政服务范围与资本主义财政服务范围的区别：资本主义国家财政的服务范围，基本上是限于非生产领域，虽然也涉及生产领域，但其比重很有限，而社会主义国家财政的服务范围，不仅在非生产领域内有所扩大，而且成了社会再生产的内在要素。这种情况决定了我国财政收支的大小与经济增长的关系是相辅相成的，是统一的，而不是对立的。财政集中多少与企业留利多少，只反映国家财力运用上的集中与分散的程度，并不会导致社会投资总规模的扩大或缩小。特别是在产业结构严重失衡、国家重点建设投资资金不足的情况下，适当增加国家财政收入，适当集中财力，以加快重点建设的步伐，不但不会减缓经济发展速度，相反是加快经济发展所必需。当然，我们绝不能因此走到另一极端，否定企业增加留利的必要性。目前企业负担很重，最终留利并不多，必须认真加以解决。但这类问题不能再靠减税让利，挤财政收入来解决，而应当从杜绝企业收入非正常流失，和最大限度地减少企业的社会负担等方面来解决。一句话，在企业与国家分配关系上，不能片面地强调任何一个方面的需要，必须兼顾国家财政和企业两个方面，才能真正有利于我国经济持续稳定协调地发展。

第三，初步建立了企业投资的自我约束机制，把企业推向内涵扩大再生产的轨道。实行税利分流、税后还贷，就使企业失去了投资吃国家"大锅饭"的条件，增强了企业投资责任和提高投资效益的动力。据统计，1988 年湖南省益阳市预算内 37 家工业企业各种专项贷款额达 15.2 亿元，比上年增长了 6.43%，而试行税利分流的 25 家企业，1988 年各种专项贷款额仅有 2126 万元，比 1987 年减少 14.8%，而还款却空前提高，1988 年一年还贷 1355 万元，占当年贷款总额的 63.73%。重庆市也是这样，各试点企业纷纷修改投资计划，注重投资效益。例如重庆搪瓷总厂实行税利分流后，主动放弃了已经批准的投资 1920 万元、各项技术改造一齐上的计划，而改为分步实施，成熟一项上一项，重在提高效益的方案。1989 年仅贷款 100 万元开发一个化工用的烧锅产品，当年就创利润 120 万元，收到了投资少、效益高的好成绩。这样，会不会减缓企业技术改造的速度呢？答案是否定的。据对重庆市 25 户进行重点技术改造的大中型工业企业统计，实行税利分流后，贷款比上年减少 25%，而用于技术改造的投入资金却比上年增加 21.6%。

第四，实现了不同经济成分之间税负上的大体公平。如前面所说，现行的企业所得税制的税负很不合理，国有企业重于集体企业，集体企业重于私营企业，私营企业重于外资企业。这种税率政策上的倾斜，很不利于平等竞争，造成不同的所有制企业，尽管其经营水平一样，却表现出不同的经济效益的假象。这样不利于显示社会主义公有制的优越性，不利于发展我国的商品经济。实行税利分流，降低所得税率，还原国有企业所得税中包含着的利润的本来面貌，从而实现所得税负上的公平，这就消除了经济效益差异上的人为因素，有利于各类企业平等竞争。

总之，理论与实践都表明税利分流、税后还贷、税后承包，乃是进一步理顺国家与企业分配关系的一项颇有成效的选择，它作为今后 10 年国有企业财务体制改革的目标模式是可行的。

（三）税制改革目标的总体设想

根据第七届全国人民代表大会第三次会议通过的政府工作报告提出的"按照统一税法、集中税权、分级管理"的原则，改进税收管理体制的方针，针对现行税制的缺欠，看来今后 10 年中，我国税制至少要进行以下几方面的改革：

1. 改革企业所得税制。在以公有制为主体、多种经济成分并存的条件下，企业所得税作为我国的一个主体税种，和国家直接调节企业收益分配的重要手段，应如何设置，采取什么样的政策取向，才能适合有计划商品经济的发展需要，才能充分而有效的体现改革开放的社会主义方向，这是所得税改革中需要研究的一个重大课题。对此，有两类不同看法：一种意见认为对内资外资统一所得税法，以实行统一的比例税率为佳。另一种意见认为内资企业实行统一税制，对外资企业所得税单立为佳。这两种意见各有其优点，各有其道理，比较起来，则后一种意见似乎更为妥当。因为前一方案虽然有利于各种经济成分的企业开展平等竞争，但体现改革开放，优惠外资的政策不够明显。而后一方案却具备有利于平等竞争和充分体现优惠外资这两方面的优点。当然，后一方案也有值得深入研究之处，那就是对非公有制经济发展难以体现出政策导向。虽然不能重复 50 年代对待私人资本主义经济的那套政策和做法，但根据党的方针政策，体现出一定的政策导向，仍然是必要的。

2. 改革流转税。流转税是我国税制中主体税种之一，它对保证财政收入，贯彻产业政策，优化资源配置和调节消费等都有重要作用。流转税制改革方案的设计，必须基于现行税制的缺欠，全面考虑财政收入和经济发展的需要。为此，今后 10 年流转税的改革方向，应当同所得税制改革一样，是简并税种和调整税率。如何简并，有两种意见，一种是坚持产品税、增值税、营业税三税并立，但逐步扩大增值税，最终由增值税覆盖除零售环节外的流通全过程。产品税作为特种调节税种，对特定产品进行重复征税。另一种是主张三税合并为统一的流转税，即增值税。看来后一方案要比前一方案优点更多。三税并立是现行流转税制中存在的一个严重缺点，它不利于企业间平等竞争，不利于发挥流转税特有的调节作用。而第一种方案只能缓解这一缺点，但不足以消除这一缺点，第二种方案却彻底很多。其实，就产品税、增值税和营业税的性质而言，并没有本质区别，所不同的只是计税依据上的差异，因此保留三税并存局面，没有多少实际意义。至于特殊调节需要，现行税制体系中的消费税完全可以承担起来，增值税之后再来一个产品税，重复征收，没有多少必要。当然，这里有一个税收由谁来负担的问题，传统理论认为我国流转税是由生产者和流通环节负担，而不是由消费者负担。其实，这是有条件的，这只有在价格冻结的条件下才是真实的。在价格已经搞活了的今天，流转税的负担事实上已大幅度地向消费者方向倾斜，流转税与消费税从本质上说已没有多少差别，因而没有必要在增值税之外，重复设立产品税，去调节像烟、酒、高级化妆品等，这类产品的生产与消费，完全可以并入消费税。

3. 改革税收管理体制。这主要是调整好集中税权与分级管理的关系。所谓集中税权是指税权集中于中央。为了保障税收的统一和有利于消除经济上的割据，有效地发挥税收的宏观调控作用，税收法律的制定权必须集中于全国人民代表大会和它的常务委员会，税收行政法规的制定权，必须集中在国务院，否则，就会削弱税法的严肃性，带来税收管理上的混乱。但为适应分级财政体制改革的需要，调动地方组织增收的积极性，在税收管理上又不能完全集中，必须实行分级管理。在税权集中的前提下，给地方一些税收征管自主权，那些纯属地方税源的税种，和可以由地方自主征管的税种，应尽量下放给地方，而那些全局性的税种，则应集中到中央统一管理。只有这样，才能在税收管理上，做到集中与分散的协调统一。

四　改革的基本思路的抉择

改革目标和模式确定之后，正确的实施思路就成为搞好改革的决定性因素。同样的改革目标模式，在不同的改革思路指导下实施，其效果是不同的。总结十多年改革的历史经验，今后 10 年改革中，以下几个思路须认真研究。

（一）是继续沿着前 10 年的以强化物质刺激为主的思路深化改革，还是需要转向以健全约束机制为方向来深化改革

回顾我国财税改革的历程，可以清晰地看到，十多年来，改革始终是沿着放权让利、增加物质激励机制的思路进行的。我国的财税改革，是在高度集中、统收统支体制基础上起步的。改革之初，从放权让利着手，以建立利益激励机制，无疑是完全必要的。但这并不是一条长期可行的改革思路。因为这种思路只不过是在旧体制框架上，加入物质利益的刺激因素，它利于建立激励机制，调动各方面的积极性，但却不能达到体制创新的目的。旧体制由于是统收统支，对地方、对企业不仅缺少物质刺激，更缺少约束机制。在正常条件下，经济运行中激励机制与约束机制是对称的，经济约束会把经济激励所引发的经济冲动限定在社会经济正常发展所必要的限度内。如果在经济体制的安排中，过分注意激励因素的增强，或者相反，都会造成经济激励与经济约束的失衡，失去对称性，从而出现冲动过旺或约束过强等问题，就会给经济社会运行带来损害。所以，在财税体制改革中，如果过分强调放权让利，单纯强调激励机制，而忽略约束机制的建立，不仅会造成责权利关系新的脱节，而且会造成激励与约束脱节，激励机制过于亢进的弊端。这也就是为什么经过十多年改革，财政放权让利已达到难以为继的地步，而各方面仍然是要权要利的原因之所在。因此，在后 10 年改革中，特别是"八五"改革中，必须转变思路，转到以建立约束机制为主，激励与约束并重的思路上来。

（二）是继续保护既得利益，只在增量上做文章，还是转向全面调整分配格局

财政改革以来，由于始终采取了减税让利的改革思路，于是在利益分配上，就形成了一条不成文的原则，即在利益分配上，对财政只能用减法，对企业只能用加法，每一步改革都要保护企业的既得利益，从而财政改革只能在增量上做文章，而且还要财政少得，企业多得。这种思路和办法，在改革之初有其必要性。但时至今日，在国民收入分配的格局已经过分地向企业和个人倾斜的情况下，如果仍然坚持保护既得利益的思路，中央提出的提高财政收入占国民收入的比重，和中央财政收入占全部财政收

入的比重就将落空。特别是由于今后 10 年的前几年，正处于治理整顿时期，经济发展的速度将相对放缓，因此财政收入增长也会相应放慢。如果坚持保护既得利益，现有的分配格局也就无从改变，财政收入的两个比重就会继续下滑，财政困难也就很难走出"谷底"。这无论是对治理整顿和深化改革，或者对经济社会发展都将是十分不利的。所以在今后 10 年内，要完满地实现治理整顿目标，把改革推向深入，就必须坚决以调整不合理的分配格局为改革基本思路。

（三）在体制构造中，是坚持国家两种经济职能一体化原则，还是应当实现两者分开管理

将国家的所有者职能和经济行政管理职能捆在一起实施，是旧体制的一个重要特征。然而，这种做法只适应于产品经济，而不适应于有计划的商品经济。经济改革以来，对这一问题并没有给以足够的重视，致使在新的体制构造中，不但没有扬弃这一做法，反而强化了这一做法。这表现在财政税收体制上，把政府与企业之间的分配，和所有者与企业之间的分配搅在一起处理。结果使各项改革在取得一定成效的同时，也引发了诸多新的矛盾。

1. 造成了政企难以分开的困境。构造有计划商品经济的运行机制，首要条件就是把企业推向自主经营轨道。为此，就要使企业从旧体制下的政府附属物的状态下解脱出来，实现政府对企业的经济行政管理与企业生产经营活动两者分开，即政企分开。因此，党的十一届三中全会明确提出，要改变以政代企、政企不分的状态。十多年的经济改革，为实现此项改革目标，作出了种种努力，取得了很大成绩，但政企分开这一改革目标始终没有实现，政企关系始终处于欲分而又不能的困难状态，其根本原因就在于始终按照两种职能一体化的思路进行改革。在财政向国有企业放权让利、扩大企业经营自主权过程中，人们把注意力集中在所有权与经营权分离上，想以此为突破口，实现政企分开改革。岂不知国家所有、国家直接经营是政企不分，而两种职能搅在一起管理，也会造成政企不分。因为两种职能搅在一起管理，势必造成政府部门在日常管理企业活动中，难以分清所有者行为和行政管理者行为的边界，并且所有者权力的存在，要以拥有资产最终处置权和经营收益分配权为条件，所有者放弃这些权力，也就不成为所有者。所以，把两种职能搅在一起，实行一体化管理，就难免出现政企不分的问题。

2. 妨碍国内统一市场的形成。有计划的商品经济的顺利发展，要以建立国内统一市场为条件，没有统一市场，价值规律和市场机制就很难在社会范围内正常发挥作用，商品经济发展就会受阻。而财税体制构造，如依两种职能一体化原则进行，就会强化各地方政府所有权的经济利益。各级地方政府作为一级政权，虽然它首先是国家利益的代表，但它也是本行政区内经济利益的集中代表，如果它不维护本地区利益，就不能顺利实现其职能，也无从最终实现国家利益。地方政府在利益关系上的这种双重地位，决定了实行两种职能一体化分权，把全民所有制经济的所有者职能交由地方政府行使，在本地区利益驱动下，地方政府就难免按本地区利益最大化目标，运用归自己支配的国有资产。这样，国有资产运营上的条块分割、重复建设、市场割据等情况就会发生。

3. 不利于优化资源配置。发展有计划商品经济的一个重要目的，就是要改善资源配置方式，提高资源运用的效果，更好地发挥社会主义制度的优越性。在全民所有制占主体地位条件下，把两种职能捆在一起，构造财税分权体制，实际上就是采用了各行政区独立配量资源的方式，这显然是与在全社会范围内优化资源配置的目标相悖的。世界经济发展的历史表明，一个国家的各个地区资源配置上的自我平衡，并不等于社会总体上的平衡和优化。现代社会资源配置上的优化和平衡，关键在于稀缺资源的有效配置，而这只有在把所有权向社会集中，从社会总体上有计划的配置资源的情况下方能实现。资本主义世界从 20 世纪开始的企业合并运动，以及后来的纵向联合的发展，等等，都是这种资源配置规律推动的结果。尽管资本主义制度的局限性不可能从根本上克服私有制与社会化大生产之间的矛盾，但资本主义企业的合并和联合，却也显示了优化资源配置的效果，它展示了生产资料所有权向社会集中的必然趋势。社会主义革命胜利后，建立了生产资料全民所有制的主体地位，适应了资源配置的社会化要求，克服了社会生产与私人占有之间的矛盾，为在全社会内有计划地运用价值规律，优化资源配置，开辟了广阔的前景。我们有什么理由在体制改革中，还要采取两种职能捆在一起的行政性分权，不利于优化资源配置的改革思路呢？所以，要把财政改革推上一个新台阶，打开新局面，就必须放弃把两种职能捆在一起来构造体制改革的思路，而代之以两个职能、两种分配分开管理的新思路来指导财税改革。

（原载薛暮桥、刘国光等著《九十年代中国经济发展与
改革探索》第二分册，经济科学出版社 1991 年版）

分税制是走向新财政体制必由之路

深化财政体制改革，从包干体制向分税制转换，是加强和完善宏观调控体系，促进经济持续稳定、协调、高效益发展，加快社会主义市场经济新体制构造之必需。

一　现行财政包干体制亟待改革

党的十一届三中全会以来，针对旧体制的弊端，先后进行了三次财政体制的转换。即自 1980 年至 1984 年实行的"划分收支、分级包干"体制；自 1985 年至 1987 年实行的"划分税种、核定收支、分级包干"体制，该体制由于诸种原因，在实行中实际又改为"总额分成、分级包干"体制。这三次改革都是突出一个"包"字，都是围绕完善包干办法和强化包干力度而进行的。随着财政包干体制的发展，地方自主财力不断地增加，地方财政活力也不断地增强，极大地调动了地方当家理财的积极性，为发展地方经济改革提供了良好的财政条件。但随着包干力度的加强，包干体制优越性释放，包干体制固有的弊端也随之日益凸显，极大地削弱了财政的宏观调控能力。

1. 包干体制包死了中央财政的财力。包干体制的最大特点，就是把每年财政收入增量部分中应上缴中央财政的部分包死，而地方所得的部分却是活的，这就导致了中央财政增长既不能与国民经济发展同步，又不能与财政总规模的增长同步。据统计，从 1988 年实施大包干体制以来，中央财政从地方财政每年新增加的收入中所得到的份额仅是一个零头，90% 以上的新增收入为地方所得。这种中央财政收入规模逐渐萎缩的不正常状态，不仅造成中央财政失去宏观调控所必需的财力，也失去了调节地区间财力的能力，加剧了地区间经济发展的不平衡性。此外，由于许多地方财政也逐级实行包干办法，包干不仅包死了中央财政，也包散了国家总财力，造成国家财力极度分散。包干体制的基本着眼点是向地方财政让利，只注意财力的分散，而忽略统一制约，割裂了财政收支的集权与分权之间的有机联系，失去了财力在集中与分散之间的回旋余地，加剧了财政困难。

2. 强化了地方保护主义倾向，恶化资源配置，干扰市场的正常发育。由于财政包干体制采取按企业、事业隶属关系划分中央与地方之间的收支范围办法，把企业的收入状况与地方财政收入的增加紧密结合起来；这样，各地方为了扩大自己的财源，就不可避免地要按本地区财政收益最大化目标配置资源，往往是争建见效快、税高利大、"短平快"的项目，大上小纺织厂、小烟厂、小酒厂等，并保护这些企业产品的销售，实行市场割据。这不仅造成重复建设、重复生产、结构趋同，而且妨碍了国内统一市场的形成。

3. 不利于鼓励先进、鞭策落后。包干体制是采用基数法核定各地方财政收支基数，即以上一年或前几年的收支决算数为依据来核定上缴或补助数额。这实际上是默认地方既得利益，鞭打快牛的一种办法。因为，上一年或前几年支出大而收入少的地方，无论各种支出是否合理，都给予一概承认，上一年支出多的占便宜，节约支出的反而吃亏，越是收入少而开支大的地区则留的财政收入越多，越是收入高而支出少的地区反而要少留。

4. 扩大了地区间贫富差距。实行包干体制，从静态上看，定包干基数时，经济实力差的地区，由于收入少而给予很大照顾，补贴很大。但从动态上看，经济实力不同会出现财力增长快与慢的差别，经济实力差的地区，由于财力增长相对较慢，增加经济建设投入能力相对弱；而经济实力强的地区，财力增长快，这样，经济实力丰厚的地区由于财力增加快，就会有更多的财力用于增加经济建设，这就要拉大地区间的经济发展距离，扩大贫富差别。

5. 不利于中央财政与地方财政分配关系的稳定，妨碍分级财政的形成。包干体制从表面上看，有利于稳定和扩大地方财政权力，但实际并不完全是这样。由于包干体制包死了中央财政收入，使中央财政困难日益加剧，中央财政为了维持必要的支出，除了不断增加债务外，还不得不采取一些措施，如向地方借款等，把下放给地方的财力变相收回一些。中央财政这样做，就使一些上解省市时时担心中央上收财力，导致增收积极性不足，大搞越权减免，"藏富于企业"等等。而一些受补贴省份，中央采取上收财力措施时，往往又受不了，只好不断"跑部钱进"，向中央财政要钱，更增添了这些地方对中央财政的依赖，中央与地方财政关系处于潜在的极不稳定状态。

总之，随着时间的推移，包干体制调节中央和地方财政关系的积极作用已到了尽头。当前，它已成为妨碍财政关系理顺，妨碍经济健康发展，妨碍社会主义市场经济体制建立，不利于加强和完善宏观调控的消极因素，亟待改革。

二　实行分税制是唯一可行的选择

应当继续实行包干还是改行分税制，当前人们的认识还很不一致。应当承认，任何一种体制办法的产生和实施，都有其特定的历史背景和条件，历史上选择包干制有其道理。但事物在发展，条件在变化，人们的认识当随其变化而发展，特别是看一个体制的优劣绝不可固定化，不能仅从是否有利于地方来评价，只有依据新的形势和条件，从我国经济体制改革总目标的要求来全面衡量，才能得出正确评价。因此，新的财政体制模式的抉择，只能以既有利于调动各方面当家理财积极性，而又能与市场经济体制相适应为标准。总结改革的历史经验，比较世界各国实行的各种财政体制模式，迄今人们所知道的各类体制模式中，"分税制"乃是最佳选择目标。

在我国，分税制概念最早出现于1982年，其内涵是指按税种划分中央财政与地方财政收入来源的办法。当时是作为代替按企事业行政隶属关系划分中央与地方财政收支形式提出来的，其目的在于改善中央与地方之间收入划分的办法，消除按行政隶属关系划分收入的弊端，并不是作为一种全新的、完整的体制模式提出来的。当前我们的分税制改革，已不仅仅是划分地方收入来源办法的改革，它至少包括如下内容：（1）科学界定中央财政与地方财政职能分工范围，使之规范化、明晰化；（2）以标准法核定各级财政支出需要量；（3）按税种划分中央财政与地方财政转移支付范围，规范转移支付方法。可见，所谓分税制改革乃是体制模式的全面转换，是财政运行机制的根本转换。它比包干制要优越得多，具有包干制的优点却没有包干体制的诸多弊端，可以调动中央与地方的积极性，利于完善分级财政，强化财政功能，特别是利于强化宏观调控功能，适合市场经济发展要求。其主要优点可归结如下：

1. 利于消除市场割据等弊端。按税种划分中央与地方财政收入范围，不再按企事业行政隶属关系划分，就使各地方财政面对企业，无论是否隶属于自己，都一样能从中取得应得的收入。这样，对企业有亲疏之分，搞旨在维护隶属于自己企业利益的地区经济封锁，也就失去了意义。

2. 利于搞活财政全局，增强财政宏观调控能力。扩大中央财政向地方财政转移支付的数量和范围，采用规范化的多种转移支付形式，既有利于扩大地方财政自主支出的财力数量和范围，扩大地方财政自主权，又可以依靠地方财政自有财力及中央返还财力双重财源平衡机制，改变旧有的、中央财政依靠地方财政供给来平衡收支的不合理的被动局面，从而提高了中央财政对地方财政的支持能力，强化了中央财政宏观调控职能。特别是中央财政向地方财政返还收入形式的多样性和规范化，更可提高中央财政对地方财政进行宏观调控的效果。

国际上采用的返还办法有很多，我国可采用以下几种办法：（1）按核定的地方财政标准收支差额给予补助的返还办法。这个办法主要用来弥补地方经常经费之不足，所谓标准收支差额是指地方财政按规定的标准核算的收支差额，如果发生收入不抵支出，则由中央给予全额补充；中央财政用这种办法向地方返还收入有很大好处，它既可克服现行办法每年各地方都要向中央争指标的矛盾，又使补助规范化，利于鼓励地方增收节支，提高财政效果。（2）按某项事业的标准需要给一定比例补贴的返还办法。这种办法不考虑地方办此项事业事实上花多少钱，而是只要地方举办这类事业，中央就按规定给予补贴，这种补贴主要是用来补助地方举办有关社会全局的地方事业，如中小学教育事业等。这个办法可以起到既鼓励地方积极举办，又对这些事业的兴办情况发挥监督和制约的作用。（3）专项定额拨款办法，用于全局利益需要而又只能由地方举办的事业。这种拨款往往是采取中央委托形式，由地方包干办理，结余归地方，不足由地方补上，目的在于调动地方关心其境内兴办的各项中央事业的积极性。

3. 实行标准法核定地方支出需要量，不仅地方之间财政支出关系走上法制化、规范化轨道，增加透明度，也消除了基数法的不利于鼓励地方节约支出、增加收入和不利于公平原则实现等弊端。

现在，还有些人对推行分税制改革持有疑虑，担心会削弱地方财政自主权，甚至走回统收统支的老路。其实这是一个误解。从一定意义上说，实行分税制，乃是进一步扩大地方财政自主权，完善分级财政的一次改革，而不是向统收统支倒退。当今世界多数国家实行分税制的实践表明，实行分税制后，中央与地方两级财力都得到了保障，分税制既适应市场经济运行需要，又利于保障分级财政体制的落实。从包干制向分税制转换，虽然在某种程度上缩小了地方财政自筹收入占国家财政总收入的比重，但从地方最终可得到的自主支配财力来看，不但不会减少，反而要有所增大。所不同的仅仅是在地方自主财力运用中，渗进了中央财政的间接指导和制约，有利于地方在国家宏观调控下，更好地使用财力，充分发挥本地区优势，加快经济发展。把地方财政自主权与国家宏观调控对立起来的观点是不正确的，市场经济发展需要充分发挥地方财政的自主性和积极性，也需要加强国家宏观调控。只有这样，才能有效地建立起适应社会主义市场经济发展需要的新的财政运行机制。

从包干制向分税制转变，其意义绝不仅仅是中央与地方财政收入分配形式的创新，它更关系到市场经济新体制构造能否实现，关系到我国经济能否持续、稳定、协调发展的一项关键性改革。为了加快改革，为了不错过当前我国发展经济的大好机遇，必须下决心推进这项改革。

（原载《经济日报》1993 年 9 月 9 日头版）

作者寄语：此文是原财政部长项怀诚同志特约我写作的咨政文稿，发表后，对解决实施分税制财政体制改革统一认识发挥了有益的作用。

关于乡镇财政改革的几个问题

农业、农村和农民问题，始终是我国社会主义现代化建设中事关全局的根本性问题。任何时候、任何情况下都要把农民和农业放在经济工作的首位。乡镇财政是我国财政体系在农村的终端环节，它直接面向广大农村和广大农民，承担着保障农村政权建设的供给，支援农村经济社会发展，调节国家与农民之间分配关系的重任，它的工作状态直接关系到广大农民生产和生活，关系到农村经济的兴衰、社会的安危，关系到国家经济社会发展总战略目标的实现，关系到增强还是丧失广大农民对党和政府的信任和拥护的重大政治问题。因此，搞好乡镇财政乃是事关社会主义建设全局须臾不可忽视的一个重大的政治和经济问题。

一 改革农村财政收支制度已刻不容缓

自 1983 年撤销人民公社，建立乡镇政府以来，经过广大财政工作者的艰苦努力，乡镇财政从无到有地迅速发展壮大起来，特别是"八五"期间发展更快，成就尤为突出。到 1995 年底，全国基本完成了乡镇财政所的初建工作，财政收支总规模已达千亿元以上，如果按全口径计算，仅乡镇预算内收入就已达 1105 亿元，有三分之一以上的乡镇收入已超过千万元，比 1990 年增加了六倍半。可见我国乡镇财政建设的成就是巨大的。但我们也应清醒地看到，乡镇财政制度还很不完善，特别是收支制度方面还存在严重缺欠，正在制约着农村经济社会发展，妨碍着减轻农民负担政策的落实。

由于历史的原因和条件所限，在建立乡镇财政初期，国家预算能划给乡镇财政的财力很有限，预算内财力只能满足乡镇政府实现其职能需要的一部分，很大一部分需要到预算外寻找来源。在这种情况下，不得不在收支制度上采取一些变通措施。当时可行的办法是，除了继承人民公社时期农户交纳的各项提留之外，采取一事一费一制的方式，再向农民征收一部分收入，当时财政机构一时还难以建立健全起来，则把这项征收任务交给各用钱部门自收自支自管，这就形成了后来所说的"村提留乡统筹"的收支制度。这种公共分配制度，由于使各个用钱单位的事权与财权高度一致，极大地鼓励了增收的积极性，在当时财政机构不健全、预算内资金有限的条件下，对保障农村经济社会发展需要，支援农村政权建设，无疑是有其积极作用的。后来农村财政经济发展的巨大成就，是与这种公共分配制度的积极作用分不开的。但这种制度的固有弊端也是严重的，那就是管理上的分散，财政职能被肢解，由此而带来预算约束上的松弛，等等。无数历史事实证明，权利只有激励机制而缺少约束机制，就有被乱用的危险。随着时间的推移，农村经济社会发展变化，这种激励有余约束不足的制度，其积极作用逐步消失，而权利被乱用的弊端却日趋显露，发展至今，它已成为农村经济社会发展中极大的消极因素，亟待改革。

1. 不利于减轻农民负担政策的落实。党中央和国务院对农民负担问题，始终给予高度重视，先后采取了一系列重大措施，各地方做了大量工作，然而至今不能从根本上解决。农民负担问题为什么会这样久治不愈，其原因当然是多方面的，但其中一个重要原因，就是现行的农村公共分配制度不顺，现行的农村"三提五统费"的财政收支制度本身就存在着推动收费项目扩张的基因。第一，这种"一事一费一制"的办法，在实践中就有一种比照作用。例如，既然农村教育费是为农民服务可以征收附加费，农村文化事业也是为农民服务的，又为什么不可收费呢？民兵训练费可以征收，当然治安保卫费也可征收。在这种比照下很难分清新项目收费的"合理"和"不合理"，是"正常"或是"乱"收费的界限，这就为乱收费留下诸多空当。第二，这种"一事一费一制"办法与公共事务发展变化性之间是极不适应的。随着农村经济社会发展，新的公共事务将会不断出现，旧的收费不能满足新事务的需要，只有相应地开征新的收费项目才能满足。加之收费又是由各部门自收自支自管，在部门利益的驱动下，乱收费、乱摊派、乱集资也就成了不可治愈的"顽症"。

2. 不利于调动农民积极性，增加农业投入，发展农村生产力。发展农村经济靠什么？主要是一靠调动广大农民积极性，增加积累多使用新科技；二靠国家财政的支援。而现行的收支制度，与实现这两个方面的要求都有矛盾。第一，农民负担过重，不仅影响农民积极性，也削弱了农民的积累能力，失去扩大农业投入、利用先进科技的经济基础，必将妨碍科技兴农战略目标的实现；第二，现行高度分散的收支制度，不仅肢解了财政职能，更分散了财力，致使乡镇政府不能集中财力，统筹安排为农村经济发展办点关键性大事，弱化了对农村经济建设的支援力度。

3. 不利于共同富裕目标的实现。现行的"三提五统"制，普遍采取按人头和按亩头定额征收办法，它加重了贫困户的负担，优惠了富裕户，对农村存在着的贫富差距扩大起着"逆调节作用"。这种情况随着农民负担加重而日趋严重，山西省等地调查材料充分显示了这一点。1994 年某镇农民纯收入 2912 万元，人均 1300 元，其中收入 10 万元以上的富裕户有 78 户，人均收入 5 万元，其余 5322 户人均收入仅 528 元，全镇人均收缴"三提五统费" 65 元，占一般农户人均收入的 12.3%，占富裕户人均收入的 0.13%，其负担差距之大令人吃惊。另据国家统计局《统计年鉴》① 资料计算，1994 年全国农村人均纯收入为 1220 元，按 5% 计算人均负担金额为 61 元，有 10% 的农户人均收入低于 500 元，人均实际负担达 12.2%，而人均收入在 2000 元以上的富裕户，实际负担只有 3.05%。可见现行的按人头收费办法是十分不合理的，是与党的调节分配不公、实现共同富裕目标的方针政策背道而驰的。

4. 不利于保护和发展农村安定团结大好局面。农村现存的乱摊派、乱收费之风遏制不住，农民负担日趋加重，再加上现行收支制缺少的约束机制，致使一些素质不高的干部出于私利而转移资金用途，购买汽车，搞高消费，甚至贪污挪用。这就不能不引起农民强烈不满，损害了干群关系，伤害了农民对党和政府的感情，甚至发生恶性事件，影响农村社会稳定，影响农村经济发展。

5. 不利于振兴财政目标的实现。现行收支制度由于在管理上的高度分

① 中华人民共和国国家统计局编：《1996 年中国统计年鉴》，中国统计出版社 1996 年版。

散和缺少规范性，不仅破坏了财政的统一，也导致了农村公共分配秩序的混乱，造成大量农村财源不断流失于国家预算之外，加重乡镇财政收支矛盾。据统计，1996 年有 30％ 左右乡镇财政发生赤字。如果这种情况不改变，必将影响财政全局的振兴。此外，从当前情况看，乡镇财政乃是我国五级财政中最有活力、发展最快的环节。从"七五"开始，至今十年间全国财政收入年均增长 11.8％，而乡镇财政收入年均增长 21.3％，比全国快一倍。从各级财政本级组织的收入与支出之间比来看，也是这样，中央财政为 0.9：1，省级财政是 1：1 弱，县级财政为 0.75：1，而乡镇财政始终处于 1.5：1 的高比例状态。就是说，只有乡镇财政才是真正净上解的财政环节。如果不及时地改革乡镇财政收支制度，整顿农村公共分配秩序，从源头上遏制住乱收费、乱摊派歪风，任农村财源大量流失，就有可能破坏乡镇财政发展的良好势头，给振兴财政带来不利影响。

　　总之，现行的农村财政收支制度，已到了非改不可的地步。最近党中央、国务院已作出《关于切实做好减轻农民负担工作的决定》，这是指导当前和今后一个时期减轻农民负担工作的重要文件，对我们改革农村公共分配制度也有重要指导意义。我们应趁此大好东风，不失时机地改革农村财政收支制度，建立起统一规范的乡镇一级财政。

二　彻底改制是消除弊端的唯一途径

　　如何改革乡镇财政，才能消除现行制度存在的弊端，主要有两种思路：一种是着眼于治"散"，主张在不进行根本性改革的条件下，将乡镇预算外资金、自筹资金全部纳入预算管理轨道，以加强财政的监督约束，达到治乱的目的；另一种是着眼于转换机制，主张从根本上改革现行的农村财政收支制度，用"费改税"办法替换现行的"一事一费一制"的征收方法，用统一乡镇预算办法替换现行的各政府部门自收自支自管的分散办法，以达到转换机制、规范分配、统一财政的目的。这两种思路各有所长，从当前农村实际情况看，我倾向后一种主张。前一种主张虽然有不触动既得利益、震动小、利于推广的优点，但由于现行制大收费的驱动机制还在，它只能在一定程度上抑制乱收费行为，但不能根治；而后一种主张，虽然行动起来有一定难度，可是由于它改变了机制，能够从源头上堵住乱收费的漏洞，利于全面理顺农村公共分配关系。当然，要达到改革的目的，还必须同时搞好以下几个配套措施。

1. 要科学地界定政府部门和行政单位为农民个人和法人单位提供特殊服务收取费用的范围和界限，并制定相应的"定价"办法。这样，在实行费改税的同时，就可正式宣布禁止在税收和规费之外的任何以行政服务为名向农民个人和法人收取费用的行为。

2. 实行政府职能与农民集体经济组织职能分开的改革，把集体经济管理和组织职能交由集体农民选举产生的集体经济管理组织实施。这个组织应以村为基本单位，接受村民大会的监督，在此基础上，实现政府财政分配与农民集体分配分开，以堵住政府部门以集体经济组织名义向农民伸手摊派费用的漏洞。

3. 积极推进县与乡之间分税制改革，科学地界定县乡两级财政的职能范围。在各级政府之间的职能活动中，实行谁出主意谁出钱的原则，以杜绝上级部门向乡政府下达不切实际的超前"达标升级"等增加乡财政支出的压力，保障乡财政健康发展。

4. 在"费改税"中，无论选择什么样的征收形式，都要彻底放弃按人头征收的办法，尽可能转向依财产、依纯收入计征的办法，以保障公平分配，消除对贫富差别逆调节的弊端。

三　几个有关的理论问题

（一）政社分开问题

在撤销人民公社，建立乡镇政府和全面推行家庭联产承包经营责任制之后，从理论上说，这意味着在农村实现了政社分开改革；但在实践上，集体经济组织实体却迟迟没有形成，至今依然处于同政府职能搅在一起实施的状态。这就向人们提出两个问题，一是在农村要不要实行乡政府职能与集体经济所有者职能分开的改革；二是如果需要实现这一改革，集体经济管理与运营体系当如何构造。答案应当是肯定的，既然实现两种职能分开，是建立社会主义市场经济体制之必需，农村也就不能例外，也必须如同国有资产管理一样，建立专业化的集体经济管理体系。其模式可以设想是"乡村两级所有，村为基础"，在村建立集体经济管委会，由全体村民选举产生，在村民监督下执行村集体经济管理职能；乡镇一级则应当是乡范围内各村集体经济的联合体，由各村民选出代表组成管委会负责乡镇集体经济管理职能。

（二）集体的财务活动与政府的财政活动区别问题

在实行"费改税"过程中，需要把集体经济组织的财务活动与政府的财政活动严格划分开来。在当前，这两种活动是混淆不清的。比如，村级"三提留"中的公积金部分，从其用途来看，是典型的农民集体经济扩大再生产行为，可是在现行体制中，却被看成是财政行为，从而农民也把它看成是政府的征收。与此相反，乡镇的"五统筹"，从其内容来看，基本上是政府职能范围之事，纯属财政性资金，是政府向农民征收的税，可又常常被称之为是给农民办公益事业所收的费。也正因为存在这样的含糊认识，才发生了关于"五统筹费"是不是公益性服务的收费，该不该财政部门管理和支配的争论。其实，公益事业按其性质可分为两类，一类是社会举办的，不以营利为目的的公益事业；另一类是国家举办的为全体人民共享的公益事业。前者虽然也是公益事业，所追求的主要也是社会效益，但这种事业的供给具有排他性，交费者才能享受，不交费者将被排除在外。后者则不同，它是非排他性的，用"五统筹"集资兴办的教育，乃是国家义务教育事业，民兵训练是国防事业组成部分，计划生育乃是基本国策，优抚则是社会保障事业，这些都是为全国人民共同利益服务的，并不专属于某地方、某些集体农民的利益，乃是典型的社会共同事务，属财政之事。

（三）"三提留"资金性质问题

"三提留"集中起来的资金性质是什么？是集体经济所有的资金还是财政性资金？这个问题涉及费改税是否要把"村提留"也改成税的问题。如果是财政性资金，就必须也改成税。在1983年撤社建乡后，财政部颁布的《乡镇财政管理试行办法》中，把"三提留五统筹"称之为乡镇自筹资金，与预算外资金并列，可以理解为没有把它看成是财政性资金。在 1991 年财政部颁布的新的《乡镇财政管理办法》中，虽然明确规定乡财政的收支范围包括"国家预算内资金收支、预算外资金收支"，但在具体界定自筹资金收入内容时，又概括为"按有关规定乡镇企业上缴乡财政的利润，事业单位上缴的收入，以及乡镇人民代表大会通过的乡镇公共福利事业统筹费"等。这里似乎又把"村提留"排除在自筹资金范围之外，也可以理解为"村提留"不属财政性资金，而不少人把"三提留"纳入预算外资金，已把它看成是财政性资金。到底应如何认识，可以研究。但是就集体农民提留的公积金与公益金性质来看，恐怕把它看成纯财政性质是不妥的，特别是公积金，主要是用于农田水利基本建设、植树造林、购置生产性固定资产和兴办集体企业等等纯属集体农民的积累行为，是集体经济扩大再生产的投入，不是财政性资金硬要把这部分资金也纳入财政资金，就混淆了国有资金与集体资金的界限，额外增加了农民对政府的负担。

（原载《现代财经》1997 年第 5 期）

建立"行政事业收费"管理新体制的
几个理论认识问题

为适应"费改税"的需要，应否彻底打破习惯的把行政事业性收费（以下简称行政收费）视同价格实施管理的旧体制，如何打破，建立什么样的新体制，才能与行政收费性质相适应，这是当前"费改税"研究中的热点和难点。解决好这个问题，非常重要，它关系到"费改税"能否深化，更关系到"费改税"成果的巩固，因此，我们应当给予充分的注意。

一　行政收费不能作为价格进行管理

行政收费与价格是两个性质完全不同的经济范畴，从表面看，行政收费与价格很相似，都表现为一手提供服务，一手收费，似乎也是一种商品货币交换关系。然而，深入观察就会发现，行政收费与价格，是两个性质完全不同的事物。

第一，各自存在的依据不同，价格是商品价值的货币表现，是依商品交换存在而存在，属市场分配范畴。而行政收费，是政府为公民（包括法人）中的特殊群体提供特定管理服务而收取的费用，它是依政府对特定群体提供特殊管理服务的必要性而存在，属财政分配范畴。我们知道，在政府的经济社会管理服务中，包括两个部分：一部分（是主要的）是面向社会全体公民普遍实行的，无选择的管理服务，诸如保卫国家安全，维护社会公共秩序等管理服务，这种服务是面对全体公民的无差别的服务，对公民来说，是无选择的，无论是否自愿，都必须接受的服务；另一部分则是依据实现职能的需要，有选择的、对特定人群体提供的特殊管理服务，诸如对结婚的公民实行登记管理和发放结婚证书，对工商企业开业实行登记注册、发放营业执照，等等。这种服务对公民个人来说，也有一定的选择性，办不办工商企业它自己可以选择，不办，就不必享受这种服务。政府服务的差别，带来了服务费用补偿方式的不同，普遍的无选择的服务，其费用取得只能采取向全体公民普遍收取的办法，这就是税收；对特定公民提供特殊服务，其费用不能也不应当用全体公民交纳的税收进行弥补，只能通过对直接享受服务的公民个人收取，这就是行政收费。行政收费存在的这种特殊依据，就构成了区别于其他事物的特殊本质。

第二，两者实现手段不同。价格是在商品交换中发生的关系，它是借助市场平等竞争，通过商品等价交换实现的。而行政收费则不同，它是凭借政府实现职能的行政权力，通过强制性法律法规的确立而实现的。政府对部分公民的特殊服务，虽然是有选择的，但它与商品买卖不同，商品买卖是一方愿买，一方愿卖，双方自愿，才能实现；而政府服务的选择，却是单方面的，政府依据实现职能需要而选择确定后，凡服务覆盖范围内的所有公民，都必须遵照要求享受这项服务并交纳费用，没有选择余地。就是说，政府服务实现的手段，具有单方面的行政强制性，其收费标准也是固定的，没有讲价的余地。具有鲜明的强制性和固定性，它与税收相似，具有准税收性质。

第三，内在的约束机制不同。价格的内在约束机制，是供求双方相互制衡机制，对供求双方来说，其约束是对称而又互动的，只有在供求失衡情况下，才会出现约束的偏移。而政府收费的内在约束，只是单方面的，只有政府对受服务者的约束，受服务者必须按政府意志去办，而不能反过来制约政府，限制或反对它的收费、或减少它的收费。就是说，政府收费的内在约束机制具有非对称性特点。

第四，补偿确定的根据不同。价格是依据社会平均必要劳动耗费及供求状况决定的，其补偿水平与社会平均必要劳动耗费水平相对应。而政府收费则是依据税收收入与政府执行全部职能需要之间的差距来确定，并且其补偿水平与实际耗费并不对称，只能补偿部分成本，因为政府提供的特殊管理服务，虽然是面对某部分公民，但它也是社会正常存在和发展所必需的社会共同需要事务，是间接为全体公民服务的，故其耗费不能全由直接享受服务者负担。

　　总之，政府收费与价格，两者无论是其存在依据，或是内在运行法则，都是完全不同的，不可相互替代，更不能混为一谈。在实践中，只有将两者严格区别开来，分别建立不同管理体制，才能达到预期的管理目的。从前面分析可以看出，政府为实现其职能的特殊需要，而向部分公民提供特殊管理服务，它依然属于公共服务性质，依然是政府实现职能的活动，把它排除在政府公共服务之外，并将因此所引起的收费，纳入价格管理体系，将是十分有害的。因为这种做法和认识，实际上就是把政府对公民提供的特殊管理服务，也看成是商品买卖关系，模糊了政府行为与市场行为的界限，这不仅有违党中央、国务院关于党政机关不得经商的规定精神，更有可能发生一些素质不高者，借机把手中权力和为公民服务商品化的危险，形成滋生腐败的温床。

二　行政收费纳入财政管理轨道乃是最佳选择

　　行政收费既然是政府行为，属财政范畴，其管理也只有纳入财政管理体系，依财政运行规律办事，才能达到优化管理的目的。

　　1. 行政收费收入全部纳入国家预算管理，由财政统筹安排，才能集中国家财力，依轻重缓急进行调配，为优化财政资源配置结构，保障各方面的必要供给，为强化财政宏观调控能力增添物质基础。收费纳入国家预算后，不再归各收费单位所有，也就可以消除谁多收费，谁多得利的不良刺激机制，从体制上铲除"三乱"滋生的根源。

　　2. 行政收费由财政部门管理，才能使行政收费的立项、缴费标准得到合理的确定。因为，第一，各行政事业单位和部门对公民提供特殊管理服务，在实践中，常常是寓于执行社会管理一般职能之中，与对公民普遍服务之间的界限，并不是泾渭分明的。各单位和部门很难分清两类活动中各自的费用边界。只有从政府活动总体的经费耗用状况来观察，才能得出正确判断，而这一点正是财政所特长，只有财政通过预算的编制及支出预算分配和管理，才能掌握切实信息，依据这些信息，才可以清晰地看出，什么应当立项收费，什么不可以立项收费，以及可以收多少费，等等。第二，也只有财政统管行政收费立项及标准，把收费与拨款统一安排，没有收费任务的，则在拨款上安排足；有收费任务的，则相应地抵扣拨款，这样才能保障各行政事业单位和部门必要的供给，而不至于由于收费的存在，从而带来苦乐不均。第三，财政统管行政收费，也是财政管好收支，编好预算之必需。财政不管行政收费，由其他部门管，财政就失去把握未来时期行政收费立项及收费水平变动情况的手段，财政不能准确预测和控制未来时期收支变化，也就无法正确编制国家预算。

3. 财政部门统管行政收费，也是国际成功经验和国际惯例。发达国家如此，发展中国家也是如此，翻开各国财政预算就会发现，行政事业收费都纳入国家预算之中，区别只是收费程度不同。比如 1995 年美国联邦预算中非税收入①占财政总收入 6.7%，州政府预算中非税收入一般占 10%—20%，税收程度高的州则低些，反之则高些，如加利福尼亚州由于税多，非税收入所占比重低些，占 13.1%，而得克萨斯州由于没有个人所得税，非税收入就多些，占 25% 以上。日本在第二次世界大战前非税收入约占 13%，1975 年占 4.3%，1980 年占 4.1%；韩国 1980 年非税收入占 18.37%，1995 年占 5.73%。各国不仅将行政收费收入统一纳入预算，而且收费立项及征收标准的确定，也都通过立法，纳入财政预算法集中加以管理。

三　行政收费财政管理的体制设想

行政收费作为财政收入的补充形式，其管理分工，理所当然地必须随财政管理分工体制而定，我国实行的是分税分级管理体制，行政收费管理也只能实行分级管理，如何分级，可有两种形式供选择，一是全项分级，从立项到收入管理，都实行中央与地方分级管理；一是分项分级，即收费立项审批权集中在中央和省两级，收费管理则依属地原则分级管理。鉴于政府对公民实施特殊服务多发生在基层，当推全项分级体制为佳，然而就

---

①　在国外预算中大多数国家是把行政收费归为非税收入。

我国当前实际情况看，分税制体制尚待完善，特别是消除"三乱"产生的根源，还要一定时日，为防止"费改税"后"三乱"反弹，看来在近中期实行分项分级为好，待到条件成熟后，再向全项分级过渡。

（原载财政部《情况反映》1999年2月）

　　作者寄语：此文是针对当时有关政府部门，对此问题认识的分歧而写作的。文成之后送有关部门，得到当时财政部部长的认可，特将此文刊于财政部内刊，并呈朱镕基总理阅。朱总理阅后认为有道理，批给"秀清、马凯阅"，并另批一句话"此文可公开发表"。因此，统一了部门间的认识，顺利地推行了此项改革。

完善中国转移支付制度的几个问题

中国于 1994 年实施分税制财政体制的同时，相应地建立了新的政府间转移支付制度。多年实践表明，新的转移支付制度初步适应了分税制体制的需要，但还很不完善，有许多问题尚需进一步改进。

一　转移支付模式的抉择

转移支付模式，通常包括转移支付运行路线选择和转移支付形式选择两方面内容。世界各国的转移支付制度安排，都与各自国家的国情直接相关，各有特色，并不存在可以通用的统一模式。但从总体上看，又是可以归类的。第一，转移支付从运动方向特征来归类，可归结为纵向、横向、纵横结合三类。纵向转移支付模式，是指从中央自上而下地转移支付，它又可分为纵向逐级传递式和纵向全覆盖式两种。纵向逐级传递式，是自上而下逐级转移支付时，采取上级只面对下级转移支付，而把对更下级的转移支付转由下级承担，由其再向更下级传递的办法。这种办法是我国财政的传统做法；纵向全覆盖式，是各级政府向下实施转移支付时，面对所有的下级政府。这种形式在日本等国广泛采用。横向转移支付，是指富裕的地方政府向较贫困的地方政府转移财政资金。这种形式在德国、瑞典等国都可见到。第二，转移支付从资金的支给形式来归类，可归结为一般性转移支付、专项转移支付、有条件的转移支付三类。一般性转移支付，是一种无条件的，只是为了各级政府平衡财政，接受转移支付的各级政府拥有自主权，可以将得到的资金同自有资金统一支配，依照自己的意愿安排使用；专项转移支付，是一种指定使用目的的转移支付，接受转移支付的地方政府，必须依照指定的用途使用资金，并要承担按质按量完成项目任务的责任；有条件的转移支付，是不规定转移资金具体使用项目，但却要规定大体使用方向的转移支付，诸如规定转移支付资金，只能用于农田水利建设或只能用于改善环境等。

建立符合国情的转移支付制度，当选何种模式？就现阶段经济社会发展实际情况来看，以上所说的三类模式各有长短，单纯选取任何一类模式，都难以达到优化的目的，三种模式并用，建立有中国特色的模式可能是最佳选择。

（一）转移支付的运行路线

就转移支付运行路线选择来说，三类模式中单纯纵向逐级下推式转移支付，虽然它是我国的传统方式，人们熟悉而又简便，特别对中央财政来说，可以减少工作量而又减少矛盾，从理论上讲，又利于充分发挥地方因地制宜的积极性。然而，其缺点也是明显的，它不仅由于逐级传递，会造成转移支付资金在途停留时间过长，不能及时满足基层需要和大量资金停留在运转中不能充分利用，使本来就十分紧张的财政状况更加恶化，特别是由于财政困难，还有可能造成越到基层，越难以得到必要转移支付的弊端。在财力有限的情况下，从中央到地方各级财政收支矛盾都十分尖锐。在这种情况下，中央财政向地方实施转移支付的力度，本来就有限，对一些富裕地方问题不大，而一些贫困地方，就有可能在中央转移支付下到地方时，首先考虑本级财政平衡的需要，然后再向下级转移，这样经几级传递后，最基层也就所剩无几了，甚至得不到转移支付。而采取全覆盖式转移支付，中央直接向各级转移支付，地方也是如此，这就可以完全消除上述弊端。

此外，由于我国地区间经济社会发展极度不平衡，财源拥有量相差悬殊，在实行规范的分税制条件下，在财源划分上，很难照顾到这些情况，只能借助加大转移支付任务。如果都集中到中央财政来实施，势必导致中央财政集中财力过大，影响发达地区积极性问题，照顾其积极性少集中一些，则满足不了转移支付需要，不利于后进地区加快发展，不利于政府间公共服务均等化的推进。因此，在转移支付的制度安排上，采取纵向转移支付与横向转移支付结合的模式，将有利于解决这个矛盾。可以设想，平衡财政转移支付任务的一部分，交由地方间转移支付解决，专项及有条件的转移支付任务则全部归中央。这样，好处是实行横向转移支付，既可以减轻中央财政集中度，防止鞭打快牛，利于调动地方积极性，贫困地区受到援助，会深感地区间兄弟般温暖情谊，富裕地区也会因对兄弟地区提供支援而自豪，更有利于地方间团结协作；中央重点承担专项及有条件的转移支付，可以减轻中央负担，又能保障在转移支付运作中，处于主导地位，强化宏观调控的作用。

（二）转移支付的资金支付形式

就转移支付资金支给形式方面来说，三类形式并用也是可取的。三类形式转移支付的经济意义是不同的。一般性转移支付，是以实现各级财政平衡为目标，其根本性意义是推动政府间公共服务均等化的实现。在我国现阶段，调整优化产业结构、加快西部经济发展居重要地位的条件下，专项转移支付及有条件的转移支付，具有其特殊意义，特别是专项转移支付，既可以发挥产业结构调整带头羊作用，又可以向西部倾斜，加快落后地区经济发展，缩小地区间经济发展差距。所以，采用三种形式并用模式，乃是最佳选择。

二 转移支付具体目标的确定

建立政府转移支付制度的基本目的，是为了实现政府间公共服务水平均等化，这已是人们共识，然而，这仅仅是一个定性概念。要满足建设转移支付制度需要，还要解决公共服务水平均等化的具体标志，以及公共服务水平均等化近期目标等问题。

（一）公共服务水平均等化的标志

什么是公共服务水平均等化，即达到什么样的具体状态，才是实现了公共服务水平均等化？对此，存在多种认识：

1. 认为政府服务水平集中决定于政府服务能力，公共服务水平均等化，只能以政府服务能力均等化为标志。

2. 认为政府的任何公共服务事项的实现，都要以拥有必要财力为基本条件。因此，公共服务水平均等化，要以政府拥有财力均等化，即人均财政支出均等化为标志。

3. 认为政府的公共服务最终都要居民享受，公共服务水平均等化与否，应以居民实际享受水平是否均等为标志。

这三种认识孰是孰非，看来不可做绝对判定，三者各有其理。政府的公共服务，首先必须落实于服务对象，才能成为现实。政府拥有服务能力，而实际没有为居民服务，这只是一种潜在的存在，并不是现实。然而，要实现均等服务，的确需要具备均等的服务能力。其次，政府拥有服务能力，又必须以拥有一定物质条件或手段为基础，没有一定的物质手段，服务也只能是空话。而要拥有必要的服务手段，又要以拥有必要的财力为前提。可见三类表述的差别，来自研究视角的不同，仅就一定视角而言，三类意见都是有道理的。

然而，深入分析就会发现，这三类表述所持视角，在转移支付事物中，所处层次是不同的，是有主从的，财力均等化是形成政府公共服务能力均等化的手段，财力是从，政府公共服务能力是主。政府服务能力均等化，又是居民享受公共服务均等化的手段，政府公共服务能力是从，居民实际享受服务是主。就是说，实行政府转移支付目标，是否最终得到真正实现，其标志既不在于是否拥有财力均等化，也不在于政府服务能力是否均等化，而在于居民是否能真正得到水平均等的公共服务。因为，财力既然是手段，在政府拥有这项财力之后，还有一个是否依目的有效运用的问题。只有按用途有效运用，才能形成政府公共服务能力，如果财力被滥用，政府公共服务能力就会落空。此外，各个地方政府所拥有的一定水平的公共服务能力，并不是一个年度所拥有的财力形成的，而是多年积累的结果。并且，政府拥有均等化的公共服务能力，在没有真正为居民服务之前，只是潜在的能力。因此，政府拥有财力均等化和服务能力均等化的能力，并不能表明已经达到公共服务水平均等化。只有当公民实际享受到的各项公共服务均等时，公共服务均等化才是真实的。政府拥有的服务能力及财力均等化两项，充其量也只能作为辅助标志。

在构建政府转移支付制度中，标志正确是非常重要的。只有标志正确，转移支付量的计算才有正确依据，才能提高资金使用效果。

（二）公共服务水平均等化近期目标选择

经过几十年的努力，特别是改革开放以来近二十年的奋斗，中国各个地方政府间公共服务水平的差距，已经缩小很多，但距均等化目标，还相差很远。在这个基础上，建立规范的转移支付制度，以期加快公共服务水平均等化的进程，除了需要正确解决公共服务水平均等化标志或尺度问题外，还必须解决公共服务水平均等化具体目标，及逼近这一目标的步骤问题。公共服务水平并不是一成不变的，它是随生产力的发展而发展，从初级到高级不断地发展着的。在实施规范化转移支付过程中，只是衡量什么是均等化，什么是没有均等化，还不足以提供一个计算转移支付量的具体依据，还要科学地设定一个公共服务水平的预期目标，以及达到这个目标所需要的时间和步骤等，才能为具体计量转移支付提供可操作的依据。

在中国如何确定这个目标，看来要分两步走，现阶段只能以发达地区已达到的平均水平为后发展地区追赶目标，这一阶段还不可能实现全国范围内的公共服务均等化。因为，在当前发达地区的生产力也依然处于初级发展阶段，还不可能拿出更多财力来支援不发达地区。如果硬要一下子把各地区拉平，势必要对现有财力分布格局进行大幅度调整，这将不利于发达地区经济继续发展，反过来又会拖累整个国民经济的发展。因此，只能经过一个过渡阶段，在发达地区各自在原基础上再向前发展的同时，使不发达地区赶上发达地区公共服务现有水平。然后，再制定一个全国统一的均等化目标，通过加大对发达地区财力调节力度，实现全国范围的公共服务水平均等化。最后进入维持各地方公共服务持续均衡发展的境界。

第一阶段也不能一步到位，还要分步实施。这可有两种设想，一是各地区的公共服务全面向前推进的办法；一是分项前进办法，即把公共服务项目分成基本服务部分和一般服务部分，先实现基本服务水平均等化，再实现一般服务均等化。我们认为从当前公共服务水平及各地方财力差距来看，后一种办法为佳。如前所述，公共服务均等化是市场经济发展之必需，基本的公共服务尤为重要，并且公共服务水平又是与经济发展相互促进的，先发展基本服务，既可适应后发展地区财力不足及转移支付力度一时难以大幅度提高的现状，又可以通过基本服务水平较快发展和快速提高，促进后进地区经济发展。

三　转移支付形式及计量办法选择

（一）支付形式选择

中国 1994 年实施分税制时，采取的是新旧体制并行，逐步向新体制过渡的办法，特别是在转移支付制度上，基本上是维持了包干体制时期形成的政府间转移支付形式。概括起来有三种：

1. 在分税制体制下，继续执行原包干体制，实行中央财政对地方的体制补助和地方财政向中央财政的体制上解办法。同时为适应分税制重新划分收入的情况，又辅之以税收返还体制。由于中央与地方之间依税种重新划分了收入范围，中央财政上收了一部分收入权，地方因此失去一块收入。为了保证分税制顺利实现，中央决定以 1993 年为基数，把因实行分税制而向中央净上划的税收收入，全额返还给地方，以照顾地方既得利益。

2. 采用中央对地方的专项补助，中央财政根据特定用途或地方的特殊需要，向地方进行专项拨款形式，如特大自然灾害救济费、支援不发达地区发展的专项资金等。

3. 实行年终结算补助与上解，这是为了保持中央与地方财政体制的稳定，对一些由于体制变动和其他因素所引起的，中央与地方之间财力转移的结算性调整。此项并不是严格意义上的转移支付。以上的各项转移支付形式，具有明显的过渡性，它不仅缺少规范性，而且继承了旧体制下形成的苦乐不均问题，不符合转移支付所要达到的地区政府间公共服务能力均等化的要求，必须进一步改革。

实行规范化的转移支付制度应当选择什么样的财力转移形式，要依照中国实际，借鉴国外成熟经验来选取。从世界各国来看，其具体支付办法多种多样，归结起来主要是：平衡转移支付（或者称一般转移支付）、专项转移支付和特别转移支付三种形式。平衡转移支付是不指定用途和不附带使用条件的，专门为了平衡财政收支的转移支付。其目的是调节各地方政府间财政能力，拨款使之均衡，因此称之为平衡转移支付，这种形式是转移支付制度中主要形式。专项转移支付，是指定资金用途和附有使用条件，大多是对地方某项工程，或某方面公共服务，如教育、卫生保健、环保等定向支援的拨款，或者是中央委托事项的拨款形式。特别转移支付，主要是针对地方或下级政府特殊的临时需要，如发生重大自然灾害、其他重大非常事件等，所给予的补贴拨款形式。这三种形式的作用各有特色，对我国来说，选择哪种为好，应针对实际情况决定，看来三种形式并用为好：以平衡转移支付为基础，以专项转移支付为补充，以特殊转移相配合。首先，我国最大的实际就是"现在处于并将长时期处于社会主义初级阶段"，地区间经济社会发展差异较大。在一个相当长时期内，转移支付重点将是解决地区间财力差距调节问题，平衡转移支付必将是基本的主要形式。其次，专项转移支付也是不可缺少的，地区间公共服务水平均等化，要以经济社会发展水平趋于均衡为基础，而要实现经济社会发展均衡，仅仅靠一般转移支付是不够的，为加快缩小地区间经济社会发展的差距，中央还必须定向给予特殊照顾。最后，任何地区发生不可抗拒的、特大灾害的可能性都会存在。一旦发生这种情况，且不要说经济不发达地区，就是经济发达地区也离不开救援的需要。因此，特殊转移支付形式作为必要补充也是十分必需的。

（二）计量办法选择

准确地计量各个地方政府平衡财政所需要的资金量，既是准确落实转移支付的基本依据，也是决定转移支付效率高低的关键。因此要搞好规范的转移支付制度，在转移支付模式及转移支付目标确定之后，转移支付计量方式的科学化，就是决定性的。用什么方法才能较为准确地计算出各地方政府平衡财政需要的转移支付量呢？公认的科学方法是"标准法"，即用"标准收入"和"标准支出"来确定平衡转移支付量的办法。中国实行的"过渡时期转移支付办法"已开始采用这种办法，因此在计量方法选择方面已无须多加讨论。需要继续研究的是，如何把这一计量方法具体化，使之更符合中国实际。这里对以下几个问题作些探讨。

1. "标准收入"计量问题。

各级财政收入通常都包括两类，一类是经常性收入，主要是税收及非税收入等；一类是变动性很大，非经常性收入，如罚没收入等。计量标准收入应当是这两类收入全部或是仅计经常性收入。当前实施的"过渡时期转移支付办法"是包括了全部收入。从各地政府财政实际收入的角度来说，把全部收入都包括在内，无疑是正确的。但从计量地方转移支付需要量的角度来说，把不稳定的、具有偶然性的收入，也计入标准收入中，会给地方平衡预算带来实际困难，当这类收入发生得少，或没有发生时，就会出现收支平衡的缺口。可是不计入也不尽合理，这部分对财政收入来说，也是一项实实在在的收入，不计入也会带来地区之间转移支付的不公平。看来采用或然率计算方法，算出一个系数，对不经常性收入调整后，再计入标准收入之中，可能是一个公平办法。

此外，从理论上讲，在产业结构、市场环境及税收政策等相对稳定的条件下，一个地方的财政收入能力，也应当是相对稳定的，为排除各地方组织财政收入努力不同的因素，用"标准法"评估其正常收入量，无疑是一个基本公平的办法，也有激励地方努力增收的积极作用。但在我国经济发展模式大变革的时期中，各地方经济发展变化所带来的不稳定因素很多，对经常性收入的影响也是很大的。在这种情况下，用"标准法"算出来的收入量，也会与实际产生较大差距。如前所述，在现行税制结构下，由于地区间产业结构、行业结构上的差异的存在，给税收收入带来很大的影响。因此，在过渡时期，对经常性收入评估，特别是税收收入能力评估，也需要考虑这些因素，做必要的修正。

2. "标准支出"计量问题。

我国现阶段，各地区间公共服务水平差距颇大，在这个基础上，向公共服务水平均等化目标迈进，乃是现阶段实行转移支付的根本任务。为此，在运用"标准支出"计量方法上，就应当与已经实现公共服务均等化后的计量方法不同，如果在当前运用通常的、已经大体实现了公共服务均等化条件下的计量方法，就不仅达不到转移支付的实现公共服务水平均等化目的，反而有拉大公共服务差距的危险。例如，选取公用经济影响因素中，对教育经费的影响，通常都要选取中小学生人数这项因素，在各地区政府的公共服务水平已基本趋于均等的条件下，用中小学生人数来计量支出需要量，就可以保障政府对教育服务均等化的需要，可是在我国现实情况下则不妥，因为，当前各地区适龄儿童入学率和辍学率差距极大，贫困地入学率低，而辍学率高，富裕地区则相反。在这种条件下，按在校学生数计量支出需要量，只能锦上添花，而不能雪中送炭，又怎么能实现公共服务水平均等化呢？所以，在现阶段，为了使各地区公共服务水平逐步向均等化方向迈进，必须在标准支出需要量计算中，向低于公共服务平均水平的地区倾斜。

3. 标准支出需要量计量中的公平与效率问题。

在标准支出需要量中，公平与效率两者的关系如何？公平与效率两者时常表现为矛盾、此消彼长的。然而，在一定条件下，两者又是相辅相成的，效率可以为实现公平提供物质基础，公平又为效率提供稳定的社会环境，促进效率的提高。在构造转移支付制度中，应当如何处理效率与公平问题呢？这决定于转移支付的目的。实行转移支付的目的，既然是为了实现公共服务均等化，为促进统一的国内市场的形成及要素的合理流动，也就是在为提高资源配置效率提供条件。公平理所当然是转移支付制度的主题。在计算支出需要量的政策上，也只能是以实现公平为基本取向。为此，要建立规范化的政府转移支付制度，就不能不触动既得利益者。

如何正确看待地方既得利益？从客观上讲，在一定程度上保护地方既得利益，有其合理性的一面。我国税法是统一的，税收的征收管理权力也是相对集中统一的，在这种条件下，地方政府不具备从立法上增加收入的能力，增加收入在很大程度上取决于地方政府培养财源、强化征收管理等方面的努力。但也必须看到另一方面，在既定的国家政策背景下，经济社会实际发展水平上的差异，地方政府是不能从中选择的，就是说在体制及政策既定条件下，各个地方政府所能获取的利益能力，又是政策、历史、文化、自然等客观因素长期综合作用的结果。穷或富，与地方政府努力程度并不总是相关的。保护地方既得利益，也有其不公平的一面。不触动地方既得利益，也就没有地区间财力再分配可言，转移支付目标也就很难变成现实；不触动既得利益，实际上就是承认既成事实，旧体制导致的不合理就会得以延续，中央财政宏观调控力度，就会受到极大制约。

总之，为了改革大局，触动地方既得利益势在必行，问题是在多大程度上触动和用何种方式触动。既然地方既得利益中的确存在由地方努力的成果，在调整地方既得利益中，也就应当给予必要的承认和保护。此外，虽然地方既得利益中有很大一部分是非地方努力的成果，但各地方政府已把既得利益打入了地区发展规划之中，如果调整地方既得利益的步伐过急，有可能会打乱地方经济社会发展的步骤。因此，在既得利益触动方法上，采取分步实施较为稳妥。

（原载全国人民代表大会常务委员会预算工作委员会调研室编《中外专家论财政转移支付》，中国财政经济出版社 2002 年版）

换个视角研究分税体制完善之策

多年来在探索分税制体制的完善方略中，理论界多是以税种专享式分税体制为目标模式（以下简称税种专享模式），但是，研究分析分税制改革和发展实践，就会发现经过 15 年来的不断调整所形成的现行的税收共享式分税制模式（以下简称税收共享模式）更适应我国国情和现阶段的实际情况。

税种专享模式不符合我国国情

实行分级财政体制，天然地就要采用分税制方式，但并不意味着天然地就实行税种专享模式。从当今世界各国的实践来看，分税制体制模式多种多样，但实行税种专享模式者却寥寥无几。而 1994 年分税制改革后的实践表明，税种专享模式并不符合我国情。

首先，我国是单一制国家，实行的是中央统一领导下的地方分级负责制，中央政府与地方政府之间的职权划分，只能也必须遵循这一原则，在财政体制的构建上，必须确保国家法律的统一、中央政令的畅通，而不能政出多门，财政的分级必须在这个前提下选择分权形式，也就是说中央与地方财政分权只能是相对的，而不是绝对的。所以在实行分税制财政体制时，以所谓财政联邦制理论为指导，选择税种专享模式与我国政体不相匹配。

其次，与我国现阶段的经济社会发展状况不相适应。我国还处于社会主义初级阶段，地区之间经济社会发展很不平衡。特别是在取消了农业税和其他一些相关费税后，一些欠发达地区的县、乡政府的税收很少，在这种情况下，按税种专享模式完善分税制，势必造成地区间财力差距进一步拉大，富裕地区的自主财力大大超过其行使事权的需要，欠发达地区自主财力过少，以致不足以维持其政府运转的基本需要，在体制上造成事权与财力的不相匹配。

再次，与主体功能区建设不相适应。主体功能区建设的实施，必然要打破现存的区域间的利益格局，不同主体功能区之间的利益难免发生矛盾。如禁止开发区创造的主要是纯公共品，而开发区创造的主要是私人品，这就不可避免地带来禁止开发区与非禁止开发区之间利益上的矛盾，需要财政实施全面的宏观调控。而税种专享模式不仅不利于实现宏观调控，还会造成税收分配上的苦乐不均。

实践是检验真理的唯一标准。1994 年实施分税制改革以来的实践经验，充分证明税种专享模式与我国实际不符。当初以税种专享模式起步，在体制设计上做了最大的努力把各种税改为专享税，占全部税种的 90%，基本建成了税种专享式分税制体制框架。然而，这一体制虽然成功地摆脱了"包"字当头的旧体制的弊端，将财政体制推上了与市场经济相适应的轨道，但在后来的实际运行中却日益显露出诸多的不适应，最突出的是地区之间自主支配的财力差距不断扩大，基层财政大面积困难。中央财政为保障困难地区必要的财力供给，不得不加大转移支付力度而导致负担沉重，只得多次调整，变税种专享式为共享式，实施比例分成办法，使共享税种从 3 个逐步增加到 12 个，调整结果按地方实际收入来计算，地方专享税种收入只占总收入的 10%，财政体制实际上已经从税种专享模式转向了税收共享的新模式。这一转变不仅有力地提高了中央财政的宏观调控能力，也有力地调动了困难地方发展经济、开辟财源的积极性，恢复了财政收入正常弹性，形成了中央与地方财政收入齐增共长的大好局面。在1994—2007 年期间，中央、地方财政年均收入分别增长 18.9%、19.6%。15 年来的实践充分表明，税收共享模式更与我国的国情相符，也更与社会主义市场经济相适应。

现行体制的主要缺陷

当然现行的税收共享的分税财政体制还不完善，与新时期、新要求不相适应之处主要有以下几点：

一是各级政府财政支出责任的边界划分不够清晰。财政支出责任是由各级政府的事权划分决定的，由于法律、法规对各级政府的事权划分只作了原则性规定，而缺少各级政府财政支出责任明细划分的依据，因此，在财政体制改革中只好沿用和承认历史的分权状况，加以适当调整后确定财政支出责任，并按履行支出责任的实际支出财力量来核定各级财政支出需要量。这种办法容易造成支出责任不清，因此，在实践中上下推诿的情况时有发生，需要经过博弈来解决，形成了一种体制外的分配，失去了体制应有的约束作用。

二是现行体制依然沿用保存量改增量的办法，与公平、公正地划分财力原则相悖。为了鼓励发达地区增加财政收入，保证分税制改革顺利实施，1994 年分税制实行之初，在收入划分上实行了保存量改增量、税收返还的办法，且在后来调整分税方式时没有改变，造成财政收支各个层级间来回划转结算的麻烦，增加了财政运行成本和财政资金周转时间，更不利的是扩大了地区间财力差距，不利于推进公共服务均等化。

三是在体制外保留了大量的自收自支的财政性资金，不仅造成国家预算不完整，不利于财政监督，更造成地区间实际拥有财力的巨大差距。

四是转移支付不规范，临时决策的转移支付、专项转移支付以及需要地方配套的转移支付过多，加大了依靠转移支付运转的困难地区平衡财政收支的难度，也加重了中央财政的负担。据《中国财政年鉴》的历年数据显示，地方财政支出中大约有 36% 的支出靠中央转移支付，一些特困地区财政支出中，中央转移支付高达 60% 以上，使得这些地区的财政体制呈现出向统收统支体制回归的不良态势。

五是财力与事权不匹配。由于上述几个缺陷的存在，加之多年来在体制调整中，存在收入与支出调整不均衡，即收入向上级财政集中、支出责任下移的情况，加重了财力与事权不匹配的问题，特别是基层政府这种情况更为严重，制约了公共服务均等化和财政支出结构优化的推进。

完善分税制体制的思路与方略

综上分析可以看出，财力与事权不匹配是当前财政体制运行中的主要矛盾。所以，完善财政体制，应以建立健全财力与事权相匹配的体制为着眼点和归宿。

一是明确界定各级政府的基本事权和财政支出责任。我国正处于经济社会大发展和政府职能转变的关键时期，加之国情决定中央与地方分权只能是相对的。所以，完善分税制不必过分追求事权的细划，可以在沿用既成事实的事权划分办法基础上，通过完善支出责任划分和所需财力的核定方式来实现完善财政体制的目标。同时，可在各级财政预算中设立特别后备基金，以改变财力与事权的不匹配状况。

二是创新税收共享模式的财力分配制度。废弃同一比例"一刀切"的分配方式，实行地区间的差别比例分成制度，以适应地区间经济发展差距悬殊带来的财力不均问题以及市场经济条件下大量存在的税源创造地与税收征收地分离的问题。创造地与税收征收地分离导致地区间财力分配不公的问题。

三是创新转移支付制度。建立纵横双向转移支付制度，即不仅要实行上级对下级的纵向转移支付，还要实行地方政府间的横向转移支付，以减轻中央财政负担，减少中央财政与发达地区财力分配上的矛盾，更重要的是适应主体功能区建设的需要，加快推进公共服务均等化的同时，优化中央财政向地方转移支付的结构，加大一般转移支付力度，减少和规范专项转移支付。此外，制定转移支付法规，把转移支付用法律形式确定下来，以保障分税体制的有效实施，保障地方利益。

四是加快全额预算改革进程，将所有财政性资金全额纳入国家预算统筹安排、统一管理，以消除由于大量资金游离于财政体制规范之外，导致地区之间财力差距过大的问题。

五是在分税体制构建上，彻底废除旨在保护既得利益的税收返还制度。税收返还制就本质来说，乃是地方履行支出责任所需财力以外的附加财力，与健全财力与事权相匹配的体制要求相违背。

　　六是改革税收征管体制。在分税体制已从税种专享模式转变为税收共享模式后，依然保留为适应税种专享模式而配套设立的地税与国税两个征管系统已无必要，并且还会产生诸多矛盾，增加税收成本。对这一问题有两种完善方案，一是国税地税合并为一个系统，一是把地税系统改为非税收入征收管理系统。鉴于目前设置非税收入征收管理机构十分必要，后一方案更为可行，这样就不必再额外设置非税征管机构，从而达到精简机构的目的。

（原载《中国财政》2009 年第 10 期）

第二篇

公共分配制度改革

财政分配规律量的研究

三十多年我国国民经济中，每次发生重大比例失调都与忽视财政分配规律，没有处理好财政收支有直接关系。因此，认真总结三十年财政分配工作的经验，探求社会主义财政收支的规律性，并在实践中严格遵循这些规律，对保证财政收支安排得合理，避免重复过去财政工作中的失误，有着重大的现实意义。本文仅就财政收支必须遵循的客观顺序和数量界限作些探讨。

财政收支顺序及其数量界限的客观性

任何事物的质都是有一定的数量表现，没有数量也就没有质量。同样，财政分配规律不仅有一定的质的规定性，同时也表现为一定的数量关系，为一定的数量界限所规定。我们国家的财政，在每一个年度内可以动员多少收入，各项支出安排多少是有其客观规律性的，它表现为一定的数量界限，在各项支出安排上哪个要先考虑，哪个要后满足也是有客观顺序的。这些财政收支的规律，是由一定的生产力状况和社会主义生产目的决定的。

首先，社会主义生产目的决定了财政分配，必须以满足人民不断增长的物质文化生活需要为出发点。社会主义生产目的，不仅决定直接的生产过程，而且决定着社会再生产过程的各个方面，决定着生产、分配、交换、消费各个过程。生产目的要求按照满足人民的物质文化生活需要来安排生产，也要求按照满足人民的物质文化生活需要来进行分配和交换。生产决定分配，只有按照人民生活需要来安排生产，生产出足够数量并符合人民生活需要的产品，才能保证按照满足人民需要的目的进行分配和交换。但是分配又反作用于生产，分配如果违背生产目的的要求，不仅生产目的难以实现，而且也会使生产无法按照社会主义生产目的进行。因为，要实现社会主义生产的目的，必须使再生产保持符合生产目的要求的正确比例，而社会再生产的比例关系变化，是从国民收入用于积累的规模，以及这些积累的使用方向（投资方向）的改变开始的。随着资金使用方向的改变，国民经济中人力、物力、财力的使用方向也就随之改变。如果分配过程偏离了社会主义生产目的规定的方向，就会使积累使用的方向离开生产的目的。这样不仅会造成当年生产物的分配，背离满足需要的目的，而且会改变社会再生产比例关系，造成再生产偏离社会主义生产目的。所以，财政分配必须按照满足人民物质文化生活需要来进行，这是社会主义生产目的的客观要求。

其次，社会主义生产目的决定了财政收支安排，必须以先维持后发展为序。人类社会的需要是多方面的，又是有层次的。人类从产生那天开始，生产物的分配就是以维持生命的最低需要为最初始的层次，也只有先满足维持生命最低需要，而后有剩余时，才能用来满足第二层、第三层的需要。社会主义社会也不例外，社会生产物首先要用来满足维持人们生理的最低需要，这一基本层次仍然存在，只不过由于社会制度变革了，人成了生产的真正主人，这一社会因素决定了维持生活最低需要的内容大大扩展了，远比私有制下丰富得多。但是，不论怎么变化，它仍然是社会生产品的分配，必须首先满足最基本的层次，这在我们日常生活中是有经验的，一个家庭在安排生活用度时，拿到工资，首先必须满足买米买柴等维持日常生活的开支，有余力方能安排其他方面的需要。如果不按这一层次去支配收入，而是首先把工资用来购买一台电视机，花光了全部工资，结果柴米油盐没钱买，就会造成整个家庭生活无法维持。社会也是一样，有了钱首先必须用来满足维持社会简单再生产的需要，而后用于扩大再生产，如果先满足了扩大再生产却没有足够的钱用于维持简单再生产，势必破坏整个社会再生产的秩序。简单再生产维持不了，扩大再生产必然无法顺利进行，这样是无法实现满足人民日益增长的物质文化生活需要的目的的。所以，生产成果的分配只能以满足维持生活需要为出发点，财政分配必须从保证人民生活基本需要出发，先安排好社会的简单再生产的基本需要，而后再安排其他。先维持性支出后发展性支出，这是一个不以人们意志为转移的客观顺序。

最后，社会主义生产目的和现实的生产力水平，决定了财政收入和各项支出在客观上有一定的数量界限。在一定的生产力水平下，社会在一个时期内，能生产出多少物质财富是有一定数量的，财政可以动员多少收入首先就要受这个客观数量的限制。同时，在这个总量内，为什么财政只能动员这么多？它受社会主义生产目的的决定。社会主义生产目的是满足人民日益增长的物质文化生活需要，这就决定了国民收入分配中用来满足劳动者生活需要的部分，不能仅仅是维持生命最低需要，而是要日益增长，不断扩大。因此，其最低需要的数量界限是，不仅要维持劳动者上年已经达到的生活水平，而且还要逐年有所提高。财政在安排收支过程中，在数量上就必然要受这一数量所制约。

总之，财政收支的顺序及数量界限是客观存在的，人们只能在这个客观界限内来发挥主观能动性，来安排财政收支。

财政收支的客观数量界限的分析

（一）财政收入方面的数量界限

第一个数量界限，是当年财政收入增长的最大限量。每年财政能动员多少收入，要受下列因素制约。

1. 受当年国民收入增长状况所制约。财政收入多少是不能以当年的总产值多少来确定的，因为总产值增加了，并不等于多创造了新的价值。总产值是由以下三部分构成的，即：（1）已消耗的生产资料价值 C；（2）必要劳动所创造的价值 V；（3）为社会共同需要的劳动所创造的价值 M。很明显，第一部分 C 并不是当年所创造的价值，只能用作补偿消耗了的生产资料价值，不能用作其他用途。社会总产值有所增加，但不一定是国民收入的增加，它可以仅仅是由于生产中消耗的生产资料价值的增加而增加，并没有创造新的价值。因此，只是看到总产值增加了，就多动员财政收入是没有根据的。如果财政按此安排增加收入，就可能或者完不成计划，或者是造成财政收入虚假，从而破坏国民经济原有的正常比例，妨碍生产的顺利进行，影响人民生活。这一点在历史上是有教训的，1960 年生产总值增加了，但国民收入却比上年降低了，当时由于财政是按总产值来估计增长率的，在没有增加国民收入的情况下增加了财政收入，结果给国民经济带来很大损害。所以，财政收入只能依国民收入增加状况来确定增长多少。

2. 财政收入增长量还受国民收入增长量中的 M 量的制约。国民收入增长量，并不全是财政可以动员的数量，财政收入只能动员国民收入中的 M 量。前边讲到，国民收入是由 V 与 M 两部分构成的，V 是生产劳动者为满足自己及其家属的需要所创造的价值，这显然是不能动员来做财政收入的。如果动员了，就要挤掉生产劳动者个人消费，降低人民生活水平。所以，财政收入的增长量只能以 M 量为限。国民收入增长额中的 M 量有多少，又是由以下三个因素决定的，一是生产过程中生产资料的节约，二是劳动生产率的提高，三是生产中新投入的劳动力数量。在价格不变和维持生产劳动者基期达到的生活水平（即不提高生产劳动者个人收入）的情况下，如果新增加的国民收入数额，都是由前两个因素形成的，则所有新增加的国民收入都是 M；如果新增加的国民收入量都是向生产中多投入劳动力的结果，那么新增加的国民收入数额中只有一部分是 M，这个 M 量的大小决定于上年国民收入初次分配中已经形成的 M 与 V 的比例状况，M 所占比例大小与新增加的国民收入数额中的 V 量成正比。如果新增加的国民收入是上述三个因素综合作用的结果，新增加的国民收入量中的 M 量的大小，则由三个因素所占的比例状况，以及上年国民收入初次分配中所形成的 M 与 V 的比例状况所决定，劳动力增加因素所占的比重大小与 M 量成反比，生产资料节约和劳动生产率提高因素比重大小与 M 量成正比。以上诸因素所决定的国民收入增长量中的 M 量，就是财政收入增长的最大限量。这一客观限量可用如下公式表示：

$$B = \Delta y - t_0 \Delta w \left(\frac{v_0}{y_0} \right)$$

B：财政收入增长最大数量界限，

Δy：国民收入增长量，

y_0：上期国民收入量，

t_0：上期平均每个工人创造的国民收入额，

Δw：当年新增加劳动力数，

v_0：上期国民收入量中的工资量。

财政收入增长的最大数量界限，是一个极限，在社会主义制度下，除非发生战争等特殊情况，绝对不能超过这个数量界限。在安排财政收入时忽视了这一限量，就会给国民经济的发展和人民生活带来严重的损害。

第二个数量界限，是当年财政增长的客观可行限量。这是恰当的财政收入增长量。在正常情况下财政不能按最大限量动员收入。如果那样做，就将把集体经济必不可少的积累，及应当增加国有企业的留成部分也列入了财政收入，同时将把应当用来维持当年新增加人口的消费和提高生产者个人消费的那部分国民收入，也列入了财政收入。这样，不仅挤了集体生产，也挤了人民生活。当前国民经济中表现出的对人民生活的欠账很多，其重要原因之一就是财政在组织收入中违背了这一客观数量界限。所以，财政收入的增长的最大限量，并不是财政增长实际可行量。在正常情况下，财政增长限量还要受集体经济必不可少的积累和应当增长的国有企业利润留成额和提高劳动者消费水平所必需的数额所制约。只有从最大增长限量中扣除上述各项数量后的余额，才是当年财政增长可行限量。这一客观限量 S 可用如下公式表示：

$$S = B - (\Delta yr \frac{Kr}{yr} + \Delta p + \Delta lx_0 + \Delta xl)$$

yr：集体农业国民收入，

Δyr：集体农业国民收入年增长额，

Kr：集体农业年积累额，

Δp：城镇集体企业利润年增长量（扣掉所得税部分），

l：总人口数，

Δl：当年人口增长数，

x_0：上年每人平均消费水平，

Δx：消费水平计划增长量。

（二）财政支出方面的数量界限

我们社会主义国家财政，绝不能搞赤字预算，因此，财政支出总量的最大数量界限，只能是当年财政收入总限量，我们这里分析的各项支出的数量界限，是在这个总限量下的限量。

第一个数量界限，是维持性支出的最低限量。这个限量包括集体性消费性支出和积累性支出两个方面，由消费性支出最低限量、非生产性积累支出最低限量和生产性积累最低限量三个部分组成。这是维持社会的简单再生产正常进行和维持人民原有的物质文化生活水平的最低的数量界限。财政在安排支出时必须首先保证这部分支出，剩余部分才可以用来安排其他需要。

1. 集体消费性支出的最低限量。这是维持性支出中首先要保证的支出数量，包括由国家举办的科学、文化、教育、卫生及公共福利等公共组织与设施等日常管理费用和维持国家行政管理和国防等费用支出。这个数量界限要受上年已经达到的这些费用数量、与当年人口增长量相适应的必须增加的科学、文化、教育、卫生及公共福利等最低经费需要量所制约。集体消费性支出最低限量 G 可用如下公式表示：

$$G = G_0 + \Delta l \, \hat{G}_0$$

G_0：上年集体消费量，

Δl：当年新增人口数，

$\hat{G}_0$：上年每人平均集体消费量。

2. 非生产性积累支出最低数量界限。这是维持社会全体劳动者所享受的科学文化、教育卫生等物质文化生活水平，国家财政所必须安排的非生产性积累支出的最低限量。每年人口都要增加，为了维持已经达到的消费水平，不仅要增加个人消费基金，而且也要相应地增加一些消费性积累，以保证满足集体消费的公共设施有所增加。例如，学校、医院保健站、托儿所、公共住宅等，必须随人口的增加而相应地增长，否则就不能保证维持劳动者原来已经达到的文化卫生、居住条件等福利水平。这个非生产性积累最低数量界限受两个客观因素所制约，即：上年已经达到的人平均拥有非生产性固定资产价值量 Q 及当年人口增长量。根据这两个因素，非生产性积累支出最低数量界限 Kf，可用如下公式表示：

$$K_f = Q \Delta l$$

3. 生产性积累支出最低限量。这是维持人民原有生活水平所必需的生产性积累支出。由于每年人口都有增长，要维持原有生活水平就必须增加生产，为此就需要有最低限量的投资。这一投资额受国家财政以外可能增加的投资量 ΔkQ 和维持人民生活原有水平必须增加的生产量 H 及投资系数 C 三个因素决定。生产性积累支出最低限量 Ky，可用如下公式表示：

$$Ky = HC - \Delta Kq$$

第二个数量界限，是发展性支出数量界限。发展性支出是用来提高人民现有生活水平和维持性积累之外进一步扩大积累的支出。当年发展性支出总数量界限，受当年财政收入可行性总限量和维持性支出最低限量两个因素所制约，当年财政收入可行性总限量扣除维持性支出最低限量后的余额，就是发展性支出最大数量界限。这一数量界限，在安排财政支出时是十分重要的，绝不能突破。如果突破这个界限，不是挤维持性支出，就是要突破财政总收入出现财政赤字。

发展性支出并不都是生产性积累支出，它仍然要在积累和消费之间，生产性积累与非生产性积累之间，按正确的比例进行适当安排。因此，发展性支出的数量界限，除受客观总限量的制约外，还要受积累与消费正常比例所制约。首先必须满足由财政负担的非生产部门工作的劳动者工资 ΔR 必要增长的需要，这个数量界限是，由财政负担的非生产部门劳动者人数 W_f 和本年非生产部门劳动者工资计划增长率 L 两个因素制约，公式为：

$$\Delta R = W_f L \bar{V}$$

为保证全体劳动者物质文化生活水平，随着生产的发展逐年有所提高，还必须增加社会集体消费 ΔG，这一限量受两个因素所制约，受基期已经达到的集体消费 G_0 和集体消费计划增长系数 h 制约，公式为：

$$\Delta G = G_0 h$$

发展性支出总限量扣除上述两个必须保证增加的发展性消费支出最低限量后的余额，就是财政支出中发展性积累支出的最大限量。发展性积累支出中还要考虑生产性积累与非生产性积累之间适当比例。这些数量界限的确定与维持性支出各限量的确定方法相同。

实践是检验真理的唯一标准。我国三十年的财政工作实践证明，财政收支中的数量界限必须遵循的客观规律，违背它，就会造成国民经济的混乱；尊重它或在财政收支安排中自觉不自觉地符合了客观的顺序和数量界限的要求，财政就能充分发挥积极作用，促进国民经济按比例地发展，保证实现社会主义的生产目的。"一五"时期财政收入的安排，大体上注意了国民收入增长状况和当年国民收入增长额中可能增加的 M 量，同时也注意了适当提高人民生活水平。因此，财政收入计划是稳妥的，是比较符合客观数量界限的。"一五"时期，除了 1955 年预算安排超过客观数量界限之外，都是低于财政收入增长可行限量的（见表 1）。

表 1　　　　　　　　　　　　　　　　　　　　　　　　　　　　　　　单位：亿元

年份	预算收入增长	最大增长限量	可行增长限量	备注
1953	19.7	73.74	56.89	
1954	9	24.1	9.03	
1955	18	11	3.38	
1956	14	67.26	40.28	
1957	6	20.87	5.34	

1955 年预算计划增长突破了最大限量，但是由于组织收入时没有完成计划，短收了 10 亿元，实际只比上年增长了 8 亿元，因此，实际上并没有突破最大限量。

在支出方面，"一五"时期的预算安排，基本尊重了先维持后发展的顺序，在生产性支出和消费性支出之间，积累性支出与消费性支出之间安排得较合理，比较符合客观数量界限的要求。所以，"一五"时期财政支出的积累与消费结构是比较恰当的（见表 2）。

表 2　　　　　　　　　　　　　　　　　　　　　　　　　　　　　　　　单位：%

年份	财政支出结构实际情况		按客观数量界限要求计算的结构	
	消费	积累	消费	积累
1953	54.79	45.21	56.88	43.12
1954	52.4	47.6	56.85	43.15
1955	52.44	47.56	54.33	45.67
1956	48.67	51.33	51.48	48.52
1957	49.97	50.03	55.82	44.18

从表2可以看出，"一五"时期财政实际支出中和积累与消费比例，是按严格客观数量界限计算的，财政支出中的积累和消费比例基本上是一致的。因此，财政对国民经济发展起了积极的促进作用，"一五"时期工农业总产值平均每年递增10.9%，工业总产值平均每年递增18%，农业总产值平均每年递增4.5%，工业全员劳动生产率每年平均递增8.7%。人民生活也得到了较大的改善，职工工资水平每年平均递增7.4%，每个职工在五年内平均增加了一级工资。这种生产建设的高速度和人民生活不断提高，充分显示了社会主义制度的优越性。当然，"一五"时期各年财政安排也并不是全都符合客观规律的，有的年份也曾一度出现安排上的失当，但都在当年很快采取措施克服了。例如1956年由于对私营工商业改造的胜利完成，当时想加快一点建设步伐，于是财政支出安排上有些忽略客观数量界限，基本建设投资安排多了一点，积累偏大，结果造成财政赤字。根据"一五"时期经济工作正反两方面的经验，陈云同志和薄一波同志及时地总结了经验，陈云同志提出"三大平衡"的理论，薄一波同志提出了积累不得超过国民收入25%左右，财政收入不得超过国民收入30%左右，基本建设不得超过预算支出的40%左右的经验。这是在社会主义财政理论上，第一次提出财政收支客观上有数量界限规律的认识。可惜的是没有引起全党重视，譬如1958—1960年财政收入连续三年完全背离了客观的数量界限（见表3）。

表3　　　　　　　　　　　　　　　　　　　　　　　　　单位：亿元

年度	财政收入增长可行限量	财政收入增长最大限量	当年财政收入实际增长量	当年国民收入实际增长量
1958	101.04	128.82	133	210
1959	32.39	83.73	135	104
1960			56.6	−2
1961			−278.8	−224
1962			−42.5	−72

从表 3 可以看出：1958 年按照财政收支客观数量界限的要求，当年财政收入可行限量应当是 101.04 亿元，最大限量也不过是 128.82 亿元，而当年财政实际动员了 133 亿元，不仅大大超过了可行的数量界限，而且突破了最大限量。1959 年国民收入只增长了 104 亿元，财政收入增长最大限量是 83 亿元，而当年财政实际增长了 135 亿元，不仅突破了财政收入增长最大限量，而且超过了国民收入增长量，这样的财政增长量就完全失去了物质基础。更严重的是 1960 年，国民收入不但没有增加，而是下降了，按照财政收支规律的要求，这一年财政收入增长应当是负数的，至少是不应当增长，但是财政收入还是增长 56.6 亿元，这就不仅挤掉了人民生活，而且造成财政收入的虚假，形成隐蔽性赤字，给国民经济带来后患。

在支出方面，从 1958 年始更是忽视了支出所必须遵循的客观顺序和数量界限。1958 年财政收入只增加了 133 亿元，而当年在支出中用于基本建设投资及增加流动资金两项支出却比上年增长了 144 亿元，1959 年财政收入增长 135 亿元，基本建设支出却增长了 102 亿元，就是说不但没有按顺序先考虑维持性支出的需要，而且是大大挤了维持性支出，更有甚者是 1960 年财政增长 56 亿元，基建支出却增长了 67 亿元，完全违背了财政支出必须遵守的客观数量界限。结果，财政支出的结构严重比例失调，从 1958 年始，财政支出中积累性支出所占比例从 1957 年以前的 40% 左右提高到 67% 左右，大大超过了客观数量界限要求的积累比例（见表 4）。

表 4　　　　　　　　　　　　　　　　　　　　　　　　　　　　　　单位:%

年份	实际支出中积累比重	按财政支出限量计算的支出中积累比重	实际支出中消费比重	按财政支出限量计算的支出中消费比重
1958	66.2	47.18	33.8	52.82
1959	67.4	49.41	32.6	50.59
1960	66.02	48.62	33.92	51.38

从而"一五"时期大体合比例的国民经济完全被破坏了，出现了国民经济严重比例失调的局面，人民生活不但没有得到改善反而有所降低，严重地挫伤了劳动者的生产积极性，到 1961 年劳动生产率急剧下降了

28.8%；再加上自然灾害及苏联单方面撕毁合同，造成国民收入大幅度下降，1961年下降224亿元，1962年下降72亿元。财政收入也不得不大幅度下降，1961年下降278亿元，1962年又下降了42亿元。因此，被迫采取了全面调整国民经济的措施，实行了"调整、巩固、充实、提高"八字方针。从1961年又开始注意了财政收支的客观数量界限。在财政支出上，压缩了基本建设支出，1961年比1960年压缩了三分之二，1962年又比1961年压缩了二分之一。基本上把1958年到1960年过多的基建投资压了回去，这样才使国民经济恢复了正常比例。到1965年国民经济又恢复到"一五"时期最好水平。1966年到1976年这十年动荡中，国民经济又遭林彪、"四人帮"的破坏，遵循经济规律根本无从谈起，结果使国民经济接近崩溃的边缘。

总之，三十年经验教训完全证明，财政收支必须严格遵循客观规律，违背它就要受到惩罚。我们一定要牢记这一经验教训，在财政分配活动中必须认真地按照客观规律办事。

（原载《中国经济年鉴》1981年刊，经济管理杂志社1981年版）

利改税第二步的理论与方法探讨

在完成利改税第一步工作后，利改税第二步应当如何实施？仅据几年来经济改革的经验，从理论与方法两个方面，作些粗浅的探讨。

一 利改税第二步的任务

利改税是改变国有企业向国家交纳纯收入的形式。从表面看，似乎任务很单纯，在利改税第一步的基础上，把剩下的利润部分也改成交纳税金形式，就是第二步的任务。其实不然。利改税是我国经济改革深入发展的一项具有战略意义的措施，它的任务要比改变企业向国家交纳纯收入的形式广泛得多。这可以从实施利改税的客观原因中得到认识。在我国全面实施利改税，并不是偶然的，它是总结和概括我国经济改革实践经验的结果，是经济发展的必然要求。

党的十一届三中全会以来，在全面总结我国经济管理的经验教训的基础上，针对经营管理中存在的集中过多、缺少经济责任、"吃大锅饭"等弊端，有计划有步骤地进行了经济体制改革。在城市首先抓了财政分配体制和扩大企业自主权的改革，通过改革，一个具有中国特色的社会主义公有制经济管理形式——经济责任制产生和发展起来。这种责权利结合的经济责任制度一经出现，就显示出了巨大的优越性。一切新的事物，开头总是不完善的。现行的经济责任制也一样，还很不完善，特别是在国家与企业之间的分配关系上，所采用的各种利润留成办法和利润包干形式，虽然可以初步地把企业的责权利结合起来，但都存在着企业的经济责任不稳定，经济责任不强，责权利结合不够紧密的毛病，妨碍着经济责任制的巩固和发展，客观上迫切需要克服这一缺陷，以完善经济责任制度。几年来经济改革的实践，使我们认识到，利改税是强化和稳定企业经济责任的有效手段。实行利改税后，不论企业生产经营的经济效果如何，首先必须按规定完成向国家交纳的任务，这就稳定和强化了企业的经济责任，从而加大了企业外在的经济压力。责任稳定了，权和利两方面也就随之稳定了，企业在完成交纳任务后，余下来的归企业自主支配，余多余少，是亏是盈，都由自己负责，这就增加了企业内的动力。内有动力，外有压力，也就会增添企业的活力。

我们社会主义国家的经济是计划经济，扩大企业自主权，减少对微观经济不必要的直接行政手段的干预，才能保证企业的活力，但并不意味着放弃宏观经济的控制。相反，越是要把微观经济搞活，越需要加强宏观经济控制。重要的办法就是强化经济杠杆的作用。近几年来在一些经济改革措施上出现的某些缺点，往往都是与经济杠杆不能正确地发挥调节作用有关。经济发展要求发挥经济杠杆作用，而经济杠杆本身不能正常发挥作用，这种矛盾随着经济改革的深入发展，经济责任制的普遍推行，越来越尖锐。迅速完善经济杠杆，以充分发挥其调节作用，就成为迫切的客观要求。在价格还难以全面改革的情况下，实行利改税就成为首要的问题。

1980 年实行了分级财政、"分灶吃饭"体制，近几年的实践证明这次改革的方向是正确的，是富有成效的。但分级财政体制在发挥积极作用的同时也给经济改革和经济发展带来了某些消极影响。实行利改税，中央财政与地方财政之间实行分税制，企业不论隶属于谁，都一样向中央与地方承担纳税义务，就有利于消除按行政隶属关系划分收支的弊病，同时也可以使企业摆脱不必要的行政干预，以进一步完善经济责任制。

利改税的主要任务可归结为以下几点：（1）把企业向国家交纳纯收入的税利并存形式，改成税收一种交纳形式，稳定国家与企业分配关系，以进一步明确和强化企业经济责任；（2）按发展和完善经济责任制的要求，全面改革税制，即通过改革税制，消除由外部因素给企业带来的利益上的苦乐不均，完善税收杠杆作用；（3）按城市改革特别是财政体制改革，实行财源共享制的分税制要求改革税制，使中央财政与地方财政利益结合起来，使企业从行政的条条块块束缚中解脱出来。

利改税第一步是利改税的一个过渡措施。不能要求它完成上述各项任务。

实行利改税会不会影响国有企业所有制性质呢？回答是否定的。从理论上说，利改税的实质是通过改变国有企业纯收入的交纳形式，达到稳定国家与企业之间分配关系，完善经济责任制的目的，并不涉及所有制问题。如果说对国有企业全民所有制性质有什么影响的话，那就是它强化了企业的经济责任，丰富了国家对企业的宏观经济控制的手段，更加巩固强化了全民所有制性质。因为，国有企业全民所有制性质的一个关键性标志，就是企业和职工在自己生产经营的经济效果上，对国家（社会）承担完全的经济责任，企业和职工的利益只有在完成对国家承担经济责任前提下取得。实行利改税正是这样要求企业的。

近几年来，我们在全国 18 个省、市、自治区，对 490 多个企业试行了利改税。实践证明，试点的企业，全民所有制观念不是削弱了，而是加强了。利改税方向是正确的，效果也是好的，已被第五届全国人民代表大会五次会议所肯定。

二　利改税第二步从何做起

根据利改税的任务，第二步只能从全面改革税制做起。利改税的第二步，顾名思义，似乎应当是从改变余下的利润交纳形式着手。但这样做很难达到预期的利改税目的。利改税第一步是在不改动原工商税的基础上，采用对税后利润部分征收所得税的办法实施的。所得税属于以收益为课征对象的税种，它是有收益才交，无收益不交，收益多则多交，少则少交，对企业来说，和利润留成没有什么实质性区别。十一届三中全会以来，为了适应经济发展的需要，在税制改革上做了大量工作，取得了不少成绩。但是，就国有企业交纳的工商税来说，并没有从根本上克服原有的弊病。我国税制的状况，决定了利改税第二步，必须从全面改革现行税制入手，根据利改税各项任务的要求，有针对性地选择税种和设计税率，方能完满地达到利改税的预期目的。有的同志说，工商税主要是税种单一，只要把原来并进来的各种税再分出去，并改名为产品税就可以了。然而，一种税起什么样的调节作用，不在税收的名称，而在于课税客体的性质和税率如何设计。比如，我国的工商税，其税目划分标准不一，有的按产品划分，有的按行业划分，有的按产品大类划分。税目是课税客体的具体化，这样，工商税的课税客体，性质就混乱不清，很难正常发挥杠杆作用。并且当时设计税率的依据也不同于今天，如果我们不改变这些，仅仅改名为产品税，也只能是空有其名。通常说税收对生产、分配、流通、消费都有调节作用，这是就税收总体说的。并且任何一种税的调节作用也不是万能的，不同税种的作用是不一样的。第一，不同的税种，调节的对象不同。比如，产品税可以调节不同产品因价格不合理所造成的不同产品收益上的差异，却不能调节由于技术装备不同带来的收益上的差异。所得税可以直接调节企业总收入水平，却不能调节某一产品的生产或消费，等等。第二，不同的税种，其调节作用的范围宽窄也不一样。例如产品税调节范围就广些，而屠宰税作用范围就窄些。第三，在实现特定的经济任务中，税收的调节作用又不是孤立的，各税种之间还有一个相互补充和协调问题。为实现某项经济任务，往往需要选择特定的几个税种相互配合方能实现。第四，同一个税种，由于税率设计的出发点和依据不同，以及设计方法不同，作用也是不一样的。比如，产品税有着广泛的调节作用，但如果运用不当，仍然达不到预期效果。在利改税第二步中，我们采用了产品税，如果在税率设计上不是依据价格不合理的实际数额来设计税率，而是从现在利润大小来规定税率，这样，虽然是产品税，也不能解决因价格不合理给企业带来的苦乐不均问题。

总之，实行利改税第二步，必须以利改税的目的和任务为出发点，从全面改革现行税制着手，按每一项特定任务选择税种，明确规定课税客体，依据其调节任务设计税率，把国有企业的纯收入在国家与企业之间重新分配与安排，方能顺利而正确地达到利改税的目的。

三　利改税第二步方法的几点设想

实行利改税的一个关键问题，是分清在企业赢利或亏损中，哪些是主观努力所取得的，哪些是外部原因造成的。把企业外部原因增加的赢利或造成的亏损消除掉，才能显露企业实际经营状况和企业实际盈亏水平，才能有效地安排好国家与企业之间的分配关系。为此，利改税第二步在税种选择特别是税率设计上，要分两步做。第一步，选用一些适当的税种，相应地制定合理的税率，把由于价格不合理等客观因素给企业带来的盈亏消除掉，使企业生产经营的真正效果显示出来，为第二步制定合理的所得税率和确定企业留利水平准备条件。

（1）用产品税，依课税产品的价格脱离价值的实际数额设计税率，把企业由于价格不合理原因造成的盈余或亏损消除掉。要先设计出普通税率和调节价格的特定税率两个税率，然后合成一个税率。特定税率是依据其价格不合理造成的盈亏数额制定。是盈余则依盈余多少，相应地定出一个正税率；是亏损则依亏损多少，相应地定出一个负税率，最后和普通税率合成产品税的正式税率。（2）用级差收益税，把企业的级差收益集中到财政中来，以消除由于企业所占用的自然资源，所处的地理位置、交通条件等差异造成的苦乐不均。为使级差收益税充分发挥调节作用，税率要依据级差收益来确定，而不应有其他附加条件。为了其他目的，如保护国家资源、促进合理运用等，可以考虑另设资源税。（3）用固定资产税，把因占用国家固定资产数量不同，带来的企业之间利益上的苦乐不均消除掉。企业占用国家固定资金多少，与企业劳动者的技术装备程度有密切关系，它直接影响着企业劳动生产率的高低。技术装备水平高，劳动生产率就应当高于技术装备低的企业，其赢利也就高，这部分收入并不是企业努力经营的结果，而是企业之间价值再分配形成的，应当动员出来归财政所有，以使占用不同数额资金的企业之间处于同等地位。

在消除外部原因给企业带来的盈亏数额之后，企业就被置于同等地位上，企业之间纯收入水平的高低，才是显示企业生产经营成绩好坏的标志，据此测算合理的留利水平，运用经济杠杆来奖勤罚懒，鼓励先进，鞭策落后。否则就会出现奖罚不明的现象，造成把企业主观努力所得全部拿走，而管理不善的企业却留下了非分所得。

第二步，先依据调节后的企业实际赢利数额和国家规定给企业的经济责任，以及区别对待合理负担的原则，确定留利水平。再从企业实际赢利数额中，扣除其他一些税种应交纳的税款，最后再扣除留给企业的利润数额，其余部分则用所得税，实行超额累进办法，全部动员到财政中来。

在税制设计中，还要打破原来意义的地方税概念，要扩大地方税的范围，为实行财源共享制的分税制财政体制准备条件。所谓财源共享制，是指每一项主要财源（税源）都要成为既是中央财政收入的源泉，又是地方财政收入的源泉，中央与地方都对其征税。这样就可以把中央利益与地方利益直接结合起来，以利于消除"地方所有制"，将企业从条块束缚中解脱出来。实行共享制的分税制，有几种方法可供选择，一种是采用类似现行体制中调剂收入的办法，实行中央与地方之间分成；一种是采用地方附加办法；一种是对同一税源（同一课征对象），同时设中央与地方两个税种。从经济改革总体战略考虑，为了更能充分和灵活运用税收杠杆作用，看来最后一种办法更有利。这既便于中央和地方分别运用经济杠杆，而又不会发生相互影响利益问题，更利于中央与地方财政关系稳定和建立财政责任制。

（原载《人民日报》1984 年 1 月 30 日第 5 版）

作者寄语：本文是作者于 1983 年春，奉中国社会科学院原院长马洪同志指令，为探索解决深化城市改革困难的咨政报告。文稿直呈国务院后，得到赵紫阳总理的肯定，并为宏观决策采纳，之后受《人民日报》要求拓展成一篇理论与实践结合的论文，公开发表后引起国内外人士关注。

谈谈产品税

在社会主义制度下，产品税是有计划地管理经济的重要杠杆。研究和运用产品税的调节作用，是实施利改税第二步必须重视的课题。

一

对国有企业实行利改税的目的，是为了充分发挥税收的经济杠杆作用，推动国有企业的经济改革。然而税收种类很多，要达到这样的目的，在利改税中，并不是随便运用什么税种都可以完满实现的。我们通常说，税收有着广泛的调节作用，对生产、分配、交换、消费都有调节作用，这是从总的方面说的，具体到每一种税，调节的内容和调节的作用并不一样。一种税，能对什么发生调节作用，调节的范围有多大，是由各种税的课税客体，即对什么征税决定的。不同税种的税收课税客体不同，调节的对象就不同，同时由于课税客体在再生产过程中所处的地位不同，其调节作用的范围也就不同。因此，利改税只有选择符合实现利改税任务要求和调节作用范围广的税种来实施，才能达到增添税制的活力，充分发挥税收的调节作用的目的。

综观诸税种，在社会再生产过程中，调节作用范围广，调节能力强，调节手段多样而又灵活者，应以产品税为最。所谓产品税，是以产品为课税客体的一种税。它的特点是：可以分别就一种一种产品征税；可以从产品的生产至流通，至消费，各个环节多次征税；从事产品的生产、交换和消费的单位和个人，都可以是纳税人；它和产品价格直接联系，可以按产品价格计算纳税人应该缴纳的税款数额，即所谓从价计征。这说明产品税对社会再生产的生产、分配、交换、消费的各个方面都有调节作用，是一个调节作用范围广、调节能力强的税种。产品税所拥有的调节手段也是灵活多样的，它除了可以运用通常的各种税收手段，比如运用税率的高低，征税、减税和免税等办法，来影响纳税人的利益，实现调节作用之外，它还具有自己特有的调节手段，例如，可以用规定某种产品或某道纳税环节——是价内税或价外税的办法，来达到一定的调节目的。所谓价内税是指税金包括在价格以内，纳税人不得把所缴纳的产品税款加在产品价格之上去销售，价内税的税收负担是由产品的生产者或销售者负担。这样就可以直接对产品的生产和流通发挥限制或鼓励的调节作用。所谓价外税，是指税收不包括在产品的价格内，纳税人交税后，可以把所缴纳的税款加在价格之上去销售，税收的负担者是产品的购买者和使用者。这样就可以对产品的消费直接发生调节作用。产品税和产品价格有直接联系，因而它还可以用规定正、负、零三种税率的办法，对产品的利润大小发挥调节作用。利润大的产品定正税率，可以降低其生产者的利润所得，政策性亏损的产品定负税率，可以弥补其生产者的损失，从而达到调节企业盈亏的目的。

产品税的上述特点，决定了它在利改税中可以发挥以下几方面的作用。

第一，产品税可以成为搞活企业，实现对国民经济计划控制的重要手段。我国实行计划经济，扩大国有企业的生产经营自主权，搞活经济，只能是在国家计划控制下实现，否则就可能出现盲目性。要做到既把企业搞活，又能实现计划控制，当然不能再像过去那样统收统支，一切靠行政命令直接干预。那样就会把企业的生产经营搞死，利改税也就失去了意义。怎样才能既把企业搞活而又能实现对国民经济的计划控制呢？这就是邓小平同志提出的"要学会用经济办法管理经济"。用经济办法，就是要运用经济杠杆的调节作用，把行政干预寓于经济杠杆的调节之中，更好地利用经济规律。对企业的活动实行计划控制的一个重要方面，就是要控制企业的发展方向、生产什么产品和生产多少产品。这要运用能直接针对企业的产品的生产和流通实施调节的经济杠杆方能办到。产品税正是这样一种经济杠杆。

第二，产品税是加强企业的财务责任，稳定国家与企业之间纯收入的分配关系，完善经济责任制所不可缺少的手段。在统收统支的财务体制下，国有企业纯收入一律上缴给国家财政，企业需要的资金再由财政拨给，国家财政采用什么形式动员国有企业的纯收入，是没有什么关系的。而在扩大企业财务自主权，实行经济责任制后，企业纯收入要在国家与企业之间进行合理分配，国家财政用什么形式来动员企业纯收入，就成为一个重要问题。当前所采用的各种形式的利润留成办法，各种盈亏包干办法和所得税办法等，都是以企业有利润为前提。对企业来说，有利润才有缴纳任务，没有利润就没有缴纳任务，利润多则多缴，利润少则少缴，无利则不缴，亏损了国家还要补贴，反而吃掉一块国家财政收入。这样做，国家与企业的分配关系不稳定，不仅造成财政收入不稳定，而且也造成企业向国家缴纳纯收入的财务责任强制性不够，不利于经济责任制的巩固。为了发展和完善企业的经济责任制，必须克服这一缺点。全面实行利改税，以产品税作为动员国有企业纯收入的手段，就可以克服上述缺陷。因为产品税是对产品征税，只要企业进行产品的生产和销售，不论其成本高低，有无利润，都要按税法规定如数上缴税款。这就强化了企业对国家的财务责任，加大了企业的外在经济压力。企业与国家之间的分配关系稳定了，同时企业税后利润归企业支配了也就增加了企业的内在经济动力。

此外，国家财政用产品税动员企业纯收入，就使企业产品成本的高低和利润的多少，只影响企业的自身利益，而不影响国家的财政收入，从而就可以加强财经纪律和消除乱挤成本的现象，迫使企业不断改善经营管理，努力降低成本。

第三，产品税可以配合价格调节，消除由于价格不合理给企业之间带来的苦乐不均。当前由于价格不合理，即价格双轨制，导致企业利益上的苦乐不均，妨碍着企业经济责任制的巩固和经济改革效果的正常发挥。经济改革中发生的不少问题都和价格不合理有关。比如，一些企业存在着不顾国家计划和社会需要，利大大干、利小小干、无利不干的现象，就和价格不合理有直接关系。在吃"大锅饭"的经济管理体制下，对于价格不合理问题，全民所有制企业是可以不去注意的。但实行经济责任制之后，这个问题就变得突出了。价格不合理，高于或低于价值，都会直接影响企业的经济利益。高于价值的价格，就会给企业带来额外收益；低于价值的价格，就会给企业带来损失。同时，由于价格不合理，使一些企业只要改变产品构成，多生产些价格高而又有销路的产品，不必花大气力改善经营管理，就可以得到额外利润。解决这一问题，必须调整好价格，在价格一时难于调整好的情况下，就要运用产品税，按价格不合理的实际情况设计税率和征税。比如，高于价值的价格按其实际高于价值的数额，制定相应的正税率，低于价值的价格，按其实际低于价值的数额，制定相应的负税率，这样就可以消除由于价格不合理而给企业带来不合理收入的影响。应当指出，这里说的产品税可以调节不合理价格因素造成的企业经济利益上的差别，并不是说产品税可以代替价格改革。价格不合理本身的问题，最终只能通过调整价格来解决。

第四，把产品税置于重要地位，有利于在中央与地方之间实行财源共享的分税制财政体制。现行财政体制的一个重要缺陷，就是按企业、事业的行政隶属关系划分收支范围，从而造成中央与地方，地方各级之间以及地方之间财政利益上的分割，强化了"地方所有制"和"地区封锁"；同时，也阻碍经济的横向联系，不利于发展以城市为依托的经济中心作用，助长重复生产和重复建设；不利于流通体制的改革和按经济合理流向组织流通。实行利改税的一项重要任务，是实行中央与地方财源共享的分税制，消除现行财政体制中按行政隶属关系划分收支的毛病。所谓财源共享，是指每一项财源，从纵向关系上既要成为中央财政收入的来源，又是地方财政收入的来源；从横向关系上，要使与这一财源发生关系的各个地方，都得到财政收入。一般地说，纵向关系上的共享，通过任何一种税都可以办到，但横向关系则不然，只有产品税才可以办到。因为只有实行产品税，才能对同一产品在生产地征税，销售地也征税，对产品的产地或销地都有利，从而使与这一财源有关的地方，都能够把产品的生产和销售同自己的财政利益联系起来，促使它们消除经济横向联系的障碍。

二

在利改税中要正确和有效地发挥产品税的作用，并不是随便设置一个产品税就可以办到的。税收的调节作用，归根到底是要依据客观上赋予它的各项特定任务，来选择征税方法和设计税率。根据利改税所赋予产品税的各项特定任务来设计税率、确定纳税环节和纳税方法十分重要。比如，利改税所赋予产品税的一项重要任务，就是消除价格不合理给企业之间带来的利益上的苦乐不均。如果在产品税的税制设计上，不是按产品价格不合理的实际数额设计税率，而是直接依据产品的利润大小来设计，就很难达到目的。因为利润高的不一定都是价格高于价值带来的，利润低的也不一定全是价格低造成的。简单地按照利润的大小确定税率，就可能把不应当调节掉的部分利润调节掉了，该调节的却没有调节掉，出现新的苦乐不均。

产品税的重要特点是按产品课税。在产品税的税制设计中，如果忽视这一特点，就会削弱甚至扼杀产品税的特有作用，使产品税有名无实。现行工商税，从表面上看也是对产品征税，很像产品税，但实际上它不是产品税，不能发挥产品税的作用。因为工商税的税制设计是按行业、部门、产品大类列举税目和设计税率，没有按产品列举税目，设计税率、实际上是行业税、部门税，而不是产品税。税的性质是由课税客体决定的，税目是课税客体的具体化，产品税不按产品列举税目，也就改变了课税客体，从而税种的性质也就随之发生变化。要保证产品税真正名副其实，发挥其特有的作用，在税制设计中必须做到如下两点：一要尽可能地按产品列举税目，做到一种产品一个税率；二要根据调节任务设计税率，不应当把非产品税的任务，混到产品税的税率设计中。当然，按产品设计税率是比较麻烦的。但是，这是产品税性质的客观要求，是充分发挥产品税的调节作用所必需的。麻烦也仅仅在设计税制时发生，而在日常征收中并不麻烦。

三

产品税要正常地发挥调节作用，还需要有其他条件相配合。实行产品税要以国家有计划地管理和控制物价为前提。在价格自由涨落的情况下，产品税的纳税人就有把税收负担加到价格上去，用提高价格的办法转嫁给购买者的可能。在资本主义社会中，由于价格是盲目地自发地涨落，资产阶级就利用这一点，凭借商品的私有权，把税收负担转嫁给劳动人民。在社会主义社会中，价格实行计划管理，从根本上消除了税收转嫁的条件。

但是，如果我们忽视管理，一旦造成有可能抬高物价的条件时，仍然有可能发生转移税收负担的问题。所以，在运用产品税的经济杠杆作用时，必须加强价格管理，防止有人用抬高物价办法转移税收负担，损害人民利益。

发挥产品税的作用，还要改变现行的新产品定价办法。现行的新产品定价办法，是由成本加税金和按成本利润率计算的利润形成的。这种不论税收多大都作为价格当然组成部分的办法，使税收变动和价格变动同步，就失去了产品税对新产品的调节作用。从理论上说，现行的定价办法也是不合理的。价格是价值的货币表现，价值是由 C、V、M 三部分构成的，在实际生活中，C 和 V 表现为产品成本，而 M 则表现为税收和利润两部分，这两部分在 M 量既定的情况下，税和利之间则是互为消长的，税征多了利润则少，税少了利润则大。在定价时，把利润作为成本的一个固定比例量加到价格中去，不论税收的多少都加那么多，这就必然造成价值与价格背离，使价格不合理。在定价中，只有改变这种办法，才能更好地发挥产品税的作用。

运用产品税还要注意与其他经济杠杆的作用协调配合。如果在运用中不注意这一点，而是各自为政，政出多门，就可能出现几种经济杠杆同时按不同方向对同一调节对象进行调节的现象，使调节作用相互抵消；也可能出现几种经济杠杆同时向一个方向调节，造成调节过度。比如，税收对某种产品征收消费税以限制消费，同时又通过提高价格限制消费，这样双重地提高消费者负担，就可能造成消费限制过度，同时又鼓励了生产，结果产品就会卖不出去。所以，税收杠杆内部，各税种之间也必须注意相互配合。

（原载《红旗》1984 年第 7 期）

作者寄语：此文是《红旗》杂志为实施第二步利改税统一认识，特约作者按指定题目而写作的专论。

财政分配领域的转换目标和对策

随着经济改革的深入发展，国民经济正在迅速地从有计划的产品经济，向有计划的商品经济转化。在这新的经济形势下，我国财政分配领域的原有格局是否应有相应的变化？如果要变化，又怎样变化？这是在"七五"计划期间经济改革中必须回答和解决的重要课题。

一　旧格局与新模式的矛盾

财政分配领域的格局，是国民经济运行模式的有机组成部分，它必须与国民经济运行模式相适应，原有的财政分配领域的格局，是基于旧的国民经济运行模式的要求而形成的，它的特点是统收统支，对企业统包供给，统负盈亏；在分配结构上则过度地向生产性投资倾斜，重生产轻消费，重生产性建设轻非生产性建设：这种分配格局是与国民经济高度集中模式严格配套的。我国实行经济体制改革以来，虽然财政体制已有不少变化，但财政分配领域的旧格局却没有根本性改变。这种财政分配领域的旧格局与新的经济模式配套运转就不能不发生种种矛盾

（一）财政分配仍然维持着对企业生产建设资金的统包供给，与新经济模式下的企业独立自主、自我发展相矛盾。按照马克思、恩格斯的科学预见，在未来的社会中，国民经济运行的模式，是建立在单一的全民公有制基础上的产品经济。因而社会再生产已不再是个人或单位的事情，已完全转化为社会共同的事务，从而社会积累职能的实现就成为社会中心的职责。如果这时还存在着财政对生产资金的全部供给，当然也就属于财政分配领域的事情。我国财政分配领域的旧格局，就是基于这一设想而安排的。但是，社会主义革命和建设实践证明，我国的生产力水平并没有达到

马克思所预见的那样的高度，既不能实行单一的全民所有制，也不能超越人类社会必经的商品经济阶段，还必须发展多种所有制形式，按照有计划的商品经济模式组织国民经济运行。为此，必须把全民所有制经济的各个生产单位，构造成有自我发展能力的独立的市场经济实体，才能保障国民经济高效益的发展。这样，全民所有制企业的资金供给，就要发生层次性变化，除国家财政供给资金之外，又有了企业自有资金以及其他一些资金来源，财政不必要、也不应当再统包全民所有制企业的资金供给，否则就会使其独立的商品生产者的地位无法为现实。

几年来，经过财政改革，特别是第二步利改税后，财政统包全民所有制企业资金供给的局面已开始有所突破，但由于诸种原因并没有真正得到解决。从表面上看，企业发展生产所需要的资金，除了从自己的留利中形成之外，还可以从银行得到贷款，似乎企业已不再依赖财政供给资金，其实不然，由于税前还贷办法的存在，实质上仍然是财政在统包企业资金供给。因为，企业不论借用银行多少贷款，都可以从应当上缴给财政的赢利中归还，从本质上说这仍然是财政在统包统供，只不过是供给方式的改变，由原来财政直接拨给改由银行替财政发行垫付，由原来在财政预算内列支，改为预算外抵拨而已。这种办法比起直接拨款办法，不但没有多少区别，反而使财政更加处于被动地位，企业更可以不受财政约束地吃财政的"大锅饭"。

（二）财政仍然在代替企业承担弥补亏损的责任，与新的经济模式要求企业自负盈亏相矛盾。在过去有计划的产品经济下，全社会是一个大工厂，社会物质再生产的组织结构失去了层次性，企业财务和国家财政之间也失去了清晰的界限，财政与财务基本上处于溶合状态，财务是财政的基层环节，财政也是大工厂的总财务。在这种情况下，财政分配扩展到补偿企业财务亏损的领域是理所当然的。但是在有计划的商品经济下，财务活动与财政活动则是界限分明的两个完全不同的领域。财政是社会生产与社会共同事务消费的中介，其使命是通过对社会生产品的特定部分的分配，为满足社会共同需要服务。而财务则是调节企业资金运动和价值分配关系的活动，其使命是通过组织企业资金的循环与周转，处理企业生产经营成果的分配和亏损的补偿等，为独立的经济实体的再生产服务。财政与财务两者的职能，在商品经济下，是不能相互代替的，否则就会造成两者职能的混淆和矛盾，破坏财政和财务正常运行的秩序。当然，社会主义企业财务与国家财政是有着非常密切联系的。我国财政的大部分收入来自国有企业的财务成果，企业财务成果好坏，财务核算正确与否，都直接影响着国家财政收入，国家财政应当也必须关心企业财务活动，从政策和法制上加强对其监督和管理。但这并不能构成财政可以代替企业财务承担盈亏责任的理由，绝不能把财政对企业财务成果的监督和管理，与国家财政代替企业财务承担盈亏补偿责任混为一谈。所以，在有计划的商品经济下，对企业财务活动进行监督管理，是财政的职责；而代替企业财务承担弥补亏损的责任，则是财政分配活动的越位，必然与企业自负盈亏的改革产生摩擦。

（三）财政分配进入社会服务事业领域，与新经济模式要求大力发展第三产业相矛盾。第三产业本是商品经济发展的产物，是商品经营性企业。可是现存的财政分配领域的格局，却把许多属于第三产业的社会服务性行业当成福利事业举办。这样办，不仅给财政带来不应有的拖累，而且也极大地妨碍了这些事业的发展。因为，把服务性企业当成福利事业办，必然收费低廉，乃至进行亏损性经营，其结果不仅使企业失去了自我发展的能力，也失去了经营积极性。当前在鼓励发展第三产业的过程中，反而出现了澡堂和理发行业转业的奇怪现象，就是证明。

（四）财政分配缺位，与企业开展平等竞争之间的矛盾。所谓财政分配缺位，就是财政分配应当进入的领域而没有进入的情况。在现存的财政分配领域的格局中，许多应由财政承担起来的社会福利事业，财政并没有承担起来，或是没有全部承担起来，诸如社会救济、社会保险等事业，至今仍由各企业分散举办，多年实践表明这种做法弊多利少，它给国民经济运行，带来许多消极因素：

第一，造成企业之间福利待遇上的不公平。社会福利事业由企业分头举办，特别是所需经费又主要依靠企业留利所形成的集体福利基金解决，必然会造成企业之间福利待遇上的苦乐不均，大小企业之间的不均尤甚。小企业由于厂小、生产规模小，即便经济效益高于大企业，留利水平高于大企业，也往往无力单独举办某些福利事业。一个两三百人的小厂，它的留利水平即便高，但由于留利绝对额少，也无法单独为职工建筑一栋宿舍楼；而上万人的大厂，留利水平即便低，但由于留利绝对额大，仍然可以为职工建造几栋宿舍楼。这显然是不合理的。在评价企业贡献大小时，往往只从企业向国家提供税利绝对额上看，似乎大企业提供的税额大，就是贡献大，待遇高些就是合理的。其实，如果不是单纯从绝对额上看企业贡献大小，就会发现向国家提供税金总量多的大企业并不一定比提供税金总额少的小企业贡献大。大企业之所以大，就在于它占用社会资源多，人多资金多；小企业之所以小，就在于它占用的社会资源少，人少资金少。企业每占用社会一个单位的资源，都应当向社会提供相应的贡献，人多资金多的大企业，当然应当提供多的税利，仅从绝对额上评价企业贡献大小是不公平的，也不符合商品经济的要求。只有把企业向国家提供的税利同企业占用社会资源数量结合起来考察，才能分出真正的高低。

社会福利事业本属于社会慈善事业，并不属于按劳分配范畴，应当是按需要供给的，按企业贡献大小来分配，也是与福利事业本性相悖的。由于存在福利待遇的不合理和不公平，不仅造成企业之间相互攀比，争相膨胀福利开支，而且也造成小企业向大企业方向发展的一种巨大拉力，使企业热衷于搞外延扩大再生产，拼命膨胀投资，以便进入大企业行列，提高自己的福利条件。

第二，造成企业之间费用负担上的不公平。随着企业老龄退休职工的增加，企业办福利事业，特别是办劳动保险事业的负担会日益加重。一些老企业退休职工几乎达到甚至超过在职人数，造成退休金开支挤掉了企业很大部分赢利，从而面临亏损的危险。这种情况不仅带来新老企业之间的负担不公平，使企业之间失去了平等的竞争条件，也极大地损害了在职劳动者的积极性。

（五）财政分配结构长期过度倾斜造成的社会资金不足，与商品经济发展之间的矛盾。多年来由于过分强调财政的生产性，常常造成科教文卫事业、社会公用事业和城市基础设施等方面的投资不足。这是当前妨碍商品经济发展的一个大问题。商品经济发展，是要以上述各项事业相应发展为条件的，财政分配不能满足这些事业发展的最低需要量，就会造成社会再生产比例的失调，阻碍商品生产的发展。从当前的实际情况看，由于财政分配在公共事业方面的社会投资不足，至少带来如下一些不良后果：

1. 妨碍了物质生产的顺畅发展，降低了实际经济效益。据估计，仅天津、上海两市由于城市公共交通不足，每年由行车速度下降所造成的损失就达数亿元。如果把全国由于交通阻塞所带来劳动者时间上的浪费，及由此引起的劳动效率下降换算成产值，则其损失要以百亿计。某工厂算了一笔账，由于市内公共交通不便，工厂不得不自备交通车接送职工上班，仅此一项开支每年达 70 万元，如果财政能出钱在几条主要线路上增加几辆车和开辟几条新路线，就可以解决工厂职工上班交通问题，这样市内公共交通还可以减少亏损，而企业每年节省 70 万元企管费。

2. 由于社会公共设施和公用事业不足，而又是企业生产和职工生活所必需，企业不得不代替财政举办这些事业，于是出现了企业办社会这种不符合社会化大生产规律的现象。结果是：一方面厂长不能集中精力办企业，反而要忙于办医院、建宿舍、解决职工救济，小孩上学、入托以及上下班等社会公共服务事业；另一方面，为了增加财政收入，财政又要忙于干预企业财务，抓生产而不能集中精力研究政策，办好社会公共事务所需要的资金供给。这种颠倒的做法不仅极大地妨碍着社会经济效益的提高，也不利于政企分开的改革。

3. 财政分配结构的倾斜造成社会公共投资不足，市政府的各个职能部门在客观压力下，为了解决生产和生活的急需，就必然发生各种摊派的现象。摊派不仅给企业带来不合理的负担，也会带来许多不良后果，这是大家都知道的。现虽已明令禁止摊派，但要杜绝摊派现象，还必须改革财政分配结构，才能真正解决问题。

二　改革的目标和对策

财政分配领域的旧格局与新的经济运行模式之间的矛盾很多。因此，财政分配领域格局的转化目标也不可能是单一的，而应当是多维的。根据有计划的商品经济对财政分配的要求，针对财政分配领域旧格局的各种缺点，似应确定和采取如下几项目标和对策。

（一）从财政分配结构的过度倾斜，向全方位目标转换。所谓全方位就是均衡地按比例安排财政的各项支出，保证全面满足各项社会共同事务的需要。我国财政分配领域向生产性建设投资方面过度倾斜，是财政旧运行模式的一个缺点。在财政理论上，长期以来过分强调社会主义财政生产性的优越性，以致造成了对非生产性支出的不应有的轻视。不错，社会主义生产资料全民所有制的建立，国家财政作为全民所有制的代表，承担起了在直接物质生产领域投资的重任，生产性是社会主义财政优越性的一个表现。但这个优越性只能从这个意义上来认识，绝不能把财政的生产性同财政所必须承担的其他各项社会公共事务支出对立起来。把这些社会公共支出都一律斥之为非生产性，置于生产性支出的从属地位，并使之对立起来的做法和认识，都是与财政本质和财政运动规律相悖的。不论私有制下的财政，还是公有制下的财政，其基本使命都是为了维持该社会的正常存在和发展，创造物质再生产的外部条件，而不是为了直接从事物质再生产投资。过分强调社会主义财政的物质生产性，把生产性投资放在压倒一切的地位，不但发挥不了社会主义财政的优越性，反而会使财政偏离正常运行轨道，给社会再生产带来困难，这一点已为我国财政分配实践所证明。所以，财政分配领域向全方位目标转换，不仅是解决财政分配领域旧格局的一系列问题所必需，也是财政本性的客观要求。

当然，也不能同意财政分配从物质生产投资领域退出去的主张。社会主义社会的物质再生产，首先要求财政为它制造必要的外部条件，同时也要求财政在某些物质生产领域进行投资，以创造顺利进行物质再生产的内部条件。在有计划的商品经济下，国家财政如不集中掌握一部分资金，并向关系国计民生的重大项目和国民经济中的薄弱环节进行投资，国民经济是很难按比例顺利发展的。有的同志认为，财政至少可以从营利性生产领域退出去。这也不能，营利性企业投资同样也是离不开国家投资的，因为，营利性投资中存在一些耗资巨大、投资期长的各种巨大工程项目，比如大型水电站、铁路干线、大型油田和矿山的开发等，离开财政投资是无法办到的。具体地说，比如宝钢建设、葛洲坝工程等，如果离开国家财政的投资，哪一个集体或企业能承担得起呢？其实进行生产性投资并不是社会主义财政所独有，早在奴隶制社会，国家财政就已有生产性投资，现代社会由于生产力配置和社会资源布局等原因，经常会存在某些生产方面私人投资的障碍，但这些生产又是保证社会再生产顺利发展所必需，财政就不能不向这方面进行投资。当今世界上，没有一个国家的财政不进行生产性投资，这说明财政进行生产性投资是客观必然，不可能退出这个领域。为了实现财政分配领域的格局向全方位目标转换，采取如下一些改革是必要的。

1. 随着生产投资主体的多元化和投资来源的多渠道化，财政分配要进一步减少对一般企业和一般生产性的投资，并取消税前还贷的规定，把抽出的财力转向城市基础设施和公用设施等方面的社会投资。

2. 在实施《企业破产法》的基础上，财政不再承担对亏损企业的弥补责任，同时财政只以国有资金所有者的身份向企业收取法定红利，以政府身份向企业征税，和对企业进行政策和法令方面的监督，不再直接干预企业财务正常的经营活动，把抽出来的财力转向增加科教文卫方面的投资。

以上两项改革的实施，就可以保障财政从倾斜型结构向全方位型结构转化，同时也可以硬化企业预算约束，为彻底解决企业吃国家财政"大锅饭"，实现企业自负盈亏创造条件。

（二）从企业办社会向财政办社会目标转变。为此要采取如下对策：

1. 分解预算外资金，把属于财政性的资金全部纳入国家预算。当前所谓预算外资金，是把不列入国家预算而在改革之前属于财政管理的各项资金都归结为预算外资金。从政企分开和有计划的商品经济角度来考察，把这些都看成是财政性资金是宽了些，经过经济改革，其中一些已不应当再看成是财政性资金。因此，对现在列入预算外资金的各个项目，应当对其性质进行甄别，凡属于用来满足社会共同事务需要的资金，即财政性资金，都一律集中于国家预算。

2. 集中财政收入权，在取消一切摊派的同时，把一些必要的摊派改由财政集中统筹。有人把某些摊派称之为集资。集资是社会主义筹集生产建设资金的必要形式，但财政性资金属于社会集中性资金，它的筹集权只能集中在国家财政，不能由各个需要单位去筹集。如果各需要单位可以自作主张去筹集属于财政性的收入，就等于谁都有征税立法权，把国家征税权变相地分散化，这就破坏了财政分配的集中性，从而造成分配上的混乱，会引起诸种弊端。这一点在历史上是有经验教训的。当今世界上，即便是自由化经济国家中，也没有一个政府允许在财政之外把国家征税权分散化的。社会主义社会各项事业都是人民的事业，人民事业人民办是正确的，但这绝不是把国家征税权分散化的理由，这种谁需要谁就摊派的办法，不仅会造成社会财富的浪费，而且会严重干扰各个企业的正常分配秩序，不利于生产经营。从发展商品经济、保证商品生产者的权益出发也是必须取消摊派的。事实上当前存在的用摊派办法筹款举办的事项，不少都是属于财政应当办的事业，应当通过立法，采用正常手段把对各企业的摊派款项集中到财政中来，由财政统筹安排。

3. 在实施上述两项改革措施的基础上，扩展财政分配领域，向本应财政举办而尚未承担起来的事业领域伸展，以便最终实现财政向全方位型结构目标转变。

（三）从财政分配的单轨制向双轨制转换。所谓双轨制，是在国家总预算下建立两套并行的预算制度。一套是专门计划管理国有生产资金的投入和收益的国有资产经营预算；一套是专门计划管理国家非生产性收支预算，这两个预算由财政部门分别设立机构进行管理。双轨制的建立，使生产性资金收支与非生产性资金收支明确区分开来，可以避免两者相互挤占，以保证财政分配结构全方位化的实现。

通过以上的改革，财政成为国有资金的唯一代表，国家资金所有制关系的界限也就清晰了，从而可以更加有效地落实各个方面对国家资金使用责任，并可为政企彻底分开、企业自负盈亏创造财政分配方面的条件。（此文发表时用笔名甄祎）

（原载《财贸经济》1986 年第 9 期）

度量企业税负轻重问题的研究

企业税负轻重，是国家与企业之间分配关系在数量方面的集中表现。税负适度有利于调动企业积极性，保障经济持续、稳定、协调发展；税负不当，过轻或过重都会扰乱国民经济发展的正常比例，给经济造成危害。因此，正确地估量企业税负，是搞好治理整顿不可回避的一个重大课题。当前企业税负是轻还是重，人们的认识尚不一致，这里仅从理论方面谈一点认识。

一

度量企业税负，不可脱离国情。在研究我国的国有企业税负轻重问题上，一些人引进了西方学者常用的宏观税率概念，并将西方各国宏观税率同我国宏观税率进行比较，由此而得出当前我国企业税负仍然过重的结论。从理论上讲，估量企业税负，既不能以税收种类的繁简论轻重，也不能以个别税种的税率大小论高低，更不能以个别企业的实际税负来概括，只能从国民经济总体上进行研究。用宏观税率指标研究我国的税负问题，无疑是十分有益的。然而我国的宏观税率与西方各国的宏观税率之间存在着极大差异，西方各国历史经验证明的最优宏观税率水平，不等于就是适度税率。因为宏观税率的高低，不能离开社会制度和不同社会的经济运行机制上的差别来考查。

第一，我国是以公有制为基础的社会主义国家，我国财政与企业之间的分配关系，有别于西方资本主义各国财政与企业之间的分配关系，不仅性质不同，而且在内容上也有很大差异。就内容而言，资本主义国家财政与企业之间的分配关系，是单纯的政府与企业之间的分配关系，而在我国将非全民所有制的企业置而不论，仅就国有企业而言，财政与企业之间的分配关系既是政府与企业之间的分配关系，又是所有者同企业之间的分配关系。在税利混流的体制下，国有企业向国家财政上交的税收包含着产权收益分配的内容。因此，我国的宏观税率与西方资本主义国家宏观税率是不可比的，如果要比较，就必须把财政与企业之间的两种不同性质的分配内容分开来研究，否则就会夸大我国企业税负，从而得出错误的结论。

第二，我国财政服务范围与资本主义财政也不尽相同。资本主义国家财政的服务范围，基本上限于非生产领域，限于公共消费和非生产性公共积累方面，很少涉及生产领域，而我国财政服务领域，却扩大到生产领域，承担着国家重点生产建设投资供给的重任，这种情况决定了我国企业税负轻重同经济增长的关系，与西方各国并不一样。在我国，企业税负的增减，只反映国家财力运用上的集中和分散的程度，它并不会改变社会投资总规模，所以，在我国照搬西方经济学的所谓财政支出最大与国民产出最大不相容原理，用宏观税率高低与经济增长快慢对立的观点，来研究企业税负问题，是十分不妥的。特别是在当前国家重点建设大大落后于经济发展需要情况下，这一点尤为重要。当前适当提高宏观税率，增加国家财力运用的集中度，不仅不会妨碍经济发展，反而是加快经济发展，提高经济效益所必需。

第三，西方优化宏观税率的经验与我国的实践经验也不相符。主张用西方税收经验数据来界定我国最优宏观税率的人，认为基于西方经验，我国宏观税率以不超过 18%—22% 为最佳，认为宏观税率保持在这个范围内，可以促进经济增长，高于这个范围，就会抑制经济发展。然而这一点在我国的税制建设历史上，无论改革前还是改革以来的实践，都得不到证明，改革前 30 年中，宏观税率一直很高，大大超过了人们提出的所谓最佳宏观税率范围，可是经济发展尽管有所起伏，但总体上看并不慢，并且分年来观察，呈现在人们眼前的，却是宏观税率高低与经济增长起伏相一致的态势。十年改革时期也是这样，十年改革中出现的几次经济增长过热，大多是在宏观税率高于所谓最佳税率情况下发生的。

总之，研究我国企业税负问题，可以也有必要借鉴外国税率政策的经验，但不能离开国情，简单照搬外国经验。否则就会提供不确切的信息，贻误税收的治理和整顿。

二

什么是衡量我国宏观税率高低的正确尺度？许多人认为经济决定财政，只有经济发展，财源才能茂盛，国家财力才能充裕。国家财政动员收入时，必须注意企业的承受力，注意有利于企业发展生产，因此企业自我发展能力的大小，应当是估量宏观税率高低、企业税收负担轻重的基本尺度。当然，我们是社会主义国家，治税必须有高度的经济观点，必须为发展经济服务。特别是扩大企业财务自主权，使企业具有自我积累、自我发展的能力，这也是我国经济改革的一项重要政策目标，评价宏观税率优劣，决不能离开这一标准。但企业自我发展能力并不能仅仅依靠增加留利而形成，它不能离开财政为之服务而孤立地实现，企业生产的发展能力成为现实，不仅需要社会公共设施和公用事业相应地按比例发展，更需要国家的各项重点建设事业，诸如能源、交通等基础产业相应发展为条件，而这些条件的具备和相应发展，又要以保障财政收入的必要规模和相应增长为前提。如果单纯强调企业自我发展能力，片面强调增加企业留利，不顾财政承受能力，不顾保障财政收入必要的增长和维持必要的规模，上述各项事业就不能随企业生产发展需要而按比例发展，就会出现比例失衡。在这种情况下，宏观税率虽低，企业自我发展能力也会受到抑制。所以在宏观税负轻重问题上，必须同时运用企业自我发展能力和维持财政必要规模两个尺度，二者不可偏废，只有兼顾财政与企业两个方面需要，才能得出正确的结论。

所谓保障维持财政必要规模，就是要保障财政实现其职能的最低需要，根据我国几十年的实践经验，满足这一需要，财政规模大体要维持在国民收入30%左右的水平上；而企业自我发展能力的界限，我同意以内涵扩大再生产为度。这不仅因为在有计划的商品经济中，为了自觉地保持国民经济按比例发展，国家必须集中足够的财力，以便从国民经济总体上安排再生产。在生产力水平还不高的条件下，要做到这一点，就不可能有给企业普遍留下搞外延扩大再生产的财力，更因为要自觉地有计划地保持社会再生产按比例发展，也不应当不加区别地"撒胡椒面"，普遍给企业留下用于外延扩大再生产的财力。其理由是：

第一，使企业具有自我发展的能力，其根本目的在于提高经济效益，加快生产力的发展，而企业经济效益好坏，除了与企业主观努力有关外，更和企业的合理规模密切相关，只有企业规模同生产力最佳发挥状态要求的规模相适应时，企业经济效益才能处于最佳状态。我国经济实力还不强，每年能形成的积累总量不大，如果把有限的资金，撒胡椒面式地分散给千百万个企业，供其搞外延扩大再生产，这不仅会造成资金分散，而且使一些中小企业很难办成一点较大的事情，从而难以符合规模经济的要求，不利于提高经济效益。

第二，无论从国民经济按比例发展要求来看，还是从各个企业发展的条件来考察，并不是所有企业都适宜于不断地搞外延性扩大再生产。因为随着经济发展的变化，每年总会出现某个行业生产总规模接近饱和状态，或者已超出社会需要，这样的行业和企业并不需要继续搞外延扩大再生产。此外，有些企业由于受社会和自然环境所限，也不能搞外延扩大再生产等，如果给这些行业和企业也留下搞外延扩大再生产的财力，只能造成资金的浪费。特别应当指出的是，在我国普遍给企业以外延扩大再生产能力，更有其不利的地方，我国现存产业结构很不合理，而在体制上又没有形成各企业资金存量和增量，能够在不同行业间自由转移的机制。在这种情况下，对所有企业都留下供其搞外延扩大再生产的财力，就必然会造成短线企业搞外延扩大再生产，长线企业也搞外延扩大再生产，从而对不合理的产业结构起着固化作用，阻碍产业结构的调整。不要说当前产业结构很不合理，就是在正常情况下，企业普遍搞外延扩大再生产也是不合理的。因为再生产作为一个连续不断的发展过程，由于需求结构的不断变化，恒定的优化产业结构也是不存在的，要使再生产过程持续地保持优化产业结构，只有使资金存量，特别是增量能够不断地在企业之间、行业之间、地区之间流动，即随社会需求结构变化而变化方能实现。这也决定了不能把外延扩大再生产资金普遍地留给各个企业，否则，所带来的也只能是产业结构失衡的结果。十年改革的实践经验证明了这一点。

十年来，通过扩大企业自主权的改革，调动了企业积极性，给企业注入了活力，推动了经济的发展，国家经济实力显著增强，人民生活显著改善，各项事业得到了巨大发展。这巨大的成就充分说明，我国的改革开放政策是正确的，其方向也是对头的。但在放权让利过程中，忽略了在企业留利方面的产业政策，一视同仁地给企业增加留利。结果，虽然增加了企业发展生产的积极性，但也造成了经济结构的恶化。国家集中投资的重点产业远远落后于由企业投资的一般工业的局面。这一教训我们应当认真吸取，对国有企业的扶持，促使它们增强自我发展能力，只能根据产业政策和实际可能，依轻重缓急，有计划有步骤地进行，不能平均使用力量。

三

如何看待企业当前的税负。我认为当前我国宏观税率不是偏高而是偏低，但企业的负担也不是偏轻。我国的宏观税率已下降到客观允许的临界点以下。经过 10 年减税让利改革，企业留利水平已空前增大，财政规模急剧缩小。改革前的 1978 年，国有企业实现利润总额为 636.21 亿元，其中留给企业的只有 27.5 亿元，占全部实现利润的 4.3%；而到 1988 年，企业实现利润总额为 1128.46 亿元，其中上缴财政仅 179.72 亿元，占全部实现利润的 15.9%。企业利润分配已从企业拿零头，变成国家财政拿零头。由于企业利润分配上的变化，致使财政的税收性收入总规模占国民生产总值的比重，即宏观税负大幅度下降，从 1978 年的 30.4%，下降到 1988 年的 17% 以下，已难以维持财政职能的最低需要。

我们知道，国家财政能够向企业下放的财力，只能是用于发展生产部分，其他如维持国防、行政管理、发展科学文化教育卫生事业，以及城市建设等项财力，是不能放给企业的。根据这一道理，把改革前一年（1978 年）处于统收统支体制下的国家预算科目摊开来分析一下，这一年预算中用于生产建设支出的财力，大约占财政总规模的 39%，相当于国民生产总值的 12.5%，而用于维持社会公共消费和公共积累等项，约占财政总规模的 60%，相当于国民生产总值的 19.5%，就是说即使像有人主张的那样，把生产性投资全部下放给企业，财政仅维持"吃饭"，这也要集中相当于国民生产总值 20% 的财力。而当前财政的正常收入只相当于国民生产总值的 17% 。相当于国民生产总值 17% 的收入，怎么能够满足相当于国民生产总值 20% 的需要呢？何况就财政性质来说，它不可能、也不应当退出物质再生产领域。如果加上最低限度生产投资的需要，财政总规模至少也要达到国民生产总值的 27% 方能维持。

当前我国的财政收入状况，如果扣除不可比因素，按西方各国同一口径计算，我国的宏观税负仅为 14% ，这不仅低于所谓 18%—22% 最佳宏观税率，而且也低于轻税负各国的实际宏观税负，更大大低于世界各高税负和中等税负国家的实际宏观税负。退一步讲，即便不扣除不可比因素，从实际宏观税负相比较，也同样得不出我国宏观税率偏高的结论。1988 年按国际通用的宏观税率计算办法计算，我国的宏观税负为 17% ，而各发达国家的宏观税率都在 35% 以上，高的达 60% 左右，中等发达国家都在 20%—30% 之间，而低收入国家除极个别国家或地区外，也在 25% 左右。可见，当前我国的国家财力已不是集中过多，而是过于分散；宏观税负不是过高，而是过低，这个估量是完全正确的。所以，调整国家与企业之间分配关系和完善税制的方向，不应当继续减税让利，而应当坚定地贯彻中央关于提高财政分配两个比重的精神，逐步提高我国的宏观税率水平。

当然，说宏观税率不重，并不是说企业实际留利过多，无论从企业实际需要出发，或是相对企业创造的纯收入量来看，企业实际留利水平并不算高。说也奇怪，按理一块蛋糕在国家与企业之间两下分，国家这块小了，企业那块就会相对地大，怎么会两下都少呢？蛋糕哪里去了？这是当前我国经济中存在的一个特殊问题。在平常情况下企业实现的利润首先是在国家与企业之间两下分配，形成企业留利和财政收入两块。可当前情况却不然，企业利润在形成国家财政收入与企业留利之前，已先流失了一块。企业利润这种流失于企业留利及财政收入之外的原因很多，主要有以下几方面：

第一，我国的预算制度并不是满收满付制，有一些预算收支并不列入预算内，而是作为各级财政掌握的预算外收支，放在预算外，诸如各级地方财政部门管理的各项附加收入，以及财政信用所取得的利息收入所形成的预算外收益。这些虽然都是从企业创造的利润中扣除，已为财政所用，但它并没有增加财政预算收支规模，从而它也不提高宏观税率。

第二，我国经济关系尚未完全理顺，工资和价格仍然处于扭曲状态，为保证经济正常运行，就需要有大量的价格补贴和亏损补贴来维持。这些补贴很大一部分虽然是企业利润的扣除，又为企业所享用，但它既不表现为企业留利的收支，也不表现为财政预算的收支，而是在两者之外。

第三，名目繁多的各种社会摊派的存在，也使企业利润流失一块，即流失在企业留利和财政收入之外。据有人估算，仅此一项就使企业减少留利20%左右。

第四，税前还贷每年也要耗掉企业利润200亿元以上。据统计，1988年已达246亿元，占企业利润的21%左右，这项利润消耗虽然形成了企业资金积累，但它却表现为企业留利减少，也表现为财政收入减少。

此外，还有由部门和企业掌握使用而又不表现为企业留利的一些专项基金等，也是造成企业留利与财政收入相对缩小的重要原因。总之，在现行的分配体制下，存在许多这种化解企业利润于企业留利和财政收支之外的因素，就造成了国家财政与企业之间纯收入分配中，各自所占比重都相对不高的特殊态势。所以，在我国宏观税率高低与企业实际税负轻重之间，并不完全是互为消长关系，宏观税率偏低并不能说企业实际税负偏轻。

企业税负不低，如何提高宏观税负，以提高财政收入占国民收入的比重呢？从上述分析可以看出，转变思路应把眼光移到预算外分配领域中，从整顿预算外分配秩序着手，纠正分配政策的失误，治理不合理的分配格局，是根本出路所在。从这里下手，就可以解决既要提高宏观税率，又不增加企业负担的问题，达到提高财政收入占国民收入的比重，增加企业留利的双重效果。为此，除财政自身要进行一些调整，诸如把自己管理的预算外资金纳入预算内和改革各种补贴形式与管理办法等之外，需要同税收改革协同动作，综合治理。在当前至少要实现以下两项变革：

第一，彻底清理各种社会摊派，在分清正常规费和社会摊派的界限基础上，取缔一切摊派，包括所谓合理的摊派，用统一的规范化税收形式，代替合理的摊派，纳入地方预算，并把属于正常摊派的支出纳入地方预算，实行规范化管理。摊派，无论是对居民或对企业来说，实际上都是一种非规范化的征税，而且是一种征税权极度分散、各行其是的无政府主义式的税收，对社会经济危害极大，它不仅会扰乱国民经济正常分配秩序，而且也为各种不正之风提供活动空间，它是有计划的商品经济发展的腐蚀剂。取消摊派的意义，不仅可以取得提高财政收入占国民收入比重和增加企业留利的双重效果，而且也是调节国家与企业之间分配关系、整顿社会主义分配秩序所必需的。

第二，在搞好税利分流试点的基础上，尽快改革和完善所得税制，改税前还贷为税后还贷。税前还贷是当前企业在资金供给上"吃大锅饭"状态难以改变的症结所在。如果不坚决治理，久拖不决，将会使问题越积越多，给深化改革和治理整顿带来更多阻碍。实现这一改革，将如同取消摊派一样，既可以收到提高财政收入占国民收入比重和增加企业留利水平的双重效果，又可以增强企业资金约束，提高企业重视资金使用效果的动力，而且也利于把税收从作为所有者调节企业手段中解脱出来，以强化税制。所有者对企业的调节与政府所进行的宏观调节是不同的，政府宏观调节是为了解决国民经济按比例发展，而所有者调节是为了解决企业生产经营问题。前者是从国民经济总体上进行规范化的调节，后者是分别对各个企业的调节，只能是一种不规范的调节。所有者利用税收杠杆调节企业，就不可避免地要破坏税收的规范化性质，造成税制软化，减免混乱。这些年我们一再强调要强化税制，反对随意减免，可是收效甚微，其根本原因恐怕就在于此。

（原载《税务研究》1990 年第 5 期）

税收功能实现问题分析

　　经过多年改革，我国税制已基本完成了从单一税制向复税制的转变。新的税制体系，无论在集聚财政资金方面，还是在调节经济和促进改革开放方面，都发挥了积极作用。但与此同时，也出现了税收功能实现状况不够理想的问题。主要表现在：（1）收入功能的实现力度低下。近年来税收收入的实际增长速度大大低于税源增长速度，1986 年至 1990 年国民生产总值的年增长率分别为 14.85%、20.90%、26.27%、15.80%、10.10%，而税收收入的年实际增长率，却分别只有 2.40%、2.30%、11.60%、14.10%、3.40%，税收收入增长与税源增长明显不同步。（2）调节功能无力。为调节产业结构，第二步利改税改革所设置的产品税和增值税，实行了差别比例税率；而后为加大对产业结构的调节力度，又对投资开征了建筑税，凡是需要鼓励的投资不征建筑税。可是，不合理的产业结构依然如故，甚至还有恶化趋势，实行征税以求加强控制的一般投资继续膨胀，实行免税以资鼓励的投资却不见起色。多年来为控制消费基金的过分膨胀，开征了奖金税、个人收入调节税、工资调节税等，但消费基金的增长速度依然居高不下。（3）调节功能的实现，常常发生扭曲的结果。比如对烟、酒类产品课以高税，原本是期望抑制其生产；对初级产品征低税，是期求促进其增加生产。可是实践结果却与愿望相反，实行低税者并未促产，实行高税者不仅没有抑制生产，反而对过热的生产起了火上浇油作用，酒厂、烟厂越办越多，如此等等。税收功能这种实现力度弱化和失常的状况，不仅给财政税收发展带来诸多不利影响，也极大地妨碍着宏观经济调控机制的形成和完善，不利于国民经济稳定、协调发展。对此，应当引起足够重视，认真研究解决。

探　源

　　造成税收功能实现力度弱化和实现结果反常的原因是什么，人们已指出很多：经济体制上的原因；税收制度自身的原因；税收管理和税收功能运用上的原因；税收运行环境上，诸如价格、市场、财政原因，等等。这些无疑都是对的。但在这诸多原因中，是有主有从的，主要原因制约次要原因，只有抓住其中具有决定性的原因，并加以解决，方能从根本上解决问题。否则，单纯解决任何一项次要原因，都只能是缓解一时，而不能达到根本治理的目的。从多年实践经验来看，当前制约税收功能实现的主要原因，不外是如下两点：一是政府两种职能分开的改革滞后；二是政府与国有企业之间两种分配关系搅在一起实施。

　　1. 政府两种职能搅在一起实施，是旧体制的一个重要特征，也是国家与企业之间分配体制上的一个根本性弊端。在经济改革中，虽然已经提出这个问题，但问题迄今不但没有解决，反而在某些方面还有所加强。这集中反映在国有资产体制方面。国有资产管理体制，是由宏观层次和微观层次构成的，宏观体制解决的是全民所有制经济的所有者职能执行主体的构造和实现方式问题，微观体制解决的是国有资产经营形式和方式问题，即解决所有者与企业经营者之间关系问题。多年来在这两个方面都进行了改革，并取得一定成绩，但这两个方面改革却沿着两个不同原则实施着。在微观层次上，即在解决国家作为全民所有制的所有者与企业经营者关系方面主要是依据"政企分开"、"两权分离"原则，以放权让利为主要内容，进行扩大企业自主权的改革；在宏观层次上，即在解决所有者职能执行主体的构造和实现方式方面，主要是把所有者职能与经济社会行政管理职能捆在一起，进行条块分权改革。这样，就形成一个微观层次上向政企分开目标发展，而宏观层次上却向所有权与行政管理权一体化目标发展的矛盾态势。从而不仅政企分离目标难以实现，也妨碍了税收功能充分和正常的发挥。（1）政府的行政管理职能与所有者职能搅在一起实施，政府及各主管部门在日常管理企业活动中，就很难分清所有者行为和一般的经济社会行政管理者行为的界限，用行政手段执行所有者职能，用所有者权力达到行政管理目的等情况，就在所难免。无论发生哪种情况，对税收功能的实现来说，都会受到冲击和干扰，从而造成税收功能的实现力度弱化和失常。例如，当政府采用所有者权力，抽调企业的人力、物力、财力去从事社会公共事业，以达到其行政目的时，必然会造成企业收益的减少，损害税基，影响税收收入；当政府采用行政权力，运用减免税收来解决企业经营不善所造成的困难，以达到所有者目的时，则不仅会影响税收收入，而且还会破坏税收鼓励先进，鞭策落后的调节功能。人们常常把这种情况看成是正常的，认为是"放水养鱼"、"培养税源"的措施。当然，政府作为一般的经济社会行政管理者，无论从培养财源角度来说，或是从调节经济、促进经济稳定和发展来说，动用税收手段都是正常的。但是，这种调节与所有者对企业的调节，两者无论是目标或者性质，都是不同的。作为所有者调节的目的是解决企业日常生产经营上的需要，这只能用企业税后利润来解决，而不能用减免税方式解决。从两种分配关系分开的观点来看，税收是政府作为行政管理者获得经费的手段，利润才是所有者能利用的手段。从所有者角度运用税收来解决企业问题，不仅混淆了国家与企业之间的两种分配关系，而且破坏了税收运行的规则，破坏了分配的性质，从而造成税收功能实现上的损害。（2）两种职能搅在一起进行分权，使各级地方政府和部门，面对企业都具有双重身份，既是行政管理者又是所有者。这样，在各级政府心目中，税收和利润没有多少差别，都是自己财政收入的来源，发展税大产品的生产，同发展利大产品的生产，同样能增加财政收入。在一定程度上看，发展高税产业比如烟酒之类的生产，比起发展利润大的产品生产，还要方便与保险。因为发展利大产品的生产，在准备发展时看来利大，投产后也许利润就不那么大了，而发展税大产品则要稳妥得多，更有其方便之处。发展高税产品的生产，即使企业经营管理不善出现亏损，只要亏损额小于税收总额，不把税收都贴补掉，同样不失为增加财政收入的可靠财源。因此，只要政府两种职能搅在一起实施，税收调节功能就必然会出现弱化和畸变，高税抑制生产反而会出现促产结果，低税、免税促进生产反而会出现抑制生产的结果。（3）政府两种职能搅在一起实施，各级政府面对税收也具有双重身份，政府作为经济行政管理者，它是征税者，税收是它的财政收入手段，而作为企业所有者，面对税收它是实际负税者。这种征纳主体一元化，自己征自己的税，自己调节自己的状况，不仅使税收失去征纳主体之间的约束关系，也失去了调节主体与被调节主体之间的制约关系，税收调节功能当然就难以正常发挥。"藏富于企业"，以及国有企业逃税、漏税现象屡查屡犯等情况的存在，恐怕不能说与此无关。（4）两种职能搅在一起实施，极大地妨碍着统一市场的发育，妨碍税收调节功能的发挥。税收调节功能是要通过市场作用的反弹来实现的，而要做到这一点，必须要有一个健全的国内统一市场。按道理说，在我国全民所有制经济居主体地位的条件下，是最有利于国内统一市场形成的。全民所有制就其本性而言，它的所有权属于全体人民，是不可分割的，任何个人、集团或地方，只有作为全社会联合起来的劳动者的组成部分，才能与其他劳动者一道成为所有者，任何分割都会发生否定全民所有制性质的危险。当然各级地方政府首先是国家利益代表，从这个意义上说，把全民所有制的所有权职能交给各级地方政府分管，不应发生市场割据。但是在实行分权改革之后，在各地方自主利益得到强化的条件下，地方既是国家利益的代表，又是本行政区内社会团体和居民利益的代表。一旦它不维护本地区利益，就不可能顺利实现其职能，也就无从最终实现国家利益。地方政府利益关系上的这种两重性，决定了在发展商品经济条件下，不能把全民所有制的所有权分给地方，否则地方政府出于本地区利益的考虑，加上地方所处地位的局限性以及国有资产运营利益区域化的倾向，重复建设、市场割据等情况就很难避免，从而也就会妨碍税收调节功能的发挥。有人认为这种情况的发生，并不是政府两种职能搅在一起分权的结果，而是实行"分灶吃饭"财政体制的原因。从表面上看，的确是这样，各级地方政府实行地区封锁，往往出于财政利益之考虑，如果不实行"分灶吃饭"体制，仍然实行统收统支体制，地方没有独立利益，也就不会发生封锁等情况。可是，只要深入探究一下，就会发现事情并非如此。如果仅有"分灶吃饭"体制的存在，而没有把两种职能搅在一起实施分权的存在，地方政府没有国有资产的所有者职能，则就失掉了搞重复建设、封锁市场的经济基础。这一点可以从私有制国家的实践中得到证明。资本主义国家中，许多是实行分级财政体制的，有的国家分级比我们还要彻底些，但在那里并没有发生重复建设和市场割据等情况，原因就在于地方政府没有拥有所有权，即使有一些公营经济，那也是微不足道的。当然，我们并不是说，现行的财政体制与地区封锁等情况的发生毫无关系，现行的分级财政体制，是按企业、事业行政隶属关系划分中央和地方财政收支范围的。这种办法不仅不够合理，而且从财政利益上强化了政府两种职能一体化的缺点。所以，现行财政体制在一定程度上助长了地区封锁、重复建设等弊端的滋长，也不利于强化税收功能的实现力度。

2. 政府与企业之间，把两种分配关系搅在一起，通过统一的税收形式实施，使税收一身二任，既承担自身固有的功能，又要承担利润分配的功能，这就不仅混淆了两种不同性质的分配关系，而且也扰乱了税收功能。(1) 利润分配并入税收分配中实施，不可避免地要使税收的收入功能，经常遭受国家与企业之间利润分配关系变化的冲击。因为在这种情况下，每当需要调整企业利润分配关系时，都只能通过相应调整税收征收的强度来实现，所以在改革中，每一次向企业放权让利，都必然要引起减税，造成税收收入功能的实现强度下降。此外，利润分配是所有者行为，是利益取得权的实现过程。作为所有者，在利润分配中，取走多少，留给企业多少，必须考虑企业生产经营的需要，也不能不照顾企业的困难。这样，在日常管理中，为了照顾企业困难，就难免不时地给企业减免税收，特别是在企业经济效益滑坡的情况下就会更为严重。据统计，当前这种性质的减免，占税收减免总量的 40%，这当然就会引起税收的征收力度弱化。(2) 两种分配关系合一于税收，会导致税收调节功能运用上的个量化，从而肢解税收功能。税收功能与利润分配功能不同，它是宏观调节功能，只有从宏观经济总体角度出发，以产业、行业、产品为对象实施调节才能正常地发挥作用；而利润分配如前所说，只有从企业出发，因企业而异，才能有效地实现其功能。税收代替利润行使调节功能，就进入了企业个量调节范围，从而失去税收调节的总体性，当然也就失去了宏观调节的力度。

对　策

弄清税收功能弱化和扭曲的主要根源，也就找到了对策，那就是要实现税利分流和两种职能分开改革。当前税利分流改革正在试点，从试点的经验来看，要全面实现税利分流的改革目的，必须同两种职能分开改革配套实施，方能取得应有的效果。税利分流即两种分配关系改革与两种职能分开改革，二者是紧密相关、互为条件的，任何一方面的改革，没有另一方面的配合，都难以彻底实现。仅就实现税利分流以强化税收功能这一点而言，孤立地实行税利分流也难以达到目的。实行税利分流的一个重要目的，就是排除用税收达到所有者目标，从而使两种分配关系各不相扰，按各自规律运行，正确而有效地发挥其职能作用。如果在实行税利分流的同时，不实现政府的两种职能分开改革，各级政府部门面对企业，不能分清所有者行为和行政管理者行为的边界，即使税利已实现分流，政府部门在运用税利两个杠杆时，还是难以分清使用范围的。用税收解决所有者的需要，用利润达到行政管理者的目的仍将在所难免，税收功能依然会受冲击。反之，仅仅实现两种职能分开改革，而不改变税利混流的状况，政府两种职能分开改革就无从实施，这是不言而明的。

实　施

如何实现税利分流和两种职能分开的配套改革，看来除了税制改革和国有资产管理体制改革要同步实施外，财政体制改革也须同步进行，即税制改革、国有资产管理体制改革、财政体制改革三管齐下，才能取得应有效果。具体地说：（1）改革税制方面，除了为实现税利分流的需要，相应地调整所得税率和解决税前还贷等问题外，同时还应为实行分税制财政体制改革，创造税制上的条件，诸如扩大地方税的范围，增大地方税种和分量，形成地方税税制体系。否则，现行财政体制的缺点，不仅会造成政府两种职能分开改革和国有资产体制改革难以启动，而且还会给税利分流的改革效果带来影响。此外为了保证税利分流的改革效果，以求强化税收功能，还要具有与税利分流相应的税权集中，从法律上明确规定，国家税务局是税收职能唯一执行主体，其他任何部门无权实行减免以及决定开征或停征税收等。各部门为了实施产业政策等宏观调节的需要，可以向财政部门提出动用税收杠杆的建议，经财政部决策后，由税务部门具体实施。并且要明确规定税收杠杆使用只限于宏观经济调控目标，主要是用于促进宏观经济总量平衡和结构平衡，不许用于解决个别企业经营困难等问题。这类问题只能通过税后利润分配加以解决。（2）财政体制改革方面，要在实行复式预算制的基础上，重新界定中央与地方财政的职能范围，改革预算收支科目，科学划分经常性预算和建设性预算收支范围，并改变依照企业、事业的行政隶属关系划分税种、核定收支、分级包干的办法，采用按预算收支的不同性质和内容，分别以基数法、因素法、标准定额法等进行编制与划分，从而使财政体制为实现两种职能的分开提供条件。（3）国有资产管理体制改革方面，要在充分考虑税利分流的需要和实行分税制财政体制的需要基础上，彻底改变现行的国有资产所有者职能与行政管理者职能一体化和执行主体多元化的体制，实现国有资产的所有者职能与行政管理者职能分开，以及执行主体一元化和专业化管理。所谓一元化和专业化管理具有两重含义：一是国有资产所有者职能集中于中央，各地方政府不再拥有国有资产所有者职能，各地方的国有资产管理机构则隶属于国家国有资产管理局，执行中央委托的日常管理事务。当然，这并不意味着任何国有资产所有权都不能交给地方。除了承担国有资产专门管理机构委托执行某些国有资产所有者职能外，那些为本地区生产和生活服务的公共设施及公用事业，以及一些纯为地方服务的生产建设事业的国有资产的所有权，既可以也应当归地方。二是国有资产所有者职能集中于一个政府部门管理，即国有资产所有者职能集中于中央后，不再分条实施，而集中于一个专门机构行使。我国的国家国有资产管理局就是为此目的而设立的。国务院关于国家国有资产管理局的"三定"方案中，明确规定：国有资产管理局是国务院管理国有资产的职能机构，其主要任务是对中华人民共境内和境外的全部国有资产（包括中外合资、合作企业中的国有资产）进行管理。当然，建立了国有资产管理局，仅仅是为实行国有资产所有者职能专业化管理提供了组织条件，并不等于就实现了这一改革。而要实现这一改革，还须作相关方面的一系列改革。首先要重新界定经济部门的职能范围，把国有资产所有者从这些部门的职能范围中分离出来，交给国有资产管理局统一实施；其次要转移国有资产的经营及投资等各类机构的行政隶属关系，使其隶属于国有资产管理局，并将其转化为受国有资产管理局委托，实行独立经营，在经营效益上对国有资产管理局负责的投资金融企业；最后要改变现有的国家与企业之间的财务分配关系，把属于所有者与企业经营者之间的分配关系分离出来，纳入国有资产经营预算体系，同时将全民所有制性质的各项基金，也纳入国有资产经营预算体系。有的同志担心，实行这种体制是否过于集中，怕不利于全民所有制经济发展，这种担心是不必要的。因为，既然是要发展全民所有制经济，那么首先就必须以坚持和保卫全民所有制为前提。全民所有制经济的所有者只能是一元化地归国家所有，任何分割所有权主体，实行多元化都是与全民所有制性质相背离的。应当说国有资产所有者职能一元化和专业化管理，是最为有利于保卫全民所有制的统一，使其不被任何办法变相分割的；也只有这样做，才能保障全体人民的根本利益，保障全民所有制经济健康发展。

（原载《财贸经济》1992 年第 5 期）

关于社会主义税收转嫁的几个问题

社会主义税收是否存在转嫁，企业交纳的税收是否都构成企业负担，流转税采取价内税办法，其税负到底由谁承担等，这些是近年税收理论研究的热点，正确认识这些问题，对于完善我国税制，正确评价企业成绩，处理好国家与企业之间分配关系，都具有重要的现实意义，因此很有深入研究的必要。

一　分歧来自观察问题的角度不同

社会主义公有制经济条件下，是否存在税负转嫁，当前存在两种截然不同的认识。一种意见认为税收转嫁只存在于以私有制为基础的资本主义社会，不存在于以公有制为基础的社会主义社会；一种意见认为在公有制条件下，由于在微观领域存在不同利益主体，税负也会转嫁。从表面上看这两种意见针锋相对，但仔细分析一下就会发现，两种意见并不是对立的，只不过是由于观察问题角度不同所造成的。前者是从社会总体出发，后者是从微观出发，如果不是各执一"角"，而是都从两个角度观察，则不难得出一致的意见。事情很明显，从社会总体来看，由于生产资料公有制的建立，全体人民成为生产资料的共同主人，国家作为全体人民的利益代表，它的征税从本质上说，只不过是在社会总产品分配中所做的一种社会扣除，取之于民，用之于民。当然也就不存在、也不可能发生转嫁问题。可是，从微观角度来观察，国家所取得的税收，并不是从社会总产品堆积中取得的，而是将社会扣除额量化到各个微观利益主体来实现的。由于各个利益主体之间存在你我之别，各利益主体出于维护既得利益，减轻税收负担之考虑，就有可能采取必要行动，将税收负担推给别人，这在客观上就形成了税收转嫁的可能。当然"可能"并不就能成为现实，纳税人要转嫁税收不能凭空实现，而是要通过一定载体才能实现。在商品经济条件下，这个载体就是价格，纳税人将税负加入价格之中，用提价办法将税负转移给购买者承担。在旧体制下，在全社会实行指令性计划价格，各微观主体没有定价权，纳税人转嫁税负没有载体，就是有人想进行税负转嫁也不能成为现实，但是不能因此而否定在经济改革后存在税收转嫁问题。经济改革以来，我国价格制度发生了巨大变化，自由定价商品日益增多，计划价格也出现了浮动价、双轨价等多种形式，纳税人拥有了定价权，这就为税收转嫁提供了实现条件。其实，从微观角度来看，只要存在商品经济和自由定价，税收转嫁就是必然发生的现象。在商品经济条件下，一切商品的实现都要通过市场，都离不开价格运动。因此，一切同商品流转相关的税，都会被各微观利益主体看成是商品交换费用，只要条件允许，它就会作为商品价格组成部分，用提高价格的办法把税负转嫁出去。

二　价内税归宿

流转税的征收有价内与价外两种形式。价外税是税款放在价格之外，表现为直接向消费者（购买者）征收，其税负由购买者负担，这一点人们没有多少异议，而对价内税的认识则很不一致。通常都把价内税的内涵概括为包括在价格内的税收。应当说，这样概括并未把价内税的内涵表达明确，所谓包括在价格中的税可有两种情况，一种情况是，税收是企业新创造价值的部分体现；另一种情况是，税收是商品价值以外的附加。而两种情况的税收归宿是不同的，简单地把价内税概括为包括在价格内的税，并不能为我们指明是属于哪种情况。为弄清这个问题必须从价内税的原有含义及其由来说起。

价内税是我国从苏联引进的一个税收概念，它是苏联实行周转税所使用的一个概念，周转税是作为国家与国有企业之间分配社会纯收入的一种形式，即国家对企业所创造价值中 M 部分的征收。由于周转税是企业产品价值的组成部分，含于企业产品销售价格之中，但销售价格不变，故称该税为价内税。在我国并没有推行周转税，但在 1953 年税制调整时，对流转税运用了价内税原理。就是说我国的流转税并不是对消费者征收，而是如同苏联的周转税一样，是作为分配和集中社会纯收入的一种形式，对企业创造的社会纯收入的征收。当然，在实践中个别地方也有些改动，那就是在对大多数商品征收中坚持原来价内税含义的同时，出于调节消费的需要，对少数商品实行超量征收的政策。除了对企业纯收入征收一部分流转税外，还在产品价值量之外，附加一部分流转税，这就相应地提高了价格，使价格大大背离了价值。购买者在支付价款时，也就承担了这部分税款，这些特殊商品的价内税的内涵也就超出了原有的含义，已包括对消费者征收的内容。但采取这种办法的产品并不多，对绝大多数产品始终坚持了产品价值量内征收的原则。了解我国税制发展历史的人都知道，在我国计划经济的时期内历次流转税改革中，都是在价格不变的前提下进行税率调整的，都是在企业纯收入范围内考虑征收多少流转税的，在安排企业税利比重时，为给企业多留点利，便将税率定得低些；为了少给企业一部分利益，则相应地把税率定得高些。总之，在我国计划分配条件下税率高低变化并不引起价格变化，仅仅引起企业利润的伸缩，说明我国实行的价内税，始终坚持苏联周转税所使用的价值内征收的原理，故在我国，所谓价内税的实质，基本是对企业纯收入的征收，并没有转嫁税收机制。

有的同志提出，全部价格都是购买者支付的，怎么能说价内税的税负是企业负担呢？提出这个问题，是因为把等价交换的支付与超价额外支付混淆了。我们知道在商品交换中，购买者向供给者只是按相当于该商品价值的价格支付价款，购买者并没有额外负担什么，要使税负转嫁成为现实，购买者要在支付等价交换所必须支付的价款之外再额外支付相当于税负的价款。

经济体制改革以来，我们在税制设计上，依然坚持价内税原则，针对企业纯收入进行税负设计，但由于企业拥有自由定价权，价内税的内涵发生了变化，价内税的税收价值转变为商品价值外的附加，价内税成为转嫁税。在新的情况下，价内税未必由企业负担，价外税企业也未必不负担，这决定于企业定价自由度，决定于商品供求弹性状况。当商品需求弹性大而供给弹性小时，即便是价外税，企业也会被迫承担税负。例如1989年我国实施的彩电特别消费税虽属价外税，并且明确是对消费者征收，但由于市场形势变化，彩电从畅销转为滞销。企业为了推销彩电，采取买一送一等办法，变相降低彩电售价，自己承担一部分消费税。当商品需求弹性小而供给弹性大时，不仅价外税，就是价内税，由于企业可以提高价格，其税负也会落在消费者头上。当务之急是，深入细致地研究流转税的转嫁机制，充分有效地运用流转税对价格形成的作用，以强化税收宏观调控功能。

三　转嫁的税是否也是企业负担

长期以来，人们把企业缴纳的各项税收，都看成是企业的负担。每当要减轻企业负担时，都首先把减税放在首位，这种认识和做法，在指令性价格制度下当然是对的。但在大多数商品自由定价的情况下，就不一样了。企业缴纳的流转税，表面上都是从企业收入中支付的，似乎全是企业负担，但仔细分析一下，就会发现企业支付的税款并不完全是企业自己创造的价值，它可有三个来源：一是利用市场竞争手段，压低供给者的价格，购进低价原材料而得到的额外收入；二是采用抬高价格办法，使购买者支付高于价值的那部分价款；三是自己创造的价值。前两个来源是从其他经济主体转移过来的价值，企业用这部分价值支付税款，只是转手，并不是企业的实际负担。当然，问题不能绝对化，税收能否转嫁出去，并不完全决定于企业，它首先决定于国家价格政策所给予企业的定价自由度，如果纳税人想加价出售商品以转移税负，而国家价格政策不许变动价格，税负就无法转嫁出去；其次还取决于市场状况，在市场普遍疲软的条件下税收也难于转嫁。所以，判断转嫁税与企业负担的关系，不能一概而论，应当作具体分析。

当前，在考核企业经济效益，以及改革国家与企业分配关系时，人们常常把所有的税收都看成是企业创造的效益，都纳入国家与企业之间的分配之中。特别是流转税这个转嫁性极强的税收，也把它全部看成是企业创造的价值，也纳入国家与企业之间的分配，这是十分不妥的，因为转嫁的税收，既不构成企业的负担，也不构成企业的效益。

四　税收转嫁概念的外延

改革开放之后，人们开始承认社会主义社会也存在着税收转嫁。但近些年来，又任意扩大税收转嫁概念外延，把什么都看成是税收转嫁。这种倾向发展下去，将不利于税收理论研究，势必给税制改革和税收管理产生消极影响，应当引起重视。

税收转嫁概念的外延，是由其内涵决定的，不可任意扩大，否则就会造成认识上的混乱，从而给实践带来不良影响。税收转嫁概念是资产阶级学者首先提出来的，是有其特定内涵的。英国重商主义学者托马斯·曼在他的著作《英国来自对外贸易的财富》一书第 16 章中指出："如果提高消费，造成贫民的吃穿费用的提高，则他们的劳动价格也将按此比例增高，因此，课于贫民也转嫁给雇主，而由雇主再转嫁给富裕的产品消费者。"这里提出了税收转嫁概念，也指出了转嫁的内涵。后来，美国经济学者塞里格曼沿着这一思路，把税收转嫁概念的内涵明确界定为：纳税之人，将其所纳之税负，从经济交易间，移转为他人负担之谓。（塞里格曼：《租税转嫁归宿》）从转嫁概念的提出至今，虽然在具体识别转嫁现象中，存在着诸多认识上的不同，但大多数人始终是遵循概念最初提出者所规定的内涵的。马克思、恩格斯针对资产阶级学者关于税收转嫁问题的讨论，不仅揭示了税收转嫁的剥削实质，指出："资本家阶级负担的国税和地方税，土地所有者的地租等等，都是由无偿劳动支付的，全部现存的社会制度，都是建立在这种无偿劳动上的。"[1] 在具体揭示税收转嫁现象时，也遵循了税收转嫁概念的原有内涵。认为："在我们目前的这种企业主和雇佣工人的社会制度下，资产阶级在碰到加税的时候，总是用降低工资或提高价格的办法来求得补偿的。"[2] 从资产阶级学者最初的界定，及后人的表述，乃至马克思的描述可以看出：人们始终是把税收转嫁的内涵归结为，纳税人将税负通过商品交换转移给他人负担的行为或过程。具体说来，它包括三

---

[1] 《马克思恩格斯选集》第二卷，人民出版社 1972 年版，第 272 页。

[2] 《马克思恩格斯全集》第九卷，人民出版社 1972 年版，第 74 页。

方面内容：（一）它是纳税人的主动行为，而不是非纳税人的行为。在现实生活中，有一些税收运行现象，从表面上看，也是税负从纳税人向其他经济主体转移的过程，比如对烟酒征收的高额流转税。从表面上看，也是国家向企业征税，而后企业又以相应高价转移给消费者。其实，这并不是企业的主动行为，而是被动地执行国家税收和价格政策。对企业来说，并不是税负转嫁，因此，在实践中界定或识别转嫁现象时，必须注意区别是纳税人主动行为，还是国家作为征税策略而引起的行为。否则，就会在认识上扩大化，从而混淆税收转嫁与非转嫁现象之间的界限。（二）它是税负在经济主体之间、纳税人与负税人之间的实际转移过程。纳税人自纳税后虽然采取了主动行为，设法补偿纳税损失，但其行为并没有把损失推给别人，而是自己消化，即纳税人自己承担税负后，再采取措施自己来弥补，诸如采取降低物资消耗及提高效益等办法，这并不是税收转嫁，因为纳税损失并没因此行为而转移给他人。一些资产阶级学者把这种现象称之为"消转"，这不仅与所规定的税收转嫁内涵相矛盾，而且在道理上也说不通：既然税收转嫁是纳税人把税负转移给他人的过程，那么纳税人不把税负推给别人，而是自己消化，怎么能叫转嫁呢？（三）它是借助变化购买价格或变化销售价格实现的。纳税人作为法人或自然人，把税负加给别人的唯一可能的手段，就是在商品交换中加价或压价。税收转嫁理论把税负转嫁归结为三种形式，即前转、后转和散转。前转是纳税人通过提高产品销售价格的办法，把税负转移给购买者承担；后转则是纳税人以市场竞争为手段，压低商品进价，把税负转移给供货者负担；散转则是指两种办法兼用的情况。以上三点是统一整体，缺少任何一点，都不能构成税收转嫁。值得指出的是，在研究税收转嫁的现象中，应当注意区分由于税收转嫁而引起的物价上升和由于供求关系变化所引起的物价上升两种情况，不可将两者混为一谈。税收转嫁的实现与供求关系变化有着十分密切关系，供求状况直接制约着税负转嫁能否实现及实现程度，但税负转嫁也会引起供求状况的变化，从而会直接间接地引发物价的上升，在固定价格和税收不存在转嫁的条件下，国家加税只影响纳税者的收益水平。就企业来说，只影响其利润高低，而不会影响价格。在价格可变和税收转嫁条件下则不然，加税影响企业利润，企业为了保护利润，就会用提高价格的办法转嫁税收，在这个意义上说，加税就等于提高商品价格。弄清这一点，对强化税收宏观调控作用及正确进行税制决策，是十分重要的。当然，税收转嫁拉动价格上升的情况，会因不同税种而有所不同，比如对个人征收的所得税及消费税等等。由于不能转嫁，它会影响市场供求变化，而不会导致拉动物价上升，而对企业征收的各种税，在条件具备时，就会拉动物价上升。正因为如此，在有条件时，把我国的税制转向以个人所得税和消费税为主体的方向，对实现宏观调控，稳定经济是有益的。有人说向企业征收所得税，不会引起物价上升，因为它既不能转嫁，也不能量化到各个产品。是的，这很有道理，但也不能绝对化。从企业观点来看，所得税也是它的负担，企业出于保证预期利润目标，以期增加额外利润来弥补纳税的损失，有条件时，就可能出现企业提高物价行为。

总之，税收转嫁问题，不仅关系到税收最终归宿问题，更关系到国民经济运行的一切相关方面，特别是不可忽视对市场供求、市场价格的影响。应当放宽视野，紧密联系改革开放实际，把税收转嫁的理论研究推向纵深。

（原载《税务研究》1992 年第 8 期）

转化职能范围是深化财政改革的关键

党的十四大决定要以建立社会主义市场经济体制为目标，加快经济改革的步伐。财政改革如何适应这一要求？十几年的改革实践经验表明，仅仅进行放权让利改革，仅仅调整集权与分权关系，仅仅完善集权与分权方式，等等，并不足以适应市场经济发展的要求，而要建立起与市场经济要求相适应的财政新体制，其关键还在于转换财政职能范围，实现财政职能的创新。

一　财政职能范围面临的矛盾

十多年的财政改革，始终走在经济改革的前列，出力最大，改革频率最高，几乎年年都有改革的新套套，成绩斐然，有目共睹。可是，随着改革的深入发展，财政却陷入尖锐矛盾之中，这不仅表现在减税让利的改革已难以为继，更表现在一些旨在转换机制、理顺关系的各项改革措施难以出台，阻力重重。这是为什么？原因当然是多方面的，但我们认为其关键在于已有的改革，始终是在旧的职能范围内实施的，没有随着改革的发展，相应地转换职能范围的结果。

所谓财政职能范围，是指财政范畴内涵决定的，财政职能外延的边界，通俗地说，就是财政职能所涵盖的各项具体内容。财政职能作为财政范畴固有的功能，它是相对稳定的，但它包含的各项具体内容，又是变动的，它不仅随着生产力发展、生产方式的变革而变化，也随着社会经济运行方式改变而改变，在生产力低下的原始社会中，开一条小小的引水渠，也要由社会集中人力和物力才能完成。在这种条件下，开小水渠也只能作为社会共同事务来实施，从而这也属于财政职能范围之事。随着生产力的发展，开这样的小水渠，任何一个社会组织甚至一个家庭就可以独立完成，于是，这也就从财政职能范围内退了出去。在相同生产力水平、相同的生产方式下，采取不同的经济运行模式，也会带来财政职能的变化。例如，在历史上，封建生产方式有领主经济和地主经济两种具体的运行方式。领主经济形式，是一种以农奴制和庄园经营为特征的资源配置形式。在这种经济运行模式下，国王是全部土地的支配者，他既有权把土地封赐给贵族、臣属等占有，又有权收回。受封者可以把得到的土地的一部分再行封赐给其属下，这些大大小小的受封者，成为大大小小的领主，领主在自己的封地内设官治事，家事、国事混在一起管理；领主对国王的义务是听从国王的调遣和向国王纳贡，以满足国王的家事和国事活动的需要，这种家事、国事不分的社会经济运行方式，决定了国王及私人生活之需成为国家的需要，也成了财政职能范围内之事。地主经济形式，是以土地私有制为特征，地主将土地租给农民，对农民收取地租的一种资源配置形式。在这种经济形式下，国王既是最大的地主，又是地主阶级代表，但国王并不是全国土地所有者，他只是地主之一。因此，国王作为地主之一员，他的家庭需要已不再是社会共同需要，只有他执行国家职能时的消费，才表现为社会共同事务需要。这样，在封建经济形式下，国家开支和国王个人开支才有分开的可能，从而国王个人需要也就从财政职能范围中退了出去。总之，在生产发展的不同历史阶段，在不同的经济运行模式下，财政职能范围是不同的，它是随着生产方式发展，经济运行模式的变化而不断变化着，一些内容从财政职能范围中退出去，一些新的内容又加进来，这就是财政职能范围的发展史。因此，在经济运行方式大变革的情况下，也必然要求财政职能范围的变革。如果不及时地、相应地调整和变革财政职能范围，依然维持旧职能范围，就会发生旧职能范围与新的经济运行方式之间的尖锐冲突，从而造成财政运行与各个方面发生尖锐的矛盾，陷入严重困境。

现存的财政职能范围，是适应高度集中的指令性计划经济需要而形成的。在这种经济运行模式下，社会经济成分单一，国家的行政职能与全民所有制的所有者职能搅在一起，实行国家所有、国家经营，从而使全社会成为一个大工厂，社会再生产的各个方面，都在统一的指令性计划控制下运行，致使企业部门财务乃至家庭部门财务都失去了独立性，都在很大程度上依赖财政的供给，结果是财政职能与所有者职能不分，财政与财务混淆，企业部门财务执行着许多财政职能，变成财政的基层环节，国家财政则是社会大工厂的总财务，执行着许多企业部门财务的职能。此外，由于个人消费品的分配，在很大程度上采取供给方式的平均主义分配形式。除了工资之外，许多是依靠财政的无偿或低价的供给，以致财政也执行着家庭部门财务的许多职能。这样，客观上就形成一个财务与财政相互交叉、相互浸透，国家财政职能延伸到社会各类财务职能之中，各类财务又代行一定财政职能、财政职能与财务职能混淆，财政职能范围既有涉足过多，又有缺位的特殊格局。这种职能范围的格局，在历史上虽然有其形成的必然性，对保障和促进产品经济的发展曾经起到过积极作用，有其历史功绩，但这种格局与发展社会主义市场经济却是十分矛盾的。

第一，财政职能与所有者职能搅在一起实施，妨碍着国内统一市场的形成。一些人把财政的"分灶吃饭"体制，看成是妨碍统一市场形成的根源，其实不然，"分灶吃饭"体制之不成熟，虽然对市场形成有着消极影响，但它并不是根本性原因。真正的原因在于财政职能与所有者职能搅在一起实施，导致经济的行政性分权的结果。财政是各级政府职能的顺利实现，保障政府实现其职能需要的供给，在构造分级财政体制时，其分级就必须与政府的行政分权格局相一致，因此，实行"分灶吃饭"，乃是分级财政的一种正常现象，并不会因此而妨碍国内市场的统一。事实上，全世界有许多国家也在实施"分灶吃饭"体制，在这些国家中并没有因此而发生地区割据等情况。而财政职能与所有者职能搅在一起实施，情况就不同了，在这种情况下，财政按行政分权格局进行财政分权构造的同时，不可避免地要把所有者职能与财政分权一道，也依行政分权格局进行分权，结果造成经济的行政性分权的态势，使各级政府面对国有企业和国家资本金，都具有行政管理者和所有者双重身份，从而在国有资本金使用利益和企业运行利益的抉择上的区域化，地区封锁等不良倾向在所难免。当然，各级政府作为一级政权，首先应当是国家全局利益的代表，从这个意义上说，把所有者职能依行政分权格局构造，与全局利益并不矛盾，但是各级地方政府也是本行政区内各经济组织利益和居民利益的集中代表，它首先要维护本地区利益。如果不是这样，就不能顺利实现其职能，也无从最终维护全局利益。各级地方政府在利益关系上的这种双重地位，加之其所处地位的局限性，决定了各地区资源配置利益标准的不统一，从而也就会出现市场运营利益的区域化问题。

第二，财政职能与企业财务职能混淆，妨碍企业自主经营权的落实，不利于建立健全市场经济所必需的微观经济基础。发展市场经济，必须在微观上把企业推向市场，在宏观上实现政府职能的转变，从直接调控企业转向调控市场，而财政职能与企业财务职能搅在一起运行，就会造成财政部门面对企业时具有双重身份，在日常管理中也就很难分清所有者行为与行政管理者行为的边界，用行政手段执行所有者职能，用所有者权力实行行政目标等情况就在所难免；加之财政依然保持企业总财务的态势，承担着替企业归还贷款，弥补亏损责任，等等。这就会破坏企业财务关系上的权、责、利统一，企业就难以真正地成为自主经营、自负盈亏、自我发展、自我约束的法人实体。

第三，财政保持旧职能范围格局，与新的经济体制配套运行，会加剧财政收支矛盾。财政在连续大量放权让利改革、收入相对大幅度下降之后，不相应地调整职能范围，就使自己处于所谓统收打破，而统支没有打破，在某些财政供给方面承受双重负担的困境。依据有关资料测算，改革前的1978年，即财政处于统收统支状态时，财政向企业供给的资金总量，相当于财政总支出的25.9%，而经过十多年的减税让利改革，这些资金已经完全下放到企业，由其自主支配。可是，财政没有相应地调整职能范围，没有实现财政和财务分开改革，依然维持原统收统支时期承担的企业供给资金的责任，结果是一方面向企业大量下放资金，减少自己的收入；一方面又继续通过各种形式，如科技三项费用、挖潜改造资金、税前还贷、弥补亏损等，向企业供给大量资金。据估算，这部分负担相当于财政支出总量的34%左右，加上已经下放给企业的资金，总规模已达财政支出的60%左右，负担已两倍于统收统支时期，而在此期间，财政占国民收入比重却大幅度下降，由1978年的37.2%，下降到1988年的19.2%，此后虽然比重略有升降起伏，但始终维持在20%这样一个低水平上。财政的这种大幅度减收增支状况，又怎么会不陷入严重的困境呢？现在都在为克服财政困难寻找对策，可遗憾的是，人们仅在增收节支上做文章，而对财政职能范围不合理这一根本性问题，却没有足够的重视。增加财政收入，提高财政占国民收入比重，对克服财政困难，当然是一个诱人的对策，但从前面分析可以看出，转变财政职能范围，才是克服财政困难的根本途径。

二　职能范围转换内容的抉择

为适应建立市场经济新体制的需要，财政职能应当做什么样的转换呢？关于这个问题迄今还没有系统的研究成果，已有的讨论，主要集中在财政的生产建设职能供给领域问题的讨论。众所周知，关于这个问题始终存在着两种截然不同的主张：一种意见主张财政应当从再生产领域退出去，向"吃饭型"转变；另一种意见主张应扩展财政职能范围，向"生产经营型"转变。两种主张谁是谁非，似乎难以统一，如果我们以建立市场经济新体制为标准，就会发现两者并不是绝对对立的，这两种主张都有其合理之处，又都有其偏颇之处。主张"吃饭型"者虽然正确地看到了发展市场经济，财政应当收缩原有的经济职能范围的一面，但全盘否定财政的经济建设职能，又是没道理的。自古至今，任何社会形态下的财政，都不可能完全不管生产建设之事。而主张"生产经营型"者，虽然没定财政的经济职能，但只强调开拓，而看不到财政需要收缩的一面，也是不正确的。此外，两种主张都忽略了从财政社会经济角度来观察，现存的财政社会职能方面，也存在着严重涉足过度和职能缺位的情况，诸如科教文卫事业，在商品经济条件下，有很大一部分并不属于社会共同事务，而是企业部门和家庭部门的事务，以科学事业为例，基础科学研究属社会公益性研究，其费用当然属于财政负担之列，而应用性研究和服务性研究，因其成果可以直接为生产生活服务，其成果可以通过收费得到补偿，因此，没有必要由政府来举办，当然也不属于财政职能范围内之事。至于为了推动某些科学事业的发展，政府对这两类科研给予优惠和补助也是必要的，但这与财政将其作为自己职能范围内之事，进行统包供给是完全不同的。其他教育文化等事业也是如此。因此，财政职能范围的调整任务，绝不仅限于生产建设职能一个方面，而是多方面的。主要的有以下三个方面：

1. 分配职能方面，主要是进行排除越位，补进缺位的调整。按照适应市场经济的要求，财政分配职能范围应做哪些调整，其界定的标准是什么？从理论上讲，财政范畴的内涵，就是界定财政职能范围的依据，社会主义财政是满足社会共同事务需要的分配关系，社会共同需要就是鉴别财政职能范围是否越位或缺位的依据。前面曾讲过，在不同经济形式下，财政职能范围也不同。因此，具体到社会主义市场经济条件下，又必须将社会共同需要这一标准纳入市场经济特征下来观察。市场经济是通过市场作用来配置资源的一种经济运行方式。在这种运行方式中，价值规律起着支配作用，通过商品供求的竞争，推动着商品生产者无止境地追求技术更新，降低成本，生产出适销对路、物美价廉的商品去满足市场需要。并推动着商品生产者以价格的涨落、供求变化为依据，不断调整生产的规模和方向，以达到赢利最大化的目的。这种市场机制客观地起到了调整产业结构，优化资源配置，提高社会经济效益的作用。但市场作用也并不是万能的，在社会再生产诸方面活动中，也存在着市场作用不到和失效的地方，需要社会出面来纠正和补充。这就是财政职能范围的边界，凡市场作用不到和失效的领域，就是财政必须承担的职能范围。

2. 调节职能方面，主要是转变调节方式和调节客体，即从传统的运用各种财政手段和行政手段，以微观经济主体为直接调节对象的调节办法，转到以市场为直接调节对象的间接调节的方式上来。把调节微观经济主体任务交给市场，财政从这个调节领域上退出去，是十分必要的，否则就会由于财政对微观经济主体行为的直接干预，而带来市场作用的扭曲，妨碍市场机制的正常运转。当然，财政要从直接干预微观经济主体资源配置行为方面退出去，并不是说要财政放弃调节功能。相反，退出是为了强化财政宏观调节功能。市场经济发展需要把财政放到宏观调控的首要地位。因为，市场经济在一定意义上讲也是货币经济，在经济运行中，物随钱走，商品运动靠价值运动的诱导，资源配置的优化程度，决定于价值分配状况、社会总财力分配和使用状况，决定着国民经济平衡状况和资源配置的优劣。财政作为国家凭借行政权力实施的一种分配，是外在于市场作用的经济力量，财政分配活动和各项政策导向，对市场状况有着举足轻重的影响。社会总财力从静态上看，分别存在于以下四个领域：企业、经济组织及各种社团等组织拥有的财力；城乡居民拥有的财力；银行及各金融组织以信用形式集中的财力；国家财政集中的财力（包括各级政府和部门掌握的预算外资金）。这四个方面资金从动态看，又是相互交叉、相互转化的，社会总财力在这四个方面的分割状况，及其在使用中相互转化状况，都直接制约着国民经济的供求平衡及结构优化程度。而社会总财力在四个方面如何分割，以及相互如何转化，并不完全决定于市场，也决定于财政分配，这不仅是因为存在市场作用不能进入和失效领域，需要财政加以补充和纠正，更重要的是，财政在社会总财力分割和运用中居于支配地位。

第一，财政资金的筹集数量及筹集对象，直接制约着企业部门和家庭部门财力总量的减少或增加，制约着两个部门之间财力分配的比例结构和使用方向。总之，财政分配对居民及企业财力的影响是巨大的。至于银行集中的财力，从表面上看，银行（专业银行）能够集中多少财力，或在社会总财力中占有多大份额，决定于社会暂时闲置的资金存量和流量，决定于中央银行基础货币供给的力度，似乎财政对它没有多大影响。事实上，财政对银行资金来源与运用的影响也是极大的。且不论财政金库存款及各预算单位存款直接影响着银行可能拥有的财力。仅就财政分配活动而言，对银行的影响也是极大的。首先，财政对银行收益的征收，直接影响着银行自有资金的积累；其次，财政的征收政策取向，诸如对银行存款利息收入课税与否，以及税率高低、征税方法等，都会影响银行客户存款的积极性及存款的强度，从而制约着银行资金来源状况；最后，也是最重要的，财政收支平衡状况，以及财政运用信用手段筹集资金和运用资金的强度等，也直接制约银行可支配的财力状况。正因为如此，才发生了财政信用是否应当存在的争论，有一种意见认为财政不应涉足融资领域，因为这天然是银行的职能。我认为这种意见既有道理，又没道理：说它有道理，是因为在当前的财政信用活动中，的确存在财政涉足过多的问题，搞了一些旨在解决企业资金不足和增加收入的一般性融资活动。这些融资活动，从性质上讲，理所当然属于银行业务，而不应由财政实施。说它没道理，是因为对财政融资活动不应完全否定，我们知道现代社会中融资活动按其性质划分为两类，一类是一般性融资，或称经济性融资；一类是政府政策性融资，前者是资金余缺调剂活动，融资经营者的目的是为了营利，后者虽然也表现为资金余缺的调剂，但其目的并不是为了营利，而是为了贯彻宏观经济政策。显然，这种融资并不属于银行业务范围之事。当前银行执行这方面业务，从发展市场经济角度来看，乃属不正常现象。专业银行从本性来说，乃属于企业，专业银行实施政策融资业务，就难以走向市场，同行业之间就难以展开平等竞争，也无从改变企业吃银行信贷"大锅饭"的状况。从国际成功经验来看，政策性融资由财政实施更为顺畅，因为这种融资的性质与财政性质相合，而且有利于同财政其他宏观政策相结合。所以，财政融资与银行融资两者并不矛盾，其改革目标不是财政从信用领域退出，而是要做到财政与银行合理分工，划清两种融资的界限。财政要从一般融资领域退出去，强化和完善政策性融资活动，银行则应从政策性融资领域退出去，集中精力搞好一般性融资，并走上完全企业化道路。

第二，财政作为社会总财力分配和使用的重要环节，也是市场供给与需求的重要组成部分。它的一收一支直接影响着市场状况，其收支总规模的扩张或收缩，影响着市场供求总量，其收支结构的变化，制约着社会财力的使用结构。财政收支结构合理，有利于巩固和发展已有的社会财力使用的合理结构，也有利于纠正原有的不合理结构，相反，财政收支结构不合理，则会破坏社会财力的合理结构。

另外，值得指出的是，发展市场经济，财政必须转换其宏观调控方式，但这其中有两个问题需要研究。（1）调控方式的转换，从直接调节向间接调节转变，不仅仅是手段的转换，甚至主要不是手段的转换，而是调控主体与调控客体关系的转换。因为直接调节与间接调节其根本区别点，并不在于手段，而在于调控主体与调控客体关系。调控主体运用调控手段，直接触动或指挥调控客体的行为者，则是直接调节；调控主体不直接触动和指挥调控客体行为者为间接调节。人们常常把运用行政手段进行调节的活动，看成是直接调节，而把运用经济手段的调节，则看成是间接调节。其实不然，经济手段并不天然就是间接调节，它可以用作直接调节，也可用来进行间接调节，有的经济手段本身就是直接调节手段，例如个人所得税，它是一种经济手段，但它是通过直接对纳税人所得的征收实现调节的，这显然是一种直接调节。企业所得税也一样，其税率的高低，直接改变着企业税后留利水平，对企业来说，这当然也是一种直接调节。所以，仅仅改变调节手段，从行政手段改为经济手段，并不能保障间接调控机制的形成，而要有效地构造起间接调控机制，除改变手段之外，更重要的是调整、调节主体与客体关系，把直接调节客体的办法，改变为调节中介体，间接诱导调节客体行为的办法方能实现。（2）在直接调节或间接调节的选择上，也不能绝对化。从一定意义上说，财政调节的实现，只能是行政手段与经济手段结合的结果，比如税收手段，它天然就是以行政手段为后盾的，没有严格的强有力的行政手段做后盾，税收的调节作用是无从实现的，并且发展市场经济也并不需要财政宏观调节方式的完全间接化，因为财政调节的目标是多元的，有的调节目的只能采用直接调节方式才能实现，诸如前面所说的对个人所得以及企业所得的调节则属于此类。

3. 监督职能方面，主要是调整职能的内容和拓宽监督的视野。以市场经济标准来看，现存的财政监督职能缺欠，主要是管了一些不该管的事，一些该管的事又没有管起来。市场机制只有各经济主体能够在一个有秩序的市场环境下，自主平等地竞争，才能充分发挥其积极作用。这就要求财政监督不能仅仅局限于全民所有制财务，而要从维护全社会财务活动的秩序出发，面对各类经济主体的财务活动，一视同仁地进行规范和监督。最近国务院批准财政部的，以部长令形式发布的《企业财务通则》和《企业会计准则》两项文件，这是非常及时又是非常必要的。随着这项旨在转变监督职能的重大举措的落实，必将极大地推动我国财政监督工作的转轨，推动社会主义市经济的建立和发展。

三　重构中央与地方财政职能范围的分工

从高度集中的计划经济向市场经济转变，不仅要求转换财政职能范围，也要求转换中央财政与地方财政之间的职能范围分工。现存的中央与地方财政职能范围分工模式的特点，是中央与地方财政职能范围上下对口，中央财政职能范围有什么，地方就有什么，即所谓职能范围上下一般粗的模式。这种模式是与指令性高度集中的计划经济体制相适应的。在计划经济下，经济呈纵向运行状态，主要依靠行政手段配置资源，资源流动以行政部门的条条块块网络为通道，自上而下和自下而上逐级传递而实现。这种经济运行机制决定了中央与地方财政职能范围的分工，只有上下对口，才能顺畅运行，否则就会由于通道不畅而堵塞。但市场经济的运行则与此相反，经济是呈横向运行，资源流动是借助供求机制，通过市场网络来实现。在这种资源配置机制下，各级政府部门构成的条块网络，已不再是经济运行通道，而是对经济运行服务和监督管理的体系，由于各级政府在社会经济运行过程中所处的位不同，其服务的内容也各有差异，从而也必然要引起财政职能范围分工上的差异。当然，财政作为满足社会共同需要的活动，其运行具有社会总体性，需要社会集中实施，但就社会共同需要的各个具体事项而言，又是有层次的，有的需要中央统一，集中实施，比如国防事务等，有的则只有由地方政府实施才更为有效，如城市公用设施和基础设施等事务，由城市政府分别实施，要比由中央集中实施效果更好，特别是像我们这样幅员辽阔，人口众多，多民族而又生产力发展水平极度不平衡的大国，各地区的经济社会情况差别很大，社会共同需要的层次性更为突出，社会共同需要的这种层次性，决定了中央与地方之间财政职能范围分工上的差异性。在调整财政职能范围中，只有打破传统的中央有什么，就要求地方设什么的旧观念，依社会共同需要的层次性，来界定各级政府财政的职能范围，才能建立起真正有效的分级财政体制。

调整中央与地方财政职能范围分工，实际上也就是中央与地方，各级政府职能分工的界定，财政是各级政府实现其职能的经济基础，财政职能分工，只能与行政职能分工相一致，不调整政府职能分工，也就无从变革财政职能范围的分工。改革以来实行的"分灶吃饭"体制和当前试点中的分税制体制，之所以都难以理顺中央财政与地方财政关系，原因除具体办法有待完善外，关键就在于没有把新体制建立在科学合理地界定各级政府职能范围分工的基础上，各级政府职能范围不清，怎么可能划清中央与地方财政收支范围呢？所以，科学地界定中央与地方政府之间的职能范围分工，乃是改革财政体制、理顺中央与地方之间财政关系所必须认真研究解决的重大课题。

四 转换财政职能的必要举措

变革财政职能范围，不能单纯从调整财政收支数量着手，必须把收支调整放在变革体制基础上，方能达到目的。

1. 在实现政府职能转变的同时，进行财政职能与所有者职能分开的改革，建立财政职能与所有者职能分开的管理体制。与此相配合，对财政职能范围还要作如下具体调整：(1) 从国有经济的资本金投资经营领域退出去，将其交给企业和国有资产管理部门。(2) 全面推行税利分流改革，实现两种分配关系管理的彻底分开，税收归税务机关管理，利润归国有资产管理部门管理。(3) 划清财政职能与企业财务职能的界限，把不该企业财务承担的社会职能，诸如社会保障和普通中小学教育等职能，全部由财政承担起来；把财政承担的企业财务职能，诸如弥补企业亏损，归还贷款，补充资本金等职能，交给企业财务和国有资本经营部门。

2. 改革科教文卫等事业部门的经营管理体制，将一切可以企业化经营的各项事业推向社会，推向市场，实行自负盈亏、财务自理体制。与此相适应，调整科教文卫事业领域财政职能范围，改变财政统包供给状态，从一切可以企业化的事业供给领域退出去，集中力量搞好那些必须由财政保障供给的事业。

3. 分解预算外资金，使其各归其位，以划清财政资金与其他各类国家资金的界限。预算外资金在我国有其特定的含义，它是在统收统支体制下，为了给地方和企业以一定的机动财力而设立。随着改革的深化，原有的预算外资金概念，与新的情况不相适应，已失去实际意义。首先，由于实行分级财政体制，扩大了地方财政自主权，地方财政掌握的那部分预算外资金，已失去保留的意义，并且保留这部分财政资金的预算外形式还造成国家预算及地方预算的不完整，使一大块财政资金的运用脱离预算，脱离了人民代表大会的监督。其次，各部门分别掌握一部分预算外资金，特别是各种基金，它与政府职能的转变，实现两种职能分开改革的要求相背离。部门基金制实施结果，从另一个角度强化了政府的两种职能不分和政企不分的旧体制。最后，改革以来下放给企业自主支配的资金，从两权分离要求来说，这部分资金乃是所有者向企业的投资，在企业中它已成为法人产权，它已不再是财政性资金，在市场经济条件下，归国家所有和国家支配的资金，并不可完全归结为财政性资金，这些资金按其性质可分为三类，即财政资金、国有资本金和信贷资金。三类资金在社会再生产过程中，承担着不同的任务，有着不同的作用，各自独立的运行规律，不可混为一谈。因此，有必要全面调整预算资金，将属于财政性资金统一纳入国家预算管理，而其余部分则应分别纳入国有资本金管理体系。只有这样，才能保障财政、银行、国有资产三类资金各归其位，各行其职，各负其责。

4. 建立健全复式预算体系。建立复式预算的目的，并不单纯是为了便于考察国家各类资金的运用状况，了解赤字原因，更重要的是为实现政府行政职能与所有者职能分开改革目标服务。现行的复式预算设想，经费预算与建设预算分开的办法，虽然有其方便之处，但它很难适应两种职能分开改革和调整财政职能范围改革的需要。在我国特定条件下，要建立适应商品经济发展需要的复式预算体系，应当本着国家财政预算与国有资本金预算分开，公共建设投资预算和经费预算分开的原则构造，即我国的复式预算至少应当分为财政经费预算、财政建设预算、国有资本金经营管理预算三个部分。条件成熟时，还要设置社会保障基金预算和财政政策融资预算。

5. 强化和扩大财政的社会保障组织功能，尽快建立起国家、集体、个人共同负担的社会保障基金体系。有人说社会保障是营利事业，不应由财政承担，这完全是一种误解。无论从理论上说或是从各国经验来看，社会保障的性质，只能是社会福利事业，运用社会保障基金去营利，也是为了更有效地保障供给，没有财政支援的社会保障事业，是难以正常运转的。

（原载陈共、王贵琪主编《财政理论探索》，中国审计出版社 1993 年版）

作者寄语：此文是作者向财政部提供的一篇咨政性论文，财政部领导认为论文意见可取，在指示部办公厅研究这个问题的同时在财政部的《财政动态》1992 年 8 月第十九期，以《在经济体制变革中应转换和强化财政职能》

为题摘要刊发了这篇文章。为此引发了财政理论工作者和财政实际工作者研讨这个问题的热潮。1993 年 3 月财政部办公厅主任主编的《财政职能探索》专著问世。项怀诚部长为书作了序，指出：转变财政职能是一项复杂的系统工程。需要各个方面的共同努力，各级财政部门要增强转变财政职能的信心、责任感和紧迫感，进一步解放思想，更新观念，从实际出发，大胆探索，努力按照社会主义市场经济的要求建立健全财政职能。

关于改善山西财政状况的几点浅见

党的十一届三中全会以来，山西的经济社会发生了深刻变化，国民经济得到空前的高速发展，人民生活有了很大提高，并建成了全国首屈一指的能源重化工业基地，为保障我国经济高速发展作出了突出贡献。在此同时，山西社会财力也不断壮大，财政收入快速增长，1990 年全省财政收入达到 51.75 亿元，1993 年达到 72.4 亿元，比 1980 增长了 2.45 倍，社会总财力由 5166 亿元增长到 1990 年的 292.66 亿元，年均增长 21.51%，全省自有财力也从 38.63 亿元增长到 212.24 亿元，年均增长 21.9%。总之，山西与全国一样，改革以来是财政经济发展最快、最好的时期，成就巨大，功不可没。然而，在财政经济快速发展的同时，财政收支矛盾却日趋严重，特别是近些年来形势十分严峻，从省到一些地县都出现了大幅赤字，1993 年全省赤字县达 74 个，赤字额累计 4.94 亿元，有相当一部分县无法按时发放工资，最多的县欠发 5 个月工资。此外，财政困难已难以保障政府部门正常履行职能的最低需要，这种状况如果久拖不决，必将严重地制约山西经济社会的进一步发展，也将威胁能源重化工业基地的健康发展。因此，重振财政，实现财政状况根本好转，乃是山西面临的一项紧迫的战略任务。

一　困难的原因分析

根据实地观察和手头一些材料来分析，我认为造成山西财政严重困难，虽然有其特殊原因，但从总体上说并不是局部性问题，而是多年来体制性矛盾发展和积累的结果，主要是由于全局体制不顺带来山西产业结构失调，经济运行机制不顺和行政体制改革滞后，财政供养人口越来越多所致。

1. 产业结构不合理给山西财政造成减收增支机制。从宏观经济结构来看，山西的三次产业发展变化状况大体与全国情况相同，一、二、三次产业之间的比重发展变化基本合适，二次产业比重有较大幅度下降，三次产业比重明显上升，是符合市场经济发展要求的。但仔细分析一下就会发现，山西二次产业内部结构却很不合理，采掘工业及初级原料工业占整个工业的比重三分之二还强，仅煤炭一项就占产值的四分之一，这种产业结构特征虽然是山西作为国家能源工业基地不可避免的现象，但产业结构上的倾斜也要有一个限度，过度倾斜就会形成产品单一的畸形结构，不仅会给经济社会发展带来严重困难和效益低下的问题，也必然要给财政造成诸多消极影响。

首先，由于采掘及原材料工业的特点是，投资需要大、建设周期长、资金周转慢、附加价值低，加之在我国资源紧缺的条件下，这些工业的产品，又是国家重点管理严格控制价格的产品，这就势必直接影响着财政收入增长。据统计，煤炭工业产值占工业总产值的24%，而财政从煤炭工业得到的收入却仅占财政收入的13%，建材工业产值占工业总产值的比重接近4%，而财政从中取得的收入仅占财政总收入的1.4%，而占工业总产值9%的轻工业，上缴财政收入却占财政收入的10%。可见，山西工业产业结构的过度倾斜，对财政收入的影响是巨大的。

其次，结构的倾斜，需要财政投入上也作出相应的倾斜，才能支撑这种畸形结构的生存和发展，特别是煤炭和原材料工业，是交通运输需求的特大用户，山西仅煤炭一项的外运任务，就占用现有铁路运力的80%，其他运力的40%。显然剩下的运力是不足以满足一般经济社会发展对运力的需要的。这样，山西财政在交通运输建设中要承担山西一般经济社会发展所必需的交通运输建设投资供给任务，又要承担支撑倾斜产业结构所必需的额外需要的供给任务。再加上由于工业产业结构的过度倾斜，造成一般工业品的短缺，须从外地大量运入的态势；能源低价运出，而又高价运入加工品，致使山西资源价值的双向流失。据估算，每年仅此项就流失近40亿元之巨，这更给低收入的财政雪上加霜。这就不可避免地造成山西财政的大投入小收入的不良机制，这样随着经济的发展，山西财政也就不能不越来越困难。

2. 经济机制不顺，造成财政收入流失严重。

山西作为国家能源工业基地，使山西负担着双重承载，一方面作为一个行政区，同其他省一样，承担着山西省一般经济社会发展任务；一方面又额外地承担着国家能源基地建设的发展及其与之相配套的社会经济特殊发展和建设任务。山西这种与其他省份不同的双重承载特点，就需要有双重财源，才能支撑起这种特殊重任，可是在财政经济体制安排上，却没给予足够重视，这就不可避免地给山西财政发展带来诸多困难和尖锐的矛盾。

（1）带来了双重承载任务与一重财源的矛盾。这主要表现在财政包干体制上，包干体制是在能源基地建设初期确定的，当时把山西放在与其他省一样的地位上，采取基数法，而没有考虑后来能源基地发展的特殊需要，并且在核实山西上缴比例上，又采取了偏紧政策，上缴比例明显高于收入大于山西的省份，如山东省财政收入 90 亿元，核定的上缴收入仅为 4.87 亿元，而山西财政收入仅 51 亿元，却上缴 6.5 亿元。这样，随着山西能源基地建设发展，与基地建设和运营相配套的各种需要逐日增大，财政收入与支出矛盾日趋尖锐，也就成为必然。

（2）统一的基地与管理运营上的条块分割，造成了山西财力大量流失。山西是国家能源基地，它并不是一个独立的矿区，而是与山西经济社会发展交织在一起的，基地是山西经济社会有机组成部分，这种情况决定了基地建设与运营必须与山西经济社会建设与发展统一规划、统一管理、统一运营，才能既保障基地健康发展，又保障山西经济社会总体发展的协调。可是，在现行的经济管理体制下，山西并没有得到这样的权利。相反，基地建设及运营却被分割在各个条条之中，处于肢解状态。这种状态不仅与基地建设和发展，以及山西经济社会发展不相协调，而且造成山西财政收入的大量流失。因为这种条块分割体制，使山西煤炭营销处于诸多的以行政权力为依托的"公司"垄断控制之下。这样，不仅使国家给山西的政策优惠的一大块，流落到省外的各类公司手中，同时，由于煤炭营销被控制在各垄断性公司手中，煤炭企业创造的价值也不能充分在山西实现，而被各类"煤倒"中间"盘剥"而流失于山西之外。山西煤炭坑口价不过每吨 50—60 元，加上各项法定附加后，装上火车的价格充其量也不过 100 元左右，而到南方消费者手中却高达 200 多元一吨，表明山西煤炭资源价值一半在流通中流失了。这就是煤炭企业微利乃至亏损，而"煤倒"却大发其财的奥妙所在，也是山西挖煤越多，财政越困难的重要原因。

（3）由于基地管理与运营被肢解，致使部门管理体制的变动直接影响着山西财政状况。如 1985 年煤炭部门实行投入产出大包干，煤炭企业上划就造成山西财政减收 4 亿元。而山西财政年均收入增长量也不过 4 亿元。这次体制变动对山西后来的财力增长，影响是巨大的，这也是造成财政困难的不可低估的外在因素。

3. 山西行政事业机构过于庞大，财政供养人口过多，是造成财政困难的另一个重要因素。从 1981 年到 1990 年，财政供养人口每年平均增加了 3.28 万人，到 1990 年供养人口总量已达 91.3 万人。而全国第四次人口普查结果，山西总人口不过 2876 万人，每 30 人中就有一名财政供养人口，换句话说，每 30 口人就要供养一名行政事业人员。有的县更为严重，每 12 个人就要供养一名公职人员。当然，机构膨胀、供养人口过大并不是山西特有，但也应当看到山西财政供养人口比重不仅高于全国比重 1/40，也大大高于许多经济发达地区的比重，江苏大约是 1/46，广东是 1/43，浙江是 1/47，而山西人均国民生产总值却大大低于全国平均水平，更低于发达地区的水平，1991 年山西人均国民生产总值为 1461 元，全国人均为 1714 元，江苏 2122 元，浙江 2340 元，广东 2765 元。从山西现有生产力水平看，财政供养这么多行政事业人员是超负荷的。

4. 财力分散，与非全民所有制经济特别是乡镇经济发展相对落后，都是造成山西财政困难的重要原因。有限的财力只有集中使用才能办一点大事，利于调整结构提高效益，节省资金。山西财力本来就有限，不多的财力管理和运用被分散在计委、财政、经委及各个主管部门之中；分头管理，分头按本部门需要安排使用，据估算各部门支配的资金加总，已超过财政收入，这种状况不仅使有限资金难以统筹规划用于重点，而且也会带来财力使用上的某些盲目性和浪费，恶化资源配置。

多年经验表明，发展乡镇企业和私人经济，乃是加快地方经济发展，增加财政收入的有效途径，也是加快农村富裕步伐的必由之路。山西经济发展相对迟缓和财政困难，与山西乡镇企业和私人经济发展缓慢有直接关系，江苏、广东、山东等经济发展快的地区，都是与乡镇企业和私人经济发展较快分不开的。

二　争取财政状况根本好转的几点意见

综上所述可以看出，山西财政困难，主要不是山西自身的原因，而主要是体制上的原因。因此，解决山西财政困难，还要从山西内外两方面深化体制改革着手。

1. 在山西外部要解决以下两方面问题

（1）改革中央与山西之间的经济管理关系，在体制安排上，要照顾山西双重承载这一特殊性。建议第一，中央除给山西以一般经济社会发展管理自主权外，还要把能源基地管理和运营权，完整地授权给山西统一实施，废除现行的基地管理运营条块分割的不合理体制，以利于山西把基地建设与运营，同山西经济社会发展统筹规划，优化配置，提高效益。第二，建立超越不同隶属关系的山西煤炭企业集团，实现煤炭产供销一体化经营，并在企业集团内部设立山西煤炭营销总公司，把山西的各种煤炭营销公司（"煤倒"）作为子公司统一纳入该公司，依国家政策和计划统一操作，以杜绝山西财政收入流失，有利于山西煤炭生产经营状况改善。由于山西煤炭营销被分割垄断在各类"煤倒"手中，致使煤炭资源收益大量失落在流通环节，不仅直接削弱山西财力增长，更直接影响着煤炭企业经济效益和煤炭营销成本，拉动着煤炭最终销售价格的爬升，增加用煤户生产成本。当前煤炭产品营销中，流通环节诸"煤倒"大赚其钱，而煤炭生产企业都处于微利或亏损，需要国家大量补贴的怪现象的存在，与其说是由于企业效率低下所致，不如说主要是煤炭体制不合理的结果。把山西煤炭企业组成企业集团，实行产供销一体化，将煤炭交由山西联营公司统一营销，就可以杜绝各种中间环节的盘剥和各类"煤倒"的垄断性加价，从而可以把节省下来的巨额费用，用来调整生产企业出厂价格，使之转亏为盈，节省财政大量补贴，增加财政收入，同时还可以在一定程度上降低煤炭的最终销价，节省用煤户生产成本。当前的价格问题，与流通体制不顺，流通秩序混乱，中间"倒爷"垄断，倒手过多，费用过大有直接关系。因此，理顺煤炭流通体制，也是宏观治理、抑制通货膨胀的重要途径。

（2）在中央与山西之间的财政体制安排上，也要充分注意山西双重承载的特殊性，在财力分配上要保障其双重承载的需要，做到双重承载有双重财政收入相对称。就是说，在核定山西财政收支基数时，除按一般经济社会发展诸多因素核定外，还应当给予为能源基地发展配套服务所必需的资金保障。当然，在原体制下，国家对山西发展能源基地的特殊需要已给了一定照顾和特殊政策，但那些照顾基本上只能满足能源基地建设自身的某些需要，远不足以满足山西双重承载所引起的特殊需要。

2. 山西内部须要采取的改革对策

（1）积极调整山西产业结构，提高山西双重承载的认识；修订山西发展战略，寻找双重承载下的最优产业结构，在继续优化三次产业间比例的同时，要着重调整二次产业内部结构，克服煤炭工业孤军突进及产业结构过度倾斜的弊端，在今后一个时期内适当抑制煤炭和原材料等工业投入速度和发展速度，多发展一些轻工业和附加价值高及高新技术产业。

（2）集中财力使用和管理权，统一财力使用政策和目标，改变现存的财力多头管理、分散使用、政出多门、目标多元的不合理状态。建议加快政府的两种职能分开的改革步伐。成立在山西省政府直接领导下的山西国有资产管理委员会，超越各经济部门统一行使国有资产所有者职能，并将日常工作交由国有资产管理局统一实施，将国有资本的具体投资运营授权给国有资产经营公司等中介机构行使。为便于对山西国有财力的存量和增量的统一调度、使用和监督，在预算制度上实行复式预算，设立国有资产经营预算，由财政部门和国有资产管理局统一执行国有资本保值和增值的监管工作。

（3）加快国有企业改革的步伐。这项改革首先应以搞活全部国有资产存量为目标，而不应囿于一个个救治企业的框框内；其次应以深化企业内外责任为核心，当然可以充分运用各种已定的搞活企业的各项政策，但切不可继续运用减税让利手段，更不可再强化原有的企业承包方式，实践证明，原有的承包方式弊多利少，它不但不利于真正搞活企业，提高效益；反而是造成国有资产流失的一个漏洞。依我看来企业机制难以转换和管理不善，效益不高，关键在于各方面责任不落实和政府职能没有转换的结果。（a）责权利三者责任是核心，责任规定要落实到人并与其利益联系起来。（b）政企分开的重要目的是为了把国有资产保值增值责任明确落实到人，便于责任的物质化和保障责任者权利。

（4）加快行政事业体制改革，在实现政府职能转换的基础上，大力简并行政机构，精简人员。转换政府职能，是精简机构、压缩财政供养人员的前提和关键。建立国有资产管理委员会，由委员会统一执行国有资产所有者职能，事实上也就从各经济主管部门中，将所有者职能剥离出来，各经济主管部门职能单一了，就可以大力进行裁并，从而为裁减人员提供条件。为了搞好政府职能转换，还须科学地依照建立市场经济体制的需要，划分各级政府的职能范围，以便各级政府依照所承担的职能状况调整机构。在各级政府职能范围划分清楚后，各级需依实际需要设置自己的机构，不必同上级政府机构完全对口。在精简行政机构的同时，加快事业体制改革，使一切可由市场调节的事业转向市场，实现企业经营，财政则集中财力，办好必须由国家举办并须保障供给的各项事业。

（5）采取更有力措施，促进乡镇企业、个体经济和私营经济的发展。可以设想在改造农村信用社基础上，建立政策性的山西农村合作开发银行，专门为发展乡镇企业及农业经济提供政策性融资服务，以扶持乡镇企业和农业发展，促进山西乡镇企业有一个跳跃式发展。从山西国有经济比重大的实际情况来看，乡镇经济和私营经济力量将是山西经济进一步发展的一个新的生长点，应当给以足够的重视。因为山西财政虽然很困难，但社会财力并不贫乏，集体经济资金及居民和个体经济资金两项，在"七五"以来每年都以 30 亿元左右的速度增长着，1990 年增长已达 40 亿元以上，社会信用资金也很大，近几年来平均增长达 50 多亿元，到 1991 年社会信用资金总量已达 521.52 亿元，比 1980 年增长了 12 倍，其中仅信用社各项存款金额就达 111.56 亿元，而"七五"期间，私人投资总计只有 85.16 亿元，可见山西社会资金远远没有被调动起来投入生产，资金潜力是巨大的。

（6）堵塞财政收入流失的漏洞，特别是集体经济及私营经济方面的漏洞，对增加财政收入解决财政困难的作用是不可忽视的。今年的税制改革和税收征管体制的变化，为强化征管提供了机会。应在山西省内全面推行分税制，以促进各级财政强化征收的积极性。乡镇企业、私人经济的税源虽然零散，但其数量也是很可观的，据估计仅个体户税收，每年全省就要流失 2 亿元。如何加强各级政府部门组织征收的积极性，阳曲县最近搞的协税护税网和税收目标责任制的设想，为我们提供了启示。他们的做法是改变税收计划的基数法，依经济增长实际和税法来测算应收税收数量，这不仅是征收机关的责任目标，而且是各级领导的责任目标，并把这一目标纳入政绩考核的尺度。阳曲实行这个办法后，已初步显示出效果，税收流失现象大有改观。这种情况表明，非全民所有制经济发展与其税收贡献不相符合的情况，并不完全是政策上差异造成的，很大程度上是征管不严带来的，相信只要强化征管，调动各方面征税护税积极性，增收潜力是很大的。当然上述一些措施的见效需要时日，并不能解决当前问题，对当前亟待解决的问题绝不可掉以轻心，还须采取诸如调动预算外的资金等临时性措施加以解决。

（原载原崇信主编《山西财政改革与发展》，山西经济出版社 1995 年版）

关于改革支出预算分配方式的研究

财政管理中财政支出结构难以优化，支出控制机制弱化，财力使用效益低下，是当前财政存在的一大难题。这种情况的存在，不仅造成财政不堪重负，极大地制约着财政的振兴，也极大地影响着财政职能的充分发挥，影响各方面需要的满足，给经济社会带来诸多消极影响。为振兴财政，优化财政资源配置，更好地满足各方面需要，改革支出预算分配方式、强化财政支出控制机制已是当务之急。

一　科学的支出分配方式是优化支出结构、强化控制的基础

支出预算分配，是财政在政府各类职能需要之间分拨和供给财政资源的过程。在市场经济下，这个过程对国家财政经济运作状况起着决定性作用。

第一，它直接决定着财政支出结构的优劣和财力使用效率的高低，也决定着各项需要的满足程度。支出预算分配过程，实际上就是财政资源配置过程，支出分配科学得当，也可以把有限财力用到刀刃上，实现财政资源配置的优化；反之，分配失当，就会破坏财政资源配置的合理性，恶化资源配置状况，制约各项事业的发展，所以支出预算分析乃是财政有效地实现供给职能的决定环节。

第二，支出预算分配制约市场配置状况，制约社会总资源配置的优劣。我们知道，人类社会生产力发展到一定程度之后，社会资源配置就由社会一元化状态，分解成社会单位分散配置和社会集中配置二元配置结构状态。在这两大配置中，前者在市场经济发展之前，主要是受各社会单位的需要制

约,可称之为"自然配置";在市场经济发展之后,其配置受市场机制支持,故又称为"市场配置"。后者则无论处于什么样的经济运行方式下,其配置都受社会管理职能的制约,并借助社会权力或行政权力来实现,因而称之为财政配置(又可称为"政府配置")。在社会资源配置中,这两大配置是相互依存的有机整体,各自依一定比例存在着。在社会资源配置中,只有这两大配置在社会资源总量中占有适当的比例,而且各自的内在结构优化和两大配置结构之间相互适应,才能最终实现社会总资源配置的优化,才能保障经济社会顺畅并且高速度、高效率地发展。这两大配置所形成的三个方面比例关系又是相互制约的,其中财政配置的比例及优化状况具有特殊的作用。财政配置总量是否符合社会再生产需要的比例,以及内在配置结构是否符合社会再生产要求,直接制约着市场配置的总量及其结构的有效性,财政配置的资源数量过大则对市场配置起着排挤效应,造成市场配置之不足,降低市场配置资源的总体效率;财政配置资源数量不足,则难以全面有效地发挥纠正和补充市场配置之不足的作用,也降低市场配置效率,影响社会资源配置的总体效率;财政资源配置结构合理与否,不仅决定着财政资源配置的优化程度,也直接制约着市场配置的效率。财政配置数量不足,就会在配置中顾此失彼,就会与市场发展需要不相适应,阻碍经济社会的发展。我国当前由于财政规模过低,导致财政配置结构不够优化,对一些基础设施、社会公益事业及重点建设投入不足,造成国民经济发展中的诸多"瓶颈",影响经济结构的调整速度,影响经济效益提高的事实就证明了这一点。

总之,财政支出预算分配在发展社会主义市场经济中占有举足轻重的地位,在财政改革中绝不可忽视这一环节的建设。

支出预算分配总是要通过一定形式和办法才能实现,为了研究上的方便,我们将这些形式和办法总称为支出预算分配方式。

支出预算分配方式,不仅是保障财政资源配置实现的基本手段,也是构造支出控制机制,控制支出预算分配沿着预定的优化目标运作的基本要素。支出预算分配所采用的方式不当,既会导致财政资源配置的效率降低,也会带来财政支出控制机制的弱化,甚至失去控制功能。所以,在振兴财政、加强财政管理中,必须把建立科学的、符合市场经济发展需要的支出预算分配方式放在财政改革的突出位置上。

二 现行支出预算分配方式评析

在旧的指令性计划经济下，我国支出预算分配方式，大体可概括为：按预算单位需要分拨经费，以货币形式进行实际供给。这种分配方式，在计划经济下曾经发挥了积极作用，功不可没。但随着改革开放的发展这种方式的缺陷却日趋严重。为了适应市场经济的发展需要，我们实施了支出预算分配方式的改革，从旧的按单位分配向按职能需要的性质分配方向转换。最初是从行政经费开始的，把行政经费从总财力中分离出来，单独进行分配管理，而后教育经费、科技经费、外事经费、社会保障经费等，也都相继从总财力中分别划出来，实行按性质分配。但由于主客观条件的限制，这一改革至今没有全部完成，依然处于按单位分配与按性质分配两种方式并存的局面，加上财政部门内部管理分工体制，及政府行政事业管理体制改革滞后，使按性质分配方式的改革也不得不搞一些变通，一些同一性质经费的分配管理不能由一个主体实施，只能由多个主体分散进行。例如教育经费的分配，不仅由财政部文教司实施，还有其他有关部门插手。文教司只管高等学校经费分配，留学生经费以及教育主管部门举办的中等专业学校和普通中小学、成人教育等经费的分配管理，其他各行政经济主管部门举办的中等专业学校经费，则分别由各有关司、处来管理。由于以上原因，我国当前就形成了一种独特的按部门按单位和按经费性质交叉并行分配的办法。这种办法的基本特征是：（1）各部门和单位所需的不同性质的经费，如行政经费、教育经费、科研经费和外事经费等，由财政部门内部不同的职能部门负责分配和管理；（2）由于财政部门内部的职能分工，既有按经费性质分工设立的，又有大部分是按部门分工设立的，从而在财政部门内部又存在同一性质经费由不同部门分配管理的现象。这种分配方式经多年实践表明，虽然在某些方面有利于改善财政支出管理，但它不仅不能完全克服旧分配方式的缺欠，反而又带来了诸多新的弊端。

1. 弱化了财政管理职能。从按单位分配向按性质分配转换的本意，乃是要加强各类职能经费运作的透明度，以提高支出预算的约束力，更有效地优化财政资源配置。为此，须相应地改革财政内部分工体制，将同一性质的经费分拨与供给管理集中于一个部门统一实施，实现同一性质支出预算分配管理的主体一元化，方能有效地进行结构控制，统筹安排优化支出结构。然而由于种种原因并没有实现这一调整，为适应现有的分工体制，常常要将同一性质支出预算分散给各个部门分头管理，从而带来了同一性质支出分配上的政出多门，管理上失去统一性和完整性，任何一个部门都难以从资金总体上控制和调节其流量和流向，提高各项资金的整体使用效率。

2. 肢解了单位预算。单位预算不能反映预算单位的财务收支全貌，增加了预算单位的人力物力负担，影响了管理效率。我们知道，现行的行政事业体制是适应计划经济体制建立起来的，其特点是各个部门都以一个职能为中心兼管相关职能部门，各个部门都有多种性质职能的需要。以文化部门为例，它是主管文化事业的职能部门，但出于满足自己实现职能需要又举办了相应的科研、教育等事业。因此它作为一个预算单位所需经费性质就不是单一的。这种情况在按单位分配支出预算的情况下并不会有什么问题，但实行按性质分配后就不同了，所需经费要由财政部的各个司、处分头分配管理，其中所需文化事业经费要由文教司的文化财务处分配，教育事业经费要由教育财务处分配，科研经费要由科学财务处分配，外事经费则要由外事外汇管理司分配，离退休人员经费则归社保司离退休处分配，公费医疗经费要由医疗保健处分配，行政经费要由文教司行政财务处并通过国务院国家机关事务管理局实施分配，基本建设经费则要由财政部基建司协同国家计划委员会分配管理，如此等等。这样，文化部的财务部门就要面对 9 个主管单位，编制 9 个预算和决算，才能取得所需的全部经费，这不仅加重了文化部的财务部门的工作量，增加大量的人力物力耗费，而且由于人员编制所限，很难应付上级各财务主管部门的各项工作任务，例如当多数主管部门同时召开会议时，就陷入人手不足派不出人员的困境，这就不能不极大地影响了工作效率。

3. 导致支出预算控制功能弱化。多主体插手一个预算单位的经费分配方式，从表面上看，由众多主体同时监督管理一个单位的财力使用，而且是各自监督其特定部分，似乎是加强了监督。事实上并非如此，这种办法不但没加强监督管理，反而带来很大困难。因为，（1）多头插手一个单位的经费分配管理，势必造成"铁路警察各管一段"的态势，各个分配管理主体谁也不能掌握预算单位全部经费的运作状态，谁也无权和无条件监督全部经费的支用，这就给预算单位留下诸多回避监督的空当可用，造成支出控制的松弛。（2）按性质分配支出，意味着专款专用，否则将失去按性质分配的意义。可是预算单位的事业是一个整体，任何一环都会影响全局工作。在日常经费使用中，由于情况的变化，常常会发生此项经费有余而另一项经费不足的情况，如果不允许进行经费用途的适当调剂，就会影响工作全局，造成困难；如果允许改变经费用途又会背离按性质分配经费的宗旨。碰到这类问题时，常使各管理主体陷入两难困境，不得不默认其经费变通，导致支出控制机制失去力度。

4. 在经费供给形式上，至今依然实行着传统的货币供给形式。这种形式与指令性计划经济下，价值分配从属于实物分配的情况是相适应的。但在市场经济条件下，不仅不利于利用市场机制以提高效益，也增加了支出控制的难度。

第一，造成财力使用上的不经济。货币供给形式，把钱直接分给各个预算单位，由各单位自己购置或组织生产所需的各种物品和劳务，如交通需要则自备汽车，需要文印则自设印刷厂，职工餐饮需要则自备食堂，如此等等。这种一家一户自给自足的办法，既不能充分利用设备能力，又失去规模经济，加大了单位业务成本，额外地增加了财政资源的需要，不利于节约财政支出。比如各行政事业单位的公务用车，在自备汽车的情况下，经常是送人开会一趟，就要停车在那里等半天，甚至一天，如果改为公务用车社会化办法，则一辆车可为更多人服务，一辆可以顶数辆用，这就会给财政和社会带来很大的节约。现在许多城市都愁市内交通拥挤，车太多。那么拥挤的原因在哪里？拥挤的并不是出租车和私车，到目前为止，如果统计一下在市内跑的车，恐怕绝大部分属公务用车。如果公务用车实现社会化，除特殊用车需要自备外，一般公务用车不再自备，而改为"打的"的话，可以把现在各家自备车的一半用于组建若干出租汽车公司，展开竞争，提高运营效率，就可以充分满足需要，节省一半汽车，不仅可以把这笔可观财力转作他用，而且市内交通拥挤问题也可以得到极大的缓解。机关后勤社会化搞了多年，但许多情况下依然是凡事都要自备自用，自给自足观念没有改变，虽然名义上也在搞社会化，实际上依然是各家有各家的自备车队。所谓社会化实际上只是搞好独立核算，实行收费计价，结果不是用车社会化，反而成了变预算内资金预算外化，成了搞小金库的一种形式，造成财政支出新的浪费。

第二，不能发挥规模购买的优势，不利于充分利用市场竞争机制的好处。在市场经济下，各供应厂商为扩大自己的市场占有份额竞争十分激烈。公用物品和劳务采购完全可以充分运用这种市场竞争的条件，降低购买成本，提高用财效益。各家各户零星购买则由于购买数量过小不能有效地运用竞争条件，采用集中购买方式就可以借助规模购买优势，充分运用厂商竞争条件，提高财政支出效益。最近，在《中国财经报》看到一则消息，河北省财政厅于去年开始逐步改变传统做法，实行了政府采购招标制度，统一购车、统一保险，等等，就是运用集中购买规模经济优势的做法。据报道，仅此一项就节省支出 1500 万元，如果在全省推行将会取得更为可观的效益。由此可见，在市场经济条件下，改变一家一户自给自足的办法，充分运用市场竞争机制，节省财政开支的潜力是巨大的。

第三，给以公谋私者带来可乘之机。在市场经济条件下，各厂商之间竞争，常常采取各种引诱手段，诸如给回扣、折让、送礼品等。在这种情况下，政府各项购买依然采取由各单位分散实施办法，一些素质差的工作人员就有可能在"糖弹"面前落马，给国家财政带来巨大的损失。

总之，在从计划经济向社会主义市场经济转轨的过程中，财政支出预算分配方式也必须进行相应改革，方能为优化支出控制机制，提高财政支出效率提供制度基础。

三　改革目标的选择

我国支出预算分配方式应当沿着什么方向发展，采用什么样方式方能克服现行办法的缺欠，才能符合我国国情和社会主义市场经济发展的需要？基于前面的分析，看来可行的办法是：在支出预算分拨办法方面以实现按性质与按单位分配的统一为目标；在经费供给形式上要以从单一货币供给形式向货币、实物、劳务等多种供给形式转换为目标，这是集中外经验之最佳选择。

1. 就支出预算分拨办法而言，只有把性质与单位统一起来，才能符合支出预算运行规律，才能高效率地实现支出分配，才能消除现行分配方式的弊端。从表面上看，按单位和按性质两种方式是可以分开单独使用的，实际上两者是不可分割的。把两者截然分开单独使用，不可避免地要给财政资源配置和支出预算控制机制带来损害。在支出预算分配中，按性质与按单位分配，两者是相辅相成的，按单位分配必须以按性质分配为依据，各单位需要多少经费离开职能需要是无从计量和确定的，并且离开按性质分配，无从调整和优化财政资源配置，也无法有效地观察控制各项职能需要的满足状况。按性质分配也不能离开单位而悬空实施，支出预算只有最终落实到各个预算单位才能实现其分配，并且各项支出最终也要通过各个单位消费来实现，所以按性质分配和按单位分配乃是支出预算分配中两个不可分割的要素，按性质分配最终也要按单位落实，按单位分配又必须以按性质分配为依据，故只有做到按性质与按单位分配的同一或统一，才是最科学的分配方式。这种方式是与西方各国普遍实行的"部门预算法"基本一致的。如果按照这样的改革思路，实施支出预算分配管理的改革，当前我们就必须扭转这样一种认识，即一谈到要加强对某项经费的财务管理，就要增设相应机构和人员的想法。这样想这样做的结果，往往貌似加强了管理，但实际上却因分工越来越细，致使财政部门内部经常发生相互"扯皮"、"撞车"、"踢皮球"的现象，工作协调难度越来越大，财政管理很难加强。因此，应当借鉴西方经验，理顺财政部门内部分工体制，理顺各政府部门的职能分工，实现财政支出预算分配管理主体一元化，按单位性质分配的统一，才能强化我国的支出预算管理。

2. 就供给形式而言，市场经济从一定意义上说也是货币经济，在发展社会主义市场经济条件下，比起计划经济时似乎更需要以货币形式实施支出预算的供给。其实不然，财政作为社会集中化分配，它只有从社会总体出发来分配支出预算，才能有效地实现其职能、优化其配置和有效地运用市场经济效率，财政分配的这一特性决定了在市场经济条件下，只有放弃传统的把全部财政资源以货币形式直接分配给千家万户，由其分头依自己需要自行组织各项物品和劳务的供给方式，转而采取以货币、实物、劳务等多种供给形式，方能充分运用市场机制的积极作用，优化财政资源配置，运用有限财力，满足各方面更多的需要。

采用实物的劳务的供给形式，并不意味着走计划经济时期那种物资分配的老路，这是改革中必须十分注意的。我们提出的实物和劳务供给形式，其具体实物和劳务并不需要财政部门直接供给，只是为发挥财政部门的组织功能，为预算单位提供优良的采购服务，以达到充分运用市场机制提高财力使用的效益，节约支出，增强支出预算控制机制的目的，其具体供给和服务形式可以有多种，诸如：（1）政府统一组织采购的供货形式。即由财政部门依据年度内各预算单位对某些物品或劳务的实际需要，通过招标竞争，选定厂商签约订货的办法。订货后可以由各需要单位去厂商处选取，也可以由厂家向使用单位供货，经使用单位验收合格，签发收据后，再由财政支出部门汇总签发支付命令给国库，由国库将货款划给厂商。这种办法适用于购建固定资产、大型设备，以及需要量大而又是多数单位共同需要的低值易耗品和日常消耗品，等等。（2）几个预算单位联合选点签约，分头按签约意向采购的办法，即由财政组织某些物品消耗大户，联系起来运用竞争招标方式，选定若干物品或劳务供应点，然后由各需要单位在选定的点内具体实施签约订货，再由财政部门依实际采购量在核定的支出额度内付款的办法。

至于劳务供给形式的改善，主要是以自给自足办法向多种形式的社会化转变。可以广泛地实行市场租赁、招商供给、委托服务等方式。诸如为职工供给餐饮，可以通过招标竞争，招商来现场服务；办公和接待可以采取招标定点委托服务，等等。

最后值得提出的，就是货币供给形式也不能继续采取单一的现金划拨和划转给预算单位的办法。应尽可能采取多种社会化支拨办法，以利于强化预算支出控制机制。诸如职工工资基金的供给，可采取年初由财政核给基金总额，并不实拨资金而是把基金划给各个受托银行，各单位按月核算应发职工工资，并造册交给银行，由银行在财政部核拨的工资基金定额内支付。这种办法既可减轻预算单位的财务工作量，提高工作效率，又可强化财政对工资基金使用的监督控制功能。

（原载《大特区财税》1997 年第 5 期）

改革农村公共分配制度的必要性和紧迫性

　　农业、农民和农村问题，始终是我国社会主义现代化建设中事关全局的根本性问题，任何时候、任何情况下都要把农民、农业和农村放在国民经济工作的首位，这是由我国国情决定的，在社会主义建设中必须遵循这一条基本原则。由于乡镇一级财政处在农村，面对广大农民，它承担的是支援基层乡镇政权建设、支援广大农村经济发展建设、调节国家与农民之间的分配关系的重任，乡镇财政状况直接关系到广大农民的生产和生活、关系到农村经济的兴衰、社会的安危，关系到国家经济社会发展总战略的实现，关系到增强或丧失广大农民对党和政府的信任和拥护的重大政治问题。因此，搞好乡镇财政是事关社会主义建设全局，丝毫不可忽视的一个重大的政治和经济问题。

一　改革农村财政收支制度已刻不容缓

　　当前在乡镇财政环节上，不仅存在着加快分税制财政体制建设和财政机制转换等问题，而且存在着收入筹集方式及支出管理制度方面亟待改革的问题。在一定意义上说，收支制度的弊端极大地制约着乡镇财政改革的各个方面。不解决这个问题，将难以深化乡镇改革，即使改革了也难以达到预期的目标。

　　在当前乡镇财政管理运作上，大家都有一个共识，那就是存在着"散"和"乱"的现象。究其原因，我认为是由于农村的公共分配制度不顺造成的。回顾历史，自 1983 年撤销人民公社建立乡镇政府以来，经过广大财政工作者的艰苦努力，乡镇财政从无到有，逐步发展壮大起来。特别是"八五"期间发展更快，成就尤为突出，到 1995 年底，全国基本上完成了乡镇财政所的初建工作，财政收支总规模已达千亿元以上。如果按全口径计算，仅乡镇预算内收入就达亿元，有三分之一以上的乡镇收入已超过千万元，比1990年千万元乡镇增加了六倍半，可见乡镇财政建设的成就是巨大的，功不可没。但是在这成绩背后，我们也应清醒地看到，乡镇财政制度还很不完善，特别是收支制度存在的缺陷是严重的，随着时间推移，越来越制约着农村经济社会发展，妨碍减轻农民负担政策的落实。

由于历史原因和客观条件所限，在建立乡镇财政初期，国家预算能划给乡镇的财力有限，只能满足乡镇政府实现其职能基本需要的一小部分，很大一部分需要只能由乡镇政府各个部门到预算外找来源。在这种情况下，不得不在收支制度上采取一些变通措施。在当时人们可以接受的是，除了继承人民公社时期农户交纳的各项提留之外，则是以给农民办公益事项为名，用一事一费一制的方式，再向农民征收一部分收入。当时财政机构一时难以建立起来，这个收费事项就落在各个政府部门，这就是后来被概括为"村提留乡统筹"的收支制度。这种农村公共分配制度，由于种种原因至今没有改变。这种制度的基本特点是管事的管钱、花钱的管收钱，事权、财权高度统一，有着极大的鼓励增收的积极作用，这在当时财政机构不健全、预算内资金有限的条件下，对保障农村经济社会发展、支援农村政权建设无疑是有很积极的作用的。事实也正是这样，后来农村经济发展的巨大成就是与这种收支制度分不开的，但是这种制度的积极作用伴随的弊端也是严重的。（1）收支管理上的分散化，带来预算约束的严重松弛；（2）很大一部分用钱单位自收自支自管，容易失去财政监督，造成财力分散；（3）这种制度激励有余而约束不足。无数事实证明，权力只有激励没有约束，就有被滥用的危险。随着农村经济社会发展变化，这种制度的积极作用逐步消失，而权力被滥用的弊端就日益暴露出来，发展至今，它已成为农村财政发展和经济社会发展的极大消极因素，必须改革。

1. 妨碍着减轻农民负担政策的落实。党始终高度重视减轻农民负担问题，为什么至今不能从根本上解决？其中一个重要原因，就是现行的"三提留五统筹"制度的弊端所致。

（1）这种"一事一费一制"的办法，意味着专款专用，这本身就有一种比照作用。既然明文规定可以按事收费，这就开了口子，农村教育费是为农民服务的，可以征收附加费，农村文化事业也是为农民服务的，为什么不能收费呢？民兵训练费可以收，当然治安保卫费更可以征收。在这种比照下，很难分清开征新项目申请的"合理"与"不合理"的界限，以及"正常收费"与"乱收费"之间的界限，这就为不断扩大收费范围留下诸多空当。

（2）"三提留五统筹"这种"一事一费一制"办法本身就具有推动开征新费的机制，这种办法与公共事务发展变化之间是极不适应的。一事一费需要专款专用、收入与支出相对应，当农村经济社会发展出现新的公共事务需要时，当预算内资金没有力量供给，而新事务又必办不可时，就只好相应开征新的收费以满足需要。加之收费又是由各部门自收自用。这样，在部门利益驱动下，乱收费、巧立名目收费，也就成为不可治愈的"顽症"了。

2. 不利于调动农民积极性和发展农村经济。国家征税是无可非议的，农民认为"皇粮国税"必须交。但把收费则看成是苛捐杂税，农民很容易产生抵触情绪，加之乱收费的负担太重，这就会挫伤他们的积极性。

在农村增加投入，发展生产力靠什么？主要靠调动广大农民积极性、增加积累、增加投入和靠国家财政支援，而现行收支办法对这两个方面都不利。一方面农民负担过重，不仅积极性受挫，也削弱了农民积累能力，失去扩大经济投入的基础，直接妨碍农业的发展；另一方面现行办法筹的钱分散在各部门专款专用，造成财力极度分散，乡镇政府无法集中财力，统筹安排资金为农业办一些大事，弱化了对农业建设支援的力度。

3. 不利于农民共同富裕目标的实现。现行的"三提留五统筹"制度，普遍采取的是按人头和田亩定额征收办法，它加重了贫困户和一般农户的负担，优惠了富裕户，对农村存在着的贫富差距起着"逆调节"的作用，与党的调节收入差距过大政策相背离。这种情况随着农民负担的加重日益严重。

4. 不利于发展农村安定团结大好局面，给基层政权建设造成消极影响。农民负担降不下来，乱摊派之风刹不住，再加上现行收支管理制度缺乏约束力，一些素质差的干部出于私利，转移资金用途，买小汽车、搞高消费，甚至贪污挪用，必然导致农民的不满，损害干群关系，伤害农民对党和政府的感情，影响了农村的稳定。

5. 不利于振兴财政目标的实现。现行办法缺少规范性，资金又高度分散，不仅破坏了财政的统一，也导致农村公共分配秩序的混乱，如不整顿将会失去统一的国家财政，势必拖财政改革的后腿。

总之，现行农村财政收支制度，已到了非改不可的地步。最近中共中央、国务院公布了《关于切实做好减轻农民负担工作的决定》，动员全国来积极解决这个问题。我们应当借此大好东风，不失时机地改革农村财政收支制度，建立统一规范的乡镇财政。

二　彻底改革才能消除弊端

如何改革，现在有两种思路：一是着眼于治"散"，主张不改变现行制度的基本框架，把各类预算外的资金都纳入预算管理，以此达到加强财政监督和约束的目的；二是着眼于转换机制，主张从根本上改革现行的分配制度，用费改税办法替换"一事一费一制"的征收办法；用统一乡镇预算办法，替换现行的由各部门自收自支自管办法，以达到转换机制，规范分配，统一财政的目的。这两个思路各有所长，但从目前农村实际情况和国家把农业放在首位这一大局出发，我倾向于后一种办法：彻底改革。前一种思路由于不触动既得利益，阻力小，利于推行。但由于没有改革制度，"散、乱、松"的情况还在，并不能从根本上解决问题。而后一种办法，虽然有难度，但却可以真正统一财政，从源头上解决"散、乱、松"，利于理顺国家与农民之间的分配关系，使一级财政有充实可靠的财政基础。

最后谈几个相关的认识问题：

1. 费改税。不能就费论费，把现在的费改为税就算结束，而应当首先科学地界定乡政府的职能范围，或称"事权范围"，否则难以避免过一段时间后会有新的"费"出现；其次在这个基础上，保证政府的最基本财力需要，而后确定费改税的方案。

2. 费改税不能在一个地方自行确定费税率，而应是全国统筹安排。只有这样才能避免地区间的不均衡，真正实现财政统一。

3. 界定集体经济组织内部的公共事务与乡政府公共事务的界限。由于历史的原因两者始终是搅在一起的，现在必须分开，都由财政承担不行，全由集体负担也不行。

所以，要改革现行体制，必须从全局出发，统一设计、统一规划、统一测算、统一规范，结合分税制进行，划给乡镇必要的收入，保证其运行的需要。只有这样才能从根本上解决农民负担问题，真正解决农民与国家之间的分配关系，调动农民的积极性。

（原载《乡镇财政》1997 年第 5 期）

作者寄语：此文是在财政部召开的全国乡镇财政课题研究总结会上，向财政部提出的咨询报告，得到部领导及与会者赞同。

改革农村公共分配制度
方能切实减轻农民负担

一　农村公共分配制度的欠缺是造成农民
负担问题难以根治的基本原因

现行的农村公共分配制度，是在 1983 年撤销人民公社暨建立乡（镇）政府时制定的。当时由于条件所限和财政困难，国家财政一时拿不出足够的财力支援乡政府建设，能够划给乡政府支配的财力只有为数不多的预算内资金和一些法定的农村税收附加，而这些仅能满足乡政府实现其职能基本需要的一部分，其余由乡政府靠自行筹措资金来满足。由于乡政府是在废除政社合一制度基础上建立的，其最方便而又可行的筹集资金的途径有两个：一是沿用农户向集体经济组织交纳公积金、公益金和管理费三项提留的办法，将这部分纳入政府收支轨道；二是沿用给农民办公益事业的集资方式，用"一事一收费"办法，向农民再征收一部分收入，供乡政府办公益事业之需要。因此，这两种分配方式被各乡政府普遍采用，并以制度形式肯定下来，这就是后来被简称为"村提留乡统筹"的乡政府自筹资金制度。

在当时的乡政府建设中，财政机关一时难以建立健全，各项自筹经费的管理任务自然就落在各有关机构头上，由它们分别实行自收、自支、自行管理。这样，在农村就形成由国家预算资金和乡统筹资金组成的，规范分配与非规范分配、集中统一管理与各部门分散管理并存的农村公共分配制度。这种制度对保障农村经济社会的正常发展，支援农村政权建设，无疑是非常必要的、积极的。这一点已为后来农村财政经济发展的巨大成就所证明。但是，这种制度只能是一种过渡性对策，其弊端也是十分明显的。然而，由于种种原因没有来得及适时地改革这一制度，那么，随着时间的推移、条件的变化，这一制度的积极作用就逐渐削弱，弊端也日趋严重，发展至今已成为不利于农村经济社会稳定和发展，妨碍减轻农民负担政策落实的消极因素。

现行农村公共分配制度的一个最大弊端，就是本身存在着推动收费项目扩展的内在基因：

第一，"一事一收费"办法为任意开征新的收费项目提供了一种比照作用。既然农村教育是为农民举办的公益事项，可以用收费办法解决资金来源问题，那么，农村文化事业也是为农民服务的公益事业，又为什么不可以收费呢？既然民兵训练费可以向农民征收，那么，治安保卫对农民服务更直接，当然更可以向农民征收费用，如此等等。在这种比照下，很难分清新设收费项目之应该或不应该、合理或不合理的界限，这就为不断增加新收费项目和任意加重农民负担留下诸多空当。

第二，"一事一收费"办法实际上是一种专款专用制。一项收费只与一项特定支出需要相对应，就是说每项收费都有固定用途，不能用于满足其他事项。这种收支对应性是与农村公共事业发展变化要求相矛盾的。随着农村经济社会的发展，新的公益事项出现时，旧的收费是无法满足的，除了开征新的收费别无出路。加之收费又由各用钱单位自收、自支、自行管理，这本就是一种鼓励多收机制。这样，在部门利益驱动下，巧立名目增加收费就不可避免地成为不治之"顽症"。

第三，这种制度对减轻低收入农户负担更为不利。"村提留乡统筹"制度普遍采取按人头或按亩头征收方法，加重了低收入户负担，而使富裕户得到优惠。在这种办法下，即便能够把农村收费严格限定在人均纯收入5%以下，这对一般农户来说，也将是一个沉重负担。根据《中国统计年鉴》资料，1994 年全国农村人均收入大约为 1220 元。按人均提留收费5%计，每人征收 61 元。这样，人均收入 500 元以下的农户负担为12.2%，而人均收入 2000 元的农户的负担则只有 3.05%。另据山西省襄汾县陶寺镇的一个调查材料，其负担差距更是惊人：该镇是一个较为富裕镇，也是收入差距很大的一个镇。该镇 1994 年人均收入为 1300 元，而年收入 10 万元以上农户就有 78 户，人均收入为 5 万元，其余农户人均收入为 528 元。全镇按人头平均收费 65 元，占一般农户收入的 12.3%，占富裕户收入的 0.13%。

总之，现行的农村公共分配制度，特别是"村提留乡统筹"制度，是切实解决农民负担问题的极大障碍，亟须改革。

二　费改税是完善农村公共分配制度的最佳取向

改革农村公共分配制度有两种思路：一是着眼于"管"，认为不改变现行制度的基本框架，只要把各类自筹资金纳入预算管理轨道，加强财政监督和约束，就可以达到控制任意增加农民负担的目的；一是着眼于转换机制，认为只有从根本上改革现行的公共分配制度，实行费改税，才能从源头上解决任意增加农民负担的问题。这两个改革思路各有所长，前一思路不触动现有制度，震动小，利于推进，但由于旧制度还在，其弊端并不能完全消除；后一思路改革动作大，实施起来虽有一定难度，但随着机制的转换可以从根本上理顺政府与农民的分配关系。根据我国当前农村实际情况，从要把农业放在首位的要求这一大局出发，我们建议采取后一改革思路，全面展开费改税改革，以从根本上解决农民负担问题。

费改税，并不是简单的分配形式的变化，而是建立统一的、规范化的农村公共分配制度。在实施费改税的同时，还要搞好以下几项改革，并配套实施方能达到目的。

第一，科学界定集体经济组织的公共职能与政府的社会经济管理职能的界限。实现政府的社会经济管理职能与农民集体经济所有者职能分开，从根本上杜绝政府部门以集体经济组织的名义任意向农民收费、集资、摊派等行为。

第二，完善地方分税制。在科学划分县与乡之间财政职能范围的基础上，划清县与乡政府各自的财政支出责任，实行谁出主意谁出钱的原则，以杜绝上级政府部门脱离乡的实际，要求乡政府超前"达标升级"等增加农民负担的、不符合中央政策精神的行为。

第三，加快地方税制建设步伐。把费改税与完善和改革农村税制结合起来，要彻底放弃按人头征收的办法，全面转向依财产和收入计征，以保障农村公共分配的公平性，充分发挥农村税收的调节作用，进一步调动农民发展生产的积极性。

（原载《地方财政》1997 年第 11 期）

作者寄语：此文是作者于深入农村进行调查研究后，为向政府咨政而作，由中国社会科学院《要报》1997 年第 31 期摘要刊载，呈国务院后，得到姜春云副总理的肯定，批示道："有道理，改革势在必行……"

关于"费改税"改革思路的研究

实施"费改税",彻底解决行政事业乱收费问题,已列入新一届政府的改革日程。方针确定之后,正确选择实施的思路,就成为改革成效高低的关键,这里就此谈点看法。

一　"费改税"应重在清源

我们曾多次对乱收费进行清理,废除一批又一批不合理的收费项目,然而却总是治理一次好一阵子,过后又会出现反弹,甚至出现更多新的乱收费。针对这种情况,人们提出用"费改税"办法,以法律形式约束行政事业单位的公共分配行为,达到杜绝乱收费的目的。为此在农村的一些地方进行了试点,把在农村征收的"三提留五统筹"费改为征税,并明令宣布废除一切税外的收费,更不准开征新的收费。实施的结果表明,比起原收费的办法的确优越得多,征收、管理规范得多,克服了原来收取"三提五统"的随意性。由于不能随意加码,因而农民的负担也在一定程度上有所减轻,改善了干群关系。然而值得注意的是,改革过后并没有根除乱收费的现象,随着时间的推移,税外收费,新的乱收费依旧不时出现。这是为什么?经调查研究发现,问题就在于"费改税"孤军深入,后续配套改革没有跟上,在"费改税"中只治了标,却没有祛除乱收费的根源。

税和费本是政府取得收入的两种正常形式,政府收费乃是税收的必要补充,政府收费的客观存在,并不必然会导致乱收费的出现。事实上,政府收费在国外普遍存在,在我国计划经济时期也始终存在,但却没有引发过乱收费的问题。改革以来之所以会出现收费无序泛滥成灾,并不在于我们设置了收费,而在于体制与制度上的某些不顺,这是我国经济转型期间某些体制与制度变迁不平衡的结果。因此，在"费改税"的过程中，如果我们不去着重调理这些不平衡性，根除引发乱收费的制度根源，而只是就费论税，简单地把现有的各种收费，一部分废除，一部分改成税，一部分予以保留，其结果，便如同农夫割韭菜，割下一茬由于根还在，过后又会生长出新的一茬。导致乱收费的体制制度根源，分析起来有许多，主要的可归结为以下几点：

1. 预算内资金供给严重不足，是乱收费屡禁不止的公共分配制度上的根源。由于多年来"放权让利"改革中的某些对策措施弱点的积累，导致国家财力过于分散，致使国家预算内集中的财力过少，加之财政支出结构改革相对滞后，以致国家预算收支矛盾十分尖锐。财政无力满足凭借国家预算内资金来维持其职能和事业之运转的，各行政事业单位的最基本的需要，于是不得不采取变通措施，转而向行政事业部门提供一种特殊的"制度"供给来替代资金供给，即所谓只给政策不给钱的办法，允许各行政事业单位自找财源门路，开展"创收"收费服务，等等。与此同时，又采取了税外收费和提取基金等办法来筹集建设资金，以补预算之不足。由于这种"制度"供给方式的存在，因而随着经济社会的发展，各方面经费需求的增加，各种基金、收费、摊派也就不可避免地会随之扩张。并且这种"制度"供给方式本身就存在着多收费多得利的强烈刺激作用，在利益机制驱动下，乱收费也就不可避免地泛滥起来。

2. 政府职能转换滞后，政企不分、政事不分问题得不到有效解决，是导致乱收费泛滥的体制性根源。在市场经济条件下，政府依然管一些本应由市场和社会解决的事务，依然统包统办一切事业。这使一些素质不高的人有可能利用这个条件，谋取本位利益，其中在政府部门单位者，便会把政府分内的服务事项变成商品交易，趁机实行税外收费；在事业部门单位者，便会把向社会提供的公共服务品变成权力，利用服务品的特殊性，把服务加进超经济强制。于是乱收费，甚至强买强卖等事情也会不断发生。

3. 收费供养了一批人员和机构，是推动乱收费滋生发展的组织根源。随着收费规模和项目的增加，一些单位为保障自己收费的实现，又设立了专人或专门机构从事收费，于是形成了大批靠收费来供养的机构和人员。据有人估计，这些机构和人员吃掉了收费总额的30%左右。这就形成了设置机构增加人员为收费，而人员机构又吃掉大块收费所得，因而不得不再设法扩大收费增加收入，即收费与机构、人员间的相互作用，从而推动乱收费恶性发展。

4. 农村"政社合一"（政府职能与集体经济组织功能不分的状态）问题依然存在，是导致农村乱收费泛滥的又一特殊体制性根源。1983 年为适应农村改革发展的新形势，撤销了人民公社，建立了乡镇一级政府，这意味着对人民公社时期"政社合一"体制的否定。农村家庭联产承包责任制的全面推行，是对原人民公社时期农村集体经济的"三级所有、队为基础"组织形式和实现方式的否定。旧的否定了，需要新的来替代，除旧布新，本为自然。然而遗憾的是，这一问题由于多种原因，无论是理论上或是实践上至今均未得到圆满解决。结果是乡镇政府替代了人民公社，各乡镇政府部门执行农村集体经济所有者的职能，由此造成了人民公社"政社合一"制度以新的形式复归的局面。各乡镇政府部门既然执行着农村集体经济的组织职能，因而它对于农村来说，就具有双重身份：既是经济社会的行政管理者，又是农村集体经济的管理者。这种状况，使乡镇政府部门在日常工作中很难分清所有者行为与社会行政管理者行为的界限，它们现实的做法是，用行政手段执行所有者职能，又以所有者权力达到行政目的，因此"政社不分"的情况便成为常态。这样一来，在财政供给十分不足的条件下，乡镇政府利用所有者的权利，借为农民办集体公益事业的名义，向农民伸手乱摊派、乱收费来满足行政需要的现象也就难免。

总之，无论城市或农村，"乱收费"泛滥不止，根子不在"收费"本身，而在体制、制度，因此，单纯的"费改税"只能治标而治不了本。要彻底解决乱收费问题，整顿公共分配秩序，达到保障财政收入和减轻企业及百姓负担的目的，就必须在"费改税"中着眼于清源。

二　去除乱收费根源的必要举措

基于上述分析，就"费改税"总体而言，要切实达到预期的各项目标，消除乱收费的根源，至少要做到"一个统一，四个同步"，方能奏效。

1. "一个统一"，就是统一国家财政，把政府的一切收支都集中于一个国家预算内管理。做到实施"费改税"后，除极个别特殊需要外，不再保留任何国家预算外进行的自收自支自管的公共收支，也不再保留任何坐支、抵扣经费等做法，以便从国家财政管理制度上，彻底消除可能滋生乱收费的基因。

2. "四个同步"，就是城市和农村"费改税"同步；"费改税"与行政事业体制改革同步；"费改税"与调整和优化国家财政支出结构同步；"费改税"与完善分税制财政体制同步。

（1）城市与农村"费改税"同步。以表面上看，由于二元经济结构的存在，城市与农村收费的运作常常呈偏离状态，似乎在"费改税"改革的实施上，城乡可以分别独立操作。其实不然。城乡乱收费虽然各有其特点，但又有着多方面的联系，农村的许多收费项目来自上级政府部门的推动和压力，诸如近些年来有些部门曾下达了一些不大切合实际的"达标"和"升级"等任务，乡镇政府没有钱，上级又只给任务不给经费，不得不开征新的收费项目筹集资金来满足需要。此外由于乡镇财政体制不健全，上级与下级之间职能范围不清，乡镇政府常有把一些开支推向上级政府的情况，而当上级政府无力供给时，又往往是再推下来令其开征新的收费来解决。如此等等，在这种情况下，如果农村实施"费改税"，而城市不实施，一旦城市发生乱收费项目涉及农村，或是上级政府下达新的收费任务时，农村也就难免不出现乱收费的反弹现象。

（2）"费改税"与行政事业体制改革同步。现存的各项收费，无论合理与否，均已打入各单位的收支基数之中，以弥补资金之不足，其中不少合理的和不合理的收费，还在支撑着一些不合理的机构和人员，支撑着一些本应推向市场无须政府包办的事业。当"费改税"后，一切不合理的收费项目废除了，合理的项目有的改为税，有的规范化后作为规费留下来，并纳入预算。在这种情况下，如果不同时实现政府职能的转换，改革事业体制，将那些应当走向市场的事业推向市场，将不该政府办的事务推向社会，不解散那些不合理的机构，就会由于"事"还在，"庙"还在，人还在，因而依然需要办事和吃饭，然而经费来源无着落，就不可避免地要千方百计巧立名目，利用手中尚存的权力，再辟新的费源以满足自身需要，这样，"费改税"成果也就无从巩固。

（3）"费改税"与调整和优化国家财政支出结构同步。"费改税"并不是要把所有的收费都改成税，而是要在全面清理的基础上，进行"废、转、改、留、核"。"废"，即废除不合理的；"转"，即对合理的收费则将其中属于经营性的收费转向定价系统，推向市场，不再作为行政事业收费管理，使其依法经营、照章纳税、自负盈亏；"改"，即将属于税收性质的收费项目改成税收，纳入税收管理体系；"留"，即属于政府对公民（包括法人）提供一对一特殊服务的收费项目，则作为规费保留下来，也要上缴国家预算，纳入预算管理体系。"核"，则是对保留收费项目的原来收费标准进行重新核定，把收费过高的改正过来。随着"费改税"这些内容的实现，原来的收费项目，无论是废还是留，原来靠收费来支撑的各项事业和机构都会相应减少收入，或失去经费来源，需要财政从预算资金中给予相应的补偿，否则它们便会因收入严重失衡而无法正常实现其职能。然而财政不可能也不应当依旧按原来供给结构给予相应补偿。因为，第一，"费改税"后，财政所能增加的收入，即能纳入预算内的收入，要大大小于原来各行政事业部门和单位靠收费满足的支出所需量；第二，如前所述，实行"费改税"后，原来专为收费需要供养的人员和机构也失去了存在意义；第三，在实现行政事业体制改革后，政府职能要转换，许多事业单位走向市场，行政事业支出所需的内容和数量都将发生巨大变化。财政只有重新配置其资源，优化预算支出结构，实现模式的转换，才能与之相适应。所谓模式转换就是要从计划经济财政向市场经济财政全面转换，就其供给范围来讲，就是要从市场可以解决其资源配置的供给领域退出去，全面进入必须由政府实施配置的各项事业供给领域，切实保障这个领域的基本需要。这样，有关各方面便没有必要和没有理由再去自找收入来源，从而达到消除乱收费根源的目的。

（4）"费改税"与完善分税制财政体制同步。实行"费改税"，把现存的各种收费项目，废掉一批、转向市场一批、改成税收一批做法，势必带来各地区、各级政府的财源变化，出现财政收支新的不平衡。这就需要在"费改税"的同时，深化各级政府之间的财政体制改革，完善分税制。为此，在"费改税"中，首先就要针对现行税制体系中地方税缺少主体税种，不能完全适应分税制的需要这一缺欠，尽可能地加大地方税体系建设的力度，在实现"费改税"后，要在科学界定各级政府事权范围的基础上，调整各级财政的收支范围划分，同时尽快完成规范化转移支付制度建设，并加大转移支付的力度，以保障"费改税"成果的巩固。

此外，在农村实行"费改税"还要与完善农村集体经济组织形式和实现方式的改革同步。在实现乡镇一级政府职能转换的基础上，把集体经济所有者职能交给由集体农民直接选举产生的集体经济管理组织来实施，以便在农村分配关系的实现上使政府财政分配与农村集体经济组织分配这两种不同性质的分配关系得以分开，以理顺农村公共分配关系，阻断政府部门以集体经济组织为农民办集体事业的名义向农民伸手乱集资、乱收费、乱摊派的渠道。在实施"费改税"的同时搞好这项改革是十分重要的。前些时候，农村一些地方在实行"费改税"的试点中，之所以会出现诸多矛盾和反复，就是由于没有认真划清政府公共分配行为和农村集体经济组织分配行为，没有注意"政社分开"问题，把"三提五统"一并改为"农村公益事业税"的结果。

党的十五大明确指出："公有制为主体，多种所有制经济共同发展，是我国社会主义初级阶段的一项基本经济制度。"国家、集体、个人三者均有各自的独立利益，均受法律保护，三者利益关系不可混淆。因此，在农村实行"费改税"要取得成功，就必须严格地注意这一点。必须把集体经济与农民个人之间的分配关系，同国家参与农民分配关系严格地区分开来，必须把集体经济资金与国家财政性资金严格地区别开来。在"费改税"中，把农民与集体经济之间分配形式的"三提留"资金也改成税收纳入国家预算，就侵犯了农民集体经济利益，混淆了国家公共分配与集体经济财务活动的界限，这不仅不利于农村集体经济的巩固和发展，也背离了"费改税"改革的宗旨。

长期以来，人们常常把农民向集体经济组织交纳的"三提留"混同于国家财政性资金。在 1983 年撤销人民公社，建立乡镇一级政府后，当时颁布的《乡镇财政管理试行办法》中，就把"三提留五统筹"统称为乡镇自筹资金。其实，无论从"三提留"产生的历史来看，还是从其实际用途来看，"三提留"的经济性质都是十分清楚的。第一，公积金提留资金的主要用途是，购置生产性固定资产、植树造林、兴办集体企业等。这显然是集体经济自我发展、扩大再生产行为。第二，公益金提留资金主要用途是，为农民办集体福利事业，用于五保户和特困户的补助以及合作医疗，等等。这是集体经济组织为自己的成员提供的公益性消费行为，非本集体成员是不能享受的，同样属于集体经济行为。第三，管理费提留资金主要用于农民选举的管理机构所需日常费用开支及人员工资，等等，具有更明显的集体经济性质。而"五统筹"收费则与此不同，主要是用来满足政府实现职能的需要，其中农村教育附加费是专门为兴办农村教育而筹集的，属于国家实现义务教育国策的行为；民兵训练费的用途是国防事业费组成部分；计划生育费乃是贯彻基本国策之需；优抚费属于社会保障之列。此外，还有乡镇道路费。显然，这些都是为全国人民共同需要的事业，并不专属于为某地方、某部分居民服务的事业，是典型的政府之事，财政之事。所以，在实施"费改税"过程中，必须把农村的"三提留"和"五统筹"区分开来，分别处理，在把"五统筹"收费改为税收的同时，要改革农村集体经济管理体制，实现"政社分开"，还"三提留"本来面目，交给由农民直接选举产生的集体经济管理组织，依村民大会决定来处置，这样才能保证农村"费改税"的成功，保护集体经济及农民利益不受侵犯。

总之，我国税费格局发展到今天这种状况，绝不仅仅是认识问题和利益问题所致，而是有其深刻的体制和制度上的根源，"费改税"只有着眼于清源，着眼于体制、制度的调整，方能达到根除乱收费的目的。因此"费改税"是一项复杂的综合性的改革，它不仅涉及对现存诸多收费的处理，更涉及政府职能的转换，财政体制、税收制度、预算制度等一系列相关制度的改革，必须综合配套地进行改革才能顺利实现。

（原载《经济改革与发展》1998 年第 9 期）

"费改税"研究要着重探索治本之策

在党的十五届三中全会召开前夕，江泽民同志在安徽考察工作，就农业和农村问题作调查研究时指出要"改革和规范农村税费制度，探索减轻农民负担的治本之策"。这一重要指示为深化"费改税"的研究指明了方向。

一 从清源入手才能根治乱收费顽症

费和税都是政府取得收入的形式，政府收费的存在，并不会必然导致乱收费的出现，政府收费在国外也存在，在我国计划经济时期也存在过，都没有发生乱收费问题。改革以来之所以会出现收费的泛滥，除了收费不规范这一表层原因外，是有其体制制度上的原因的。在研究和规范"费改税"中，如果不从造成乱收费的根源入手，只是就费论税，废除一批，改成税一批，规范保留一批，就会像割韭菜一样，割下一茬后，由于根还在，过后又会长出来。这一点已为多年来在城乡治理乱收费的实践经验所证明。应当说"费改税"之意不在"税"，而在祛除病根。造成乱收费的体制制度根源主要可归结为以下几点：

（一）特殊的"制度"供给，是乱收费屡禁不止的公共分配政策上的根源。由于多年来"放权让利"改革中的某些体制措施和方法缺欠的积聚，导致公共分配关系不顺，国家必须集中的财力也分散了，国家预算内集中的财力过少，加之财政支出结构不合理，造成国家预算收支矛盾突出。财政无力满足靠国家预算供给维持其运转的行政事业单位的基本需要，不得不采取变通措施，向行政事业部门和单位提供一种特殊的"制度"供给，来替代资金的供给，即所谓给政策不给钱的办法，允许各行政事业部门和单位自找财源，开展自我"创收"和收费等。与此同时，又采用在税外收费和提取基金等办法筹措建设资金。随着社会经济发展、行政事业扩展和建设需要的不断增加，各种基金、收费也就不可避免地要随之扩大，加之这种"制度"供给方式，本身就存在着多收多得利的利益强刺激机制，收费的泛滥也就不可避免。

（二）政府职能转换滞后，是导致乱收费屡禁不止的制度性根源。在市场经济条件下，由于政企不分的状况没有得到有效解决，政府依然管一些不该管和管不好的、本应由市场解决的事务和事业。一些人就有可能利用这种政府职能与市场职能混淆的特殊条件，谋取本位利益。其中在政府部门者，就会把政府分内的服务变成商品交易，实行税外收费；在事业部门者，就会利用自己的业务专长，把向社会提供公共服务的义务变成某种权力，实行超经济的强制性收费。

（三）收费（基金）的扩大也供养了一批多余的机构和人员，这是推动乱收费不断扩大的组织根源。随着收费范围和规模的扩大，一些部门和单位为保障自己收费的实现，还设立了专门从事收费的机构，形成一批靠收费养活的机构和人员，这些机构和人员吃掉了很可观的收费收入，有的吃掉收费总量的30%左右。增设机构和人员为收费，人员机构增加又不断吃掉收费收入，不得不再扩大收费，从而形成收费扩张的恶性循环。

（四）人民公社后遗症。农村的"政社合一"问题没有得到真正解决，则是乱收费屡禁不止的体制性根源。1983年撤销人民公社，建立乡镇一级政府后，意味着对原人民公社时期的"政社合一"体制的否定，加上农村家庭联产承包责任制普遍推行，是对原农民集体经济的"三级所有、队为基础"的存在形式和实现方式的否定。旧的被否定了，本应相应地建立起新的集体所有制存在形式和组织形式加以替代，但由于多种原因，至今没有得到有效解决，依然由乡镇政府及相关部门替代原人民公社执行着农民集体经济所有者职能和组织功能。这就造成原人民公社时期的"政社不分"体制在新的形式上复归的局面。在一定意义上说，这种由各个行政部门执行农民集体经济所有者功能的局面，和原人民公社时期相比，不但没有前进，反而出现从规范化转向非规范化的后退局面。由于各政府部门都执行着农民集体经济所有者职能及其组织功能，它们面对农民就具有双重身份，既是经济社会行政管理者，又是农民集体经济所有者职能的执行主体。这样，在政府部门日常活动中，就很难分清所有者行为与社会行政管理者行为的边界，用行政手段执行所有者职能，和以所有者手段达到行政目的等，使得所有者利益与社会管理者利益的混淆成为常态。在财政供给十分不足的条件下，利用所有者权利，假借给集体农民办集体事业或公益事业的名义，向农民伸手摊派、收费来满足行政需要的乱收费现象也就难免。

总之，无论城市或农村在实施"费改税"改革中，仅着眼于清费立税，只能治其表，而治不了本，要彻底解决行政事业乱收费问题，做到既能切实减轻农民和企业负担，又能保证财政必要的收入和供给，就必须在"费改税"中着眼于清源，探索治本之策，才能达到目的。

二　综合改革是治本的必由之路

要根治乱收费顽症，就要做到一个统一，四个同步，综合配套实施。

一个统一，就是统一国家财政管理。将一切政府性收支都集中于国家预算内统一管理，统一接受人民代表大会的监督。"费改税"后，除极特殊情况外，不应该再保留任何预算外、自收自支自管的公共收支，也不应该再保留任何坐支、抵扣等收支管理办法。以便集中国家财力，强化财政宏观调控能力，优化支出结构，保障行政事业单位的必要供给，从国家预算管理制度上彻底消除可能产生乱收费的条件。

四个同步，就是城市与农村"费改税"同步；"费改税"与行政事业体制改革同步；"费改税"与调整财政职能范围和优化国家预算支出结构同步；"费改税"与完善分税制体制同步。

（一）城市与农村"费改税"要同步。从表面看，城市与农村收费运作呈隔离状态，似乎在实施"费改税"中可以各自独立进行。其实，城乡乱收费是与多方面有着直接和间接联系的。农村的各种收费项目中，有的是直接来自上级政府部门，有的则是在上级部门间接的推动和压力下实施的，诸如近年来一些部门曾经下达一些不切实际的"达标"、"升级"等任务，而又不给经费，乡镇政府为完成这些任务，就不得不用新的收费或摊派办法筹集资金。这样，如果农村实行"费改税"，而城市不实行，或相反，城市实行"费改税"，而农村不实行，都会由于相互牵动而无法巩固其改革成果，特别是农村更难巩固其成果。近年来一些地方"费改税"试点的经验证明了这一点。农村实行"费改税"后，一旦城市发生乱收费项目涉及农村时，在农村就难免出现乱收费现象的反弹。

（二）"费改税"与行政事业体制改革要同步。现存的各项收费和基金，无论是否合理，都已打入各行政事业单位的收入与支出基数中。靠这些收费才能弥补其资金之不足，其中不少收费项目所筹集的资金，还在支撑着一些不合理的机构和人员，支撑着一些本应走向市场而不应由政府举办的事业。实行"费改税"，将一切不合理的收费、基金项目废除，合理项目改成税收纳入国家预算后，如果没有同时进行政府职能的转换，不改革事业体制，不将那些应当走向市场的事业推向社会，不解散那些不合理机构，"庙"还在，人还在，就不可避免地要设立新的收费项目，以满足自己的需要，"费改税"的成果也就无法巩固。

（三）"费改税"要与转换财政职能范围和优化国家预算支出结构同步。"费改税"并不是要把所有的收费都改成税，而是要在对现有的收费项目进行清理的基础上，分别实施废、转、改、留、核。即在全面清理的基础上，废除一切不合理的收费项目，把那些虽然合理但属于商品等价交换性的项目，不再作为政府的行政事业性收费管理，使这些单位的事业，依法经营、照章纳税；对那些合理而又属于税收性质的收费、基金等项目，改成税收，纳入税收征管体系；对那些属于规费性质的各项收费项目，保留其收费形式，将其纳入国家预算管理；对保留的各项收费的收费标准和收费范围进行重新审核，过高过宽的要调整，使其取之合理，取之适度。随着"费改税"这些改革措施的实现，无论是废除或转出去的，也无论是改成税的或保留下来的，对原来靠收费支撑的事业和机构来说，都将因收入纳入国家预算而相应地减少或失去经费来源，需要财政从预算资金中给予相应的补偿。而就财政来说，在实现了政府职能转换和事业体制改革的情况下，不应当也不可能依然按原来的支出结构供给经费。因为"费改税"后，财政收入虽然会相应地增加，可是其增加量必然大大小于原来的各行政事业单位收取的费的数量。如果依然按原来支出结构分配支出预算，就会由于结构不合理而满足不了各方面的需要。因此，在"费改税"的同时，财政必须实现职能范围的转换，重新配置财政资源，优化支出结构，从计划经济下那种统包一切供给的财政模式，向适应市场经济的财政模式转换，即从市场可以配置的各项事业的供给领域中退出来，全面进入必须由政府配置的各项事业供给领域，切实保障这些事业的基本需要，这样，才能达到清除乱收费根源的目的。

（四）"费改税"与完善分税制体制要同步。实行"费改税"，把现存的各类收费、基金等，进行废、转、改、留、核后，必然会带来各地区、各级政府财源的变化，出现财政收支新的不平衡，需要进行新的调整。这就需要在实施"费改税"的同时，深化财政体制改革，完善分税制财政体制。一方面要针对现行税制体系不能完全适应分税制需要的缺欠，尽可能加大地方税制体系建设的力度。同时在科学地界定各级政府事权分工的基础上，调整收支划分的范围和强化转移支付力度，保障各级政府财政收支的基本平衡，防止由于财政原因再度引发乱收费现象。

在农村"费改税"的同时，还要进行乡镇政府职能转换，改革农民集体经济存在形式和完善实现方式，把农民集体经济所有者职能从乡镇政府职能中分离出来，交由农民选举产生的集体经济组织来实施，乡镇政府则从法律规范服务监督方面进行工作。从而实现政府财政分配与农民集体经济分配分开的目标，以理顺农村公共分配关系，阻断农村政府部门用集体经济组织名义，向农民伸手乱集资、乱摊派、乱收费的渠道。实现这项改革，对搞好农村"费改税"改革是十分重要的。当前一些地方在试行"费改税"中，就是由于没有转换传统的"政社合一"的观念，没有进行政府公共管理职能与农村集体经济所有者职能分开的改革，没有认真划清政府的公共分配行为与农民集体经济组织分配行为的界限，把"三提留五统筹"笼统地改为税，才带来诸多矛盾，妨碍了"费改税"的顺利推行。党的十五大明确指出，公有制为主体、多种所有制经济共同发展，是我国社会主义初级阶段的一项基本经济制度。国家、集体、个人三者均有各自独立的利益，均受法律保护，三者的利益关系是不可混淆的。在农村搞"费改税"改革，必须严格地把集体经济中集体与农民个人之间分配关系，国家与农民个人之间分配关系，以及由此而形成的集体经济所有的资金与国家财政资金严格区分开来。如果把反映农民与集体经济集体之间分配关系的"三提留"也改成税，纳入国家财政收入之中，就侵犯了农民集体经济利益，混淆了国家财政与集体经济财务职能的界限，不仅不利于巩固和发展农村集体经济，也背离了"费改税"的宗旨。农民向集体经济组织负担的"三提留"，即公积金、公益金和管理费的经济性质是十分明显的，是农民集体经济内部分配行为。这可以从"三提留"的用途上看出：第一，公积金提留，主要是用于生产用固定资产、植树造林、兴办集体企业等。这些投资明显是属于集体经济自我发展、扩大再生产的行为。第二，公益金提留，主要是用于农民集体福利事业，五保户、特困户补助及合作医疗等等。这些乃是集体经济组织为自己成员提供的公益性消费行为。第三，管理费提留，是农民为满足经过自己选举产生的管理机构费用而提留的经费，其性质更明显是集体经济。至于农村"五统筹"收费，则与"三提留"不同，通过"五统筹"集聚资金兴办的各项事业，都属政府职能范围之事，其中：农村教育附加费兴办的中小学教育事业，乃是国家义务教育组成部分；民兵训练费是国家防卫事业组成部分；计划生育费是实施基本国策之需；抚恤费则是社会保障内容。这些都是社会共同需要的事务，并不是专属某部分农民利益的事务，所以在实施"费改税"中必须把农村的"三提留"和"五统筹"区别开来，分别处理。在把"五统筹"改成税的同时，应当深化农村集体经济存在形式的改革，建立健全农村集体经济制度，要由全体农民直接选举产生集体经济管理机构。将"三提留"的提取和使用，交由集体经济管理机构管理，并依农民的意愿来决定其提留数量，在农民监督下使用这些提留。

（原载《税务研究》1998 年第 12 期）

作者寄语：此文是作者再次深入农村调研"费改税"问题后，特写给财政部领导的一篇咨政专文。财政部领导认为文章的意见可取，故以财政部内刊《情况反映》1998 年 12 期摘要刊载并呈李岚清副总理，得到了肯定性批示："怀诚同志，此文有道理，虽然我们费改税第一步尚未迈出，但我认为势在必行……"

社会主义建设新阶段税制改革的
宏观思考

一　现行税制总体的缺欠

1994 年建立的新税制，经过 10 年的实践表明，是非常成功的，既构建了能够确保税收收入持续快速增长的机制，也发挥了应有的宏观调控作用。税制是十分优化的，这一点必须给予充分的肯定。然而理论与实践都表明，一劳永逸的、永恒优化的税制是不存在的。税制建设从来都只能是为一定时期内的政治、经济和社会发展服务，税制建设必须服从于和服务于各个不同时期的政治经济需要。因此，一个国家的税制，只有依不同时期经济社会发展的实际态势和所面临的政治经济任务，不断地加以改革才能持续地保持其优化状态，才能充分、高质量地发挥其效能。1994 年至今 10 年来，无论我国的经济社会发展或是国际环境都发生了巨大变化，现行税制与之已有诸多的不适应之处，特别是对照党的十六大的社会主义阶段的战略部署，对税收提出的新任务新要求，现行税制的不适应就更加突出。现行税制的不适应，从宏观总体上看，主要表现在以下几个方面。

（一）税费配比不协调，以费代税、费挤税情况严重，税收发展的空间被严重压缩

这种情况与社会主义建设新阶段，需要强化税收宏观调控的目标不相适应。2000 年全国预算内财政收入总额为 13395 亿元，其中税收收入是

12581 亿元。从表面上看，税收占财政收入的比重是 93% 并不算低，税收活动空间并没有被挤压，可是从政府支配的财政性资金全局来看则不然。据不完全统计，2000 年各种行政事业收费及各类政府基金，即预算外财政收入高达 4000 亿元，如果把预算外财政收入与预算内财政收入加总计算，则税收收入占财政收入的比重只有 65%，显然税收活动空间被严重挤压了。税费配比结构呈这种状态，在国际上是十分罕见的。特别在我国的市场化改革还远没有完成，政府的宏观调控任务十分繁重的情况下，这种税费制度安排显然是非常不合理的，更是与党的十六大提出的充分发挥税收的宏观调控作用的要求相背离的。

（二）主体税种的税制要素配置过于中性化，与税收承担的繁重宏观调控任务不相适应

主体税种过于中性化造成税制宏观调控机制弱化和丢失。面对这种情况，政府有关当局为满足繁重的宏观调控需要，就不得不频繁采用行政制度等手段，出台诸如税收减免等政策措施。这样做的结果虽然补救了税制调控机制之不足，但也带来了诸多的弊端，降低了税收政策的规范性、稳定性和透明度，增加了税收调控的成本，导致实施税收调控与保证财政收入之间出现不应有的矛盾。西方国家的政府与学者极力推崇增值税的中性化，他们是以坚持主体税种，即所得税的调控功能为前提的，故在他们的税制建设中增值税中性化与所得税非中性化是相得益彰的。特别是在他们那里，市场机制完善，结构调控等任务较轻，宏观调控任务的重点不在结构调控而在调控总量。在我国则不然，虽然我国的税制模式号称是双主体，而实际上只有流转税才称得上是主体税种，2001 年我国流转税的收入总额占税收收入总量比重是 59.7%，而企业所得税只占 13.8%，个人所得税的比重更低，只有 6.5%，并且两税也存在中性化倾向。这样在事实上就造成税制总体的中性化，导致税收宏观调控功能弱化和短缺，从而极大地妨碍了税制内生调控体系的形成。这就是我国有关政府部门需要在税法之外，频频作出行政制度性的税收调控政策补充规定的根本原因。

（三）税种间的税制要素配置不协调，时时产生税种之间调节功能对冲和异化的不良后果

这种情况可以从以下几组税种之间关系上得到说明，例如土地增值税与城镇土地使用税和耕地占用税三税之间，前者是为了规范房地产市场交易秩序，扼制土地市场过分投机，也是为了调节土地增值收益而设，后两者是为了促进合理地使用土地和保护耕地而设。从三个税种设置的初衷看，都是必要的，其要素配置也没有什么不妥。但把三者的作用联系起来分析，从土地调节的总体看，不仅三税设置目的模糊，三税之间调节作用也发生了扭曲。土地增值税税率畸高，城市土地使用税与耕地占用税两税税率畸低，前者适用的是4级超率累进税率，最低档税率是30%，最高档税率达60%，而后两税适用的是定额税率，最低税率为0.2元，最高税率也不过10元。三个税种的税率这样搭配的结果，除了对财政收入有其积极意义外，在宏观调控作用上，却发生了三税的调节作用对冲和扭曲的弊端。一是由于土地增值税的税率畸高，拉高了二手土地市场交换的价格，政府批租的一手土地价格低，就促使人们尽可能去争取占用耕地和购买政府第一手出让的土地，不利于土地资源合理利用和保护耕地；二是由于耕地占用税等税率畸低，在土地增值税拉大了土地流通成本之后，其结果就遏制了土地正常流通，在比较利益下，暂时持有多余土地者，宁愿使自己占有的土地暂时闲置待用，也不愿转让出去。这就是为什么一方面圈地运动迭起，一方面又出现土地拍卖市场不火的重要原因。再比如企业所得税与增值税也存在调节功能对冲的情况。企业所得税在税制要素配置上，设置了不少促进投资、促进经济发展的政策，而增值税却采用了生产型，要素配置上采取了不利于鼓励投资的政策，这就极大地抵消了所得税促进投资的积极作用。

（四）税制内生调控机制残缺不全

内生调控机制是指税制自主形成的宏观调控功能，无须人为地另行操作就发挥其作用的功能。当今世界运用税收手段实施宏观经济调控，通常是采取两种具体操作方式来实施。一是靠税制内生调控功能，通过税收立法方式，在税制建设中依一定的调控需要科学地搭配税种和税制要素，构造起内生的税式宏观调控体系来实现，通常包括促进经济增长体系、促进收入分配公平体系等措施。二是在税法之外，用行政制度手段，相机发布各种税收优惠政策的补充规定来实现。在法治国家中，多以前者为主要方式，后者只做补充手段。因为前种办法不仅有利于提高政策的透明度和稳定性，增强税收调控作用，更是确保依法治税的落实、防治税收腐败之必需。

　　一个国家在税制建设中应当构造起哪些宏观调控体系，并没有统一的模式。由于国情不同和各个经济发展阶段任务不同，所需要构造的调控体系数量和性质也不同。就我国还处于社会主义初级阶段的国情，及现阶段经济社会发展状况，特别是从党的十六大关于全面建设小康社会目标和社会主义现代化建设新阶段的战略部署需要来看，在税制建设中构造起促进经济快速发展，促进西部大开发，促进科技进步，促进经济结构升级，促进收入分配公平等几个宏观调控体系是不可缺少的。然而在现行的税收制度体系中，这些调控体系除了促进经济发展的调控体系比较完整外，其他的都远没有形成。

　　1. 调节收入分配体系方面。这个体系通常是要由个人所得税、消费税、不动产税、遗产税与赠与税等几个税种协调配置，方能完整建立起来的。在我国现行税制中这个体系从表面上看，除了缺少遗产税与赠与税两税外，税种已基本齐全，但从实际功能来看，还很不完善，不仅调节作用还不能覆盖个人收入运行的全过程，已有的几种税也存在税基覆盖不全，调节要素配置不合理等问题。

　　（1）个人所得税制采用的是综合和分项混合型的征收制度，综合征收仅限于工薪和工资所得，适用超额累进税率，其余收入都按单项征收，适用单一的比例税率。这种制度安排，不仅难以充分有效地发挥促进收入公平的作用，而且会造成新的分配不公，呈一种逆向调节的态势。比如储蓄存款利息所得税，不论存款多少，也不分存款人是贫或是富，一律适用20%税率，这基本是一种逆向调节安排。因为每人的税收负担能力是很不相同的，困难者与富裕者之间一元钱的效用差别极大。对困难者来说，缺少一元钱可能就会降低生活水平，甚至温饱受到威胁，而多一元钱就可能基本达到温饱；而对富者来说，多一元钱少一元钱几乎没有任何影响。所以不分贫富、不分实际情况按一个比例征收，不仅违背税收能力原则，更与党的十六大关于初次分配注重效率，再分配注重公平的调节收入分配宗旨不符。

（2）消费税作为收入分配调节体系的有机组成部分，它是个人收入处置过程不可缺少的调节手段，按理该税设置不应把增加财政收入放在首位，而应着重调节收入分配，把征收重点放在富裕阶层的消费上，而现行的消费税却面对生产，只设 11 个税目，许多富裕者才有条件享受的高档消费，如高级夜总会、五星级饭店、高级的会员俱乐部、高尔夫球等等，并没有纳入征收范围。并且仅有的几个税目中的税率配置、具体品目的列举等等，所表现出的调节目的也很模糊，诸如普通老百姓使用的香皂、花露水等与只有富有者才能消费的、价值几十万元的钻石首饰同样适用 5% 的税率，小轿车的税率也只有 3%。这种税率配置不但发挥不了促进公平的作用，反而会起到逆向调节作用。

（3）不动产税，是对个人收入转化为财产时进行调节的基本手段，现行税制对不动产征收的仅有房产税一个税种，覆盖范围很不齐全。仅就现行的房产税来看，不仅难以促进个人财富占有公平，比起消费税更有逆向调节的缺欠。房产税适用的是单一比例税率，并且规定了个人所有的非营业用房一律免税的优惠政策，这种不分占有用房多少，也不分占有用房的质量，占有高级别墅乃至多套豪华住宅者同占有一套普通住宅者一律免税的做法，不仅不利于公平，更不利于爱惜每寸土地、合理使用土地、切实保护耕地的基本国策之落实。

2. 可持续发展的税收调控体系方面，在现行税制中基本属于空白。可持续发展的税制调控体系通常包括两大子系统，即资源合理与有效利用调节体系和环境保护调控体系。现行税制中涉及调控资源利用的税种，有资源税、城镇土地使用税、耕地占用税三种。从表面看，似乎调控体系已经初步形成，其实相差甚远。这三税不仅调控范围覆盖有限，各税种调控功能也存在严重弊端。其中土地税的缺欠前边已有分析，这里不再赘述。仅就资源税而言，其调节范围极狭窄，仅限于矿产资源的开发利用，其他诸多资源，如森林、草原、水源、海洋资源等，都在调节范围之外。对矿产资源的调节，也仅限于级差收益的调节，并没有把调节的重点放在合理利用的方向上来。至于环境保护税收调控体系则更是一片空白。当前对环境保护的调节，基本上是借助收费来实施，处于以费代税的状态。用收费替代税收调节的功能不仅作用有限，其弊端也是明显的。

3. 促进科技创新和开发利用的调节体系方面，虽然由于它涉及经济社会生活各个领域，不宜采用设立专门税收加以调节，须通过税制体系中相关税种综合运用来实现。但现行税制体系中关于促进科教兴国战略落实的调节规定还处于零散状态，并没有形成一个完整体系。

总之，宏观调控功能不全，调控功能弱化和扭曲，是我国现行税制最为突出的缺欠，为适应我国社会主义现代化建设新阶段强化宏观调控的需要，为落实党的十六大对税收提出的诸多新任务和新要求，对现行税制进行一次全面改革是十分必要的。

二　关于税制改革的总体思路

（一）改革取向的思考

新一轮的税制改革，应以什么为取向？基于党的十六大关于社会主义现代化建设新阶段战略部署，及落实全面建设小康社会目标的需要，基于前面关于我国现行税制总体缺欠的分析，笔者认为，新阶段的税制改革应以强化和健全税制的内生宏观调控机制为取向。因为，10 年来实践已证明，我国税制的收入功能较为强劲，而调节功能却很不健全。只有尽快纠正税制的两种功能不对称状态，才能满足新阶段我国经济社会发展之需要，才能继 1994 年税制改革之后再创税收工作的新辉煌。事实上党的十六大已为新阶段税制改革指明了方向。党的十六大依据全面建设小康社会的需要，在经济建设和经济体制改革方面做了八大战略部署，突出强调了税收调节作用，其中有六项部署都直接、明确地规定了税收的调控任务。特别是还专门部署了深化财税等体制改革，加强和完善宏观调控体系建设的重任。要落实党的十六大对税收提出的新任务和新要求，只有在税收工作中，把强化和健全税制内在宏观调控功能放到突出位置上才能实现。所以税制改革只能以强化和健全宏观调控功能为取向。当然以强化和健全宏观调控功能为新阶段税制改革的取向，并不意味着改革可以不顾税收收入功能的进一步完善，更不意味着可以不要保障税收收入的必要规模。在现行税制的收入功能已基本健全的条件下，新阶段的改革方针应当是调节功能优先，兼顾收入功能。在改革中调整税种结构和税制要素配置时，首先要保障建立完整强健的税制内生宏观调控体系的需要，在此前提下，来确保税收收入必要规模和增长的需要。这样才能确保税制改革顺利地达到预期目标，才能继 1994 年税制改革之后，再创新的辉煌。

（二）改革方略的抉择

改革方向确定之后，改革方略就成为决定性的，如何改革才能保障建立与完善税制内生宏观调控体系目标的实现，对此存在两种改革方略可供选择：一是局部完善和调整，一是制度全面创新，即实施一次新的税制改革。这两者孰为佳？基于社会主义现代化建设新阶段税收面临的任务，以及现行税制的诸多不适应的实际状况，基于近些年完善税制的经验，应以后者为佳。

1. 造成现行税制的宏观调控功能的诸多弊端，并不仅仅是一部分税种的缺欠所致，主要是由于税种结构及税制总体上的要素配置不协调所致。这种情况表明，只有从总体上并结合费改税的需要，依税制改革的基本取向，综合研究改革方案，统一实施，方能达到目的。这里值得一提的是，在当前的税制改革研究中，把税制改革与费改税分割开来的倾向是不妥的。费改税虽然是理顺公共分配关系、规范公共分配秩序的一项特殊改革，但它也是解决费挤税的一项税制改革，它是与税制改革不可分割的有机组成部分。费改税绝不可仅限于将收费形式变为税收形式，必须把费改税纳入税制改革总体之中，依税制改革的取向统筹安排，才能保障费改税与税制改革协调进行。此外，税制改革不把费改税纳入其中，仅就预算内税收部分研究税制改革方案，也难以正确地估量宏观税负水平之科学性，势必给税制设计带来盲区，带来消极因素。因此，在新一轮税制改革中把费改税排除在视野之外是不可取的。

2. 税制改革采取局部调整方式来实施，虽然有简便易行、震动小、改革成本低的长处，但在以强化和健全税制的宏观调控功能体系为改革取向的条件下，局部调整方法不仅满足不了改革需要，也会在改革中碰到难以克服的困难，特别是当某个税种的调整会造成财政收入大幅度减收时，改革就会因保障财政收入需要之考虑而却步不前。近些年来曾试图实施增值税转型改革却由于影响财政收入过大而不果，就是一个明显的例证。但如果采取制度全面创新方法，增值税转型影响财政收入之类的问题，就可以在税制总体设计中顺利解决。

3. 各个税种的调控功能的实现并不是孤立的，而是相互联系相互制约着的，税种之间这种功能实现上的关系，可以发挥相辅相成、相互补充、相互配合的作用，也可以是相互矛盾，起着相互排斥，甚至导致对方功能异化的不良作用。各税种调控功能实现的这种特性，决定了在税收制度改革上要建立起完整的强健的宏观调控体系，只有从税制总体上，以实现改革目标的需要，综合考虑税种结构和要素的配置，方能取得最佳效果。

（原载《税务研究》2003 年第 5 期）

振兴东北老工业基地的财政思考

新一届中央领导集体，审时度势，统筹全局，作出了振兴东北老工业基地的战略部署，并明确规定：当前要把振兴东北老工业基地摆在更加突出的位置上。实现中央这一战略部署，事关中国经济社会发展的全局，意义十分深远而重大。它关系到地区间协调发展、国有经济布局战略调整，关系到维护社会稳定和保障国家安全，关系到有效应对经济全球化和加入世贸组织后日趋激烈的国际竞争的挑战，关系到有效利用世界性经济结构大调整浪潮，发达国家装备工业（即资本品工业）向外大转移机遇的大事。所以，加快振兴东北老工业基地的步伐，不仅正逢其时，也是确保党的十六大提出的经济翻两番目标的实现，事关在新的历史时期、新的经济社会发展阶段的改革与发展全局的一项紧迫而重大的任务。如何切实、有效地贯彻落实党中央、国务院这一战略决策，是当前亟待研究的一项重大课题。

一　落实战略决策当以创新机制为切入点

在探索振兴东北老工业基地对策的过程中，人们多着眼于提升东北工业的技术层次和优化结构，这无疑是正确的。从物质层面来说，东北老工业基地的振兴，归根结底有赖于实现技术提升和结构的优化。然而，多年实践表明，东北老工业基地是国有企业最多的地区，在大量国有企业不改制转轨，身上还背负着历史积累起来的沉重包袱的情况下，要全面振兴老工业基地就无从谈起。要实现技术提升和结构的优化，首先就要消除导致东北老工业基地衰退的根源，及制约老基地调整改造进程的基本因素，方能顺利实现。

　　什么是导致东北老工业基地衰退的根源？有人认为，从盛到衰是事物发展的必然过程，东北老工业基地的衰退是经济发展规律性结果；多数人认为，旧体制、旧机制的弊端是导致东北老工业基地衰退的最根本、最深层原因，我们赞成后一种意见。综观世界经济发展的历史，绝大多数的经济区域发展的历史，只存在周期波动，并不存在从盛到衰这样必然发展规律，发生过从盛到衰的发展现象的只是个别地区，而这些地区之所以会发生从盛到衰的发展过程，又都是由于各自的特殊原因造成的。比如德国的鲁尔区是德国的重要工业基地，其工业产值占全国的25%，钢铁产量占全国的65%，煤炭产量占全国的83%，进入20世纪50年代末期出现了严重衰退的景象，煤炭产量由1958年的1.22亿吨降至1971年的0.91亿吨，钢铁生产也从60年代始出现萎缩，到70年代中期由于钢铁产量收缩就减少4万多个工位，出现了就业危机。鲁尔区之所以出现衰退，乃是市场上煤炭和钢铁需求急剧地大幅度地收缩，而鲁尔区结构单一，结构转换迟滞的结果。20世纪50年代末期，能源消费结构发生了巨大变化，石油天然气消费大幅度地替代了煤炭消费，仅鲁尔区的煤炭消费占能源消费总量的比重，就从1950年的88%下降到1972年的32.3%。钢铁生产萎缩的原因也是一样，由于塑料、铝合金等新材料应用，大量替代了钢铁。就是说鲁尔区衰退的发生，并不是什么由盛到衰的必然规律所致，而是由于结构过于单一，适应不了市场情况迅速变化的特殊原因所致。

　　同样，东北老工业基地的衰退，也是由于特殊的原因所致。这个特殊的原因就是传统的计划经济体制安排和运行机制。由于历史的原因，东北成为中国最早进入计划经济的地区，计划经济对东北地区的影响是十分深刻的，计划经济对东北地区经济发展来说，真是"成也萧何，败也萧何"。东北曾得益于计划经济体制和机制，在"一五"时期，国家依据东北地区优越的区位、工业基础较好和丰富的资源等优势，运用计划机制，集中全国的人力、物力、财力，把东北迅速建设成为中国最大的重工业基地。以辽宁为例，国家把156项国家重点建设项目的24项配置在辽宁，同时为了使之成为配套齐全的工业体系，还安排了730个省级重点工业项目，至50年代末，辽宁工业企业固定资产原值总量已达到全国固定资产原值总量的27.5%，原煤、原油、发电量、烧碱、水泥、平板玻璃、机床等，已分别占到全国产量的 27%—50%。超高速的工业化建设，使辽宁先进入了工业化阶段，成为共和国工业化的摇篮，因此，辽宁曾经创造了辉煌业绩，为国家作出突出贡献。但在计划经济体制和运行机制的作用下，也使东北这个新兴的工业基地，走上了从盛到衰的不归之路。这是因为，传统的计划经济体制及其运行机制本身就存在着使东北老工业基地发展未老先衰的基因。

计划经济体制是一种高度集中的体制，其运行机制是统购统配，统收统支，政企不分，政事不分，政府忙着办企业，企业忙着办社会，在资源配置上重生产轻消费，重新建轻补偿，企业再生产所必需的折旧基金，也被国家财政集中使用。这种机制的运行结果，则只能是企业办社会的包袱日趋沉重，财力日趋萎缩，无力进行技术提升，设备更新乏力，为完成年年增加的生产计划任务，只能使设备带病运转，拼设备，拼资源，进行粗放式经营，从而就不可避免地导致设备迅速老化，技术陈旧，高消耗，高成本，低质量的衰退状态。企业的这种状态，在计划经济那种短缺经济的条件下，产品不愁没人要，还能勉强维持。然而改革开放后突然面对开放的市场，失去竞争力，失去活力，走上严重衰退的困境就成为必然。其实这种只顾增加新的产能，不顾原有能力更新升级的运行机制所造成的消极后果，在计划经济下也早已开始显露。在 20 世纪 60 年代，一些老企业就已出现了设备老化，产品陈旧，消耗和成本不断上升，效益不断下降的严重情形。所以，老工业基地的衰退，并不是从盛到衰的发展规律所致，而是旧体制、旧机制使然。

总之，东北老工业基地的衰退是旧体制、旧机制的弊端所导致的，是企业出力与补偿失衡，失去技术升级结构改造能力的结果。因此，加快振兴东北老工业基地，必须从体制和机制创新着手，首先，使企业从旧体制、旧机制的束缚和制约中解脱出来，方能开创东北老工业基地振兴的新局面。

二　加快振兴东北老工业基地的财政对策设想

振兴东北老工业基地离不开财政支援，但多年财政支援振兴东北老工业基地实践经验表明，在对策上必须有新思路，简单地依传统的减税让利、加大转移支付办法是难以切实奏效的。1984 年中央集中解决上海老工业基地振兴问题的经验值得借鉴。这就是改制先行，在摸清振兴基地所需解决的一些关键问题基础上，立足于振兴基地的需要，放眼国家经济发展全局，把振兴上海老工业基地放在国家发展的全局之中观察，明确上海基地振兴和发展的方向，及其在国家发展全局的地位和作用基础上，制定出上海老工业基地振兴的总体规划，并依此制定出财政支援的对策体系。仅就辽宁来说，也应当如此。在制定振兴辽宁老工业基地总体规划的基础上，根据辽宁老工业基地衰退的根本原因及当前存在的制约振兴的诸多因素，来制定财政支援的对策体系，才能把振兴东北老工业基地工作做好、做实。因此，仅就建立财政支援对策体系来说，以下内容是不可缺少的。

（一）调整和完善辽宁的分税制财政体制

调整和完善辽宁的分税制财政体制，剔除现行体制中保留的计划经济体制因素，减轻辽宁财政上解的负担，给辽宁财政创造喘息条件，以强化辽宁老工业基地振兴的财政基础。改革开放以来，虽然多次实施了旨在向地方放权让利的财政体制改革，然而历次改革都没有考虑老工业基地振兴的特殊需要，而且还继承了计划经济时的财力配置状态，这主要表现在：各次在界定中央与地方收支关系上，都采用的是基数法，从而辽宁作为计划经济时期上解中央财力最多的省市之一，在新体制设定中，就不能不把计划经济时期的沉重负担保留在新体制中，致使辽宁在基地严重衰退的条件下，依然承担着计划经济时期向中央财政多上解的重负，特别是在 1994年改变财政大包干体制实行分税制体制后，为了大幅度地提高中央财政占财政总量的比重，辽宁财政上解负担更是日趋加大，这就进一步加剧辽宁财政供给与加快基地振兴需要之间的矛盾，极大地制约了辽宁老工业基地振兴的步伐。为了有效地、切实地落实中央关于把振兴东北老工业基地摆在更加突出的位置上的战略部署，调整辽宁的分税制体制，给辽宁财政以特殊优惠政策，就成为不可缺少的一项对策。

（二）建立专门为支援东北老工业基地振兴服务的财政政策性投融资体系

不少学者建议用设立政府专项基金办法来支援东北老工业基地的振兴，这无疑是一个好对策，但从中国当前的财政经济实际情况来看，由于所需基金数额巨大，建立起来是有很大难度的，而用设立政策性投融资体系的办法，不仅可以替代专项基金的功能，而且容易得多。因为建立财政政策投融资体系，既不要建立独立机构，也无需额外去筹集基金，完全可以利用国家开发银行的资源，在开发行内部设置一个专业部门来操作和管理，由财政承担政策投融资所需成本，给予贴息和津贴的支持即可建立起来。财政政策性投融资体系的主要任务是，专门为东北老工业基地的技术升级、结构调整，及产业单一而又资源枯竭或接近枯竭的矿区和城市的产业转型，提供低息乃至无息贷款的支持。

（三）建立促进内外资本进入东北老工业基地的政策机制

振兴东北老工业基地需要巨额资本投入，这不能仅靠国家财政投入来解决，还需依靠利用多种方式，从多方面吸引资金投入来解决，当前无论是国外还是国内都提供了这种机会和可能。在国内我国工业化正进入中期阶段，根据世界各国经济发展经验来看，工业化中期阶段是重工业产品大发展，并赶上和超过轻工业产品发展的阶段。这一点在我国当前的表现是，重工业发展加快，重工业发展速度快于轻工业发展速度，并且民营资本已开始进入重工业领域，消费结构也开始升级，在收入较高的地区已进入大额消费阶段，开始了万元级和十万元级以上的耐用消费品、重工业品的消费。加上西部大开发的快速推进，更会引发对钢材、机械等原材料工业、装备工业品的大量需求。从而不仅为东北重工业发展提供了不断增长的国内广阔市场，也为国内外资本进入提供动力。从世界经济形势来看，当前正处于新的结构调整阶段，发达国家正在进行资本品制造业向外转移，只要我们加快东北老工业基地改革步伐，创造良好的投资环境，东北作为一个有着完整的自我配套体系的重工业基地，应当说是国际资本转移的最佳选择地区。所以，尽快建立完善的吸引内外资进入机制，乃是振兴东北老工业基地的一项紧迫任务。

（四）加大对东北地区基础设施的投入

中央财政要加大对东北地区基础设施的投入，强化对东北地区社会保障体系的支援，使企业尽快从历史遗留下来的包袱重压下解脱出来，为东北老工业基地结构调整、技术提升提供必要的环境。

（五）充分运用政府采购的优先购买机制

充分运用政府采购的优先购买机制，使重工业品的政府采购，向东北老工业基地倾斜。政府采购作为财政支出预算实现的一种形式，其功能不仅仅是提高预算资金使用效率，节省财政资金，更好地满足社会共同需要的供给，它还是实现宏观经济调控的重要手段，对强化市场监督、稳定市场物价、提高信用、保护民族经济等方面，都有着重大作用。加入世贸组织之后，面对全球经济的激烈竞争，如何运用好优先购买机制，保护和激励民族经济，是政府采购面临的一项重要任务，同样，支持老工业基地振兴也是当前政府采购工作的一项不可推卸的责任。

（六）制定发行振兴东北老工业基地专项债券的政策

授权东北地方省级政府在国家规定的控制规模内，在本境内或国内商定的地区，发行振兴东北老工业基地专项政府债券，专门用来扶持民营经济，引导和促进民营经济参与国有企业改组和改造。东北老工业基地国有企业很多，国有经济比重很大，国有企业改制和国有经济的战略结构调整任务繁重，发展民营经济，引导民营经济参与国有企业改造和国有经济结构调整是有其特殊意义的，所以，筹措必要财力，给民营经济以特殊的政策激励和扶持，乃是振兴东北老工业基地所不可缺少的一项财政对策。

（原载辽宁省财政学会、辽宁省财政科学研究所编《振兴老工业基地经济政策研究》，经济科学出版社 2004 年版）

逐步变革城乡公共分配的二元结构制度

　　我国的农村税费改革，经各个地区先后试点，已经取得了显著的成效，但随着改革的深入展开，也出现了确保农民减负与保障基层政权运转需要和保障农村公共品及公共服务供给之间的尖锐矛盾，不仅制约着改革的深化，而且潜伏着农民负担反弹的危险。这种情况表明农村公共分配关系不规范，乱收费乱摊派屡禁不止，只是造成农民负担沉重的浅层原因，在其背后还有更深层的更为根本性的原因，在改革中只有全力消除深层原因，才能有效地解决矛盾，将农村税费改革推向深入，达到既根治农民负担问题又保障农村经济社会发展的公共供给目的。这个根本原因是什么，学界有不同的认识，笔者认为，城乡公共分配二元结构制度乃是最根本的原因。

公共分配的二元结构的形成及其弊端

　　我国现行的农村公共分配体制与城市公共分配体制有着极大的不同。城市公共分配是采取预算内与预算外两种制度安排实现的，而农村公共分配除预算内与预算外两种制度安排之外，主要是采取乡镇自筹这种特殊的制度安排来实现。就是说在农村公共分配制度安排中，农民除了与城市居民一样要承担预算内与预算外两类公共负担之外，还要额外承担一份乡镇自筹的公共负担，才能得到相应的公共品和公共服务的供给。这种做法，不仅导致农民负担沉重，而且由于乡镇自筹收入对满足乡镇政权实现其职能需要有着举足轻重的作用，也导致了农村公共品和公共服务供给对农民额外负担具有极大的依赖性，从而随着农村经济社会发展，公共需要的不断增长，农民的负担也就不可避免地不断加重。农村税费改革的实施，农民的负担被大幅度地削减下来，当然农村公共品所需的财力来源也就大面积地出现空白。这就是当前农村税费改革难以深化的根本原因所在。因此，在农村税费改革中，只有着力改革现行的公共分配二元结构体制，才能从根本上理顺国家与农民之间的公共分配关系，从根本上治理农民负担沉重的问题，有效地化解农村税费改革中出现的诸多矛盾。

　　我国现行的农村公共分配体制的出现，是在特定历史条件下，农村特定的经济社会组织形式使然。它内生于人民公社化时期，显现于撤销人民公社后，建立乡镇级财政初期。在新中国成立后的一个较长时期，我国公共分配制度安排，始终采取的是"统一领导、分级管理"的方针，各级政府实现职能的经费需要，都是在国家财政总盘子中统筹安排的，在农村根本就没有乡镇自筹一说，农民除了承担国家正税及少量附加外，没有任何额外的公共缴纳义务，当时农民的公共负担是很轻的。到1958年人民公社化后，农村实行了政社合一体制，政社不分，集体经济组织财务与农村公共财政混为一体，成为当时农村经济社会生活中的一个突出特征，公社实现政府职能所需经费，除了上级政府拨给少量资金外，主要靠集体经济的积累和各项提留以及社员出工投劳来解决，从而产生了农民在正税之外，还要额外承担一部分满足农村社会共同需要的经费供给义务，只不过当时人民公社的收入分配制度，采取的是"先扣除后分配"的形式，各种公共负担并不直接表现为农民个人家庭的负担，而是寓于集体分配之中，表现为农村集体经济组织的负担。改革开放后，农村实行了家庭联产承包经营责任制，原来的集体经营变为农户分头经营。集体经济的"先扣除后分配"方式随之失去了存在的条件，转而采取农户向国家和集体缴纳收益的分配方式，即农户自行向国家缴纳税收，向集体经济缴纳公积金、公益金和管理费的办法。这样，农民集体经济的负担转变为农户直接负担，从此农民的双重负担也就显露出来。到1983年撤销人民公社，建立乡镇一级政府后，在农村实现了政社分开改革，按理此时集体经济组织的财务与乡镇一级政府的财政也应随之分离开，并在国家财政总盘子中划出一定财力给乡镇政府，以满足其行使职能的需要。然而由于理论认识落后于实践，加之传统体制的惯性，人们依然囿于人民公社时期形成的农村社会共同事务农民办的传统观念，不但继承了人民公社制度下的集体经济财务与政府财政混为一体的特殊制度安排，而且把本属于集体经济的各项提留也看做是国家财政收入，纳入了乡镇政府财政运行轨道。此外，又由于新建立的乡镇政府缺少必要的财力来源，各乡镇政府为补充实现职能所需经费之不足，纷纷采取"一事一收费"的办法，在国家正税及附加之外，新开了许多向农民进行额外征收的口子，如发展农村教育需要钱，就向农民进行教育经费统筹；计划生育缺钱，就向农民征收计划生育经费统筹等。于是名目繁多的乡镇自筹随之泛滥起来。针对这种不良倾向，为了保护农民利益，国务院 1991 年颁布了《农民承担费用和劳务管理条例》，对农村的提留和统筹集资作了规定，划定了农村提留及乡镇自筹的征收和使用范围，明确规定乡镇自筹只限于农村教育、计划生育、民兵训练、社会抚恤及乡村道路五个方面，这就是后来"乡镇五统筹"称谓的来源。这项规定虽然有利于控制农民负担的无限膨胀，利于减轻农民负担，但遗憾的是，在此同时也把农民双重公共负担以条例形式固定下来，从而强化了城乡公共分配二元结构体制。农村公共分配关系上的这种特殊制度安排，虽然是在我国特定历史条件下的必然产物，也曾在历史上发挥了一定的积极作用，但发展至今，它已完全成为一种消极因素。

第一，它不利于农业现代化建设，不利于落实中央加快解决"三农"问题的战略决策。为解决这些问题，虽然国家财政大力支援是不可少的，但主要的只能是靠农民增加积累、增加投入。现行的导致农民双重负担的特殊制度安排，不仅加重了农民负担，挫伤农民发展经济的积极性，更重要的是也极大地削弱了农民的自我积累能力，削弱了增加农业投入的经济基础，直接妨碍了农业现代化发展，不利于"三农"问题的解决，也会迟滞农村社会现代化的进程。

第二，公共分配二元结构体制，既不合理，也有失公平。从理论上说，在规范的公共分配制度下，公民依法向政府缴纳税收之后，政府就应当无偿地承担起向纳税人提供公共品和公共服务的义务，需要公民额外交费的，只能是在政府专门为特定的公民群体和个人提供特殊服务或提供国有资源使用权等情况下，才是必要的和合理的。而现行的农村公共分配制度安排中，农民额外缴纳的"五统筹费"，就其性质来说，都不是政府为特定公民服务而收取的费用，把这些都推给农民去承担，显然是不合理的。

第三，城乡公共分配二元结构制度安排，也与党的十六届三中全会提出的要统筹城乡发展，建立有利于逐步改变城乡二元经济结构的体制要求相背离。

因此，改革城乡公共分配二元结构制度，不仅是深化农村税费改革，全面理顺国家与农民之间分配关系，根治农民负担沉重，确保农民负担不会反弹的必由之路，更是落实党的十六届三中全会战略部署的一项紧迫重任。

改革方略

解决公共分配的城乡二元结构问题，从农村税费改革的试点实践看，有两种方略可供选择：一是加大对农村财政的转移支付力度，填补税费改革过程中所发生的农村财政支出的缺口；二是深化分税制财政体制改革，统筹城乡公共分配。这两种方略各有利弊。前者的优点是不触动城乡公共分配二元结构制度的根基，实施起来震动小，阻力也小，简便易行。但其缺点也很突出，第一，由于公共分配二元结构的体制还在，所形成的增加农民负担的机制还在，就不可避免地时时存在着农民负担反弹的危险，农民负担问题也难以得到根治。第二，单纯用临时转移支付来弥补农村财政需求的缺口，既不能建立起可随着农村经济社会发展而稳定增长的农村财政收入机制，又会使农村财政运转陷入依赖转移支付不断增加才能勉强度日的困境，造成中央财政不断加重的负担。第三，这种在财政体制外临时给予转移支付的办法，也与落实十六届三中全会关于健全公共财政体制的决定不相适应。第四，靠体制外转移支付来解决农村税费改革中发生的农村财力缺失的办法，只能改善农村公共分配关系，并不能全面理顺公共分配关系，更不能消除城乡公共分配二元结构体制所带来的诸多弊端。不能统筹城乡公共品和公共服务的供给，必将导致党的十六届三中全会确定的统筹城乡发展失去强有力的公共分配体制的保障。而后一种方略，从深化财政体制改革出发，消除公共分配的二元结构机制，虽然会触动相关方面的既得利益，震动较大，阻力也会增多，实施难度也大一些，但它却是一个彻底解决城乡公共分配二元结构问题的有效方略，不仅可以确保全面理顺国家与农民公共分配关系目标的实现，也为加快"三农"问题的解决提供强有力的财政体制保障。

综上所述，权衡两种方略的利弊得失，在全面落实党的十六届三中全会决定的新形势下，后一种方略应当是深化和完善农村税费改革的最佳抉择。

改革二元结构的必要举措

首先，要彻底放弃那种"农村的公共品和公共服务费用可以由农民额外来负担"的思维定式，树立城市支援农村，工业反哺农业，公共分配必须城乡一体化的新观念。不摆脱旧观念的束缚，在深化农村税费改革中，一旦发生确保农民减负与保障农村财政必要收入之间矛盾时，就难免不使改革变形。比如在过去一段时期的改革中，某些地方就曾出现过一方面宣布废除"五统筹"，一方面又保留"一事一议一收费"的尾巴；一方面要切实减轻农民负担，一方面又怕减少财政收入，而设法从高确定应税粮食的价格及土地亩数，使农民减负程度大打折扣，甚至出现纯种粮农户反而负担增加的不正常现象，如此等等。可见观念的转换，乃是顺利实现城乡公共分配二元结构改革的首要条件。

其次，调整公共分配的行政层级结构，从均衡配置各级政府的财力着眼，以保障各级政府都能从国家财政总盘子中得到实现职能的基本需要，保障其收入都能够随经济社会发展而稳定增长为目标，重新审视五级政府的财政资源配置状况，在城乡之间统筹分配国家财政这块蛋糕，建立规范的地区间和各级政府间的一般转移支付制度，全面补偿在二元结构体制下所造成的农村财政收入的缺失，使农村财政与城市财政享受同等待遇。

最后，在实现乡镇政府职能转换的基础上，科学明确地划定乡镇政府职能范围和财政供给的责任，健全乡镇一级预算制度，实行全部财政性收入和支出纳入预算内统一管理的制度，以确保乡镇人民代表大会对乡镇财政的监督。需要指出的是，在农村税费改革中，面对财政收支与农民减负之间的矛盾，有人提出用撤销乡镇一级政府的办法，来解决农村财政困难和确保农民减负。从表面看，这的确是一个很有吸引力的改革措施。机构撤销了，也就没有经费需要了，一切似乎都可以迎刃而解。然而这种设想是很值得斟酌的。且不说这种设想与小城镇发展战略相矛盾，仅就乡镇一级政府撤销后需要处理的问题来看，也没有那么简单。在我国，乡镇一级政府承担着直接为广大农民提供公共品和公共服务的重任，虽然乡镇一级政府可以撤销，但乡镇一级政府所承担的公共服务任务却一点也不能撤销。如果撤销乡镇政府，这些任务势必要全部落到县级政府肩上，在我国这样一个地广人多的国度里，仅靠一个县级政府直接为广大农村的众多农民提供公共服务，显然会存在这样那样的困难。为了保障乡镇政府撤销后，广大农民享受公共服务的质与量不降低，县级政府势必要一方面扩大本级机关的机构和增加人员；一方面为解决对农民服务的半径问题，还要设置诸多派出机构。其结果不仅机构和人员减不了多少，弄不好还会增加公共服务的成本费用，甚至发生降低公共服务水平的危险，不利于城乡经济社会统筹发展，不利于加快农村经济社会现代化建设步伐。所以，出路不在于撤销乡镇级政府，而在于科学地设定乡镇政府的布局，转换其职能，提高运行效率，精简机构和人员，节省运行成本。这一点已为一些省市成功的改革经验所证实。

（原载《中国财政》2004 年第 3 期）

落实科学发展观的税制建设问题

　　党的十六届三中全会确立了以人为本、全面、协调、可持续发展的科学发展观。在我国税制建设中，如何全面又切实地落实科学发展观，乃是财税理论工作者和实际工作者的一个重大课题。近些年来对现行税制的各个主要税种的缺欠和改革方略，已作出多方面的研究，并已基本上取得了共识。但这些研究成果，多是从传统发展观视角进行的研究，还难以全面满足落实科学发展观的需要，本文就此作些探索。

一　现行税制与落实科学发展观需要之间的差距

　　1994 年建立起来的税制，经过十来年的实践表明，这次改革是非常成功的，既构造起了能够确保税收收入持续快速增长的机制，又发挥了应有的宏观调控作用，税制是十分优化的，这一点必须给予充分的肯定。然而理论与实践都表明，一劳永逸的、永恒优化的税制是不存在的。税制建设从来都只能是为一定时期内的政治、经济和社会发展服务，税制建设必须服从和服务于各个不同时期的政治经济需要。因此，一个国家的税制，只有依不同时期经济社会发展的实际态势和所面临的政治、经济任务，不断地加以改革，才能持续地保持其优化状态，才能充分地高质量地发挥其效能。自 1994 年至今十年来，无论是我国的经济社会发展或是国际环境都发生了巨大变化，现行税制与其已有诸多的不相适应，而从落实科学发展观的需要来看，现行税制的不适应就更加突出。

　　（一）以费代税，税收发展的空间被极大地压缩。这种情况与全面建设小康社会，落实科学发展观需要强化税收的宏观调控职能，是十分不相适应的。当然，从预算内财政收入中税收收入所占比例份额来看，已高达

95%以上，税收活动空间很大，并没有被压缩，但从政府支配的财政性资金全局来看，则不然，大量税收性质的财政收入，游离于预算外。如果把游离于预算外的税收性质收入与预算内收入加总计算，则税收占财政收入的比重只有60%左右，显然税收活动空间已被严重挤压。据国际货币基金组织统计，国际上非税收入占财政收入比重，一般只占10%左右。可见我国这种税费配比状况，不仅十分不合理，也极大地制约了税收宏观调控职能的充分发挥，难以满足落实科学发展观的需要。

（二）主体税种的各项税制要素配置过于中性化，导致税收宏观调控机制的弱化与丢失。税制过于中性化，政府有关当局为满足繁重的宏观调控需要，就不得不频繁采用行政制度手段，出台诸如税收减免等补充政策措施。这样做的结果虽然补救了税制调控机制之不足，但也带来了诸多的弊端，降低了税收政策的规范性和透明度，降低了税收政策的稳定性，增加了税收调控的成本，并导致不应有的实施税收调控与保财政收入之间的矛盾，西方国家的政府与学者极力推崇增值税的中性化，他们是以坚持主体税种，即所得税的调控功能为前提的，故在他们的税制建设中增值税中性化与所得税非中性化是相得益彰的。特别是在他们那里，市场机制完善，结构调控等任务较轻，宏观调控任务的重点在总量的情况下，尤其是这样。而在我国则不然，虽然我国的税制模式号称是双主体，而实际上只有流转税才称得上是主体税种，2001年我国流转税的收入总额占税收收入总量的比重是60%，而企业所得税只占14%，个人所得税的比重更低，只有7%，并且两税也存在中性化倾向。这样在事实上就造成税制总体的中性化，导致税收宏观调控功能弱化和短缺，从而极大地妨碍了税制内生调控体系的形成。

（三）税种间的税制要素配置不协调，时时产生税种之间调节功能对冲和异化的不良后果。这种情况可以从以下几组税种之间的关系上得到说明，例如土地增值税与城市土地使用税和耕地占用税三税之间，前者是为规范房地产市场交易秩序，遏制土地市场过分投机而设置，也是为了调节土地增值收益，后两者是为了促进合理地使用土地和保护耕地。从三个税种设置的初衷看都是必要的，其要素配置也没有什么不妥。但把三者的要素配置联系起来分析，从土地调节的总体看，不仅三税的设置目的模糊起来，三税之间的调节作用也发生了矛盾。土地增值税税率畸高，城市土地使用税与耕地占用税两税税率畸低，前者适用的是四级超率累进税率，最低档税率是30%，最高档税率达60%，而后两税适用的是按平方米计征的定额税率，最低税率为2角，最高是大城市土地也不过10元。三个税种的税率这样搭配的结果，除了对财政收入有其积极意义外，在宏观调控作用上，却发生了三税的调节作用对冲和扭曲的弊端。一是由于土地增值税的税率畸高，拉高了二级土地市场的价格，而相比之下，政府批租一级土地价格低，就促使人们尽可能去争取占用耕地和购买政府第一手出让的土地。二是城市土地使用税和耕地占用税的税率畸低，土地增值税税率畸高，在比较利益作用下，致使持有多余土地者，宁愿使自己占有的土地暂时闲置待用，也不愿转让出去，导致遏制了土地正常流通，不利于节约使用土地。

（四）税制内生调控机制残缺不全。当今世界运用税收手段实施宏观经济调控，通常是采取两种具体操作方式来实现：一是靠税制内生调控功能，通过税收立法方式，在税制建设中依一定的调控需要科学地搭配税种和税制要素，以构造起内生的税式宏观调控体系来实现；一是在税法之外，用行政手段相机发布各种税收优惠政策的补充规定来实现。在依法治税的国家中，多是以前者为主要方式，后者只是补充手段。因为前种办法利于提高政策的透明度和稳定性，增强税收调控作用。

一个国家在税制建设上应当构造起哪些宏观内生的调控体系，并没有统一的模式。由于国情不同、发展观不同和各个历史时期经济社会面临的任务不同，所需构造的税收宏观调控体系的数量和性质则不同。就我国的国情及现阶段经济社会发展状况，特别是从落实科学发展观，确保全面建设小康社会战略目标实现的需要来看，在现阶段的税制建设中构造起促进经济快速协调发展、促进社会和谐发展、促进城乡和地区协调发展、促进人与自然和谐发展四大调节体系是不可缺少的。而现行税制由于受传统发展观的制约，这些体系中，除了促进经济快速协调发展的调控体系比较完整外，其余都远没有形成。

1. 促进社会和谐发展的税式调控体系，主要是通过构造起完整的收入分配调节机制来实现。因为，人们所结成的经济社会关系，说到底都是经济利益关系，经济利益是人们结合起来组成社会，进行生产的根本动因和纽带。所以，要建立和谐发展的社会，只有调节好人们之间的经济利益关系，使社会生产成果人人共享，普遍受益方能达到目的。而收入分配的税式调节机制，通常是要由个人所得税、消费税、财产税、遗产税与赠与税等税种协调配置，方能完整地建立起来，从国际经验来看，这几个税种缺一不可，缺少任何一个，都会破坏收入分配调节机制的完整性，从而极大地削弱调节作用。在我国现行税制中，从表面看，除了遗产税和赠与税空缺外，其他税种已基本齐备，但从调节功能来看，却还很不完善，不仅由于缺少遗产税，调控功能没有覆盖个人收入分配运行的全过程，并且现有的几种税也存在税基覆盖不全，调节要素配置不合理等问题。

2. 促进人与自然和谐发展的税式调控体系方面，现行税制中基本是一块空白。这一调控体系通常包括两个子系统，一是促进资源合理和节省利用的调节系统；二是保护环境生态的调节系统。现行税制中具有资源利用调控作用的税种，有资源税、城镇土地使用税和耕地占用税三个税种，从表面看，调控体系已经初步形成，而具体分析一下，就会发现相差很远。其中土地两税调控功能的缺欠，前边已经分析，这里不再赘述。仅就资源税来说，不仅调节范围极狭，仅限于对矿产资源的征收，其他诸多资源，如森林、草地、水资源、海洋资源等，都在调节范围之外，并且其调节着眼点仅限于对级差收益的调节，并没有把调节放在促进合理开发、节约使用和促进循环经济发展的方向上。可见资源合理开发和节约使用方面的税式调节体系，至今基本上还是空白。至于促进环境保护和生态保护的税式调节体系，更是一片空白。当前对环境保护的调节，主要是借助收费来实施，处于以费代税的状态。收费虽然也有促进环保的功能，但其作用有限，其弊端也是明显的。并且费有费的作用，税有税的作用，应当填补税收作用。

3. 促进城乡协调发展的税式调控体系方面，现行税制体系中，有关涉农的税收显然是难以满足这方面的需要，如何建立这一调节，乃是一个亟待研究的课题。

总之，宏观调控功能不全，调控功能弱化和扭曲，是我国现行税制最为突出的缺欠。为适应我国社会主义现代化建设新时期面临的任务和落实科学发展观，建设和谐社会的需要，对现行税制进行一次以强化和健全宏观调控功能为着眼点的改革，已是一项不可回避的重任。

二　落实科学发展观的税制改革构想

基于我国现行税费制度的欠缺，看来建立起符合全面落实科学发展观需要的，税制内生的宏观调控体系，至少要采取以下两方面的改革举措方能实现。

（一）整合税源，把税制创新与城乡税费改革有机结合起来。城乡税费改革虽然是理顺公共分配关系，规范公共分配秩序的一项特殊改革，但它也是解决费挤税的一项税制改革，它是与税制改革不可分割的有机组成部分。费改税决不可仅限于将收费形式变为税收形式，必须把费改税纳入税制改革总体之中，依税制改革的取向统筹安排，才能保障费改税与税制改革之间协调进行。此外，税制改革不把费改税纳入其中，仅就预算内税收部分研究税制改革方案，既局限了税收发挥调控作用的空间，为优化税收调控体系造成困难，也难以正确地估量宏观税负水平之科学性，势必给税制设计带来盲区，带来消极因素。因此，在新一轮税制改革中，把费改税排除在视野之外是不可取的。必须把两者结合起来，统一设计改革举措，同步实施。

（二）全面调整税制结构，包括调整税种结构和税种间的要素配置关系的整理两方面的内容。在新一轮税制改革中，把这两个方面的调整内容有机地结合起来，方能达到预期的目的。

1. 简并一些税种，主要的是将企业所得税和外商投资企业及外国企业所得税合并为统一的中华人民共和国企业所得税，将房产税与城市房地产税合并为统一的不动产税（或称房产税），将车船使用税与车船使用牌照税合并为统一的车船使用税，以简化税制，利于实现税收上的国民待遇，促进企业公平竞争。

2. 取消一些失去存在意义或不合理的税种，这包括：农业税、屠宰税、农林特产税、筵席税、固定资产投资方向调节税，以利于减轻农民负担，利于促进经济发展，促进"三农"问题解决，促进城乡协调发展。

　　3. 完善一些税种的要素配置。其中包括：（1）完善增值税，从生产型增值税转换为消费型增值税，以利于促进生产投资、科技投入、减轻企业负担。（2）完善消费税，主要的是调整征收范围和税率，将非消费品如酒精、柴油等及人民生活中的日常消费品，如香皂、浴液、洗发水、花露水等，从征收范围内排除出去，把一些高级消费品，特别是一些不利于资源节约使用的消费品和奢侈消费行为，纳入征收范围，并相应调整现行的税率。对那些资源耗费高的适用高税率，使消费税成为名副其实的调节高消费的税种，以利于完善税收的收入分配调节体系和促进资源的节省和人与自然之间的和谐。（3）完善个人所得税，以实行按率计征的综合所得为改革目标，在现阶段虽然须要维持综合与分项征收相结合的办法，但必须消除其中存在的不合理，甚至逆调节的因素，以强化和改善对收入分配的调节功能，增大对收入分配的调节力度。（4）完善资源税，扩大征收范围，将除土地资源以外的资源开发利用都纳入征收范围，以加大税收促进资源合理利用的作用，完善税收的保护资源促进合理开发和节约利用的调节体系。（5）调整有关土地资源开发利用的税收制度，扩大城镇土地使用税的征收范围，扩展到除农用、林用、草用、牧用以外的一切土地使用，并结合土地开发方面的费税改革，将取得土地有关的收费中属于税收性质的部分并入此税，并改定额税率为从价征收的比例税率；改耕地占用税一次性征收为按年征收，并大幅度地提高税率，以强化税收促进节约使用土地和保护耕地的作用，更好地体现和落实切实保护耕地的基本国策。完善土地增值税，以克服现行税制不利于促进土地合理流动和杜绝土地囤积的弊端；提高城市维护建设税的税率和扩展其税基，将土地开发使用及流通中属于税收性质的行政事业收费纳入此税，以配合土地开发利用方面的费税改革。

　　4. 增添必要的新税种，从我国现行税制体系的实际状况看，除了实施前述几项改革之外，还须适当地填补各项税式宏观调控体系的税种缺口，方能有效地建立起与落实科学发展观，构建和谐社会需要相适应的税式调控体系。（1）开征"遗产税与赠与税"，以完善和强化促进社会和谐发展的税式调控体系。遗产税可以在不损害效率的条件下，有效地调节社会财富分配，促进社会公平。就是说，唯独遗产税在调节社会财富分配中，可以真正做到效率与公平的统一。遗产税是对财产拥有人去世后征收的，对财产拥有人来说没有任何痛苦，因此，可以实行高额税率，把大部分遗产收归国有，并用来资助贫困者和举办社会公益事业，促进社会财富分配的公平。开征遗产税对我国来说，更有其特殊意义和必要性，它不仅是落实科学发展观，建设和谐社会之不可缺少，更是落实、鼓励一部分人先富起来，并通过先富带后富，最终实现共同富裕的社会主义建设目标之必需。可是，既要积极调节收入分配，促进社会分配公平，防止收入差距过大，保障收入分配不违背共同富裕目标，又要积极鼓励一部分人先富，不损害效率，这就是一个矛盾。要有效地克服这个矛盾，出路就在于正确处理公平与效率关系，构造一个先富与共富兼顾，使两者相互推动，形成一个沿着边先富边共富方向逐步前进的财富分配机制。而要做到这一点，就要寻找一个既不会妨碍先富，不会损害效率，又能实现对收入分配有力的调节手段。世界各国实践经验表明，把遗产税纳入收入分配体系中，乃是一个有效办法。（2）增添生态与环境保护税类的税种，以建立促进人与自然和谐发展的税式调控体系。构建这一体系，仅仅靠一个资源税是办不到的。扩大征收范围和提高税率后的资源税，虽然强化了促进资源节约利用的调节功能，但其作用仍然不够全面，它对资源储量开发利用的节省及资源最终耗费的节省，难以发挥调节作用。因此，为全面发挥税收促进资源节省利用和促进循环经济发展的功能，还必须在资源税之外，另行设置促进资源储量节约利用和促进资源最终耗用节省的税种。在我国，资源储量利用方面浪费极大，矿产资源回采率以及对伴生资源利用率很低，例如，煤矿资源回采率，当今世界水平是85％，而我国最高水平是75％，最低只有10％，每年损失的煤炭资源数量惊人。其他矿产开采也有类似情况。对此，可以考虑设置矿产资源回采税，按资源回采率的高低设置差别累进税率，回采率越高税率越低，这样就可以对高回采率企业起到鼓励作用，对低回采率企业起到淘汰作用。在资源最终耗用方面，浪费也是极大的，比如现实生产和生活中，对产品采取过度的包装，以及用了就丢的一次性产品比比皆是，这种情况造成资源极大的浪费。依科学发展观的要求，急需加以治理。刺激和鼓励过度消费，乃是市场经济的一个弊端，必须由政府这只看得见的手加以调节和纠正，因此，对过度包装及其他一次性消费制品，及其他一些过度消费等课征资源特别消费税加以调节是十分必要的。

至于生态与环境保护方面需要开征的税种，从各国实践经验来看，大体有两类做法，一类是税种较为单一，只开征环保税或生态税而在税目中做细；一类是在税种上细化。鉴于我国在这方面征税缺少经验，可以先采取第一类做法，先设置环保税一个税种，在积累一定经验后，再改为分类设税较为妥当。

最后，值得提出的是，要完善和强化税收对土地资源合理开发利用的作用，仅仅调整现行各项有关土地税制是不足以实现的。除对土地开发利用设置一般税种加以调节，促进其节约使用之外，还必须设置特殊的调节税种，对一些应当限制的土地开发利用行为加以调节。如对别墅、高尔夫球场以及其他耗用土地大的旅游设施用地以及土地奢侈性消费等，就应当开征高税率的土地特别使用税加以调节。再比如，对城市内土地拥有者较长时期不开发利用者，则应当开征土地闲置税加以调节，以促进土地存量的充分利用。为反对土地投机，还要开征土地超短期转让税，按其利得累进征收等。

（原载《财政研究》2005 年第 10 期）

第三篇

财政宏观控制体系改革

重视财政调节作用，完善宏观控制体系

几年来，为了搞活微观经济，对经济体制采取了许多改革措施，取得了显著成效，微观经济已开始出现多年未有的活跃局面。但是，与此同时，新的宏观控制体系的建设，却没有同步跟上，从而给宏观经济控制带来了一些问题。如何加快宏观经济体系改革，完善宏观控制体系，这是当前亟待研究解决的重要课题。

一

旧的宏观经济管理体系，是一种以实物控制为主、以行政指令为基本手段，对微观经济进行直接行政干预的管理体系，在这种宏观经济管理体制下，微观经济没有任何自主权，只是各项行政指令的被动执行者，宏观经济管理代替了微观经济管理，宏观控制与微观管理两者是同一的、重合的。因而，下放生产经营权给微观，就必须破除宏观对微观经济的直接行政干预，就意味着原有宏观控制体系的破除。这种情况给人以错觉，似乎是破除宏观经济的直接干预，下放经营权给微观经济，本身就是对宏观经济体制进行改革。其实不然，旧的宏观经济管理体制的某些部分或全部的破除，并不能代替新的宏观经济管理体系的建立。破并不就是立，许多事情破并不能立在其中，破了还要立，特别是旧体制对微观经济的控制，主要是依靠行政手段的直接干预实现的，离开行政手段的直接干预，就会失去控制能力。这样，破除宏观对微观的直接干预，而不相应地建立宏观经济对微观经济的新的控制办法，在向微观经济放权的同时，就必然出现宏观控制的真空，就会对已下放的权力失去宏观控制。因此，要做到既搞活微观，又不失去宏观控制，就必须在经济改革中破与立同步进行，在搞活微观经济、破除旧的宏观经济管理体制的同时，建立适应微观经济搞活的新宏观管理体制。

那么应当建立什么样的宏观经济管理体制呢？人们并不能随意选择。经济体制是生产关系的体现，它直接受社会经济运行形式所制约。一定的社会经济运行形式必须有与它相适应的经济管理制，才能得到巩固与发展。我国是有计划的商品经济。商品经济是直接以交换为目的的经济形式，每一个生产单位，都是独立的商品生产者，其生产品都是为了满足他人的需要，自己的所需，只有通过交换才能取得。因此，在社会主义商品经济中，每一个生产者或生产单位的生产任务都表现为两重性，一是要生产出能够满足人民物质文化生活需要的物质产品，以便用来交换；二是要创造尽可能多的价值以便取自己的需要。这两重任务中价值生产和实现的实际状况，决定着生产者自身利益的大小，对生产者来说，取得更多的价值对他的利益更为直接。可是，使用价值是价值的物质承担者，只有生产出符合社会需要的使用价值，才能实现交换，才能得到价值的实现，生产者为了取得更多价值，就必须按照社会需要进行物质生产。因而，生产价值的目的，又推动着实现社会主义生产目的，为满足社会需要生产使用价值任务的实现。商品生产者的两重生产任务，就在争取创造更多的价值基础上统一起来。商品经济这一特性决定了在经济管理上，必须充分利用价值规律，建立以价值控制为主，以经济杠杆为基本手段的宏观经济控制体系，方能做到既保障微观经济的独立商品者地位，又实现宏观控制目的。

二

经济杠杆是人们借以运用经济规律作用，调节社会再生产的过程，使之按照最大经济效果，最符合生产目的的方向运动的诸经济范畴的总称。经济规律的作用是通过一定的经济范畴运动来实现的。因此，运用经济规律只能通过相应的经济范畴为手段来实现。例如，价值规律的作用，表现为价格、成本等一系列价值范畴的运动和作用，人们要自觉地运用价值规律，就要借助这些价值范畴来实现，这些价值范畴就是经济杠杆。当然，经济范畴并不都具有经济杠杆的性质，不是所有的经济范畴都可以作为经济杠杆,只有可以借助其运动,调节社会再生产过程中各个方面的经济利益,使之按预定的方向或目的运动的经济范畴,才是经济杠杆。不同的经济杠杆,在社会再生产中处于不同的地位,有着不同的调节作用:有的调节作用强,有的调节作用弱;有的调节作用范围广,有的调节作用范围窄。同时,各经济杠杆之间又不是孤立的,而是相互联系、相互制约的。因此,在国民经济管理中运用经济杠杆时,必须特别重视调节作用范围广而且调节力强的经济杠杆,又要注意各个经济杠杆之间的相互配合和协调。如果忽略了作用范围广而且能力强的经济杠杆,只注意运用调节作用较单一的经济杠杆,调节作用广的经济杠杆就会发生多方面的自发性调节的干扰,妨碍经济杠杆按预定方向运动,达不到预期的调节目的。如果忽视了各杠杆之间的相互制约,忽略了各经济杠杆之间的合理配合,就会出现各经济杠杆之间作用上相互矛盾,从而发生调节过量,或调节不及等问题,同样也达不到预定的调节目的。因此,在运用经济杠杆实行宏观控制时,必须建立以调节作用最强而又作用广泛的经济杠杆为主体的经济调节体系,方能有效地实现宏观经济控制。

综观诸经济杠杆,在社会再生产中的调节作用能力强而又作用广泛者,应推财政范畴为最。财政是社会再生产过程中分配环节的重要组成部分。社会再生产的生产、分配、交换、消费诸环节之间是相互联系、相互制约的有机总体,生产决定着其他三个环节,其他三个环节又反作用于生产。其中,分配作为产品的分配,媒介着生产与消费、媒介着生产与交换。就是说,分配是社会以一般的居于分配地位的规定形式,担任生产与消费之间的媒介,决定着生产者在产品世界中占有的比例份额。分配作为生产要素的分配,它本身就包含在生产之中,并且决定生产的结构。财政作为分配的重要组成部分,同样处于上述地位。所不同的是,财政分配是分配的一个特殊部分,它并不能媒介全部生产和消费,就财政一般而言,它只能媒介剩余产品的生产与社会共同事务的消费。就财政特殊而言,在不同的生产方式下的财政,其性质不同。因而,在社会再生产过程中,媒介生产与消费的广度和深度不是不完全一样,在生产资料私有制的社会中,生产和积累是私人的事情,财政分配只是生产与社会公共消费的媒介要素。对生产来说,它是外在于物质生产过程,为社会再生产服务。在生产资料公有制的社会主义社会中，全民所有制经济占统治地位，不仅非生产性社会共同消费需要扩大，而且积累的需要也成为社会共同需要。因此，社会主义财政不仅扩大了生产与非生产消费的媒介范围，而且直接承担了社会扩大再生产所需要素的分配及社会积累职能，财政成为内在于物质再生产的一个因素，财政媒介生产与消费的深度和广度都空前扩大了，在社会再生产的各个环节中有着更加广泛的作用。

第一，社会主义财政是扩大再生产要素的主要分配者与供给者，是社会主义扩大再生产的决定因素。积累是扩大再生产的唯一源泉，积累的规模决定扩大再生产的规模；积累分配的结构，决定再生产的比例结构。由于社会主义积累主要是通过国家财政分配和使用的，因此，财政分配不仅直接制约着社会主义扩大再生产的规模和增长速度，还直接制约着国民经济结构。一句话，财政是控制社会再生产发展规模和方向及各项比例的决定因素。

第二，社会主义财政是国民收入分配的中心环节。这不仅表现在财政分配的国民收入数量上，也表现在财政分配相对其他分配形式更具有高度集中性的特点上。我国财政分配在国民收入分配中，占有举足轻重的地位，以当前财政情况为例，国家预算内分配的数量大体占国民收入的25%以上，加上预算外属于财政分配性质的国民收入部分，则几乎占国民收入50%以上。国民收入的各种分配形式中，唯有财政分配是始终从社会总体出发的社会集中化的分配，其他分配都比财政分配要分散得多。由于财政分配的数量大而又集中，尽管其他分配形式对财政分配也有制约关系，但财政分配对其他分配的制约作用要大得多。以财政分配与生产企业的工资分配为例，生产企业的工资是企业生产成本组成部分，它的分配在国民收入量一定的条件下，直接影响着企业赢利或剩余产品的多少，从而制约着财政收入的多少。但是，工资分配量的大小，归根到底是取决于财政分配如何安排国民收入使用于积累与消费比例，决定于财政从企业取走多少赢利。企业留利即剩余的赢利，是企业发展集体福利事业和增加职工工资的来源，财政从企业取走的多，企业留的就少，从而回归于必要产品价值中的部分，能够转化为职工收入的数量就少。其他分配形式也一样，比如财政在参与其他所有制形式的分配中，财政取走多少，就直接制约着可能留下的数量。因此，财政分配对其他分配起着决定性的制约作用。

第三，财政是社会商品最终实现的重要条件。前边讲过，分配与交换都是生产与消费的中介，在执行其使命中，两者是互为条件的。交换的顺利实现是财政分配的条件。在商品经济下，财政分配主要是价值形式的分配，整个国民收入分配也是通过价值分配来实现的。商品价值创造出来后能否实现，决定于能否通过交换，交换实现了，商品的价值才能最终得到实现。生产部门生产出的产品，不能顺利地通过交换，价值就不能实现，生产单位也就无从分配，财政也无从分配，交换的实现是财政分配得以进行的前提。反过来，财政分配又是交换得以正常进行的必要条件。财政分配直接决定着归属问题，同时也间接地决定了国民收入其余部分的归属问题。通过财政分配，大体上也就确定了社会再生产的各个方面所得国民收入的比例份额。同时，财政分配的最终结果将形成各种实际购买力，即对各种具体产品的实际需求。因此，只有财政的分配结构或所形成的物质需求结构，与国民收入的实物结构相吻合时，交换才能顺利实现，否则就会发生供需结构性的比例失调，一部分价值不能换取所需的产品，另一部分商品的价值又得不到实现。可见，财政分配对交换也有着决定性的制约作用。

第四，财政是国民经济中积累与消费比例最终形成的重要制约者。积累与消费比例，是社会主义国民收入使用中的最基本比例，它关系到整个社会再生产是否按比例发展的大问题，也是宏观经济控制的首要比例。积累与消费比例是通过国民收入的分配和再分配过程最终形成的。社会主义财政参与国民收入分配和再分配全过程，在国民收入初次分配中，财政从国民收入中集中多大份额，决定着生产者个人的消费水平。国民收入经过初次分配形成两大部分，一个部分归劳动者（V），一个部分是满足社会共同需要（M），M由国家集中起来形成财政收入（为说明简便起见，把留归企业用于生产部分，存而不论），V部分基本用于消费，而M部分则通过财政再分配，一部分用于积累，一部分用于消费。如果财政在分配中，多安排积累性支出，则会在积累与消费的比例关系中减少消费比例；反之，则会增大消费比例。因此，财政分配对国民收入分配最终形成什么样的积累与消费比例，有着决定性的制约作用。

　　总之，社会主义财政在社会再生产中的地位，决定了财政在完成本身的职能过程中，对社会再生产的各个环节都有着直接的制约作用，它的分配活动不仅在宏观经济上可以直接控制国民经济的各方面比例，而且又可以对微观经济给以直接的影响，从而直接制约着微观经济的活动。所以，社会主义财政是社会主义经济中的首要经济杠杆。

　　财政在社会再生产中的地位，也决定了财政对其他经济杠杆有着广泛的制约作用，处于诸经济杠杆的枢纽地位。因为，一切经济杠杆的调节作用，归根到底都要通过社会再生产过程中的分配环节，对人们的经济利益进行调节来实现的。而财政作为分配环节的中心，作为在社会再生产过程中占有重要地位的一种分配，它对各方面的经济利益都有着直接的调节作用，这就必然直接影响着其他经济杠杆的调节作用，客观上决定了财政对其他经济杠杆的运用起着枢纽作用，各经济杠杆的调节作用能否正常发挥，都与财政分配活动有着直接关系。例如银行利息这一经济杠杆，其作用是通过利息的高低，影响人们的收益多少而实现的，利息高能够增加人们的收益，就可以调节消费，促进人们储蓄而推迟消费。可是这一作用能否正常发挥，又受财政的直接制约，财政对利息收入是否征税，征多少税将直接决定利息杠杆的调节作用程度，免税可以增强利息的调节作用，征税就会削弱调节作用，高税甚至可能抵消其调节作用。其他经济杠杆的作用与财政的关系也一样。因此，要运用经济杠杆进行宏观调节，就必须十分重视财政的调节作用，建立以财政为主体的宏观控制体系，方能有效地实现宏观控制。

<h1 style="text-align:center">三</h1>

　　要充分发挥财政杠杆作用，建立以财政杠杆为主体的宏观经济控制体系，就必须改革宏观经济管理体制，提高财政部门在宏观经济管理中的地位。在旧的宏观经济管理体制中，财政分配是计划的从属物，财政收支安排只是消极地跟计划走，计划框子一定，财政就要按计划规定的各项需要给予"保障供给"。财政完全处于既无宏观控制的责任，也无宏观控制的权力和地位，财政的积极调节作用受到极大的压抑。因为财政的调节作用

是通过财政资金的筹集和运用来实现的。它包括在安排财政收支计划时的调节，和在计划执行过程中的调节两个方面。财政简单地按计划供给，就完全失去了运用收支制约宏观经济的能力。同时，财政收支已为计划所限定，也就失去了弹性。要运用财政杠杆调节经济，就要发生财政收支的变化，这除了改变财政收入与支出的结构之外，许多情况下，还要发生收入支出的增加或减少的变化。财政分配没有弹性，就不能机动地运用财政收支和各种分配手段，对经济进行调节。因此，为了充分发挥财政杠杆作用，第一，必须改革宏观经济管理体制，提高财政在宏观经济管理中的地位，把它从计划的从属地位，移到参与宏观经济决策和控制计划实现的位置上，实行计划部门与财政部门并行制订计划的方式，计划部门按国民经济发展总目标来安排五年计划和年度计划，财政部门则按照财政收支的客观数量界限，按照各个时期的国民经济结构状况和对国民经济调节的需要来安排财政收支计划，通过这两个计划相互制约，即所谓计划框财政；财政也框计划，在此基础上制定出国民经济计划和财政计划，以发挥财政在宏观经济管理中的直接控制作用。第二，给予财政部门在国民经济计划执行过程中，针对经济发展的新情况、新问题，灵活地运用各种财政手段对微观经济进行调节，以控制宏观经济按比例发展的责任和权力。第三，加强财政自身的平衡工作。坚持财政年度收支平衡、略有结余的方针，使财政分配具有弹性，以便于财政有充分的余力进行灵活的经济调节工作。并且财政也只有坚持平衡才能控制宏观经济按比例的平衡发展。财政赤字本身就是宏观经济失衡的表现，用失衡的财政去控制宏观经济按比例地平衡发展是不可能的。

扩大了财政部门在宏观经济控制中的责任和权力后，财政制度和财政工作本身也要进行根本性的转轨。

第一，必须认真学习和把握党的十二届三中全会通过的《中共中央关于经济体制改革的决定》的精神，彻底抛弃社会主义经济是产品经济的传统观念，改革财政的规章制度。长期以来，在这种传统观念的影响下，形成了一套只讲管住财政收支而不讲经济调节作用的供给式的财政管理模式和财政理论观念。这些观念和模式在人们的思想上打下了很深的烙印，如果摆脱不了这些传统观念的束缚，就会因循守旧，拘泥于老一套习惯做法，就跳不出传统的财政管理模式的框框，就不可能很好地完成财政改革的历史重任，甚至会在改革中，把新的内容纳入传统的老框框中去，造成改革走偏方向，削弱改革的效果。在规章制度方面，多年来基于传统的理论观念和管理模式，形成了一套供给式的规章制度。近些年来虽然经过一系列改革，建立起一些适应新的经济体制需要的制度办法，成绩是显著的，但是总的来说，并没有完全摆脱旧的框框，甚至新的规章制度也存在某些旧模式的痕迹，仍然不能跟上经济发展要求。因此，必须根据主客观条件成熟程度，按照发展商品经济的需要，和既搞活微观经济，又强化宏观经济控制的需要，逐步彻底改革财政规章制度和一些旧的习惯办法，为蓬勃发展的新的经济形势开道服务。

第二，破除"把全民所有同国家机构直接经营企业混为一谈"的传统观念，把工作转移到政企职责分开的轨道上来。长期以来，在传统观念的影响下，使财政工作形成了一种直接干预微观经济的经营活动，忙于直接管理企业财务收支，把宏观经济控制排除在视野之外的工作模式。当然，在过去的历史条件下，在那种"同社会生产力发展要求不相适应的僵化模式"制约下，财政工作也只能是采取这种模式，而且也只有这样的模式，才能有效地完成财政任务。但是，这种模式不仅会把财政工作搞僵化，使财政工作陷入单纯的收收支支的片面财政观点之中，窒息了财政在国民经济宏观管理中应有的能动作用，使本来应当是生机盎然的社会主义财政，在很大程度上失去了活力。在有计划的商品经济下，企业是相对独立的商品生产者，是自负盈亏的经济实体，财务活动本应是企业的经营权。而直接干预企业财务活动，也就剥夺了企业财务自主权，是与搞活微观经济相矛盾的。当然，不要直接干预企业财务活动，并不是说对企业财务活动可以不要监督和管理，而是说不要采取直接干预的方法，不要越俎代庖，不要把干预企业财务活动弄成财政工作的主要内容和主要出发点，把管理微观经济和直接干预混同。那种讲管理就去进行直接的干预，或者是把搞活微观经济与宏观上对微观经济的控制对立起来，讲搞活微观经济，讲放权，就不许对微观经济进行任何管理，认为管理就不是放权，都是不对的，越是搞活微观经济，越是要加强宏观控制，财政在搞活微观经济的同时，必须加强宏观经济控制。要采取新的办法，从宏观角度指导和控制微观经济的财务活动，使之沿着国家需要的方向运行，财政工作只有从直接干预企业财务活动的日常事务中解脱出来，转移到代表国家直接参与宏观经济管理方面上来，使财政部门不再只是微观经济的总财务部，国民经济的供给部，而成为国民经济的经营管理部，财政工作才能在建立具有中国特色的、充满生机和活力的社会主义经济体制中，在促进社会生产力的发展中，在实现四个现代化的任务中承担起应负的历史重任。

　　财政工作重点转移到宏观经济管理轨道上之后，要加强宏观经济的研究，加快信息的传递和搜集速度，及时掌握和发现国民经济发展中带有战略性的关键问题，从宏观上审时度势，及时制定和修订有关的政策和措施，运用财政杠杆对微观经济进行调节和对宏观经济进行直接的控制，推动国民经济按比例、高效益地发展；要加强财政综合平衡工作。社会再生产的各种基本比例，只有从国民经济整体上来安排，才能保证国民经济按比例发展，一个地方、一个部门、一个企业是无从确定的，然而，各地方、部门、企业的各项经济活动，又都直接影响着国民经济全面的比例关系。国民经济全局的最终状况，又取决于各地方、各部门、各企业的各项经济活动。因此，财政要实现宏观控制，必须编制综合财政计划，研究社会总财力运用情况，及时观察和掌握国民经济总资金流向，以及使用上的比例状况，以便及时用财政杠杆进行调节，控制宏观经济的比例和平衡。此外，还要加强财政法制建设和提高干部素质等工作，以保证有效地完成新形势下的财政任务。

（原载中国财政学会编《第七次全国财政理论讨论会文选》，

中国财政经济出版社 1986 年版）

论经济杠杆与宏观经济控制

一　在宏观经济控制中利用经济杠杆的必要性

宏观经济控制，就是对国民经济总体的平衡和按比例发展的控制。宏观经济控制不仅仅是宏观经济对微观经济活动的控制和调节，它包括两层含义：一层是对宏观经济活动的控制，从国民经济总体上安排好需求总量与供给总量的平衡和国民经济结构比例的平衡；一层是在宏观经济需求与总供给平衡得到控制的前提下，对微观经济实行调节或控制，使其沿着宏观经济规定的比例方向运动，以保证国民经济综合平衡的实现。宏观经济控制的两个层次是有机联系的统一整体，缺一不可。第一层次是实现宏观经济控制的基础，没有国民经济总体的平衡，第二层次的控制也就失去了依据。但是，宏观经济所控制的各项比例，靠宏观经济本身的活动还不能完全保证其实现，其最终实现程度还决定于微观经济活动符合宏观经济安排的比例状况，最终是微观经济活动的结果。这就必须按照宏观经济安排的比例状况，对微观经济进行调节，使之沿着宏观控制的方向运转，如果没有第二层次的控制，微观经济的运行就完全处于放任自流状态，宏观经济安排的比例就难以最终实现。所以，对微观经济调节又是保障宏观经济控制目标实现的手段。但微观经济活动是否按比例，却不能由微观经济自我控制，必须由宏观经济部门对其调节、指导才能做到，这主要是因为微观经济单位分散、所处地理位置的局限性决定的。那么，宏观经济通过什么来控制微观经济呢？它并不由人们主观意愿决定。宏观经济对微观经济采用什么手段来控制，直接由社会经济运行方式所决定。在产品经济方式下，全社会组成一个大工厂，进行自给自足式的生产，社会直接支配和供给各单位所需产品。因而，宏观经济对微观经济的控制就直接表现为以行政命令为基本手段，进行实物控制。现阶段我国的社会主义经济形式，是建立在公有制基础上的有计划的商品经济，必须按商品经济规律管理经济。社会主义生产的目的，在各个生产单位中则表现为两重性：一是要生产出能够满足人民物质文化生活需要的物质产品，以便用以进行交换；一是要创造尽可能多的价值，以便更多和更好地取得自己的需要。这两重任务中价值的增值和实现状况，决定着生产者的自身利益的大小。对生产者来说，取得更多的价值对他的利益更为直接。可是，使用价值是价值的物质担当者，只有生产符合社会需要的使用价值，才能实现交换，才能得到价值的实现，生产者为了实现更多的价值，又推动着企业为实现社会主义生产计划，为满足社会需要生产更多的使用价值而努力。商品生产者的两重生产任务，就在争取创造更多的价值的基础上统一起来了，商品经济这一特性，决定了在宏观经济控制中，必须利用控制价值来改变生产者的经济利益。这样，才能实现既保障微观经济的独立商品生产者地位，又能控制它沿着宏观要求的方向运行。经济杠杆的作用正是利用人们对自己取得的价值量大小的关心这一特点，借助各种价值分配活动对经济的反作用力，改变某些经济活动可能取得的价值量，达到推动微观经济按宏观经济需要的方向运行的目的。并且，这种利用价值分配对经济的反作用力，实际上是利用价值规律的作用。因而它是顺应商品经济运行规律进行的，它不但不会妨碍各商品生产者的独立经营，而且有助于微观经济的独立经营，有利于搞活经济。

二　经济杠杆发挥作用的经济机制

经济杠杆是人们运用经济规律的作用，调节社会再生产过程中各个当事者的经济利益，以推进各个市场主体按照国民经济合理比例方向运动的诸经济范畴的概括。作为构成经济杠杆的范畴，它并不是为了发挥经济杠杆作用而存在，社会再生产过程中所形成的各种特定的经济关系，是一种客观存在，其存在的使命是实现社会再生产过程中的某一特定职能。这些经济范畴之所以又成为经济杠杆，是因为这些经济范畴在实现其职能过程的同时，又产生了一种不以人们意志为转移的制约经济的作用。这种制约作用，对社会再生产过程的各个方面有着推动或限制的力量，当人们从这个角度认识这些范畴时，就把它概括为经济杠杆。所以，经济杠杆的作用，从本质说是某些经济范畴的一种特性，是经济关系的一种派生力量。其作用是客观存在的，只要作为经济杠杆范畴在社会再生产中运行着，在客观上它就必然发生这样那样的经济制约作用。至于这种制约作用的结果，并不一定符合宏观经济控制的要求。所以，人们要运用经济杠杆，必须正确地认识它发挥制约作用的经济机制，有目的地控制其发挥作用的条件。

经济杠杆调节经济作用的根本机制，就在于它的活动可以改变人们在从事各项经济活动中的经济利益状况，通过增加或减少某些经济活动的经济利益，来推动人们按照宏观经济需要的方向去运动。因此，要使经济杠杆有效地推动人们按照宏观经济需要发挥调节作用，就必须创造经济利益可控性这样一种经济条件。所谓经济利益可控性，包含两方面意思：一方面，被调节对象的经济利益的可控制，即人们可以根据需要，运用经济杠杆的作用，按预计的数量改变被调节对象的利益。如果由于其他因素的反作用或干扰，造成利益改变过多或改变不了，或者虽然改变了，但被调节者却可以逃避这种改变和转嫁这种改变等，经济杠杆就会陷于空运转状态，导致发生不良作用。例如，在国家与企业之间分配关系上，还在"吃大锅饭"的情况下，企业对国家上缴全部赢利，赢利多则多缴，少则少缴，无利不缴，亏损则国家给予补贴，国家则不论企业上缴多少利润，都保证企业职工工资和福利的供给。这种情况用经济杠杆调节企业活动，就无法达到目的。因为，如果是增加企业的利益，也不过表现为企业上缴财政款项的减少，而对企业本身的利益，无论增加上缴或减少上缴都没有任何影响，经济杠杆在这里所发生的调节作用只能是一种空运转。

可控性另一方面意思，是指经济杠杆本身调节利益分寸的可控性。人们可以根据需要控制经济杠杆的调节分寸，按需要改变被调节对象的经济利益。如果经济杠杆的调节分寸，或调节能量，不能按调节的需要而被限制在一定范围内，经济杠杆也就不能为人们所利用。比如，价格是一个经济杠杆，价格变化可以重新分配人们的收入。运用价格杠杆，就要运用价

格升降来调节人们收入的高低，以达到调节供求的目的。这就必须有一个
条件：人们能控制价格是以价格不自动升降为前提。如果价格是无限制地
自由浮动，就无法限定价格调节分配的数量。因为，在价格随市场供求变
化自由涨落的情况下，是不能规定价格水平的，如果按调节需要规定了价
格，本身就得否定价格自由升降。否则，允许价格自由涨落，规定价格水
平也就失去了意义。

　　经济杠杆是多种多样的，不同的经济杠杆其调节对象和作用也不同，
除上述共同需要的机制外，又各有其特定的机制。如产品税可以调节一个
一个产品的生产和消费，通过产品税率的高低，可以鼓励或限制某些产品
的生产、消费。但产品税的调节作用，仅仅具备上述共同机制仍然不能有
效发挥作用，还要有按单个产品规定税率这个条件；如果是按产品大类或
按部门定税率，产品税也就失去对各种产品的调节机能。所以，要充分发
挥不同的经济杠杆作用还必须相应地制定发挥这种杠杆作用的特定的经济
机制。

三　正确运用经济杠杆，搞好宏观经济控制

　　前边讲了，宏观经济控制包括两层内容，控制好宏观经济是实现宏观
控制的基础。因此，要运用经济杠杆搞好宏观控制，首先要搞好宏观经济
自身的控制，安排好计划，并在日常工作中自觉地控制各项活动，使其沿
着供需总量平衡和合理比例的方向发展。如果计划安排上就不平衡，留有
缺口，比例也不适当，宏观控制第一层次就失控，其他层次控制也就失去
了依据。如果把这样一个失控的计划当目标去调节，去控制，结果必然会
给国民经济发展带来危害，造成经济关系的混乱。

　　计划并不能自发地实现，要靠宏观部门分工协作，统一按正确的计划
目标工作。那么，宏观经济怎样实现日常控制呢？各部门各自为政不成，
都必须按计划部门制定的正确计划执行方能实现。要保证这一点，就必须
运用经济杠杆对宏观经济各部门进行横向控制。在有计划的商品经济下，
宏观控制的总量平衡及按比例状况，决定于价值量分配和使用状况。只要
各部门的价值分配比例和使用方向符合计划的安排，国民经济计划就会实

现，宏观经济就会得到控制。而价值量的分配和使用的总闸口，就是财政预算与银行信贷两个综合经济杠杆。因为，宏观经济总供给与总需求最终是否平衡，直接受财政分配与银行信贷分配是否平衡所制约。在我们国家，生产目的是为了满足人民的需要，国民收入分配出现需求不足的情况已失去存在的条件，可能出现的不平衡，往往是表现为国民收入超分配，需求大于供给。而国民收入分配过程中，实物形态是不能超分配的，一定时期生产出多少物质财富，就只能分配那么多，也只能消费那么多。但是，以货币表现的国民收入价值形态的分配，它借助货币超需要量的供给（这里讲的货币，包括现金与非现金两部分），就可以超分配。在现行的经济体制下，国民经济中能够超过国民收入实有量，"无中生有"地提供货币供给的，只有财政和银行两个部门。银行能够利用派生存款进行贷款，制造信用膨胀来提供没有国民收入实物保证的货币，即超需要量的货币。所谓派生存款，是相对原生存款而言。原生存款，是经过国民收入分配后各方面取得的有实际物质保障的收入形成的银行存款，银行运用这个存款作为信贷基金进行贷款，是不会发生货币超量供给的。但是，当银行把存款贷放出去后，贷款再次转成存款，这就形成了派生存款。这笔存款从本质来说，它应当是现金货币的回笼，不应当再用。如果银行把它贷放出去，就形成了非现金的超量投放形成超过国民收入实有量的一种虚拟的信贷资金。利用这种虚拟资金进行贷款，就形成了国民收入超分配。财政可以通过预算赤字挤银行信贷，造成超过国民收入实际需要量的货币供给。财政不能直接创造货币，但财政可以通过赤字来提供没有物质保障的货币，财政赤字弥补的来源，不外是通过向国外借债或在国内借债（包括向银行透支），借内债就必然要相应地挤掉银行可以动员的社会全部信贷资金来源的一部分。在银行已按社会全部信贷资金来源安排了信贷计划的情况下，财政赤字挤了银行信贷，就会迫使银行用增发货币来弥补信贷资金之不足，预算赤字就这样间接地创造了超量货币，有的同志认为，国民收入超分配并不一定是这样引起的。比如，1984 年秋以来出现的国民收入超分配，货币发行过量的情况，就是由于消费基金增长过多，固定资产投资增加过量，积累与消费一齐上的结果。正因为如此，对 1984 年秋出现的国民收入超分配，货币发行过多的情况，我们采取了控制消费基金过量增加和压缩固定资产投资的措施，以取得国民经济总供给与总需求的平衡。但是，从根本来看，从微观经济上压基建、控消费，这只是截流，并不能堵源。各微观单位上基建、上消费的积极性再大，如果没有超过国民经济实际需要量的货币供给，也无法把超国民收入量的分配变为现实。在没有超量货币供给的情况下，从国民经济总体上看，各单位充其量也只能改变国民收入分配的比例结构，或过多增加消费而压缩投资，或过多投资而压缩消费，打乱国民经济的正常比例，但却不可能形成积累与消费一齐上的局面。各单位超国民收入量的货币，是不能自己创造的，只有财政与银行用自己创造的虚拟资金供给各单位用来增加消费和积累，才使国民收入超分配成为现实。所以，要彻底做到控制宏观经济，实现国民经济总的平衡，防止国民收入超分配的出现，其根本途径，就在于财政坚决不打赤字预算，执行中不出赤字，银行坚决不搞信用膨胀，坚决只用原生存款放贷。即是说财政、银行两个部门协同工作，充分运用预算及信贷两个综合性经济杠杆的控制作用，坚持综合平衡，就可以控制住国民经济的总需求与总供给的平衡。因此，控制宏观经济的平衡，不能单纯依靠计划，必须由计划、财政、银行这三个部门相互配合，相互制约。计划部门要认真调查，编制出正确的、全面的、科学的计划，为控制宏观经济提供依据，财政部门要坚持预算平衡，银行坚持信贷平衡，以制约计划的正确性，把好宏观控制的闸门，当财政或银行出现不平衡时，就要修订计划，促进平衡；财政与银行也要相互配合和相互制约，当财政出现赤字时，银行不能轻易给予透支或借贷，当信贷计划出现不平衡时，中央银行不能用发行货币来弥补，只能用压缩信贷办法取得平衡。计委也要监督财政，银行坚持平衡和支持它们的平衡。当计委的计划出现缺口时，财政与银行也要发挥制约作用，决不给缺口计划提供资金，制约计委搞平衡计划。只有这样相互制约，相互协作才能控制住宏观经济的总体平衡。

在做好宏观经济第一层次控制的情况下，当国民经济总量的平衡得到保证之后，各宏观经济部门还要正确地运用经济杠杆搞好第二层的控制，即对微观经济进行调节，才能使宏观经济安排的正确比例得到最终实现。要充分有效地发挥经济杠杆的调控节作用，搞好宏观经济的第二层的控制，调节好微观经济，关键在于人们运用经济杠杆的正确程度。如果人们不能正确运用，虽然从形式上看是在运用经济杠杆，实际上并不能实现宏观控制，反而会带来一些新的矛盾。怎样才能搞好经济杠杆的运用呢？

首先，必须明确而又具体地把握各时期实现宏观经济调控的任务，要对什么或对哪个环节的微观经济活动进行调节。实现宏观经济控制，运用经济杠杆调节微观经济，并不是对微观经济实行普遍的干涉，对任何经济活动都需要调节；也不是任何时候都要调节，只有在微观经济运行中某些方面偏离了计划轨道，或者现存的微观经济的某些方面跟不上计划的要求时才需要调节。为此，就必须认真地进行信息收集和调查研究工作，及时准确地掌握微观经济运行状况，以便根据需要运用经济杠杆拨正微观经济运行轨道。

其次，要根据不同的调节任务和目的，选择不同的经济杠杆进行调节。不同的经济杠杆不仅调节的对象不同，而且调节的作用范围也不一样：有的调节作用比较单一，有的调节作用比较广泛。一句话，各种经济杠杆都有自己的调节作用和调节范围，任何一种经济杠杆都不是万能的，哪怕它的作用极其广泛。因此，在运用经济杠杆调节微观经济时，必须根据不同的调节任务，选择相适应的经济杠杆作为手段。如调节企业之间的级差收益，用价格杠杆来调节就不成，而用级差收益税就可以实现有效的调节。根据不同的调节任务选出相应的经济杠杆后，还要根据所需调节程度，确定使用经济杠杆的分寸，正确地规定经济杠杆影响被调节利益的数量，防止调节过量或不足情况的发生。如果所规定的经济杠杆调节的分寸过大，就会造成拨正这面又偏向另一面的问题，经济杠杆拨动力量过少，会使偏离宏观控制轨道的经济活动不能完全得到纠正。

最后，要认真注意经济杠杆之间作用的协调和配合。各种经济杠杆的作用并不是孤立的，它们是相互联系、相互制约、相互浸透的，各个经济杠杆的作用，有的可以相互代替，有的可以相互助长，有的可以相互抵消，等等。例如，提高利息可以刺激储蓄，而对利息征税又可以限制储蓄而抵消提高利息的作用。在运用和选择经济杠杆时必须注意这些，使所用的经济杠杆相互协调，相互配合形成一个完整的经济杠杆体系。否则就会出现所用经济杠杆的作用相互矛盾，或者反而发生相互抵消作用，或者同向发生作用而调节过头。此外，在选择运用经济杠杆时，还要注意可能发生的其他经济影响。因为，有些经济杠杆的作用范围广，当调节任务单一，而又必须运用调节作用范围广的经济杠杆时，就会发生经过调节虽然解决了经济活动某些偏向，使之按计划要求的方向运动了，可同时又对不需调节的经济活动，也发生了调节作用，从而造成不良的作用。如价格杠杆，提价可以刺激生产，但同时又会限制消费，降价可以限制生产，同时又刺激消费。如果我们只限制生产不鼓励消费，那么在用降价办法限制生产的同时，还必须选择另外一个经济杠杆与之配合，把降价鼓励消费的作用加以抵消。这样，才不至于为降价而出现消费需求过度的情况。所以，在选择和运用经济杠杆的过程中，各个掌握经济杠杆的部门必须进行统一协调，绝不能各自为政。

（原载中国经济杠杆研究会编《经济杠杆理论与实践》，
中国财政经济出版社 1987 年版）

财政政策与货币政策协调配合问题

一　财政政策与货币政策协调配合的理论思考

社会对经济的运行如何调节和控制，决定于社会经济体制。我国的经济体制改革是要从产品经济向有计划的商品经济转化。因此，在宏观经济管理上，必须充分利用价值规律建立以价值控制为基本手段的国民经济调控体系，这样才能既搞活微观经济，又实现宏观经济控制的目的，直接掌握在国家手中并能够直接调节和控制国民经济价值运行状态的财政政策和货币政策，就成为国民经济宏观调控的主要手段。

就本质而言，财政政策与货币政策无非是国家为了控制国民经济的运行，使其沿着总量平衡和结构平衡方向发展所确定的财政分配和货币供给的各项参数。在我国，由于货币政策是以控制信贷总量为中介目标，广义地讲，货币政策也可称为货币信贷政策。在我国，所谓财政政策和货币政策协调配合问题，实际上也是财政、信贷、货币三大政策协调配合问题。

财政、信贷和货币发行同处于社会再生产资金运行过程之中，社会资金的统一性和社会资金各部分之间的相互流动性使财政、信贷与货币发行三者有着不可分割的内在联系，三者中任何一个方面的变化都会引起其他方面的变化，同时都会引起国民经济总供给与总需求的结构和总量的变化。如果财政政策与货币政策之间不注意协调配合，就会发生两大政策作用之间的碰撞，调节信息上的混乱，从而造成政策作用的扭曲，给国民经济带来损害。财政政策和货币政策相互协调和配合是关系宏观控制成败的大问题。但这种协调配合同传统的强调财政与银行之间"穿连裆裤"的观念，是有本质区别的。

　　财政政策和货币政策作用的协调配合要以财政、信贷和货币发行三者各自都能正常实现其职能为前提，并且是通过三者的职能实现过程而实现的。在决策和实施财政政策和货币政策时，必须严格划清财政、信贷和货币发行三者的职能界限。否则就会使财政政策与货币政策的作用得不到正常发挥，从而达不到宏观经济控制的目的。而财政与银行之间"穿连裆裤"是把财政资金、信贷资金和货币发行捆在一起吃"大锅饭"体制的产物，它完全混淆了财政资金与信贷资金、货币发行的不同职能和不同渠道。财政资金不足由银行补，银行资金不足则通过货币发行补，从而造成财政平衡与信贷平衡关系上的模糊，往往会发生财政真赤字而表现为平衡，明明是信贷失衡却表现为资金充裕，信用膨胀可以带来财政虚收，而财政赤字又可带来信贷资金虚胀等情况。可见，财政与银行"穿连裆裤"不仅无助于财政政策与货币政策之间的协调，而且会妨碍财政政策与货币政策的作用正常发挥。

　　财政政策与货币政策都是由政策目标和政策手段构成的。所谓财政政策协调配合，是指在实现宏观控制任务中两者的政策目标和政策手段的协调和配合，其中包括政策总目标的统一和中介目标的搭配得当，手段之间的协调，以及中介目标与手段之间协调等内容。财政政策与货币政策只有在这些内容上都做到协调配合，都符合两大政策的统一目标，不相互发生作用上的矛盾，才能有效地实现宏观控制的目的。

　　我国的财政政策与货币政策包括总量调节政策与结构调节政策两部分。财政政策与货币政策之间不仅在总量政策上要协调，在结构政策上也要协调。

二　财政政策与货币政策摩擦的热点

　　当前我国的财政政策与货币政策不论在政策目标选择上或政策手段使用上都存在着多种摩擦和不适。

（一）政策目标方面的矛盾

　　控制总需求和调整结构是当前宏观经济管理的根本任务，也是财政政策与货币政策面临的共同政策目标。为此，财政与银行都选择总的趋紧、紧中有松的政策，紧以控制需求，松紧相间以调整结构，这无疑是正确的。但两大政策各自的总量政策和结构政策的松紧搭配和目标的选择却存在许多不协调。银行在总量政策方面把紧的政策目标具体化为控制信贷总额度，而在结构政策上选择了紧中有松的政策，把松的政策目标具体化为"择优扶持"。财政则在总量政策上选择了紧中偏松政策，扩大了财政信用，打了赤字预算，在结构政策上选择了松紧相间的政策，把紧的目标具体化为压缩一般性生产建设支出和消费支出，把松的目标具体化为增加重点建设支出。在总量政策上，财政实行偏松政策，扩张信用和增加了赤字，银行则采取偏紧政策，紧缩了信用，控制信贷额度，一松一紧似乎配合得很好，其实这中间掩盖着严重的不协调。

1. 在通货膨胀、物价不稳和发生较大的国民收入超分配的情况下，特别是在货币政策紧缩的力度只能达到减弱通货膨胀的发展，而还不足以制止其发展的程度下，财政与银行两家在总量政策上采取一松一紧的配合政策不能说是妥当和协调的。从动态上讲，一定时期内的货币总支出流量等于货币供应总量与货币流通速度的乘积。如果社会总供给和货币流通速度一定，那么社会总需求的调控实际上就是货币供给总量的控制问题。由于货币是通过信贷供给的，信贷与货币供给量的形成和变动有内在联系，银行采取控制信贷总量为中介目标，以控制总需求，是无可非议的；只有大幅度紧缩信用供给总量，才能抽紧货币供给，制止通货膨胀，以稳定物价。为了配合货币政策的紧缩，财政只有以平衡收支，或收支平衡并适当结余为目标，才能保证货币政策目标的实现。相反，财政却采取了赤字预算，扩大财政信用的扩张性政策，这就在很大程度上抵消了货币政策的紧缩信用、平抑需求、稳定通货的作用。

2. 同样，财政与银行两家在结构政策方面的目标选择也是矛盾的。财政为了调整结构，采取了紧缩一般建设的供给，扩大重点建设供给的政策中介目标，发行了重点建设债券和征收能源交通重点建设基金等，以期对一般建设起到釜底抽薪的作用。为了配合财政这一政策目标的实现，银行本应也采取扶持重点建设，控制一般建设贷款的政策措施，而银行却相反，采取了择优扶持这样一个一般化政策，特别是突出扶持"短平快"项目。银行采取这样的政策中介目标，就实现稳定币值的目的来说，无疑是有道理的。扶持"短平快"项目，可以加速供给的改善，从而有利于缓解通货膨胀的压力，它是和控制信贷额度的中介目标相一致的。然而从与财政政策协调的要求来看又是相悖的。银行扶持"短平快"项目，不仅加剧了建设单位投资行为的短期化，也加剧了一般性建设的膨胀，从而抵消了财政政策调节结构的作用。

（二）政策措施之间的摩擦

　　财政与银行为了实现各自政策的中介目标，都采取了多种政策手段，因而财政政策与货币政策的手段之间的协调更加错综复杂。这里很难对当前存在的各种矛盾一一加以剖析，只能择其要而言之。就财政政策与货币政策在调节结构方面所使用的手段而言，银行为了实现择优扶持，促进"短平快"项目的目标实现，采取了分档利率，贷款期越长利率越高的利率政策，同时为了提高贷款的利用效率，加快项目建成投产，又采取了投产前就按季付息的办法。而财政为了鼓励企业利用银行借款积极进行技术改造，以实现结构调整的目标，则采取了税前还贷和归还贷款的税利视同上缴，照提职工奖励基金和企业集体福利基金的措施。财政和银行各自采取的这些措施，分别从实现各自政策的中介目标来看，都是有其道理的。但把两家各项措施结合起来观察，又显然是矛盾的。第一，财政的"税前还贷"措施，虽然有鼓励企业向银行借款，积极搞技术改造的作用，可是，由于"税前还贷"实际上是企业借钱，财政还钱的办法，它与财政无偿拨款没有多少区别。企业对借债的风险没有实质责任，比无偿拨款的"大锅饭"味道更浓，从而就销蚀了银行各项利率的作用。第二，银行的各项利率措施虽然表面上看有促进企业加快建设和投产的作用，可是企业没有投产就要付息，其付息的资金来源只能是企业原有的利润，它又同企业要用新增利润还贷付息的财政政策相矛盾，再加上企业还贷视同财政上缴等规定，就更使银行各项利率措施对企业失去鞭策作用，而且也挤了财政收入，扩大了财政困难，这显然又是与实施信贷紧缩的宗旨背道而驰的。

（三）财政政策与货币政策之间摩擦的热点

当前我国的财政政策与货币政策在政策目标和政策手段方面的不协调是多方面的，其中有关"税前还贷"的规定是主要矛盾。它是财政政策与货币政策之间诸多摩擦的热点。税前还贷从本质上说不过是财政无偿拨款的变形，是以银行贷款为中介的事后无偿拨款，这种办法使企业可以自主地从银行取得资金，而又不必承担借款的风险和资金使用的责任，银行也因此可以跟着企业坐吃保险饭。企业和银行在信贷上这种同吃财政"大锅饭"的状态，就使财政政策作用与货币政策作用之间在企业这个着力点上发生弹跳现象，财政和银行任何一方把政策措施加诸企业时，都不但不能对企业真正发生经济杠杆作用，反而在财政政策作用于企业时，会从企业把作用弹给银行，货币政策作用于企业时则会从企业把作用弹给财政。例如，银行利率政策本是向企业施加一种压力，而税前还贷却解除了企业压力，成了向财政施加的一种压力。财政的征收能源交通重点建设基金的措施本是向企业施加一种作用使之减弱一般性投资，可是由于税前还贷办法的存在，企业实际上可以无偿地从银行取得资金，从而企业可以一手把钱上缴财政，另一手又从银行信贷中取得补偿，这样，财政削弱企业膨胀一般投资的作用，却成了削弱信贷基金的作用。财政与银行在实施政策上的这种弹跳现象的存在，就带来了财政政策与货币政策运行中的各种摩擦和不协调，也造成了两大政策作用的扭曲和失效。

三　政策之间不协调的原因

形成财政政策与货币政策之间难以协调的原因是多方面的，但根本原因是宏观经济管理仍然维持着旧的体制格局，与运用财政政策和货币政策进行宏观经济控制不相适应。

首先，旧的宏观经济管理体制下财政和银行关系是主从关系，计划对财政与银行是指令，财政收支与信贷收支的总量及结构框架均由计划直接规定，财政收支与银行信贷收支没有自主伸缩的余地，也就难于根据宏观经济控制的需要自主灵活地伸缩其收支，调整其政策措施，当然也就难于实现财政政策与货币政策相互间的配合，特别是在计划盘子过大，超出财政与银行实际负担能力的条件下，财政与银行各自都难以实现平衡，都难以自如地实行政策，又怎么能进行相互之间的协调配合呢？所以，在旧的宏观管理体制下，往往是国民经济总量失衡越严重，财政政策与货币政策调节任务越重的时候，由于计划盘子框死了财政收支与信贷收支规模，财政政策与货币政策之间矛盾就越多，也越难以协调。

其次，旧的宏观经济管理体制下财政、信贷、货币发行三者是捆在一起吃"大锅饭"的关系。这种关系的特点是：第一，财政、信贷、货币三者职责不分，职能混淆，财政渗透到银行信贷职能之中，银行也要替财政承担职责，货币发行是财政和银行弥补资金不足的工具，从而货币发行也在承担国家预算和银行信贷职能。第二，财政与银行之间在资金使用上不分彼此，相互之间可以随意地无偿挤占对方资金，银行可以自动地无偿占用财政金库存款，财政也可以自动无偿地从银行账户上透支，财政与银行又都可以无限制地挤占货币发行。第三，财政与银行在资金往来上没有制约机制，无论是财政向银行借款或银行向财政缴款，既没有法定数量界限，也没有法定程序，随意性颇大。这种情况就使财政和银行任何一方面政策上的变化都会引起对方收支向相反方向变化，两大政策在宏观经济控制中不但不能形成合力，反而成为相互掣肘、互相干扰的消极力量，因此，财政政策与货币政策之间不协调也就很难避免。

四　建立两大政策协调机制的对策

鉴于我国财政政策与货币政策之间不协调的实际状况以及不协调的根源，解决财政政策与货币政策的协调配合问题关键在于改革宏观经济管理体制，改革财政、银行、计划三者之间的关系。

1. 在财政、银行与计划之间的关系上要打破"计划定盘子，财政与银行照此付票子"的旧体制模式，建立相互制约而又各自独立的新体制。所谓各自独立，就是在实现职能和实现宏观经济控制上各自保持独立，消除旧的财政和银行从属于计划，而财政与银行之间银行又从属于财政的不正常关系。具体说，就是财政与银行有制订收支计划和实行政策的自主权。财政在收支预算的编制和财政政策的决定上只服从人民代表大会及其常务委员会，而在执行人民代表大会批准的预算过程中只对总理负责，对其他任何没有经法律程序的追加追减预算项目和改变财政政策的要求都没有执行的义务。中央银行在货币供给计划及货币政策的决定上不受任何政府部门干预，只对人民代表大会及其常务委员会批准的货币发行额度负法律责任，并有独立行使货币政策的权力。所谓相互制约，就是在收支决定上打破旧体制下只是计划决定财政信贷，而财政信贷不能制约计划的关系，改为计划对财政收支和信贷收支只是指导，而财政、银行又反作用于计划的关系。具体说，就是计划作为国民经济发展的宏观蓝图，指导和制约财政与银行的收支活动，财政与银行必须以计划提出的国民经济总量平衡和结构调整的目标为共同的政策总目标，并据以编制财政收支计划与货币供给计划；而财政与银行则对计划拥有反制约权，当财政计划与货币供给（包括信贷）计划与计委的计划不协调时，计委的计划要受财政计划与货币计划的制约，计委要相应地调整其计划。只有这样调整财政，银行与计划之间的关系，才能为财政政策与货币政策相互协调创造宏观条件。

2. 在财政、银行与条块关系上，要把财政政策与货币政策的执行权力集中于中央财政部和中央银行，不再采取把执行政策的权力分条切块，经条块再决策而后实施的办法。这样才可能把条条块块的财政活动和信用活动纳入财政政策与货币政策调控之中，从而实现宏观控制者与被控制者，政策执行者与政策作用对象分离。长期以来，在宏观控制问题上存在一种模糊观念，似乎宏观控制就是控制微观，即控制企业。既然要控制企业，当然只有分条切块按隶属关系下放政策权，才能最有效地实现控制。企业活动当然要控制，可是各条块在控制企业行为过程中也有自己的经济行为，也有脱离宏观经济平衡方向的可能，也需要控制。宏观经济控制的第一个问题应当是加强宏观经济活动第一层次即总量与结构的控制。财政政策与货币政策的作用对象，必须把宏观经济部门条条块块活动纳入其中，只有这样，才能保障财政政策与货币政策的实施不受干扰和扭曲，才有利于消除摩擦。否则两大政策的力度就会处于疲软状态，失去应有作用。

3. 在财政与银行关系上要彻底拆开旧的"连裆裤"关系，打破财政资金、信贷资金、货币发行三者捆在一起吃"大锅饭"的旧体制，建立财政、信贷、货币发行三者各就其位、各司其职、各负其责、相互制约的新体制。

财政方面。（1）不得向银行自动进行无偿和无限期透支，必须透支时要经过一定法律程序，并限定透支数额，要支付利息，按期偿还。财政向中央银行透支，对中央银行来说，就是向社会增加基础货币供给，势必形成信用扩张，这也就必然要冲击货币政策的正常运行，特别是长期的甚至无限制的透支会更加严重地妨碍货币政策的正常运行，因此，为了保障货币政策的作用正常发挥，必须严格限制财政向中央银行的透支。（2）不得向中央银行发行公债，只能向专业银行和社会发行债券。向中央银行发行公债同财政向中央银行透支一样，故也必须加以杜绝。（3）不再承担向银行增拨信贷基金的责任。（4）对中央银行的货币发行实行制约，对货币超量发行征收超量发行税，当中央银行货币发行超过全国人民代表大会批准的发行额度时，则按旬或按月征收高税率的超额发行税。财政征收的这笔税金不作为正常收入，而应作为特殊政策性收入冻结起来，当货币回笼到正常值时，可返还给中央银行；这样做的好处是可以发挥财政监督作用，有利于及时抑制通货膨胀。（5）参与中央银行收益分配，除按所得额征收所得税外，还须征收货币发行收益税。我国的人民币是通过控制发行和财政稳定物价等双重措施保值的，每年财政要支付大量的物价补贴，以稳定币值，把货币发行收益的一部分收归财政，以充裕财政力量，这对稳定币值，有效地发挥货币政策作用，是完全必要的。

银行方面。（1）专业银行实行企业化。利率政策是中央银行实行货币政策的重要手段，如果专业银行不对自己的盈亏和贷款风险负责，利率就很难对专业银行发生作用，从而就会影响货币政策的效果。（2）中央银行向专业银行提供信贷只是为了实施货币政策，不再包供专业银行信贷资金的需求。（3）中央银行不再承担调剂各地区信贷的责任，各地区信贷不平衡，由各专业银行之间横向融通解决。中央银行编制综合信贷计划，只是为了决定货币政策，而不再对专业银行具有指令作用。（4）中央银行有拒绝财政透支的权力，以保障货币政策不受财政赤字的冲击。（5）中央银行按照《金库条例规定办法》经营出库入库业务，不得自动无偿占用国库资金，动用时须经财政部同意，并照付利息，按期归还。

4. 建立财政、中央银行之间政策协调机构，进行政策的协调决策。决策机构可以是由财政、银行、计委共同组建的权威性委员会。

5. 明确规定财政与中央银行在宏观经济控制中的任务和分工。财政与银行都要以保障社会经济持续稳定增长，稳定币值、稳定物价、扩大就业，即以宏观经济的总量平衡和结构平衡为总目标。然而，由于财政与银行两者在宏观调节中所用的手段和发挥作用角度有所不同，两者在实行政策中所承担的宏观控制任务又应当各有侧重。财政实现宏观控制和调节是通过参与国民收入分配和改变预算收支来实现的，银行则是通过调节货币供给量来实现。这就决定了货币政策控制总供给与总需求的力度比财政作用更大，而控制结构的作用则不如财政。国民经济能否出现总需求大于总供给，即发生国民收入超分配的情况，直接决定于货币供给状况。所谓国民收入超分配并不是真的国民收入，而是在国民收入分配过程中产生了虚拟价值的结果。换句话说，国民收入超分配不过是这种虚拟价值引起的货币收入的虚增。在国民经济中能够凭空创造这种虚拟货币收入的只有财政和银行，财政通过赤字，银行通过超量发行货币，就可以创造虚拟的货币收入。但财政要向国民经济投入虚拟的货币收入，也要通过银行超量发行货币才能变为现实。财政发生赤字只有两个来源能弥补，一是靠银行提供信用，一是向社会借债。向社会借债，在现实经济中不存在国民收入超分配的情况下无疑都是有物资保障的，都是真实的货币收入，不会引起国民收入超分配。而向银行借债，如果银行信贷基金充裕，或能够相应压缩自己的贷款，也不会发生国民收入超分配。只有在银行信贷基金不充裕而超发货币时，财政赤字才会带来国民收入超分配。可见，造成社会总供给与总需求不平衡，出现国民收入超分配的现象，归根结底在于银行向国民经济投入了超量货币供给。所以，控制货币供给，实现宏观经济总量平衡，应当是货币政策的根本任务。而财政分配由于它处于国民收入分配的中枢地位，能够直接影响国民收入分配结构和使用方向，从而影响需求结构和供给结构，故财政政策应把结构控制作为主要责任。

6. 为了消除当前财政政策与货币政策摩擦的热点，以利于改善政策之间协调状况，必须改变税前还贷政策，实行税后还贷。关于如何改变税前还贷，人们的意见很不一致。从当前的实际情况看，一刀切地改变税前还贷是有困难的。我认为分两步走为妥。第一步作为过渡步骤，实行区别对待的办法；第二步实行统一的税后还贷办法，走向规范化。当前我国的国有企业面临着赶超世界先进技术水平和尽快归还更新改造历史欠账的双重任务，一些老企业仅靠增加留利和提高折旧率难以满足其还贷的需要。加之，税前还贷实行至今，企业已经形成一笔可观的债务，有的企业已无力自我偿还。如果一律实行税后还贷办法，必然会带来企业之间新的苦乐不均，妨碍更新改造任务的顺利实现。而分两步走的办法，就可以缓解这一矛盾，有利于企业技术改造任务实现。其第一步过渡办法，可以根据国有企业更新改造任务的实际情况，把企业分成甲乙两类，更新改造任务繁重的归为甲类，其余归为乙类。对甲类实行以企业自有资金还贷为主，不足部分由财政补贴的办法，对乙类企业实行全部由自有资金归还。为此，财政要在预算中设立支援企业偿债特别基金，专门用于企业偿债补贴。偿债基金的使用权集中于财政部门，由财政部门对甲类企业的更新改造项目贷款进行审查，确认其必要性和有效性之后，规定补助数额，在归还贷款时按规定给予补助。而对失误项目则不予补助，由企业和银行共同承担其风险。

（原载《经济研究》1987 年第 12 期）

促进国民经济稳定协调发展的财政政策

一　政策的抉择

　　七届人大四次会议通过的《关于国民经济和社会发展十年规划和第八个五年计划纲要》提出，我国今后 10 年的经济建设总的出发点是：按照实现第二步战略目标的要求，以提高经济效益为中心，努力保持国民经济持续、稳定、协调发展。为实现这一目标，财政采取什么样的中长期政策为佳？根据中国实际情况和 40 年的建设经验，我认为采取稳定的均衡政策是一个最优选择。所谓稳定，是相对时而扩张、时而紧缩的多变政策而言。这种政策要求年度之间的连续性，哪怕一时间出现少量赤字也不贸然紧缩，一时收入增加很多也不贸然扩大支出；而是把多增加的收入留作后备。所谓均衡是既要坚持收支总量和结构的平衡，又要坚持财政、信贷与物资的综合平衡。总之，所谓稳定的均衡政策，就是以持续的财政收支平衡来约束和促进国民经济稳定增长的政策。一些同志提出社会主义经济发展也存在着周期，并以此为依据，认为财政作为宏观经济调控的重要手段，应当采取时紧时松政策，即持非均衡政策或周期平衡政策，才能在促进经济健康发展中发挥应有的作用。对社会主义经济是否存在周期的问题，这里不作评论。然而理论与实践都表明，经济有波动也好，无波动也好，忽松忽紧的非均衡财政政策，对经济发展都是有害的，特别是与社会主义的国民经济持续稳定协调增长目标相背离。社会主义财政作为国民收入分配的中心环节，其收支状况直接制约着国民经济的方方面面，如果财政收支增长不保持稳定均衡，而想要保障国民经济发展的稳定均衡是不可能的。经济决定财政，似乎财政应随经济变化而不断变化，其政策方能发挥积极作用。其实不然，财政也反作用于经济，当经济过热时，不要说财政政策也随之过热，会对经济起火上浇油作用，即使财政针对经济过热采取了紧缩政策，虽然可以一时地在一定程度上发挥抑制经济过热的作用，但同时也会由于财政收支脱离正常轨道和均衡状态的破坏，而给后来的经济发展带来诸多消极的影响，这一点由我国的实践经验一再得到证明。例如，财政为了支持改革，从 1979 年开始有计划地采取减收增支措施，虽然这一举措是十分必要的，但如果当时不是采取大幅度的扩张政策，而是量力而行，坚持稳定均衡政策，把提高农副产品价格的措施分步走，其他增支措施的步子也小一点，稳一些，所带来的问题就可能会少得多。由于财政政策变化过急，结果发生大幅度的赤字，也引发了经济上的困难，而后来对这种大量赤字困难，又转而采取了急刹车的紧缩政策，结果又引发了销售困难。由于财政政策上的这种一松一紧，带来了国民经济上的波动，出现了不大不小的一个"马鞍形"。可见财政政策的多变，缺乏连续性，并不利于国民经济均衡发展。无独有偶，随着西方经济中的凯恩斯主义失灵，近些年来一些经济学者也得出了稳定的财政政策要比多变的财政政策优越得多的结论。

二　政策实施上的困难

当前财政形势极其严峻，给财政政策的抉择及有效的实施带来极大困难。（1）财政政策失去选择余地，处于被动接受状态。由于经济效益差而极大地制约了财政收入的增长，加之国民收入分配过分向个人、企业倾斜，使财政收入占国民收入的比重不断下降，而支出却是一种刚性，压力很大，致使财政赤字连年，有增无减。财政面对这种情况，不要说推行稳定均衡的财政政策无从谈起，就是推行时松时紧的政策也是难以实现的。（2）财政政策缺少发挥作用的微观基础。稳定均衡的财政政策，并不是通常所说的中性财政政策，而是在坚持总量平衡的前提下，发挥积极调控作用的政策。财政政策虽然可以通过行政手段对经济进行直接调控，但在有计划的商品经济条件下，为了充分发挥市场调节的积极作用，主要的还是要依靠经济杠杆的作用进行间接调控，而经济杠杆作用的实现，又是要以各被调节的微观主体具有自我约束力为前提的。经济改革以来，虽然经过放权让利改革，扩大了企业自主权，企业有了自我独立的利益，形成了自我发展要求和自我激励的机制，但由于放权让利改革思路的偏颇性，却没有在企业建立起相应的投入产出责任约束机制，结果在微观经济运行机制中，投资冲动有余而约束不足，经济杠杆对扩张冲动难以发挥积极调节作用，致使财政政策失去了间接调控的有力手段。此外财力严重分散，在很大程度上削弱了财政的调控力度，也造成财政政策作用的削弱。

总之，财政收支严重失衡，财力分散以及微观主体缺少自我约束机制等，造成财政政策发挥作用的环境恶化。要有效地发挥财政政策的宏观调控作用，就必须首先解决这些问题。

三　对策

克服困难，建立经济运行的约束机制，为实施稳定均衡的财政政策创造必要的条件，乃是一项艰苦复杂的工作，须从多方面努力，其中最关键的是深化改革，理顺各方面关系，尽快建立起适合有计划的商品经济发展要求的新的经济运行机制。

当前财政面临的困难，既不是经济不发展造成的，也不是简单的分配比例不合理的结果，而是财政运行中存在收入累退机制，以及非规范性分配泛滥，分配秩序混乱，造成国家财力分散和流失的结果。所以，调整财政分配关系，转化机制，规范分配秩序，乃是解决问题的关键所在。为此，在财政方面采取以下措施是必要的：（1）调整财政与各方面的分配关系，以完善财政分配机制。第一，积极试点和推行税利分流、税后还贷。税后承包的改革，进一步理顺国家财政分配关系，在国家与企业之间的财力分配上建立起约束机制。第二，坚决制止乱摊派，将现有的各种"基金"、"自收自支资金"以及各种摊派、规费和罚没收入等全部纳入国家预算，实行财政预算的复式编制体系，以适当集中财力并杜绝国家财力的流失。第三，改变财政分配制度上的双轨制，当前预算内收支与预算外收支并存的财政管理制度，虽然有其积极作用，但消极因素更多，这不仅造成国家财力分散，难以保障国家集中财力办一些关系国计民生的大事，而且造成预算内收入不断向预算外转移，肢解了财政职能，使国家统一的财政面临崩解的危险。因此，分解预算外资金，并将在新形势下已不再属于财政性资金的，彻底下放给企业，用新的办法去管理。在此基础上，完善财政的分级分权体制，乃是理顺财政分配关系一项不可缺少的步骤。（2）改革收益分配体制，建立健全微观经济的自我约束机制，在我国经济中其所以出现扩张冲动过旺，而约束机制不强的问题，根本原因就在于收益分配依据失当。有人认为现行收益分配体制的欠缺是责权利脱节。其实责任制是有的，责权利也没有脱节，而是责任制度失当，现行体制的责任制度构造是以经济增长量的最大化为目标，是一种经济增长责任制，一切利益的取得，都只与经济增长数量挂钩，而与投入产出效果无关。在这种责任制下，无论是企业还是职工个人，无论是地方还是部门，其利益能否增长，都以产值或利润绝对额的增加为转移，只要产值或利润年年有增长，地方和部门就会增加收入和得到利益上的增长，企业和职工个人就可以增加收入，而为了增加这些产值或利润，无论投入多大、浪费多少都不会减少其利益。在这种责任制下，各方面在经济发展问题上，怎么能说不是数量冲动过旺而约束不足呢？因此，要建立起完善的经济运行机制，增强微观经济的自我约束能力，为财政政策创造必要的微观环境，就必须改革现行体制，重构责任制度，用投入产出责任制代替经济增长责任制方能实现。

（原载财政部财政科学研究所编《中长期财政政策研究》，
中国财政经济出版社 1993 年版）

防治通货膨胀的财政政策

对当前的严重通货膨胀必须坚决进行治理已经成为举国上下一致的实际行动，相信在中央领导下，经过各方面协调一致的努力，严重的通货膨胀局面定将得到扭转。因此，在继续研究如何搞好当前治理的同时，很有必要探讨一下，当此次严重通货膨胀过后，又当怎么办？要采取什么样的宏观政策，才能防止其东山再起？这里仅就财政政策的选择谈点看法。

一　防治通货膨胀应当经常化

通货膨胀能否防治，和应不应当始终予以抑制，这是自改革开放以来始终争论不休的问题。一些专家学者认为通货膨胀是不可避免的，并且也不完全是消极的东西，温和的通货膨胀有利于推动经济增长，因此，平时没有必要加以抑制，只在严重时才有抑制的必要。从表面上看，这种认识似乎颇有道理。自从不兑现的纸币君临人世以来，通货膨胀就像幽灵一样，始终在世界上空游荡，并不时地作祟于一些国家的经济。表明只要纸币流通存在，通货膨胀就随时有可能发生。但可能并不等于必然，无数历史事实也证明，通货膨胀是可以防治的，面对通货膨胀的威胁无所作为的观点是不正确的。至于说平时抑制通货膨胀会不利于经济发展，更是缺少根据的，无论从我国的社会主义建设经验来看，还是从世界各国经济发展的历史来考察，大量材料都展示着与这种说法相反的结果。我国的"一五"建设时期，是公认的经济发展较好的一个时期，这个时期不仅经济发展速度很高，工业产值年均增长18%，农业产值年均增长4.5%，在这样的高速度下，物价是极其稳定的，在此期间，物价上升率逐年下降，年平均物价上涨率不过1.6%，可见抑制通货膨胀并没有对经济增长带来损害。

也许有人会说，这是冻结物价的结果，这么说似乎很有道理，但中外历史证明，只要通货膨胀压力存在，任何强制都是无法冻结住物价的。日本是市场经济国家中经济发展最快的国家之一，它并没有冻结物价问题，然而在日本经济起飞阶段，即所谓神武景气时期（1953—1958年），国民经济年实际平均增长率达7%，而零售物价年平均指数仅上升2.5%，在这五年中有三年的物价指数接近零或负数。当然，在世界范围内，我们也可以摘取许多经济增长与抑制物价不能两全的实例，但我们认真研究一下这些不能两全的国家的实际情况，就会发现大多是推行凯恩斯主义政策的结果。这一点从日本经济发展的史实也可得到证实。日本在第二次世界大战后至1964年间经济如前所述是经济高速增长与物价稳定两全的。到1965年出现了能源危机，经济出现严重衰退，日本政府为了摆脱这种严重局面，放弃了"道奇路线"，转向采取了凯恩斯主义政策，放宽了货币控制，运用了财政赤字政策，结果经济虽然得到恢复，但物价也从此进入不稳定时期，当年上升了3%，至1973年就突破一位数，升到11.7%，1974年升到24.5%，出现了日本战后未曾有过的恶性通货膨胀局面，然而在此期间经济发展却出现了下降趋势。至此，日本人认识到，只有严格抑制通货膨胀才能保障经济持续稳定增长，为此又回过头来实行抑制通货膨胀政策，提出重建财政战略，这一战略经过十多年持续努力才取得成果，经济发展又进入稳定增长态势。事实上在30年代世界性经济大危机出现之前，各理性政府大都是持续抑制通货膨胀的，直到凯恩斯主义出现并在解救危机方面显示出一定作用后，通货膨胀这个魔鬼似乎能给资本主义世界缓解其固有矛盾带来希望，人们在认识上才发生一个急转弯，通货膨胀有益论才随之得到发展。然而好景不长，到70年代西方各国普遍出现了"滞胀"，之后，通货膨胀有益论的理论地位也就随之动摇，特别是以货币主义学派为代表的各学派对新古典综合派理论的批判，就从根本上摧毁了凯恩斯主义理论基础。凯恩斯主义在实践上的失败及70年代的通货膨胀理论的大辩论结果，西方各发达国家政府在总结传统的宏观政策经验基础上，纷纷放弃运用通货膨胀促进经济发展政策，转而寻找抑制通货膨胀、构造稳定经济发展环境的良方。通货膨胀有益论在西方是失败了，然而在我国改革开以来，随着通货膨胀现象的日益凸显，通货膨胀有益论却率先进入我国经济理论界，并对传统的通货膨胀理论发起了猛烈冲击，以至每当通货膨胀抬头需要治理时，都会发生一次通货膨胀有益或有害的大辩论，直至此次通货膨胀恶化之初，这种争论也未停止过。因此，为保障治理通货膨胀的顺畅进行，评论通货膨胀有益论依然十分必要。

第一，用通货膨胀推动经济发展，是要以没有通货膨胀预期为前提，而这种情况即便存在也是短暂的，往往是在没有形成新的有效供给之前预期就已经形成，带来加速通货膨胀恶化的灾难后果。

第二，借助没有预期的通货膨胀推动经济也不是无条件的，只有在产业结构比较合理，而又存在闲置生产能力和可动员的人力、物力资源的前提下，用通货膨胀方法额外增加的货币，才能起第一推动力的作用，反之，所能带来的，只能是推动物价迅速上升，从而扰乱经济。关于这一点，美国经济学家威廉·刘易斯也说得很精当，他说：对发展中国家的经济发展来讲，通货膨胀有可能达到加速资本积累的目的，但这是有条件的，而且对发展中国家的风险也相当大，若将资源投入资本品生产，人们对消费品需求缺口会扩大，若投入消费品生产却又会缺乏资本设备等基础条件，因而发展中国家增加货币供给所带来的结果，可能不是经济发展而有玩火危险。

第三，通货膨胀不仅给经济带来诸多不利后果，而且会加剧分配上的不合理。我们发展经济的目的是为了尽快提高人民生活，实现共同富裕，这是邓小平同志反复阐述的社会主义建设的方针，他说："社会主义的本质，是解放生产力、发展生产力，消灭剥削，消灭两极分化，最终达到共同富裕。"他从这一基本点出发，还为我们提出了明确而又科学的判断经济发展和改革的是非标准。我们在研究和判断通货膨胀是非问题时，也必须全面地完整地坚持他提出的标准。利用通货膨胀达到发展经济的目的，无论动机如何，说到底无非是利用货币超量发行，进行一次国民所得的再分配，把居民一部分收入无偿地集中到国家手中，以加速资本积累。故从理论上讲，通货膨胀乃是对居民普遍课征一种新的货币税，世界各国经济发展实践表明，这种通货膨胀税最大受害者是工薪阶层，特别是离退休者和低收入者所受损害最大，相反对那些非工薪收入者，特别是那些靠投机，钻价格变动空子发财的人却十分有利，通货膨胀带来的却是国民收入再分配向他们倾斜。因此，用通货膨胀方法发展经济，必然会扩大人们收入差距的不合理性，加剧分配不公，从而也会增加社会不安定因素，显然它是与社会主义国家发展经济总目标相背离的。

第四，用通货膨胀发展经济也会给物质生产企业造成危害。通货膨胀会扭曲企业的经济核算，给企业部门造成资本严重流失和再生产资金严重不足的困难。因为由于通货膨胀不仅会使企业资本周转与循环中处于货币形态的资本，要随通货膨胀而贬值，更重要的是其流动资产及固定资产也会由于严重补偿不足而受到巨大损失，企业成本核算相对下一生产周期来说，都是历史成本。可是在持续出现通货膨胀的条件下，企业库存原材料的原始价即买进时的价格与市场现价之间将不断扩大差距，而由于企业成本核算的历史性并不能反映这种差距造成的企业流动资金上的损失。这就不可避免地引起企业成本补偿的严重不足，形成资产净损失，给未来的简单再生产造成极度困难。这种情况在我国是十分突出的，笔者早在1987年估算了一下，每年企业因此造成的资金流失约700亿元之巨。从这个意义上讲我国国有企业普遍存在资金严重短缺，是与通货膨胀分不开的。正因为通货膨胀会给企业资本带来严重贬值和流失，极大地妨碍企业简单再生产正常进行，因此在西方国家才提出通货膨胀会计问题，然而由于采用这种会计不仅技术上存在诸多不确定性，在管理上也有其难点，以及征税上的一些问题，故迄今尚未成为通行的制度。

第五，各国经济发展实践资料也很难找到通货膨胀有利发展经济的确切证明。一些人常常引用1982年国际货币基金组织对112个非产油的发展中国家进行的通货膨胀与经济发展关系分析的结果，证明从1969—1981年大多数国家高的经济增长是与低的通货膨胀率正相关的。[①]然而我们也可以找出诸多相反的证明，美国学者伍斯·江和珀同·杰·马歇尔曾用56个国家和地区的15年统计资来考察通货膨胀对经济增长的影响，其结论却是：56个国家和地区中，有38个国家与地区看不出通货膨胀对经济发展有什么益处，即呈中性态势；有16个国家，数据证明通货膨胀对经济发展是

---

① ［美］诺兰·韦茨：《发展中国家的通货膨胀与稳定》，殷克胜译，《成本价格资料》1988年第17期。

有害的，只有两个国家（埃及和乌拉圭）表现出通货膨胀对经济经济增长有利。①

　　还有一种意见承认通货膨胀在通常条件下有害，但认为我国有其特殊性，乃是改革之必要。这里首先有一个对通货膨胀内涵理解的问题，社会主义国家在改革期，为了使价格向市场经济转轨，变革价格水平是必要的，但这种旨在放开价格，使价格形成市场化而有步骤地提高价格水平，是与通货膨胀有着本质区别的。在改革中研究通货膨胀问题，简单地套用西方通货膨胀概念的内涵，是极其不妥的，我们应当坚持马克思主义关于通货膨胀的观点，通货膨胀与价格上升是两个有联系但又有区别的不同概念，通货膨胀必然表现为物价总水平上升，然而物价水平上升并不完全是通货膨胀的结果。在我国改革期间，有计划有步骤地调整价格，无论是一次性价格放开，或是渐进式价格调整，都不可避免地要出现旧体制时期潜在的通货膨胀压力的释放，这并不是真正意义上的通货膨胀。它与先有货币发行过多，随之引发物价总水平上升之间的区别是明显的。从实践来说，把两者区分开来也有利于改革和经济发展；对真正意义上的通货膨胀，哪怕是温和的，也应持坚决反对的态度，在政策措施上要持之以恒地进行抑制。对价格改革需要的价格水平的上调，由于这种原因引起的价格上扬是一次性的，不可能持续的，因此只要我们审慎地进行，并对消费者采取必要的保护措施，不仅对经济社会没有什么害处，而且是有利的，它将利于资源配置优化，加快经济发展和提高效益。把两者区别开来，既可防止把真正通货膨胀误认为是改革物价结果而忽略治理，又有利于防止一些人出于局部利益动机，借口改革需要而为通货膨胀辩护，妨碍通货膨胀治理。

　　总之，虽然在理论上不能否认，在某些特定条件下，用通货膨胀来推动经济发展有其短期效应的一面，但从长期来看，它对经济发展是害多利少，特别是社会主义国家尤其是不可行。即便是用温和的通货膨胀发展经济，也只能是戕害我们的改革与发展大业。这一点，经过 15 年中几次通

---

　　① ［美］伍斯·江等：《通货膨胀与经济增长的因果关系》，孙蕴素译，《成本价格资料》1988年第 17 期。

货膨胀恶化的洗礼，特别是 1994 年这次反通货膨胀的大辩论，不能用通货膨胀办法推动经济发展，已成为举国上下绝大多数人的共识。在去年 8 月中央领导已明确提出处理通货膨胀与发展关系的原则意见：归纳起来有三点，即发展社会主义市场经济经济必须由国家宏观调控；持续快速健康发展经济必须抑制通货膨胀；以抑制通货膨胀为中心处理改革、发展和稳定关系。因此，财政政策作为宏观调控的两大基本手段之一，不仅要用来对付短期恶化了的通货膨胀，更要立足于长期防治。在此次严重通货膨胀过后，我们绝不可因此而松一口气，应当在财政政策上采取切实措施，持续地抑制通货膨胀，以杜绝其东山再起。

二　持续抑制通货膨胀的财政政策抉择

根据我国实际情况和改革开放以来反通货膨胀的经验，看来要持续地抑制通货膨胀，采用稳定的均衡政策是一个最佳选择。所谓稳定的，是相对时而扩张时而紧缩的多变政策而言，这种政策强调年度之间的连续性，就财政自身而言，一时收入减少不足应付支出时，也不贸然紧缩支出，一时收入增加很多也不贸然扩张支出，而是把增加的收入留作后备，用于弥补未来时期一时的支出不足。所谓均衡，是既要坚持财政收支总量的基本平衡，又要不断优化支出结构使之均衡。总之，所谓稳定的均衡政策，就是借助财政收支持续坚持总量平衡和不断优化支出结构，来约束和促进国民经济持续稳定发展的政策。这种政策之所以会对通货膨胀有着持续抑制作用，就在于财政自身的持续平衡。

1. 国民经济总量的持续平衡，是抑制通货膨胀实现持续稳定快速增长的根本保障。调节和控制国民经济总量平衡，在市场经济条件下，虽然货币政策有着决定性作用，但财政作为社会资源配置的有机组成部分和国民收入分配的一个关键环节，对控制国民经济总量平衡也有着不可替代的、特殊的、仅次于货币政策的决定性作用，因为财政收支平衡状况直接制约着货币供给状况，财政坚持总量平衡甚至有所结余，就会给货币发行减少压力，反之，就会增加压力。财政收支更直接影响着社会总供给与总需求状况，财政加大有利于增加供给的支出，就会增加社会总供给，缓解需求大于供给的矛盾，财政加大消费性支出，就会增加社会总需求，缓解需求不足的矛盾，这些都有利于抑制货币发行过多情况的出现。

2. 国民经济总量平衡，要以结构平衡为基础，只有国民经济供需结构平衡，总量平衡才是真实的。财政作为社会总资源配置的特定方面，它对国民经济结构平衡有着巨大影响，并且直接决定着市场配置方面与政府配置方面之间的比例协调，从而直接制约着社会资源配置总体优化程度。财政坚持必要的规模总量平衡，就可以保障市场配置与政府配置两大方面之间优化平衡。财政在坚持总量平衡的同时，不断依国民经济和社会发展需要优化支出结构，就可以制约和推动社会资源的优化，从而保障和促进国民经济总量平衡和效益的提高，达到防治通货膨胀的目的。

为了持续抑制通货膨胀，保持国经济持续稳定增长，财政应当放弃忽松忽紧的非均衡政策，这也是世界各国理性政府在凯恩斯主义失败之后得出的结论。世界银行在 1988 年世界发展报告中也提出同样看法，在总结各国财政政策实践经验基础上，得出谨慎而稳定的宏观财政政策远比时而扩张、时而紧缩的财政政策可取的结论。

三　均衡财政政策实施的对策

在我国当前财政形势极其严峻的情况下，从非均衡政策转向均衡政策，还有很大困难：（1）财政功能衰弱，致使财政政策失去选择余地，处于被动状态。改革开放以来，为配合经济体制改革的需要，财政改革先行一步，为克服旧财政体制统得过死、集中过多的弊端，进行了多层次、多环节的放权让利改革。改革实践表明，财政大幅度放权让利是完全必要的，方向是正确的，成绩巨大，功不可没。但今天用社会主义市场经济要求的标准，冷静回顾和研究往日改革的诸多措施、体制、办法及具体收支策略，就会发现还存在许多传统计划经济的痕迹，乃至失当之处。诸如放权让利方式上的包字当头和利益分配上的保存量让增量的办法，所造成财政收入累退机制的缺点，以及广泛的无选择的鼓励"创收"和"自收自支"等办法，导致大量财力流失于预算外，等等。多年来这些缺欠累积的结果，不仅导致了社会分配秩序混乱，造成财政收入功能衰退和财政收入占 GDP 的比重呈逐年下降的不良态势，也导致了财政支出呈刚性上升的状态，造成财政收支矛盾日趋尖锐、赤字连年有增无减的困难局面。截至1994 年，财政债务规模占 GDP 比重已达 3.8%，超过了西方公认的 3% 警戒线。面对这种困境，不要说推行稳定的均衡政策，就是推行松紧交替、时松时紧的非均衡政策，也是困难重重。(2) 国家财力分散化和分配上的非规范化，致使财政职能被肢解，财政调节功能弱化；失去了优化结构作用的力度，财政促进结构优化的手段是多方面的，但归纳起来不外是直接调节，靠自身支出结构优化来实现，和间接调节，即靠政策性投融资、税收杠杆，等等。这两类手段的有效性，除了必要的社会环境外，关键在于财政职能齐备和功能健全。然而由于各个依靠财政供给的部门和事业单位，普遍实行了"创收"、"自收自支"和各种基金制，等等，这就肢解了财政，形成一个千家万户办财政的局面。这种国家财力收支上的既不规范又各自为战的状态，致使代表国家执行财政职能的财政部门陷入无权也无力全面而完整地执行财政职能的困境，财政政策的作用也就难以正常发挥。(3) 由于放权让利改革思路和实现方法上的偏颇及某些失当，至今没有建立起企业产权责任约束机制，结果使微观经济运行中投资冲动有余而约束不足，冲动与约束失衡，这也使财政政策的间接调控手段失去力度。

　　总之，财政政策实施的手段弱化，发挥作用的环境不良，极大地制约着财政向均衡政策方向转换和作用的正常发挥。为了有效地发挥财政政策的作用，促进国民经济持续稳定快速发展，必须加快改革，积极解决这些问题。

　　综上所述，完善宏观调控政策不能孤立实现，需要有多方面配套改革方能奏效。仅就财政方面而言，则要以治理分配秩序，理顺财政与各方面关系，完备职能，健全功能为中心，进行以下一些改革。

　　1. 转换财政收支机制，健全财政功能。为此要改革相关体制，在废除各种大包干做法的同时，坚决制止乱摊派、乱收费，整顿各种基金、自收自支资金，以及依靠国家预算供养的各行政事业单位的各种"创收"、规费和罚没收入等，将其全都纳入国家预算，实现财政收支全面规范化。为此，还要取消预算外资金办法，建立健全统一的复式预算制度，实行分类管理，改革以来，由于从放权让利起步，在一些人的认识中就形成一种错觉，似乎改革就是分散，怕谈集中，因此每当提出要把分散过头的方面转向集中，就有后退之嫌。其实，这完全是误解，我们改革的目标是建立市场经济体制，凡是有利于市场经济健康发展、符合市场经济体制要求的举措都是改革，把一些不利于市场经济发展、不利于市场运行机制形成的各种分散做法调整过来也是改革。

2. 依市场经济标准，调整和转换财政职能范围，纠正财政职能越位与缺位并存的不协调状态，以完备财政职能。为此，首先，要以政府的社会管理职能与所有者职能分开为原则，将国家公共建设投资与国有经济的经营性投资区分开来，把经营性投资及管理，通过设立国有资本经营预算的方式转移给国家国有资产管理局，实行专业化、一元化管理，实现财政职能与所有者职能分开，以消除财政职能与企业财务职能混淆的弊端。其次，以实现国家财政职能与社会各类事业财务职能分开为目标，全面调整科教文卫事业领域的财政供给范围，将一切应当企业化经营的事业推向市场，财政不再承担这些事业经费供给和管理，将国家财力集中用于满足必须由财政供给的各项事业。鉴于此项改革的复杂性，为了加快改革步伐，从已有的改革经验来看，最初采用一个单位两制的办法进行过渡，可能是有益的。

3. 改革利益分配体制，建立健全投资行为的自我约束机制，以改善财政政策实现的微观经济环境。在我国经济中，之所以会出现投资冲动过旺而约束不强问题，根本原因就在于利益分配依据失当。现行体制下的利益分配制度，是以粗放经营效益观为依据而构造的，人们一切利益的取得，都只与经济数量增加挂钩，而与投入的节省、消耗的节省、经济效果高低无关，只要产值量或利润额年年有所增长，人们就会得到利益上的增添，而为了取得这些产值或利润额，无论投入多么大，都不会减少其利益。在这种机制推动下，人们进行投资决策时，首先想到的当然只能是经济增长量的最大化，而不可能是节约和效益的最大化，当然也就只有投资扩张冲动而没有约束。因此，只有改革利益分配体制，将节约和效益指标放在考核指标体系的核心地位，将人们根本利益得失直接与节约效益挂起钩来，在投资方面建立起冲动与约束对称机制，才能灵敏地对财政政策导向作出反应，从而为财政政策作用有效性提供微观条件。

（原载《山西财税》1995 年第 8 期）

经济杠杆作用客体反映能力构造问题

经济杠杆作用能否得到有效的发挥，既决定于经济杠杆本身的质量和运用得是否得当，更决定于经济杠杆所指向的客体反映能力。事情很明显，经济杠杆作为经济调控手段，当它作用于对象时，得不到相应的反响，其作用也只能是空耗。

多年来为适应市场经济发展需要，从宏观经济的直接调控向间接调控转换，为建立健全经济杠杆作了多方面的努力，一个由多种手段组成的经济杠杆调控体系已初步形成，但在实践中，经济杠杆作用依然不尽如人意，每当需要强化宏观调控力度时，经济杠杆作用依然是力不从心，只好动用行政手段，进行直接调控。究其原因，就在于杠杆作用的客体缺少反映能力，或者叫抵抗能力太大。为什么会出现这种问题？原因固然有许多，我们认为关键在于杠杆作用对象没有形成有效的反应机制所致。经济杠杆作用力度是直接落到经济法人主体头上的，它直接影响着法人的利益增减，然而经济法人的经营管理决策要由法人决策者实施，而在公有制条件下，法人管理者都存在着两种利益，既代表经济法人利益，又有自身利益，经营管理者只有在法人利益与他自身利益高度统一时，他才不会为自己利益最大化而损害法人利益。由于经济杠杆只能作用于法人利益，如果法人利益与经营者利益出现偏离时，经营者就会为自己利益最大化而对杠杆作用不予理会。因此，只有建立起法人利益与经营人利益统一机制，才能有效地发挥经济杠杆作用。如何建立这种机制，人们一致认为要通过建立和强化产权约束来实现，这无疑是正确的，但在公有制条件下，产权约束的建立，并不等于对经营者的约束。由于经营者双重利益的存在，产权约束进入经济实体，并不会简单地成为对经营者的约束。多年的经验表明，仅仅给予经济法人实体以法人财产权不成，更重要的是实现真正的政企分开，和建立产权责任物质化机制，才能使财产对法人约束，转化为对经营者的约束。迄今为止，由于政企没有真正分开，行政的这只看得见的手，依然在指挥着法人，不仅"自主经营，自我发展"的法人实体无以形成，而且"产权清晰，权责明确，政企分开，管理科学"的现代企业制度也无从建立。经济杠杆作用就会被阻断而失去作用。关于政企分开改革，新的一届政府正在通过行政机构改革，大刀阔斧地进行着，这里不再多说。下面仅就责任物质化问题作些理论分析。

一　责任物质化乃是构造经济杠杆　客体反应力的关键一环

责任物质化，将行为主体履行责任的实际状况与其自身利益得失，"饭碗"好坏和有无，家产的安危，直接而又严格地对应起来的一种财产管理运营制度。在这种制度下，受托责任主体只有全面履行了所承担的责任，才能取得事先规定的收益，否则就要相应地缩减其收益，如果发生责任事故或渎职，以受托财产谋私等，就不仅要失去全部预定的收益，而且还要被打破"饭碗"，追究刑事责任。这种制度或这种机制，是现代财产委托—受托经济关系中，产权之所以能够对受托者形成强大物质约束力量的基本要素，没有这种机制，委托—受托经济就无法有效地运行和存在下去，其实质就在于运用责任物质化管好管住受托人。在委托—受托经济中，受托者的经济利益存在着双重性，他既是委托者财产利益的代表者和实现者，又是自我利益最大化的追求者。这种利益双重性，决定了只有在两种利益统一的条件下，即委托者利益与受托者利益相互协调、高度统一时，受托者才能全力以赴地为委托者的利益，为管好和运营好委托者的财产而奋斗。而实现这两种利益统一的有效机制，就是受托者责任物质化。因为责任物质化机制，能够使受托者的利益，随着委托者利益的严重损失而荡然无存。因此，责任物质化是现代委托—受托经济赖以存在的基础。委托—受托关系在人类社会经济发展中早已出现，而作为一种财产关系运作形态，却是生产社会化发展的产物。马克思主义原理表明，生产社会化必然要求占有的社会化，这是社会经济发展的一条法则。在资本主义社会中，委托—受托经济就是资本主义经济适应这一法则要求而形成的一种新的产权关系。即私人资本经营管理社会化生产的一种新的产权关系。从19世纪中期始，为了适应生产社会化发展要求，资本主义经济运行中出现了两个新变化，一是企业间横向和纵向的联合与合并；二是投资管理社会化。资本经营中的这种新变化，导致同一经济实体中出资者众多，古典式的企业制度已无法适应这种新情况，众多的出资者只有退出企业经营岗位，实行委托经营方能成功。因此，形成了委托—受托经济，从而责任物质化机制，也就占据了经济运行中的重要位置。

责任物质化对社会主义公有制经济更有其特殊的重要意义，可以说在社会主义公有制下，没有责任物质化机制，就不可能搞好公有经济。因为，社会主义公有制与私有制不同，在私有制下，虽然责任制度化也需要法律给予保护，但其财产经营管理责任主体的责任物质化是自在的，而在社会主义公有制下，特别是全民所有制财产的经营中，各个层次的行为主体的责任物质化都不是自在的，只有自觉地构造才能形成。在私有制下，无论是财产的所有者自己直接经营管理所占有的财产，或是委托他人去经营，私有者作为财产占有的自然人，他的财产经营管理的后果，都只能由他个人及其家庭来承担，财产的保值和增值与他的切身利益是息息相关的。财产权对其存在着自在的硬约束，财产会迫使占有他的主人兢兢业业地管理和经营好自己的财产。终极财产所有权硬约束的自在性，就会由此而传递给受托者，从而财产权对受托者也会形成硬约束。事情很明显，任何私有者都不会拿自己的财产开玩笑，为保卫自己财产的安全和保值增值，都会时刻监督着受托人，一旦受托责任人履行责任不力时，就会毫不留情地打破责任者的饭碗，严重时就会将其送上法庭，追究其刑事责任。

在这种财产硬的约束下，受托者为了谋取和保护自己的利益，除了兢兢业业履行受托者责任，别无选择，否则经济杠杆就会对受托人直接发挥作用。同样，受托者如果将其受托的财产施行再委托时，面对他委托的责任人，也会如同对待自己的财产一样来约束他们。这样，在私有制下，通过终极所有者自在的财产硬约束的传递，就形成一个财产责任物质化硬约束的约束链。在社会主义公有制条件下则不然，在社会主义公有制条件下，归全民所有的生产资料，从社会角度看，任何一个公民都是全部生产资料的主人，每一个公民面对任何一项生产资料，他都是终极所有者，而从各个社会成员角度看，每一项财产都是社会公共财产，都不归他自己所有。就是说全民所有制的财产属于全体人民，其财产权利对每个公民都是无差异的。同时，全民财产权对任何个人又是绝对排他的，任何个人或集体除非受全体人民委托，他都无权占有任何部分财产，更无权依照个人或集团利益，占有、使用、处分任何部分全民财产。因此，全民所有制的财产所有权的执行，只能在全民集体决策基础上，实行委托—受托经营管理。终极所有权同样也只能由全体人民授权的政府来统一行使。因此，社会主义公有制的经营管理，天然是一个自上而下的委托—受托经济体系，从而无论处于国有资产管理和运营的哪一个层次上的责任者，即使是处于承担终极所有权管理的最高责任者，他也只是受全体人民的委托，是受托者而不是实际终极所有者，这种情况就导致了在国有资产经营管理中，无论效益高低，或者是发生重大损失，对各个层次的责任者的自身利益得失，都不会自然地形成直接对应关系，从而产权对各层次的责任者也就失去硬约束。为了克服这一缺点，在客观上要求国有资产管理运营的体制构造中，人为地构造起物质化责任机制，以便使各个行为主体履行国有资产经营管理责任的实际状况，与责任者自身的利益得失直接对应起来，形成法人利益与经营责任者利益统一机制。关于这一点，早在苏联建国初期，列宁在总结从战时共产主义向新经济政策转变时期的经验中就已发现。当时为了搞好国有经济，扭转国有企业经营效率不高，大量亏损的局面，把国有企业和托拉斯改革成能够在市场中自主运营的经济实体，推行了"经济核算制"，不仅向企业和托拉斯下放了权和利，也规定了盈亏责任等。经过这样的改革后，苏联当时的企业和托拉斯虽然产权得到明晰，企业有了自主经营权利和物质条件，走向了市场，可是由于在体制构造中，没有注意到责任物质化问题，托拉斯虽然明确规定了盈亏责任，但并没有形成硬约束，企业经营不佳状况依旧。列宁认真地总结了这一改革经验，明确提出了要严惩不负责任的经营不善者，他在给财政人民委员会的信中指出："我想，各个托拉斯和企业建立在经济核算制基础上，正是为了要他们自己负责，而且负完全责任，使自己的企业不亏本，如果他们做不到这一点，我认为他们应当受到审判，全体理事都应当受到长期剥夺自由，

（也许在相当时期后实行假释）和没收全部财产等等的惩罚。"① 列宁的这一建议，实质上就是责任物质化问题。由于当时条件所限，列宁的这一建议并没有引起有关方面的足够重视，也没有得到推行。但列宁的建议应当引起我们认真研究和重视。在近年的改革中，人们十分推崇股份制的作用，特别是推崇西方世界存在的那种股东"用脚投票"的约束机制，可是在我们已建立的股份制企业里，这种机制并没形成，原因就在于我们没有建立起经营者责任制物质化的硬约束。在西方，股份制企业之所以能够形成"用脚投票"的硬约束，既不在于"股"，更不在于"脚"，而在于产权的硬约束，在于产权责任物质化的自在性，在于企业经营好坏与企业经理人员的"饭碗"好坏和有无存在直接对应关系，直接联系着他们的家产安危：他们经营得好，可以得到优厚的酬劳；经营得不好，不仅会丢掉饭碗，更有坐牢的危险，这才是西方股份制对企业经营人员的真正约束力。有这个硬约束，"用脚投票"才会发挥威力。我们只是学了股份制的组织形式和管理方式，而不去认真建立责任物质化机制，是不可能达到目的的，经济杠杆也就不可能发挥其应有作用。因此，在宏观间接调控机制建设中，只有把责任物质化问题，提到改革中心地位上来，才能真正形成产权约束和发挥经济杠杆作用。

二　构造责任物质化机制必备的要素

在社会主义公有制下，责任的物质化机制，它不能孤立实施，须与国有经济改革的相应方面同步配套进行。具备如下几个因素才能达到目的：

1. 在政府两种职能分开的基础上，将国有资产所有者职能集中委托给专司国有资产管理机构行使，以明晰国有资产终极所有权责任主体，为建立责任物质化机制提供组织条件。我们知道在委托—受托经济条件下，受托者的产权约束是要通过委托者自身的产权约束传递才能形成，如果国有资产终极所有权的责任主体不明晰，物质化的产权责任约束也就无从落实。因此，实现政府两种职能分开，建立健全专司国有资产所有者职能的

---

① 《列宁全集》第35卷，人民出版社1959年版，第549页。

管理机构，乃是建立责任物质化机制，形成经济杠杆作用客体反映能力的首要条件。

2. 明晰界定受托者的责任，把将要建立的国有资产管理和运营体系中的各个层次上的受托主体，包括终极所有权执行主体的资产责任明晰化，并落实到人。这里讲的落实到人，是对法人而言，资产责任的明晰，当然首先要以法人为单位，诸如国有资产管理局、投资公司、控股公司、企业等，但落实责任不能停留在法人责任上，还要把法人责任具体分解到法人内部各层次的负责人头上。如果资产责任仅明晰到法人，依然有可能在法人内部，出现谁都负责任，而又谁都不负实际责任的危险，从而不仅会使明晰的法人责任，在实际运行中处于悬空状态，而且也无从具体考核法人内部各行为主体履行责任的状况，建立法人利益与经营责任者利益统一机制，也就失去了依托。

3. 建立国有资产管理与运营的物质责任法，用法律形式明确规定各个层次的经营责任主体，履行责任状况的审计监督办法和奖惩条件，标准和力度等，对有突出贡献者重奖，对发生重大决策失误或玩忽职守，以国家财产谋私者严惩。这里说的重奖重罚，绝不是通常意义上的那种重于奖励轻于惩罚，增发和扣发工资奖金，或者是提职降职等奖惩，这样的奖惩制度并不能真正建立起责任物质化机制。责任物质化制度中的奖惩，它不仅将行为主体履行责任的质与量，和其自身利益得失的质与量严格对应起来，而且是向惩罚方向倾斜，罚重于奖。就是说对履行责任优秀者给予与其贡献相对应的高额报酬，使其先富起来，对履行责任不力者，有重大决策失误或玩忽职守者，以国家资产谋私者，无论是谁，也无论其职位高低，都要坚决打破他的饭碗，直至追究刑事责任。这样才能形成产权硬约束，把各行为主体个人利益与其所受托经营的国有资产利益统一起来，才能使各个行为主体把国有资产视同自己财产，灵敏地反映政府经济杠杆指向，尽心尽力搞好经营管理，不断提高效益。

4. 建立经营责任主体的社会压力机制。奖惩制会给责任者造成内在的动力和压力，仅此远不够，还要改革现在的各层次责任主体选拔圈子太窄的缺欠，经理层岗位是特定阶层垄断，导致"铁饭碗"的弊端。为此，首先要建立外在的压力机制，即形成在岗的责任者与社会上想取得其岗位者之间的尖锐竞争，使在岗的责任者，时时处于外部竞争者争夺"饭碗"的压力之下，这样，经营责任者既有内在动力，又有外在压力，就可形成一股强大的物质约束力。为此，要相应地改革人事制度，废除经营人员的行政级别制，使各层次经理人员的社会地位高低，不再依赖政府首长的提拔，而是依靠他的优异业绩所取得的社会威望。其次，要改革单纯从国家干部中选拔各层次经理人员办法，实行按国家规定标准，不拘一格地从人才市场上公开招聘的办法，被聘者无论是从事哪一层次上的经营管理工作，都要同普通劳动者一样，实行合同制，搞好了可以连续聘用，搞不好就要被解聘。

总之，经过上述各项改革，构造起各层次上的国有经济的经营管理责任人的强大物质约束力，使各法人利益与经营者利益对应起来，统一起来，才能形成宏观经济间接调节作用于客体的正常反应力，有效地发挥经济杠杆作用。

（原载王亘坚等编《经济杠杆与经济热点问题研究》，
中国财政经济出版社 1999 年版）

构造财政调节居民收入分配机制的研究

改革 20 年来，我国居民收入分配制度已经发生了根本性变化。与此相适应，财政对居民收入分配的调节制度，虽然也作了一些相应变革，但一个完整有效的财政调节新机制并未建立。面对当前居民收入分配不公日益凸显的形势，加大这方面的改革力度，已是当务之急。

一　20 年居民收入分配制度改革的成就

党的十一届三中全会重新确立了马克思主义的实事求是思想路线，在个人收入分配制度方面，针对旧体制和旧制度的弊端，在分配指导思想上，都取得了历史性突破。清算了平均主义思想，树立了允许一部分人先富起来，以先富带后富，最终实现共同富裕的正确个人收入分配观，在实践上初步找到了打破平均主义，实现按劳分配的有效办法，进行了一系列改革，并已取得了巨大成就。首先在农村取得成功，这就是从包产到户发展起来的、农村家庭联产承包经营为基础的、统分结合、双层经营体制。它标志着我们找到了符合农业生产规律、符合中国国情的制度安排，解决了我国社会主义农村建设的重大问题。江泽民同志于 1998 年 9 月 25 日在安徽考察工作时的讲话中指出："人民公社时期想尽了办法，搞定额管理、评工记分、小段包工，都不灵。直到改革后，搞了包产到户，农民才满意，农业才增产。过去很长时期把农民搞包产到户的要求，当做资本主义自发倾向，现在看来是不对的。从实践看，家庭经营加上社会化服务能够容纳不同水平的农业生产力，既适应传统农业，也适应现代农业，具有广泛的适应性和旺盛生命力。""我们是社会主义国家，当然不能搞土地私有制，我们实行的是土地集体所有制基础上的家庭承包经营。一条是不搞土地私有，一条是不改变家庭承包经营，这就是有中国特色社会主义农业。"联产承包也标志着找到了适合中国国情的农村按劳分配实现形式。实行家庭联产承包后，农民不仅取得了土地经营自主权，取得了决定收入多少的自主权力，农民的生产成果除缴纳国税和按承包合同缴纳各项提留外，全部归农民自己所有，这样，农民自己能留多少，则取决于自己生产成果的多少，而生产成果的多少，又和农民个人投入的劳动的质与量以及经营好坏联系在一起：投入劳动质高量多，经营有方，其生产成果就会多，个人留下的就多，从而使农民劳动的质与量同农民个人收入多少直接对应起来，真正实现了按劳分配。新的个人收入分配制度极大地调动了农民发展生产的热情，促进了农业生产的快速发展，农民收入得到大幅度提高。

在城市，通过思想上的拨乱反正，也重新确立了按劳分配原则。1984年党的十二届三中全会，在总结城市已有改革经验基础上，以 1982 年邓小平同志提出的建设有中国特色的社会主义理论为指导，作出了《中共中央关于经济体制改革的决定》，充分肯定了农村实行承包责任制的基本经验同样适用于城市，并明确提出在企业内部要进一步贯彻按劳分配原则，扩大工资差距，充分体现多劳多得，少劳少得，奖勤罚懒，要把企业职工的工资和奖金同企业经济效益挂起钩来。根据中央决定的精神，于 1985年初，国务院发出了《关于国有企业工资改革问题的通知》，在国有企业中推行了"工效挂钩制度"，即职工工资总额同企业经济效益按比例浮动，企业可以根据具体情况，自主选择适合本企业特点的工资形式和分配办法，从而在城市居民收入分配制度改革方面，迈出了重大步伐。"工效挂钩"克服了企业吃国家"大锅饭"的弊端，也为在企业内部落实按劳分配、克服平均主义提供了较好的方法，有力地推动了城市个人收入分配制度从计划分配向企业自主、国家宏观调控方向的转变。

在个人分配制度改革取得重大成就的同时，个人收入分配形式也发生了深刻变化。改革开放以来，大力调整了所有制结构，在坚持公有制为主体的前提下，允许和鼓励非公有制经济发展，以适应社会主义初级阶段的实际情况。生产资料所有制不同性质决定分配方式的不同，发展多种所有制，就不可避免地要存在多种分配形式。因此，随着非公有制经济的发展和市场经济体制逐步形成，允许资本、技术等生产要素参与收益分配，就成为必然要求，从而在按劳分配形式之外，按资分配等形式也发展起来，单一的按劳分配形式逐步被打破，一个以按劳分配为主体、多种分配方式并存的分配制度在中国大地呈现。党的十五大对此给予明确而又充分的肯定。

收入分配制度改革所取得的历史性突破，在推动我国经济发展以及提高人民生活水平等方面，都发挥了巨大作用。20 年来，农民人均纯收入从 1978 年的 134 元，增加到 1997 年的 2090 元，增长了 14.6 倍。城市居民可支配收入，从 1978 年的 343 元，增加到 1997 年的 5160 元，增长了 14 倍。城乡居民储蓄余额从 1978 年的 211 亿元，增加到 1997 年的 46280 亿元。

二　居民收入分配面临的新课题

在居民收入分配制度转型取得极大成功，人民生活普遍得到显著改善的同时，也出现一个新的问题，那就是居民收入差距逐渐拉大，社会分配不公日渐凸显，亟须财政对此给予有力调节。当然，经过 20 年改革，个人收入方面平均主义痕迹并没有完全消除，尤其是在城市，由于在实施规范化工资制度之外，各单位自我创收、自我分配，制度外的非规范的平均主义分配的大量存在，公有制企业职工之间工资收入差距，不仅没有应有的拉开，反而呈现出缩小趋势。但从分配总体看，居民群体之间收入差距却在不断拉大，乃至出现过分拉大的问题，这也是不可否认的事实。据中国人民大学李强教授测算，全国基尼系数已达 0.434，不同居民群体之间收入差距更大。据国家统计局调查，1996 年底，居民储蓄存款中有 20% 以上属公款私存，其余不到 80% 的存款中的 83.2%，被 2.5% 的城镇居民所占有，97% 以上居民仅占有储蓄存款的 20%。另外，在福特基金会组织的"中国走向 21 世纪的公共政策选择"国际研讨会上，澳大利亚新南威尔士大学的盖乐和教授提供材料表明，美国 1991 年基尼系数为 0.428，英国 1989 年是 0.3，澳大利亚 1990 年为 0.32，德国是 0.27，荷兰 1989 年为 0.296，新西兰 1994 年是 0.34。这表明我国居民收入分配不均衡程度已相当高，分配差距在短短 20 年就达到和超过发达国家，是应当引起注意的。

对居民收入分配差距拉大状况，是合理或是不合理，学术界各有不同的价值判断。根据"库兹涅茨倒 U 形曲线"的设想，在一个国家从传统社会向工业化社会发展过程中，收入差距拉大状况在早期阶段恶化是必然的，尔后会逐渐缩小。如果他的设想能成立的话，我国从计划经济向市场经济转换，居民收入差距拉大，可以看成是不可避免的，是正常的，并且这种拉大又是建立效率机制的必要因素。然而，在鼓励一部分人以诚实劳动先富起来的同时，我们还要时时注意共同富裕目标的实现，要处理好先富与共同富裕的关系。在先富与共同富裕关系上，我们不能将先富与共同富裕两者，在时空上截然分成先后两个阶段。就是说，不能等到发生差距过分悬殊，出现两极分化现象后，再来治理。而只能是先富与共富兼顾，使两者相互推动形成一个波浪式前进、水涨船高的态势，沿着边先富、边共同富裕方向不断前进，逐步缩小个人收入差距，最终实现共同富裕目标。在我国短短 20 年间，就从平均主义状态，转变为超过国际公认的基本可以忍受的中等贫富差距最高限，这一现象，我们不能不给予高度重视。当然，我们也认为当前出现的收入差距快速拉大的状况，是可以控制的，并且当前的拉大还具有明显的过渡性。在经济转型期，经济发展和运作中不可避免地会存在不少不规范，被一些人利用来为个人捞好处的地方，例如，体制双轨制的存在，人们就可以从体制差别中，寻得大量租金收入；在转轨期，旧的规范控制逐步松弛，而新的规范控制一时难以健全，加之公有财产控制权的分散化等，有人就可以借助这一情况，利用手中权力，为自己捞取好处等。此外，当前存在的公共分配秩序混乱，各单位、各部门利用自己业务特长及特权，乱收费、乱摊派、中饱私囊、牟取本单位利益，等等，都会使收入差距扩大，因此，我们对这些特殊现象所造成的差距拉大后果，只能看成是一种暂时的特殊情况。绝不能说，我们初步建立起来的市场经济体制，一定会导致穷富两极不断拉大。我们只要加快改革步伐，在认真整顿分配秩序的同时，强化财政对个人收入分配的调节，收入差距过分拉大的情况是可以控制的。

三　遏制收入差距过分拉大的关键在于制度控制

如何控制收入差距过分拉大的趋势，人们常常把希望寄托在把蛋糕做大上。对于一个发展中国家来说，把蛋糕做大，这当然是极其根本性的，只有不断做大蛋糕，才有解决收入差距拉大问题的基础。贫穷的平均，不是我们的目的，也是不可取的，我们的目的是共同富裕，前提就是要把蛋糕做大。但是蛋糕大，本身并不能保障分配的公平，会自动遏制收入差距拉大。同样大小的蛋糕，可以有不同的分配格局，可以形成不同的分配结构，蛋糕大比蛋糕小可提供一个更公平分配的物质基础，但弄不好也可能导致分配的更加不公平。这里依然以澳大利亚教授盖乐和先生所提供的材料来说明，他在论文中说，美国1970年至1994年间，国民生产总值每年增长2%—3%，蛋糕在不断做大，可是在1977年至1990年间，美国最穷的20%人口平均收入降低了约5%，而同时最富的20%人口财产增加了9%，最穷的20%家庭平均收入降低了7%，最富的20%家庭收入增加了15%。美国的蛋糕在不断地做大，可美国的居民收入分配公平状况却进一步恶化，美国最穷的20%人口的收入从20年前占GDP的5.5%，降至1990年的3.7%，最富的5%人口拥有GDP的26%。其实中国自身的例子也在证明这一点，尽管学者们对改革前中国的基尼系数估算上存在着差别，但谁都不否认，在中国改革开放前的计划经济年代中，国家财政直接控制着国民收入的分配，并没有因蛋糕小而造成居民之间收入差距很大，相反是平均主义盛行。改革开放后，实行按劳分配，财政已失去对国民收入分配的主宰地位。由于在初次分配中，各要素分配居支配地位，市场对收入分配起基础作用，加之清算了平均主义观念，承认差别，确立了鼓励一部分人靠诚实劳动先富起来的原则，极大地激励了人们的生产热情，从1980年至1997年十几年间，国内生产总值由3642亿元，猛增至74772亿元，按可比价格计算，平均每年增长9.80%，于1995年提前5年实现了GDP比1980年翻两番的国民经济发展战略的第一步目标，人均国内生产总值已由379元提高到6079元，剔除价格因素，平均每年实际增长8.4%，由此使人民收入得到极大的增加。然而，与此同时，收入分配不公现象也在增长，一个计算资料显示，1978年至1994年城市的基尼系数不断在增大，1978年是0.16，1985年是0.19，1990年提高到0.23，1994年已达0.37。农村1994年基尼系数为0.41，全国的基尼系数为0.434。国际上习惯的看法是，基尼系数在0.3至0.4之间，属中等差距的区间，尚属基本可以忍受状态。可见蛋糕做大，并不能自动解决分配不公问题，要实现先富带后富，最终达到共同富裕目标，关键还在于在做大蛋糕的同时，要建立健全财政对个人收入分配的宏观调控机制，强化制度性控制。

四　健全财政调控机制的设想

世界各国实践经验表明，财政是国家控制和调节居民收入的基本手段，而财政调控又主要依靠税收手段和转移支付手段介入收入分配来实现。

（一）税收调控机制的构造方略

理论表明有许多税种对居民收入分配有直接和间接调节作用，其中调节作用最为直接有力的，首推个人所得税。因此，大多数国家在运用税收来调节收入时，都把所得税作为首选手段，其有效性已为各国实践所证明。美国于 1988 年实施税收改革，降低了个人所得税税率，扩大了税基，就是说为增强富人投资积累能力，放松了对个人收入的调节，结果在改革前的 1960 年，由于所得税制的调节力度大，高级行政人员的税前收入是工人的 40 倍，交税后则缩小到 12 倍，而改革后，1988 年税前收入差别是 93 倍，税后的收入差距还有 70 倍之大。从这个资料中，我们可以明显地看到所得税的强大调节作用，但同时也可以看到所得税作用的相对性和弱点，它可以缩小差距，但并不能真正遏制住差距的发展。因为，个人收入差距拉大的另一个方面，是个人拥有的财富差距扩大，而在要素参与分配的条件下，个人财富增多，不仅意味着个人消费能力增大，更重要的是财富增大，会使收入迅速增大。面对财富差距拉大，所得税的调节显得十分苍白。

个人所得税在我国当前条件下，其局限性尤为明显，主要依赖个人所得税的调节，是很难达到调节目标的，原因在于：第一，我国要尽快发展生产力，必须坚持贯彻允许和鼓励一部分人先富起来的方针，这就决定了我们在收入分配环节的调节，只能是效率优先、兼顾公平，使调节作用不妨碍鼓励先富、不损害效率为度。这种情况决定了所得税的边际累进税率不能过高，过高会损失效率，而税率不达到足够高度，又难以达到调节分配不公的目的，这就是一个矛盾。第二，在对外开放条件下，外籍人员在华者日益增多，个人所得税须要体现国民待遇原则，个人所得税税率高低，需要与国际通常水平相适应。从世界各国实际税率水平来看，我国税率水平最高也只能维持在30%上下。这样低的税率水平虽然有利于促进效率，符合鼓励一部分人先富起来的原则，但其调节分配不公的力度也就十分有限，充其量只能起到延缓差距拉大的速度，而不能把差距控制在合理水平内，不利于促进共同富裕目标的实现。第三，在体制转型期，经济运行中的正常制约关系，还很不完善，在分配关系中多方面存在着无序情况，导致很大一部分收入呈现出灰色化，乃至黑色化，个人收入透明性很差，或失去透明性。然而个人所得税只能征于透明收入，对灰色收入，特别是黑色收入，是很难调节到的。面对所得税调节的局限性以及效率与公平之间的矛盾，只有综合运用多种税收，建立一个覆盖个人收入运行全过程的税式调节体系才能解决。个人收入是通过收入分配形成的，似乎只有所得税的调节才能有效。其实个人在取得收入之后，并不会永远停留在收入状态上，接着必然要对收入进行处置，除了可能将其小部分进行捐赠外，不是用来购买商品和劳务进行消费，就是用于储蓄，形成金融资产或实物财产。因此在消费环节和储蓄环节，依调节收入目标，课以相应税收，诸如在消费环节课消费税，在储蓄环节课财产税和遗产税（含赠与税），使税收调节覆盖个人收入运行全过程，不仅可以补充所得税调节之不足，而且可以极大地增强税收调节个人收入的力度。这三个税种相互配合覆盖收入运行全过程，可以使纳税人失去回避税收调节的空间，保障税收对分配不公的调节力度不受损失，确保调节目标的实现。第一，用消费税，对个人收入进入消费领域时进行调节，既可补充个人所得税因确保效率优先所造成的调节公平力度之不足，又可在客体的选择和税率差别设定，实现对富人消费的特殊调节，从而加大对特高收入的调节力度。第二，将财产税和遗产税作为对收入运行的最后调节，它可以起到调节收入的兜底作用。遗产税的调节，是在财产所有者逝世之后进行的，它并不影响财富所有者生前之享受，调节所带来的效率损失会是很小的，所能发生的充其量是人们不再愿意保留财产，即不愿把收入转化为财产，这也没有什么可担心的，因为，一旦发生税收调节使财产拥有人不愿把收入继续转化为财产的情况，财产所有者无非是加大消费，别无其他出路。这时的消费税使人依然逃脱不了税收的调节。当然还可以把收入捐赠给社会公益事业来逃避税收，但他这样做本身就是收入差距的调节。正因为这样，就可以在遗产税设计上不必过多考虑公平与效率之间的矛盾，尽可以把这个层次上的税收调节力度，提高到最大限度，以确保收入分配公平和共同富裕目标的实现。遗产税课以高税率也是世界各国通行的做法，许多国家最高税率达70%—80%，如日本的遗产税的最高累进税率曾高达75%，美国也曾高达72%。高税率可以使个人财产在两代人之间的传递中，绝大部分收归社会所有，通过政府的转移支付制度，推进共同富裕目标实现。同时由于财产继承人所得遗产大幅度减少，使财产继承人只靠遗产维持生活成为不可能，必须靠自己劳动才能提高生活水平，也有利于促进社会发展，提高效率，防止寄生者阶层的产生，确保共同富裕目标的最终实现。建立覆盖个人收入全过程的税式调节体系，也有利于将灰色收入乃至黑色收入，纳入税收调节之中，使之逃脱不了调节。当个人收入投入消费和储蓄过程时，人们是不会从钱上嗅出什么特殊味道的，无论什么样的来源，白的也好，黑的也好，味道都是一样的，收入取得者尽可在消费和储蓄中一样使用，这时不透明的收入也就转化为透明收入，当然也就进入税收调节范围之内。

设立消费税及财产税包括遗产税，补充所得税调节之不足，并不是随意设立这两个税，就可达到调节目的。要起到应有的作用，必须是建立一个三税协调配合的、有机的税式调节体系，这就需要在税制设计上，以调节收入分配为目标，将所得税、消费税和财产税（包括遗产税）这三个税种作为一个整体，依调节需要合理地配置这三个税的调节力度和征收方法，才能达到目的。

（二）转移支付调控机制构造

财政转移支付的调节收入分配作用与税收调节收入分配作用，两者是相辅相成的。税收介入调节作用，主要是从高收入者手中取走一部分收入，来缩小收入分配差距，它并不能因此而使低收入者的收入有所增加；而转移支付介入调节作用，是从增加低收入者收入，来缩小收入分配差距，它并不能因此而使高收入者的收入有所削减。因此，财政转移支付与税收相互配合，才能在调节收入上相得益彰。转移支付同税收一样，也是财政调节收入分配，促进共同富裕目标实现不可或缺的一环。

财政转移支付对个人收入的调节，从两个层次发挥作用：一是从总量层次上，通过转移支付总量的增加和减少，改变国民收入在高收入与低收入群体之间配比，解决社会分配的总体差距问题，诸如加大或控制国家预算用于各种社会保障的额度，增加或减少对低收入和无收入者各种补贴等，都会直接引起国民收入在最高收入者与最低收入者群体之间分配比例的变化。在转移支付总量上采取扩张政策，就会增加低收入阶层拥有的国民收入份额，从而缩小个人收入差距，反之，则会拉大差距。二是从具体支付层次上，在转移支付总量既定条件下，通过对低收入阶层中不同群体，给予不同的援助力度，则可以具体调节社会弱者阶层内的收入差距。

财政转移支付的内容很多，并不是所有的财政转移支付，都能发挥调节个人收入差距作用。诸如，财政支付养老金、失业救济金、低收入者住房补贴或提供低租金住房、对困难户消费品物价补贴、发放救济金等，是属于可以用来调节个人收入分配的转移支付手段；而那些对企业实施产业政策性补贴、亏损补贴、出口补贴等，则不属于调节个人收入分配的手段。我们发展经济的目的是为了实现共同富裕，因此，财政在安排各项转移支付时，首先应着眼于前一类转移支付，要防止后类转移支付挤压前类转移支付，这是必须十分注意的。否则，尽管财政转移支付总量每年大幅度增加，也达不到调节收入分配，缩小收入差距，促进共同富裕目标实现的目的。

在我国计划经济时期，对居民也存在着大量的转移支付，它是与现代社会中政府用来调节个人收入分配的转移支付完全不同的。在计划经济时期，由于个人收入分配采取的是低工资加政府的福利供给双重形式，为此建立起来的对个人转移支付制度，除了社会救济和抚恤支出外，大多是普惠式的平均主义福利供给，它只是低工资的一种配套形式，并不是也不能发挥个人收入分配调节作用。为建立与市场经济发展相适应的转移支付调节手段，必须打破传统的转移支付制度，构造新的制度。然而改革开放后，甚至在很长一个时期内，继承着传统的转移支付手段，后来虽然有了不少改革，但至今在许多方面，旧的转移支付制度还占主要地位。这种状况极大地影响着财政转移支付调节收入差距的作用。在当前各类要素参加分配，个人收入差距已经拉开的条件下，保留旧的普惠式转移支付制度，不仅会加重财政负担，削弱财政济困扶危、调节个人收入分配的力度，而且会带来不良效应。不利于社会稳定。以当前高等教育中转移支付为例，在市场经济下高等教育就其性质而言，它不应当是国家统包供给事业，从去年起，已从无偿制转向收费制，向市场经济跨出决定性一步，但在转移支付制度方面，还保留着许多普惠制，如对学生普遍提供廉价住宿条件，以及伙食补贴等，由于国家有限的财力，大量用于普遍供给方面，就不能不影响和减弱政府对贫困学生的扶持力度，这不仅会使一些素质优秀而家庭贫困者失去求学机会，更会造成在校学生之间贫富差距扩大，带来诸多消极影响，不利于社会安定，富裕家庭学生和贫困学生住在一起，前者一掷千金，而后者粗茶淡饭难以为继，副作用可想而知。类似问题，在许多方面都存在着，财政花了钱，而消极作用却很大。因此，在今后几年中很有必要加快财政转移支付制度改革，彻底改变计划经济下形成的财政补贴和事业供给思路，向选择式转移支付，专门面对贫者、弱者转移支付方向转换。

第一，要建立具有中国特色的社会主义社会保障制度。社会保障制度自产生之日起，就是为救助弱者而设立。最初可追溯到 19 世纪末，普鲁士的宰相俾斯麦先后组织颁布了《养老、残疾保险法》、《失业保险法》、《疾病保险法》等，而社会保障这一概念的使用，最初出现于 1935 年，美国颁布了《社会保障法》，并组建了联邦社会保障署，统管国家社会保障制度，而后在各国逐步得到推广。当今世界由于国情不同，各国社会保障的具体内容以及保障的目标，并不完全相同，多数国家把提供社会保障，看成是社会的"安全网"和"减震器"，是一项保障社会安全的制度，其主要内容是，为社会成员中的弱者，即年老丧失劳动能力，或因伤残、疾病等原因造成短期或长期丧失劳动能力者，以及低收入者和失业者等群体，提供生活和医疗保障措施。其目标是推进社会安定，另一些国家除此目的外，例如北欧一些福利国家，还把它看成是促进公民福利共进的手段，使公民中弱者与强者，年轻与年老，病者与健康者，贫者与富者之间实现财富适当的均衡，福利的共同增长。我国作为一个社会主义国家，建立社会保障制度的目的，当然不是也不应当仅仅是为了社会安全和减震，更重要的是为了实现共同富裕目标，促进福利共进，保障发展不背离社会主义本质，不造成社会弱者贫困化，背离鼓励一部分人先富起来，先富带后富，走向共同富裕目标。因此，在我国社会保障制度方案设计，不能仅仅着眼于满足社会安定的最低需要，主要应从社会主义本质属性，实现共同富裕战略高度来处置，才能建设一个使社会中的弱者也能从我国经济发展中分享实惠，随大家一起得到生活的不断提高，一道走向共同富裕目标。这应当是我们社会主义国家建立社会保障制度必须遵循的宗旨，也是与资本主义国家社会保障的根本区别。

第二，要建设专为扶助社会中弱者群体的公共福利设施，诸如专门为低收入者建设低租金的公寓住宅，为孤寡和无子女照管的老人提供安度晚年的"养老院"和"敬老院"，以及其他救助设施，如"临终关怀医院"、"老年康乐中心"等，使老人在为社会辛劳一生，作出贡献之后，也能共享社会发展果实。此外，还要建设收养无人照管的孤儿所需的"孤儿院"，以及残疾儿童康复中心等。在社会主义国家中，这些都是人民政府义不容辞的义务，不能如同西方国家那样，主要靠社会公益团体实施。特别是我国人口老龄化发展速度很快，根据全国第四次人口普查有关资料和有关专家预测，2000年全国总人口将为13亿人，60岁以上老年人口将达到1.28亿人，2030—2040年，总人口将达到15亿人以上，届时60岁以上人口将达到3.4亿—3.8亿人，平均每4个人中就有一位老人。这种情况要求国家必须未雨绸缪，千方百计筹措和积累必要基金，准备好必要的社会保障设施。

第三，要把公共事业从福利化转向市场化，同时要加大对弱者提供免费或低费的公共事业供给。诸如对弱者实施公园、文化、教育、公共交通等事业方面减费或免费制度，当然这些不能一蹴而就，要依照我国经济发展，逐步实施。但无论如何必须从现在起就着手举办这项事业，并随着我国经济发展，国力增强，不断地提高其质量和供给范围，以推动物质文明和精神文明建设，在不同群体之间得到生活水平均衡发展，逐步从低水平向高水平的共同富裕目标推进。

（原载《地方财政》1999年第9期、第10期）

治理收入差距持续扩大的方略探索

一 收入差距持续扩大的根源

我国改革开放以来，以市场经济为手段，极大地推动了社会生产力持续快速的发展，成功地走上了中国特色的社会主义康庄大道，至 2011 年，国民经济总量已仅次于美国，高居世界第二位，一部分人已经先富起来，居民生活也明显得到改善，辉煌的成就令世人惊羡。然而与此同时，却出现居民收入差距持续扩大，两极分化趋势显化，与科学发展观要求十分不协调的情况。我国在社会主义建设中引入市场经济的目的，是为了更好更快地发展生产力，使全体人民尽快共同富裕起来。从理论上说不应出现上述的情况，可是经过几十年实践，虽然生产力得到了飞速发展，在收入分配上却出现这种不符人意的结果，这是为什么？对此人们见仁见智，至今没有共识。我们认为导致收入差距扩大的原因很复杂，既有主观原因，又有客观原因，既有外因又有内因。但一个事物的发生与发展，内因是决定性的，只有着力找到内因，究其根源，才能抓住主要矛盾，找出根治的方略。分配的问题是生产关系的有机组成部分，有什么样的生产关系结构，就有什么样的分配结构。所以我们认为，收入差距持续扩大的根源，只有到市场经济体制中去探寻，方能达到目的。

市场经济是商品经济发展的最高形态，也是资本主义产生的基础，市场经济下，不仅社会再生产的一切劳动成果都成为商品，劳动力也变成商品，市场经济这一基本特征，决定了各个生产要素是相互分离的，分别掌握在资本所有者、土地所有者及劳动者手中，其中资本掌握了生产资料支配权，各个生产要素（资本、劳动力、土地）要结合起来实现生产，就必须通过市场与资本实行等价交换方能实现。在这种生产关系下，资本所有者掌握着生产资料，在市场博弈中居主导地位，劳动者处于弱势地位，并且由于劳动只是劳动力商品自身蕴藏着的一种潜力，它本身并没有价值，只有与生产资料结合起来从事生产活动方能创造价值，因此，劳动力商品在市场上与资本进行等价交换时，资本所有者只能以补偿生产劳动力再生产所消耗的必要价值为标准，来计价进行交换。就是说在这种生产关系下，对生产成果的分配，劳动者只能拿到补偿自身再生产所必要的价值，大量剩余价值都为资本所有者无偿占有，再加上由于劳动者在市场博弈中处于弱势地位，往往连劳动力商品再生产必须消费的价值量也难以足额得到补偿。因此，市场经济这种收入分配方式运行的结果，只能是资本所有者等少数人随着掌握的剩余价值的不断增加而越来越富，广大劳动者由于没有取得剩余价值权利，是根本无法富起来的，随着生产发展，收入差距就会越来越大，两极分化就成为必然。因此，邓小平同志在改革开放一开始，就提醒我们说："社会主义的目的就是要全国人民共同富裕起来，不是两极分化，如果我们的政策导致两极分化，我们就失败了"①，"而坚持社会主义，实行按劳分配的原则，就不会产生贫富过大的差距，再过二十年、三十年，我国生产力发展起来了，也不会两极分化。"② 因此，建设市场经济体制以来，中央也不断地提出，在分配上要坚持按劳分配为主的原则，遗憾的是由于这样那样的原因，在我国理论界始终对这个问题研究不足，并且对按劳分配范畴的内涵存在着误解或理论上的扭曲，不少人把市场经济下通行的以劳动力再生产所必须耗费的价值为依据制定的工资制度，看成是按劳分配。由于理论上的混乱，加之人们在效率与分配公平之间关系认识上的偏颇，总是感到讲公平会妨碍效率的提高，关心效率多，而关心公平分配不足，从而造成在分配制度改革上缺少正确的理论支撑和指导，迟滞了社会主义按劳分配制度建设。这就造成市场经济没有按劳分配这一社会主义原则的制约，在发挥促进生产力发挥积极作用的同时，消极作用得不到抑制，这才是出现两极分化苗头的根本原因。

---

① 《邓小平文选》第三卷，人民出版社 1993 年版，第 110—111 页。
② 同上书，第 64 页。

说到这里应当指出的是，按劳分配与按劳动力价值分配两者是有本质区别的，邓小平同志提出的"坚持社会主义，实行按劳分配的原则"是对马克思关于在社会主义建设初期阶段，必将实行按劳分配理论在新的历史条件下的发展，指的是在保留劳动力的商品形式，并相应实行按劳动力价值分配的同时，还要赋予劳动者分配剩余价值的权力，按劳动者为创造价值所付出的劳动质量与数量进行剩余价值的分配。这种分配方式与按劳动力价值分配方式是有本质区别的。所以，改革分配制度，给劳动者分取剩余价值的权利，党的按劳分配为主，各项要素参加分配的方针政策，才能得到真正的落实。

二　构建按劳分配为主的分配制度方略

综上所述，在我国社会主义建设的初级阶段，虽然在收入分配制度改革中，必须充分注意按劳分配原则的切实落实，但是由于在此阶段还存在多种所有制成分，和必须充分利用市场经济的优越性，还不可能也不应当实行单一的按劳分配制度，只能兼顾市场经济规律运行之必需，和坚持社会主义基本原则之必需，以科学发展观和党的十七大提出的"要坚持和完善按劳分配为主体，多种分配形式并存的分配制度"的决定为指导，构建起一个既能有利于发挥市场经济积极作用，又能有效遏制市场经济消极作用，防治两极分化的收入分配制度。因此我们认为实行收入分配双轨制，一轨是保留现行的市场经济下通行的，依各个要素在生产中耗费的必要价值量进行的分配，即按要素价值分配方式；一轨是依生产单位全体成员各自在价值创造中的贡献大小，分割剩余价值的按劳分配方式，这可能是一个最佳选择。因为理论与实践都表明，以这种分配制度为改革目标，不仅十分可行，而且效果也会是很好的。从理论上说：第一，它具有很强的包容性，可以正确地处理好利用市场经济这一手段与坚持社会主义本质属性之间关系，就是说它能使满足资本与劳动力商品之间实现等价交换原则的需要，和逐步实现共同富裕目标相契合，既能实现资产阶级法权所要求的等价交换原则这一表面公平性要求，又能使劳动者有取得分割剩余价值的权利，从而为实现共同富裕目标提供经济保障。第二，资本、土地、劳动力都是生产要素，按现在一种流行的理论认识，三者都对价值创造有贡献，这样就决定了各个要素所有者在所创造的剩余价值分配权上，必须是平等的。为什么劳动者只能分到与补偿劳动力再生产费用相等的价值，而无权分得剩余价值，而资本所有者不仅取得与生产中所耗费相等的全部价值，还把全部剩余价值据为己有呢？这显然是与公平、正义相违背的。而实行双重分配制度，就可以使收入分配真正实现公平与正义。

就实践来看，这种双轨分配制，无论是在国外或是在国内，也无论是资本主义私有制下，或是在社会主义公有制下，都曾经有过成功的实践范例。

1. 在国外资本主义私有制度下，有我国的近邻日本，在第二次世界大战后实施民主改革后，工会发言权很大，在"电产工会"倡导和政府赞同下，曾经在很长一段时期实行了这种双轨分配制度，日本把这种分配制度称之为"年功序列工资制度"，其具体内容扼要地说，就是凡企业雇用的劳动者，都被看做企业这个大家庭的成员，实行终身雇用，劳动者则以企业为家，除了按月领取工薪以补偿劳动力再生产耗费之必需外，还参加剩余价值的分配。即在年终财务决算后，企业按年初商定的经营计划标准，将利润扣除企业发展必要的积累量之外，按全体职工的劳动贡献大小进行分配，通常是按职工个人全年劳动状况考评的结果，分级别对贡献突出者适当加以调整，以利润分红形式分给大家。这种分配制度在日本战后困难时期，不仅极大调动了全体职工的积极性和为完成企业经营计划目标而团结奋斗的精神，保障了企业效率持续的大幅度提高，保障了战后政府实施的"第一个五年计划"，即第一个"国民收入倍增计划"得以顺利地提前完成，并实实在在地使全国劳动者每人的收入翻了一番，因此是举国欢腾，进一步激发了劳动者的干劲，也使资本家高度认同这种分配制度。所以这种收入分配制度在日本得到了持续的实施，有效地保障了日本顺利的从贫困欠发达的国家走上发达国家行列，并且使基尼系数始终稳定在 0.4 以下的合理水平上，被世人誉为收入差距最小的国家。后来由于日本是资源极度短缺之国，经历两次石油危机的打击后，企业纷纷陷入经营困难的境地，一些企业不得不放弃"年功序列工资制"并进行大量减员，因此改行其他收入分配方式。然而日本随后的经济发展也陷入持续不振状态。

2. 在国内，第一，在 20 世纪 50 年代，对私人资本主义企业实行社会主义改造时期，曾经实行的"四马分肥制度"即将私营企业的利润按一定比例分为所得税、企业公积金、职工福利奖金和股东的股息红利四个部分。这与本文设想的，对剩余价值的分配精神也是一致的。当时实施"四马分肥"，是在全体职工中分配剩余价值，并不是仅仅对生产劳动工人，也包括各个层级管理人员和工程技术人员。通过这种分配制度的实施，不仅极大地调动了职工的劳动热情，也得到资本家的热烈拥护，从而顺利地实现了对私人资本主义的社会主义改造。第二，在改革开放后，出现的诸如江苏华西村、山西皇城村等农村集体经济单位所实行的收入分配制度，都不约而同地实行了"工资加供给"的分配制度，这也是一种收入分配双轨制度。它们是公有制，本来可以实行马克思设想的那种单一的按劳分配制，只是由于在现阶段需要利用市场经济优越性，才选择了"工资加供给"的双轨分配制度，这种分配制度的优越性是非常明显的，我们曾去过这样的村庄进行考察，他们现在都初步实现了共同富裕的目标，农户之间虽然也有差距，但只是富裕程度上的差别。这些单位不仅自己富裕了，而且能积极贯彻执行先富帮后富的方针，主动帮助和带动相邻的村庄也逐步走上富裕道路。

值得指出的是，实行这样双轨收入分配制改革，并不可因此而忽略对二次分配的调节作用。因为城乡收入差别、地区收入差别并不完全是由于个人收入没有实行按劳分配造成的，更是历史遗留下的旧式分工、地区之间资源禀赋差异及生产力发展程度差异造成的。所以在劳动者有权索取剩余价值在改革的同时还必须通过国家财政在二次分配中给力，在政策上大力调控，加快后发展地区生产力的发展，加快农业产业化与现代化发展，加快公共服务均等化过程，加快为落后地区提供生产力发展所必需的公共设施等基础条件建设，等等，方能逐步缩小这两大差别，为共同富裕创造条件。因此，深化财政体制和税收制度改革，也是解决收入分配差距持续扩大问题的当务之急。

（原载《财贸经济》2012 年第 5 期）

第四篇

国有资产管理改革

投资决策体制改革方向的研究

一　投资决策体制存在的问题

我国的投资决策体制改革，已取得了很大成绩，初步实现了由高度集权型向多层次分权型的转变，这一转变对调动地方和企业发展经济，扩大投资的积极性发挥了良好的作用。但新的体制在发挥积极作用的同时，也带来了争项目、重复建设等不利于宏观控制，不利于提高投资效益等问题，说明投资决策关系还没有完全理顺，需要通过深化改革解决。

现行投资决策体制的缺欠是什么？由于人们在实践中的感受不同，认识很不一样。我国经济体制改革的目标，是建立和发展社会主义有计划的商品经济，一切经济体制改革方案设计都应以此为出发点。基于这一点我们认为，现行投资决策体制的根本缺欠，在于决策分权对象确定的失当，把一定的投资决策权下放给企业，这无疑是符合商品经济发展要求的，其方向是正确的。但投资决策分权又以各级政府及部门为对象，依行政分权的格局构造投资决策分权体系的办法，却是值得研究的。这种办法虽然也是冲破投资决策过度集中的状态，利于调动地方政府部门的积极性，可是实践发展表明这种办法有很大的局限性。第一，它妨碍国内统一市场的形成和发展，不利于投资社会效益的提高。以各级政府和部门为投资决策的分权对象，把行政权力同投资决策权力捆在一起，势必形成投资活动依附于政府权力的势态，加之行政分权天然具有区域分割的特性，这样各地方、各部门出于本地区、本部门利益的考虑，争相上项目，铺摊子，实行地方保护主义，争夺稀缺资源，阻碍经济横向流动，进行重复建设、重复生产等情况就难以避免。有的同志认为，这种情况是"分灶吃饭"财政体制带来的，与投资体制无关。"分灶吃饭"财政体制，由于其分权办法不适当，对上述弊端起了助长作用，但是它并不是产生上述弊端的根源。财政是为政府实现职能服务的，它自然要依行政分权格局来构造其分权体系，财政利益的行政区域化是必然的，然而财政利益区域化，实行分级财政并没有带来上述弊端的必然性，当今世界许多国家都在实行分级财政，有的国家的分级财政，其"分灶吃饭"的程度比我国还要彻底，但在这些国家中，重复建设、地区封锁等情况未曾有闻。在我国实行"分灶吃饭"财政体制之后，之所以发生了重复建设、地区封锁等弊病，除"分灶吃饭"财政体制的分权办法失误之外，其根本原因在于，在实行"分灶吃饭"财政体制的同时，在生产性投资上也实行了"分灶吃饭"。向地方政府下放生产性投资决策权力，实际上也就下放了资金所有权，这就为地方进行重复建设、实行地区封锁提供了物质条件，否则地方是无力进行封锁的，而且也没有封锁的必要。所以，解决地区封锁、重复建设等问题的根本，还在于改革投资决策分权体制，把捆在一起的行政权力与投资决策权力拆开。第二，把行政权力与投资决策权捆在一起，也不利于政企分开和实现企业向自负盈亏方向转变。把行政权力与投资决策权力捆在一起，就使各级政府对企业都具有双重身份，既是企业投资者即所有者，又是经济行政管理者。作为经济行政管理者对企业则是征税者；作为投资者对企业是所有者，从而也是纳税者，政府作为企业投资者，出于自身利益的考虑，就难免要对企业的生产经营进行直接干预，政企就很难分开；政府作为收税者，出于保护自己投资的利益，又难免利用征税权力给企业过分的优待和保护，使企业的预算约束难以硬化，也就难以实现自负盈亏。此外，政府具有纳税者和收税者双重身份，要增加财政收入，就必须由自己多交税，因而政府就必然要运用自己的投资决策权力，千方百计扩大企业投资，扩大再生产规模，以扩大税源，这样投资饥渴症也就应运而生，给宏观经济控制带来困难。

二　完善投资决策体制的途径

克服现行投资决策体制的缺点，建立一个符合有计划的商品经济发展要求的投资决策体系，关键在于把政府权力与投资决经营权分开，实现政府经济职能的转化，为此，建立"一级所有，两个分开，两级决策经营"的投资决策体系可能是有益的。

所谓"一级所有"包括两个含义，一是全民所有制的所有权集中于中央政府；一是所有权代表职能集中于一个机构行使。具体地说，就是把生产资料全民所有制的代表权，集中到中央政府一个部门行使，并由这个部门对国有资产的安全和效益负完全的法律责任。其他各经济部门只从事经济行政职能，根据国民经济发展计划和国民经济平衡发展的要求，提出投资的行业政策及技术政策，供国有资金管理部门确定投资方向参考。

所谓"两个分开"，即把政府的经济行政职能与全民所有制代表职能分开，把全民所有制代表权与投资决策经营权分开。长期以来，在经济理论上存在一种模糊观念，认为国家组织经济的职能是社会主义国家所特有，它是生产资料全民所有制采取国家所有制形式的产物。因此认为经济分权与行政分权是不可能分开的。其实社会主义国家组织经济的职能包括两方面的内容，一方面作为全民所有制代表者的职能；另一方面是管理社会经济活动的职能。这两个内容其性质是不同的，不能混为一谈。前者是生产资料所有制内容，是经济权力；后者是政府行政活动的内容，是行政权力，行政权力作为政府行政权力的有机组成部分，当然只能同行政分权相一致，两者是不可能分开的，而作为全民所有制职能的执行者则不然，它作为经济权力并不必然要同行政分权相一致，经济权力的行使只需法律的保护，不必借助行政权力。经济权力完全可以和行政权力分开，我国经济改革的实践经验证明了这一点。那么如何实行"两个分开"呢？在实现了"一级所有"的转变之后，也就实现了经济行政权力与全民所有制代表权的分离。因为，全民所有制代表权集中于中央政府，也就使各级地方政府只有经济行政权力，而不再具有全民所有制代表权；全民所有制代表权集中在一个机构行使，也就使中央其他各经济行政管理部门同所有权脱离，成为单纯执行经济行政职能的机关。至于所有权与投资决策权分开，则可以通过各种委托经营形式实现，委托经营形式，是指所有者不直接进行投资决策经营，而授权给一定的代理人实施，给予代理人以独立自主投资决策权力，并责成其对委托的资金安全和经营效益负完全责任的一种方式。实行投资委托经营后，全民所有制资金所有权和投资经营权分开了，所有者代表机关则只行使对经营者的监督，按时按规定向经营者收缴红利等，除此之外，不再干预投资经营者的经营活动。

所谓"两级经营决策"是指中央一级决策和企业一级决策。各级地方政府除保有非生产性投资决策权外，不再有生产性投资决策权。国民经济中生产性投资需要，大体上可以分为两类，一类是各个企业经营者无力投资和不愿进行投资，而又是社会再生产正常运行所必需的投资需要，这种需要一般是工程耗资巨大而又工期长的，或者是赢利小或暂不赢利的生产性投资；一类是企业自我发展，自我改造的投资需要。为叙述上的简便把前者称为国家重点投资，后者称为一般生产投资，实行两级经营决策就是根据这两类投资的不同性质设计的，一般生产投资经营权归企业，国家重点建设投资由于其国民经济全局性，必须把投资权集中在中央，归中央一个机构来承担决策经营职责。这个机构应当是专门设立的国有资产管理机构，暂时也可以利用现存的某一机构。从我国当前的实际情况看，委托中国建设银行（以下简称建设银行）① 是一个较好的选择，不仅有现成的投资经营系统，在各个省市都设有基层经营机构而不必另设新摊，有利于精简机构，而且建设银行又有长期投资管理的丰富经验，由建设银行承担国家重点建设投资经营，又可以同长期信贷业务结合，有利于充实国家重点建设投资的力量。

为实现"两级经营决策"体制目标，要在财政分配关系方面作如下一些改革。

第一，深化财政与企业财务关系的改革。首先，划定企业用于一般生产投资的资金来源和数量界限，这可以在适当提高企业留利水平的基础上，实现企业生产发展基金提留使用规范化。生产发展基金作为国家向企业增拨的一般性生产投资基金，企业必须按时按量及时足额提取，并对其完整无缺负法律责任，财政则按规定的法定数额记录国有资金账簿，照此向企业按时收缴法定红利。其次，改税前还贷为企业自有资金还贷，同时财政不再替企业承担弥补亏损的责任。在此基础上，企业有完全的财务自

---

① 当时建设银行没有改革，依然执行国家投资拨款和监督职能。

主权，财政除对企业进行有关征税和分配红利方面的财务监督之外，不再直接干预企业经营活动，以保障企业作为独立商品生产者的权、责、利统一。

第二，改革建设银行与财政之间的关系，使其成为兼营长期信用和长期投资的金融企业，以保障建设银行的经营国家重点投资的独立自主权。为此，要通过法令划定国家重点建设资金的来源和数量界限，以形成国家重点建设基金交由建设银行经营。建设银行则以长期投资者身份，参照国家重点建设规划和产业政策的要求，独立自主、具体地选择投资项目，向社会招标进行建设。建成投产后建设银行作为长期投资者参与红利分配，财政则按法律规定向建设银行征税和收取红利。为便于监督建设银行的投资经营，建设银行要把长期投资业务与长期信贷业务分开，专设国家重点建设资金投资经营部，进行国家重点建设投资的经营管理。

第三，重新构造国家预算体系，除重新划分中央与地方财政的收支范围之外，要把国家重点建设投资分离出来，并相应地划定国家重点建设资金来源，诸如可将国有资金红利收入等作为固定来源，以形成国家重点建设基金预算。这个基金预算既是监督国家重点建设资金经营的手段，又是运用财政政策实现宏观控制的工具。

以上就是实行"一级所有，两个分开，两级经营决策"的投资决策体制的概略设想，实行这样的体制有如下好处：

1. 实行"一级所有"之后，可打破企业隶属于各个行政条块的旧体制，使企业只隶属于一个所有者，从而为实现政企分开，推进流通体制改革和国内统一市场的形成创造条件。

2. 实行"两个分开"，就可以使地方政府特别是城市政府摆脱"企业办社会，市长办企业"这种违背商品经济运行规律的被动局面。从而有利于城市财政向公共财政方向转化，便于财政全面发挥其职能。集中财力搞好城市建设，搞好为生产和生活服务的公共事业和公共设施建设，充分发挥城市功能。实行"两个分开"之后，政府既不是企业所有者，也不是生产投资者，就可以更加超脱、公正地对企业实行服务与监督，实现政企分开和政府职能的转化。

3. 实行"两级经营决策"，各级政府不再干预投资，投资决策者的权责趋于明晰化，就可以克服现存的投资决策体制上谁都有权而又谁都不承担实质性责任的权责脱节的毛病，有利于理顺投资决策关系，提高国有资金的投资效益。

三　完善投资的宏观调控机制

同"两个分开，两级经营决策"的投资体制相配套，要相应地改革现行的投资宏观控制体系，建立适应有计划的商品经济发展要求的，以财政政策和货币政策为基本手段的间接控制体系，以保障投资经营决策者的权、责、利统一，和达到既搞活投资，在投资决策上实现政企分开，又能有效地实现宏观控制的目标。商品经济以满足他人需要而进行生产为基本特征，生产经营者自己的需要只有通过货币交换才能取得。因此，在社会主义有计划的商品经济下，每一个生产经营者的生产目的都表现为两重性，一是要生产出能够满足人民物质文化生活需要的物质产品；二是要创造尽可能大的价值，以便换取满足自己需要的产品。这两重目的中，价值的创造和实现状况，决定着生产者自身利益的大小，决定着生产者的再生产需要能否得到充分补偿和满足，因而，对生产者来说，取得和实现更多的价值，其利益更为直接，生产使用价值的抉择要以能够取得价值多少来决定，可是使用价值是价值的物质承担者，只有先产出符合社会需要的使用价值，取得更多的价值，实现交换才能得到价值的实现。这样，生产者为了取得更多的价值，就必须首先按照社会需要进行物质生产，生产更多更好的使用价值。因此，生产者生产价值的目的，又推动着生产使用价值目的的实现，生产者的两重目的，就在争取创造和实现更多的价值的基础上统一起来。商品经济运行的这一特性，决定了价值是国民经济管理的"牛鼻子"，运用价值规律诱导国民经济的运行，也就能够有效地实现宏观经济控制，并且也只有建立以价值控制为基本手段的宏观经济控制体系，才能符合有计划的商品经济运行规律，才能实现既搞活微观经济，包括搞活投资，而又实现宏观控制的目的。因此，直接掌握在国家手中，又能有效地调节和诱导国民经济价值状态的财政政策和货币政策就跃居国民经济宏观调控手段的首要地位。投资活动也一样，在实行"两个分开，两级经营决策"的投资决策体制之后，在投资决策上实现了政企分开，行政指令计划逐步失去了直接控制投资的能力，如果不及时建立起以财政政策和货币政策为基本手段的价值控制体系，就有可能发生宏观经济失控的危险。所以，在实行"两级经营决策"体制的同时，建立和完善财政政策和货币政策为手段的投资宏观控制体系，是不可缺少的配套措施。

　　投资的宏观控制包括总量控制和结构控制两个内容。由于财政与货币两者在社会再生产过程中的地位和作用不同，在实现投资宏观控制中，两者的政策着力点是各有侧重的。财政处于国民收入分配的枢纽地位，它直接制约着社会再生产过程各个侧面的利益变化，因而财政政策对经济的各量调节，即结构调节的力度大于总量调节，特别是在实行投资的两级委托经营的体制下，财政向受委托者供给的资金，不论其来源范围和数量上都有所限定，这就使财政对投资总量控制的力度更有局限性，而货币政策的作用则与财政政策作用相反，在财政划定给投资决策者运用的投资来源范围之外，投资者能够额外取得资金的途径，不外是社会闲置资金和银行信贷两个来源。这两项资金供给量的大小，以及投资者运用这些资金的可行性程度，都取决于货币政策。实行扩张性货币政策，就会扩大社会资金供给量，从而增加投资者运用社会资金和银行借款的可行性；反之，则实行紧缩性货币政策，社会的信贷规模也就会相应紧缩，可供投资者运用的资金也就减少，利率随之也会上升，就使投资者运用社会资金扩大投资的效益下降，从而抑制投资者扩大投资的积极性。然而货币政策不能像财政政策那样，直接针对各个不同类型的投资者采取不同的政策措施。因此，货币政策对投资总规模控制的力度大，而对投资结构控制的力度则微弱。鉴于财政政策和货币政策两者在宏观控制作用上的这些特点，在构造财政政策和货币政策控制投资的体系中，则应注意充分发挥财政的结构调整作用，而将总量控制任务交由货币政策实施。

　　财政政策对投资结构的控制和调节，主要是运用折旧、税收、贴息等手段，影响不同投资方向的利益量来实现，诸如对需要增加投资的产业，给予提高折旧率或减税的优待，或对其贷款给予贴息等，就可以增大投资者的投资效益，从而提高投资者向这个方向投入的积极性，反之就会减少投资者的利益，而降低向这方面投资的兴趣。

　　货币政策对投资总量的控制，可以采取直接控制货币供给和直接控制信贷总量两个办法来实现。当前我国采取的是直接控制信贷总量办法。这个办法有它的弱点，它主要靠行政手段方能生效，与商品经济发展不协调，并且信贷额度要受信贷运行的种种机制的影响，其控制效果也不够理想。因此，在构造投资的宏观控制体系中，应当向直接控制货币供给方向转变。

（原载《投资研究》1987 年第 12 期）

国有资产体制改革的宏观思考

国有资产体制改革已经取得很大成就，但也碰到了改革难以到位和难以深化的困难。造成这种原因当然是多方面的，但在这诸多的原因中，必有一个主要原因，由于它的存在和发展，制约着改革的全局。只有集中全力，找出这个主要原因并研究出解决的对策，才能开创国有资产体制改革的新局面。

一　两种职能一体化是深化改革的根本障碍

国有资产管理体制是由宏观层次和微观层次构成的，宏观体制解决的是所有者职能执行主体的构造和实现方式等问题，反映的是国有资产管理者内部关系；微观体制解决的是国有资产的经营形式和产权问题，反映的是国家与企业之间的产权关系。换句话说，微观体制是正确处理所有者与经营者关系问题；宏观体制是正确处理政府内部有关所有者权能关系问题。这两个层次是互为条件、相互制约、不可分割的整体，在国有资产体制改革中，只有使这两个方面协调动作，即同步进行，改革方向一致，才能达到预定的目的。十多年来我国的国有资产体制改革，虽然是宏观和微观两个层次同时着手的，做到了两个层次改革的同步性，但在改革方向上却出现了相背离的情况。这表现在，微观层次上根据"政企分开"、"两权分离"原则，以放权让利为主要内容，进行了扩大企业自主经营权的改革；宏观层次上却把所有者职能与经济行政管理职能捆在一起，进行了分权改革。这样，在国有资产体制改革上，就形成一个微观体制向政企分开目标发展，宏观体制向所有权与行政管理权一体化目标发展的相互矛盾态势。之所以说它是相互矛盾的，这是因为两种职能捆在一起是一种政企不分，并且是最基本的政企不分。可以说只要在国有资产宏观体制改革中坚持两种职能一体化原则，无论微观体制方面进行什么样的政企分离的改革，都是不可能真正达到目的的。

1. 宏观体制改革中根据两种职能一体化原则实行分权改革，使各级地方政府和部门，面对国有企业都具有双重身份，既是企业的所有者，又是经济行政管理者，这样，政府和部门在日常管理企业活动中，就很难分清所有者行为与行政管理者行为的边界，用行政手段执行所有者职能，和以所有者权力达到行政目的等政企不分的情况就难以避免。

2. 所有者权力的存在，要以拥有资产经营收益的分配决定权为条件。人们占有一定生产资料的目的，是通过对生产资料的占有来取得一定的物质利益，生产资料所有权与经营收益的分配权两者是不可分离的，所有者失去或放弃这一权力，也就不成为所有者。所以，只要实行两种职能一体化的分权，各级政府和部门作为本地区国有资产所有者职能执行者，就可能对企业生产经营进行这样那样的干预。事实正是这样，现行的企业承包经营责任制，许多人认为它是较为理想的政企分离形式。就是这样理想的形式，由于两种职能一体化状况的存在，企业也无法真正从政府直接干预下解脱出来；相反，在一定程度上还有强化干预的趋势。政府在发包过程中，对企业的重大经营决策，诸如更新改造项目的确定、新产品开发，以及发展速度、收益分配和使用等，都要进行直接干预，并且，在承包之后，在日常经营过程中，企业也仍然会受到这样那样的干预。此外，两种职能一体化原则，也与设立国有资产管理局，对国有资产实行专业化管理的改革要求相矛盾。因为在宏观管理上把两种职能捆在一起，进行行政性分权，各经济主管部门都可执行所有者权力，当然，国有资产专业化管理的改革也就无从谈起，这是不言自明的道理。

总之，只要宏观体制改革中坚持两种职能一体化原则，无论国有资产管理的宏观体制或是微观体制，都不可能有所创新，这就是当前国有资产体制改革步履维艰、难以到位的症结所在。要开创国有资产改革的新局面，只有紧紧抓住这一主要矛盾，以两种职能分开为突破口方能实现。

有人提出社会主义国家与西方不同，所有者职能与经济行政管理职能的主体都是国家，两种职能同一主体，怎么能分开呢？如果要分开，那么所有者职能又落在何方，由谁来担当此主体呢？这里发生了误解。所谓两种职能分开并不是说把国有资产所有者职能同政府分开，不要政府管理国有资产，而是说政府不要把这两种职能搅在一起，实行多头管理。也就是说要把国有资产所有者职能，从一般的经济行政管理部门的工作中分离出去，交由专门机构，即国有资产管理部门实行专业化管理，国家国有资产管理局就是为了实现这个目的而建立的。国有资产管理局成立后，做了大量工作，取得了很大成绩。实践证明实行国有资产专业化管理是可能的，也是十分必要的。

二　宏观体制改革思路的再抉择

如何构造我国的专业化国有资产管理体制，在当前的改革中事实上存在两种不同的思路：一是依照所有者职能执行主体多元化思路进行新体制构造，即各地方、各经济主管部门都在两种职能分离基础上，建立自己的管理机构，来管理隶属于本地方、本部门的国有资产。这实际上是维持条块分割现状的思路。二是一元化的思路，即改变现存的国有资产所有者职能条块分割、多头管理的局面，实行所有者职能集中化改革。从有计划的商品经济发展要求出发，看来只能选择后一种思路。因为，所谓所有者职能集中化包括两层含义，一层是国有资产所有者职能集中于中央，各级地方政府不再对国有资产拥有所有者职能，各级地方政府设置的国有资产管理机构，则属于中央派出机构，执行中央委托的日常管理职能。当然，这并不意味任何国有资产的所有者职能都不能交给地方政府去执行，特别是一些为本地区人民生活和生产服务的公共工程、公用设施和公用事业等方面的国有资产，可以而且也只能交给地方。另一层是国有资产所有者职能专业化管理，即国有资产所有权集中于中央的一个专门机构行使，其他各经济主管部门和机构，不再执行所有者职能。构造这样的宏观体制的好处是：（1）可以为政企分开创造体制上的条件，使企业从行政条块分割中解脱出来，从而消除企业横向联合和资金横向流动的障碍，利于资源配置的优化；（2）各地方政府不执行所有者职能后，也就消除了地区封锁、重复建设的经济基础，利于国内统一市场的形成；（3）地方政府不执行所有者职能，利于地方政府摆脱"市长办企业、企业办社会"的困境，集中精力搞好城市建设，搞好为生产和生活服务的各项基础设施、公共设施和公用事业等，充分发挥政府的经济行政管理和服务作用；（4）各级经济主管部门不执行所有者职能，面对企业的身份单一了，经济行政管理职能净化了，利于公正和严格地对企业进行服务和监督，维护好社会主义有计划商品经济的运行秩序，推进国民经济持续、稳定、协调发展。

当然，国有资产管理局也是国家机关，实行专业化管理之后，虽然国有资产所有者职能责任主体专一了，改善了管理，但国有资产管理局对企业直接行使所有者职能，仍然有政企不分状态复归的危险。为了避免这种情况的发生，国有资产宏观体制改革不可停留在所有者职能集中化改革上，还要在国有资产管理局与企业之间，设置一层专门从事国有资产投资经营的机构，并使这些机构成为自主经营的金融企业。国有资产管理局通过这些金融机构按照商业原则，同企业发生关系，就可以杜绝政企不分事情的发生。此外，国有资产的产权由国有资产管理局委托给众多的自主经营的投资机构去经营，也有利于消除产权经营上的垄断，利于平等竞争，提高国有资产运营效益。也有人提出，设立中间经营层次的办法过于复杂，而把国有资产管理局置于人民代表大会及其常务委员会隶属之下要好得多。这的确是一种有益的设想，但在我国现行的政治体制下，它并不能解决政企不分现象复归的问题。因为我国实行的是人民代表大会制度，人民代表大会不仅仅是立法机关，也是权力机关，各个国家机关事实上都是在人民代表大会统一行使国家权力的前提下，分工负责执行其特定职能。所以，把国有资产管理局隶属于人大常委会，同隶属于国务院并没有实质性区别，同样是国家机关。我国宪法明确规定，人民代表大会及国务院都是国家机构，全国人民代表大会是国家最高权力机关，国务院则是最高权力机关的执行机关。可见，把国有资产管理局隶属于人民代表大会或常委会，只不过是在国务院之外专门设立一个最高权力的执行机构而已，它并不会改变国有资产管理局的政府机关的性质，对克服可能发生的、新的政企不分的问题不会有什么补益。

至于所有者职能执行主体多元化改革的思路，它虽然有不必改变国有资产条块分割的现实，可以避免引起过多的矛盾，利于调动地方和部门积极性的优点，但这一改革思路不仅与实现政企分开，搞活企业的要求矛盾，而且也与发展有计划商品经济的要求相悖。

1. 它妨碍有计划商品经济发展所必需的，国内统一市场的形成。有计划的商品经济，是同社会化大生产更加适应的，是一种更高级形式的商品经济，其重要特征之一就是国家借助全民所有制的权力，可以从国民经济总体上有计划地运用价值规律，消除私有制下市场经济所固有的盲目性，推动社会再生产按比例发展。而要有效地运用价值规律的积极作用，就必须消除国内市场的任何割据和垄断，国有资产所有者职能执行主体多元化，则与此要求完全背离。全民所有制就其本性而言，它的所有权只能属于全体人民即全社会所有，它绝对地排斥任何个人或集体分割它的所有权。把全民所有制的所有权分割给各地方和部门，事实上就是否定了全民所有制的统一性，把全民所有变成了条条块块所有。当然，各级地方政府作为一级政权，它首先是国家利益的代表，从这个意义上讲，把所有权交给它执行，并没有改变全民所有的性质。但地方政府也是本行政区内居民利益的集中代表，如果它不维护本地区利益就不能顺利实现其职能，也无从实现国家利益。各级地方政府在利益关系上的双重地位，也就决定了只要实行所有者职能主体多元化，把国有资产所有者职能交给各级地方政府，就不可避免地会出现国有资产运营和投资范围选择上的区域化等不良倾向。省级政府首先考虑的是在本省范围内选择投资项目和地点，同样，市政府、县政府、乡镇政府也必然要首先在本地区选择投资项目和地点。这样，重复建设、市场分割等情况也就在所难免。

2. 阻碍资源合理流动，不利于资源配置的优化。发展有计划的商品经济的一个重要目的，就是要改善资源配置方式，提高资源运用的效益，更好地实现社会主义生产目的。在社会主义社会中，按行政分权格局构造国有资产所有者职能分权体制，实际上就是采用按行政区域分配资源，分地区、分部门平衡的一种资源配置方法。这种配置方式极大地弱化了全民所有制特有的所有权社会化与生产社会化相适应的优越性，从而有可能使社会主义经济运行也陷入与社会化大生产不相适应的困境中。世界经济发展的历史表明，在商品经济条件下，各地区资源配置上自我平衡，并不等于社会总体上资源配置的优化。现代经济要达到社会总体上资源配置的优化，主要取决于稀缺资源的有效配置。而要做到这一点，只有把所有权向社会集中，从社会总体上实施方能实现。资本主义世界从本世纪开始的企业合并和联合运动，以及进而向纵向联合方向发展等，无不是这种资源配置规律推动的结果。尽管由于资本主义私有制的局限性，不可能摆脱私有制与社会化资源配置之间的矛盾，但资本主义企业的这种横向与纵向合并运动，却展示了生产资料所有者职能向社会集中的必然趋势。社会主义全民所有制是适应社会化大生产要求而产生的，建立全民所有制的一个重要意义，就在于它从所有制上强化了社会调节经济的权威，克服了社会化生产与私人占有之间的矛盾，为在全社会范围内自觉地依据客观规律的要求，有效地配置资源开辟了广阔道路。所以，社会主义国家的国有资产管理体制的构造，只有在实现所有权与经营权分离，搞活微观经济的同时，在宏观体制上将国有资产所有者权能集中化，实现国有资产专业化管理，才能顺利地将国有资产管理和运营，推上有计划商品经济发展的轨道，从而实现资源配置优化的目标。应当指出的是所有权执行主体集中化，并不要求国有资产经营权和商业性操作也随之集中化。实行国有资产所有者职能集中化，其目的在于改变国有资产管理上的条块分割的不合理状况，在于为实现政企分开，所有权与经营权分离，保障企业的独立商品生产者和经营者的地位，搞活微观经济，为提高生产力水平提供国有资产宏观体制方面的条件。

3. 不利于地区间经济发展不平衡状况的改善，会迟滞商品经济的发展。我国地区之间生产力发展水平相差悬殊，这种情况同地区之间国有资产存量分布不平衡有很大关系。当前我国国有资产存量的地区分布态势是越发达地区存量越多，在这种情况下，以企业属地原则把国有资产所有权分割给各地区，势必人为地拉大先进地区与后进地区之间的经济发展差距。因为各地区所支配的国有资产存量大，其增量也会相应地增大，再投入也就相应地增多，这样，随着经济发展，地区经济发展水平将不是趋于接近，生产力布局将不是均衡化，而将是进一步拉大和加剧其不平衡性。事实正是这样，经济改革以来，扩大地方自主权，调动了各级政府发展经济的积极性，各地区经济都有很大发展，后进地区的经济发展速度比先进地区还快，但地区间经济差距不但没有因此而缩小，反而呈现出拉大趋势，国有资产存量大的地区，其经济实力更加雄厚，经济落后地区的经济实力相对更加下降。据统计，"六五"期间，西部地区工农业总产值的人均水平与全国人均水平的差距，由 1980 年的 327 元上升到 605 元。在我国商品经济尚不够发达的条件下，地区之间经济发展差距的拉大，必然带来商品经济发展程度上的差异，甚至会导致商品经济发展阶段上的差异，从而造成地区之间在商品经济运行上的诸多矛盾和摩擦，妨碍商品经济的发育和成长。

三　深化宏观体制改革的实践对策

为实现国有资产专业化管理，已经建立了国家国有资产管理局，并已投入工作，这就为国有资产所有者职能集中化管理提供了组织条件。但要在现有的国有资产所有者职能与行政管理职能一体化管理的基础上，实现集中化管理的转变，仅仅建立了国有资产管理局一个机构是不够的。加之当前各种政府基金林立，从企业到部门都在实行承包制，各方面的经济利益关系都拴得死死的，国有资产管理体制上的任何动作都会牵动方方面面的利益。因此，国有资产宏观体制的重新构造，没有相关方面与之配合行动是办不到的。仅就宏观角度而言，实现集中化和专业化管理的变革，至少要有以下几个方面的改革相配合：

1. 重新界定各级地方政府及各经济主管部门的职能范围。地方政府除承担公共设施、公用事业以及其他非生产性建设投资和中央委托的各项投资外，不再承担一般性生产建设投资的职能。为此，就必须相应地改革地方财政体制，向分税制方向转变。各经济主管部门则要净化其经济行政管理职能，不再兼管有关国有资产所有者职能和产权经营事项。

2. 改革国家预算体系，实行复式预算制度，把国有资产经营管理有关的收支，从现在的国家预算中分离出来，单独编造国有资产经营预算。为了保障国家预算体系的完整性和利于国家财力综合平衡，国有资产经营预算需作为国家总预算的组成部分纳入国家预算体系。

3. 转移现有的从事国有资产产权经营和管理机构的隶属关系，使其隶属于国家国有资产管理局，同时改变其经营形式和性质，变为受国家国有资产管理局委托，实行独立投资经营的金融企业。

4. 改革国家与企业之间的财务分配关系，把原有的财务分配关系中属于所有者参与企业收益的分配关系分离出来，纳入国有资产经营管理预算。为此，（1）要改革现行税制，实现税利分流。关于税利分流问题，当前分歧很大，但只要从改革目标大局出发，实现税利分流的意义并不难理解，这里不准备对此作更多的分析。（2）要改税前还贷为税后还贷。关于这一问题的必要性，人们已经形成共识，问题是如何实现这一转变。时至今日，企业借债余额已经相当可观。据有人估算，截至 1988 年底，仅仅预算内工业企业投资借款余额就达 3000 亿元以上，如果简单地从税前还贷改为税后还贷，尽管有降低所得税率、增加企业留利等措施配合，对多数企业来说，仍然是一个难以承受的负担。面对这种情况，何去何从，将直接关系到治理整顿的效果，决定着国有资产体制改革能否深化和发展。看来可行的办法，是对今后新贷坚持改为税后还贷，对老贷则采取变通办法，对效益好和有效益的贷款改成国拨资金，解除企业还债负担，对少数无效和失败的贷款项目则另行清理。这样，既可以尽快地建立起信贷约束机制，利于提高借款运用效果，又可以消除国有资金供给上的"大锅饭"弊端，改善国有资金的管理和运营效益。

5. 制定国有资产管理法、财政法和预算法，加快国有资产管理体制改革的法制建设。

（原载《国有资产管理》1991 年第 2 期）

建立市场经济体制必须加快国有资产
管理体制改革

产权责任悬空，造成资产严重流失，全民财产面临被掏空的危险，这是当前全民所有制经济运行中面临的一个最为严重的问题。而加快国有资产管理体制改革，使产权责任主体明晰化，乃是当前一项紧迫任务。

一

产权责任明晰化问题，在我国经济改革起步不久就被提出来，只是由于种种原因，当时并没有为多数人所接受，直至近些年在总结前一段改革经验的基础上，才逐渐成为人们的共识。关于产权责任明晰化的必要性和意义已有很多论述，这里无须赘述。需要说明的是，社会主义公有制下的产权责任明晰化问题，比私有制下的产权界定要复杂得多。在私有制下所有权主体及其责任始终是明确的，具有绝对性，无须界定，需要界定的只是产权运营中的动态性财产关系的权、责、利界区。而社会主义全民所有制的产权，除动态性财产关系的权、责、利界区需要界定外，更有所有者职能执行主体责任的界定问题。全民所有制所有者职能的执行主体是国家，责任主体似乎已经明确，但是国家是一个综合概念，国家职能的实现要通过许许多多部门和诸多的工作人员分头完成，如果不寻找到一个有效的产权形式，把所有者职能执行主体责任落到实处，就会形成人人有责而实际又无人负责，责任不清的状态。所以在社会主义公有制下，产权责任界定不能只注意微观层次，而必须从宏观和微观两个层次同时实施，才能将产权责任主体最终落到实处。

我国改革以来，虽然一开始就提出解决落实产权责任的问题，但由于改革是从统收统支、集中过多、管得过死的旧体制基础上起步的，人们的注意力主要集中在放权让利、扩大企业自主权方面，而对明确产权主体责任问题却忽略了。由于只强调放权让利，而没有相应地落实责任，致使旧体制中存在的产权责任悬空问题不但没有解决，反而出现了进一步加剧的趋势。近些年来显露出来的国有资产严重流失、"空壳化"现象等，就是产权责任悬空现象加剧的直接表现。

二

如何明晰产权主体，以落实产权责任，对此存在着两种不同的改革思路。一是主张用所有者职能集中化或一元化的办法来解决；一是主张维持现有的行政分权格局，在国有资产所有者职能执行主体多元化框架内解决。我们倾向于前者，因为全民所有制的所有者职能是一个整体，执行主体只能是一元化的，如果执行主体分散化或多元化，或是发生所有制事实上的变性，或者由于所有者职能被肢解而带来责任主体不明晰，这已为几十年经济建设的实践所证明。维持国有资产行政性分权格局的改革思路，虽然在改革中可以减少利益上的震荡，减少改革阻力，但这种改革思路是与建立社会主义市场经济新体制相矛盾的，它不利于国内统一市场的形成和发育，不利于政企分开的实现，不利于企业经营机制的转换，更不利于政府职能的转变，达不到明确产权责任主体的改革目标。在各经济主管部门内设立专司国有资产所有者职能的机构，实行行政职能与所有者职能分线管理。我们曾经指出，这种改革思路，从表面上看实现了两种职能分开的目标，但无论就一个部门来看，还是从社会来看，实际上两种职能并没有分开。因为，（1）在同一部门内设不同机构分头执行不同职能，由于在最高决策层那里两种职能依然统管，国有资产所有者职能的行使是不可能摆脱行政干预的；（2）把统一的所有者职能分割开来，交由诸多部门执行，会造成资产所有者职能多头决策的局面，结果从表面上看，事事有人负责，人人都在行使决策权，而最终却找不到负责人。可见在行政分权框架内，改革国有资产管理体制，充其量只能是改良，不可能有体制上的创新，弄不好就会导致旧体制复归。所以，出路在于打破旧体制框架，实现所有者职能集中化、一元化管理。所有者职能集中化、一元化管理包括两层含义，一层是就产权关系的纵向而言，国有资产所有者职能集中于中央，各地方不再拥有国有资产所有者权能，各地方设置的国有资产管理和经营机构，改为中央国有资产专门管理机构的派出机构。当然，这仅就营利性资产而言，那些公益型和公用型国有资产则另当别论，它应当也只能归地方所有，地方管理。另一层是就产权关系横向而言，国有资产所有者职能实行专业化管理，即所有权集中于中央一个机构——国家国有资产管理局来行使，其他各政府主管部门和机构不再拥有所有者权能。这样，不仅产权责任主体明晰化，而且也为政府转变职能创造了体制条件。

也许有人会担心，这样办，弄不好仍然会出现政企不分，给企业换一个新"婆婆"。我们说这种担心是不必要的。因为国有资产管理部门仅仅是所有者权力行使机构，而不是政府的行政部门，它只拥有所有者权力，而无行政权力，并且国有资产专业管理部门是在全体人民通过其代表大会委托和监督下行使权力。为了防止可能出现的某种类似政企不分的情况，我们还可以在国有资产管理局与企业经营者之间，设立各种经营性投资公司等中介性机构，由这些机构作为经济实体，通过对企业投资、持股，向企业派出董事等来实现管理。

三

建立国有资产所有者职能一元化管理体制的核心，是实现行政职能与所有者职能分开，从各地县级政府职能转变试点经验来看，实现两种职能分开的途径，首先要全面净化政府和企业关系中的职能，做到政归政，企归企，把政府办企业的一切事宜全部交给企业，把企业办社会的事项全部由政府承担起来；其次则净化政府各工作部门（包括综合部门）的职能，把各部门的所有者职能全部移交给国有资产管理部门，同时，把现存的一切具有行政权力的公司、企业集团所承担的行政管理职能还给政府，使其净化为纯经济实体。只有实现了上述两方面的净化，才能真正实现政府职能的转变和国有资产所有者职能的集中化管理。

　　国有资产管理体制改革是一项综合性工程。例如，计划体制如果不从直接计划全面转向间接计划，仍然保留着按行政条块分钱分物批项目的办法，则各政府部门也就无法净化其职能，企业也无法完全离开"婆婆"，也就不可能有真正的政企分开。值得注意的是，当前存在着旧的主管部门和企业之间的政企不分，向新的综合部门与企业之间的政企不分转变的现象，且不说计委办了经营性投资公司，拥有直接支配国有资产投资决策权，一些地方也发生了把企业从主管部门转移到经委和计委等综合部门管理的现象。据企业说，这些部门管的比原来部门管的还多。这种国有资产职责的转移，只能为建立市场经济新体制增加阻力而无补益。

（原载《国有资产管理》1992 年第 12 期）

财政职能转换中的国有资产体制问题

随着政府职能转换，政府的行政管理职能与国有资产所有者职能分离之后，财政作为政府的一个部门，它与国有资产管理的关系要不要作相应的转变？如果需要转变，又当如何转变，向什么方向转变？这是当前财政改革需要研究解决的重要课题。

一　财政与国有资产管理关系的现状和问题

在我国，国有资产管理体制包括宏观和微观两个层次，宏观层次解决的是国有资产所有者职能执行主体的构造和权责关系实现方式等问题；微观层次解决的是国有资产产权存在的具体形式和经营组织形式等问题。在传统体制下，国有资产的形成、管理及运营，无论是微观层次或是宏观层次，都是在国家指令性计划直接控制下，通过各级政府及各有关主管部门推动实现，其中，财政部门居于举足轻重地位。在宏观管理层次上，财政是国有资产价值形态管理的主要执行者；在微观层次上，则是国有经济总财务，是企业的财务总管。国有资产形成所需要的投资，由国家预算拨款，国有资产经营收益全部纳入国家预算，财政管理与国有资产管理完全是搅在一起的。就是说，国有资产的价值运动，包括形态变化和收益的处置，全部由国家财政集中控制着。

改革以来，为了扩大企业及有关方面的自主权，对这种财政与国有资产管理关系进行了一系列变革：（1）在微观层次上，根据"政企分开"、"两权分离"原则，进行了多次以放权让利为主要内容的改革，加之非国有经济的蓬勃发展，外国资本的引进，以及金融市场的产生和发展，国有资产与非国有经济运营之间，出现了交流的趋势，使国有企业的资金来源改变了过去的单一化状况，除财政供给外，可以更多地依赖银行贷款、金融市场、引进外资等，与此相适应，国有企业的收益分配权也出现了多元化格局。这种变化打破了旧体制下所形成的财政作为企业总财务状态，使财政失去了对企业财务一统天下的地位。（2）在宏观层次上，财政为打破统收统支局面，向各经济主管部门让渡国有资产价值形态管理权，实行了部门投入产出包干制、中央基本建设基金制（为此，计委下设了六个专业投资公司，执行国有资本投资职能），以及向各级地方政府下放投资决策权和实行分级财政改革等。从而，旧时的财政总揽国有资产价值形态管理及收益分配的格局也有所突破。但这些变化不但没有触及财政与国有资产管理搅在一起实施的旧体制模式，反而由于财政在宏观层次上向各经济主管部门让渡国有资产管理权，进一步强化了所有者职能与政府行政职能不分的弊端，不利于市场经济体制的构造。为了克服国有资产管理体制发展中的这一矛盾，推进国有资产体制改革，人们提出了政府两种职能分开，实行国有资产所有者职能管理集中化和专业化改革思路，1988 年国家国有资产管理局的成立，表明国家已认同这一改革思路，并着手这一改革，特别是八届人大一次会议决定的政府职能转换改革的实施，国有资产的所有者职能与政府行政管理职能分离、国有资产所有者职能执行主体一元化、专业化的发展方向事实上已被确定下来，然而财政作为一个政府部门，是否也需要实现两种职能分开改革，人们的认识并不一致。一种意见认为，财政作为政府部门，它不应例外，也必须实现两种职能分开改革，财政所执行的国有资产所有者职能，也应当交给国有资产管理部门执行。否则，不仅不利于市场经济发展，也会妨碍政府职能转换的全面实现。另一种意见则认为，财政与其他政府部门不同，财政是总理国家财力部门，国有资产所有者职能的价值管理，天然是财政分内之事。虽然国有资产所有者职能与财政职能，两者不可搅在一起实施，必须分开管理，但两者又是密切相关的，把国有资产所有权职能同财政职能统一交由财政实现，财政就可以更好地运用国有资产所有者权能，实施宏观调控政策。因此，发展市场经济，虽然要求政府职能的转换，需要行政管理职能与国有资产所有者职能分离，而财政职能与国有资产管理职能却无须分开。

我们认为后一种意见是值得研究的。理论与实践都表明，后一种意见是与建立社会主义市场经济体制目标相背离的。(1) 建立市场经济的一个根本性目的，就是要使市场在资源配置中起基础性作用，这样就不能把国有资产所有权作为政府实现宏观调控的手段。因为把国有资产所有权作为实现宏观政策手段，与传统的计划经济思路没有多少差别，实质上也是把国有资产的配置，置于国家行政直接控制之下，这不仅是一种政企不分，而且也割断了国有资产配置与市场作用之间的联系，否定了市场对资源配置的基础作用。并且，把国有资产所有权作为宏观调控手段，政企就无从真正分离，这也会把国有企业置于不平等地位，不利于企业机制转换和参与市场竞争。(2) 助长地区封锁、重复建设的弊端，妨碍市场经济发展所必需的国内统一市场的形成和发育。人们常把财政的"分灶吃饭"体制，看成是市场割据的根源。其实，这只是一种表象，真正的原因并不在这里，而在于财政职能与所有者职能搅在一起实施。财政是政府实现其职能的经济基础，财政为保障政府职能的实现，财政体制的构造只能与行政分权格局相一致，在政府职能运作实行分级管理的条件下，财政体制也只能实行分级财政，事实上当今世界的许多国家财政都实行着分级财政体制，在这些国家里并没有见到地区封锁、市场割据情况的发生。然而，在财政职能与所有者职能搅在一起实施的条件下，其情况就改变了，财政按行政分权格局构造分级体制的同时，也就不可避免地要把所有者职能也依行政分权格局进行分权，从而使各级政府都具有行政管理者与所有者双重身份。地方政府出于本地区财政利益考虑，就难免以本地区利益最大化为标准处理国有资产配置问题，出现国有资产运营利益区域化倾向，重复建设、结构趋同等问题就难以消除。当然，各级地方政府作为一级政权，它首先应当是国家利益的代表，从这个意义上讲，把所有权交给地方政府执行，地方政府首先应当追求国家利益最大化，但地方政府也是本行政区内经济组织、社会团体和居民利益的集中代表，如果地方政府不维护本地区利益，不把本地区利益放在首位，它就不能顺利实现其职能，也无从最终实现国家利益。各级地方政府在利益关系上的这种双重地位，也就决定了只要实行国有资产所有者职能执行主体化、分级化，把国有资产所有者职能交给各级地方政府，重复建设、市场割据等就在所难免。(3) 阻碍资源合理流动，不利于资源配置优化。发展市场经济的重要目的，就是要改善资源配置方式，提高资源运用的效益，而行政分权格局构造国有资产所有者职能管理体系，就使国有资产处于条条块块分割的状态之中，从而弱化了全民所有制特有的所有权社会化与生产社会化相适应的优越性，各地区、各部门出于维护本地方、本部门利益的考虑，常常要依本地区利益最大化目标分配资源，难免不走上与社会总体资源配置优化相反的方向。经济实践表明，各地区资源配置上的利益最大化，并不等于社会总体资源配置的优化，现代经济要达到社会总体资源配置的优化，主要是取决于稀缺资源在全社会范围内的有效配置，而要实现这一目标，只有把所有权向社会集中，增大资源的流动，方能办到。（4）妨碍企业自主经营权的全面落实，企业自主经营权落实程度与所有者职能和行政职能分离程度成正比。所有者权能的实现，要以拥有资产经营收益占有和分配决定权为条件。所有权与收益分配权是不可分离的，所有者失去或放弃这一权利，也就不成为所有者，所以只要财政职能与国有资产所有者职能搅在一起实施，财政作为政府部门，作为所有者就不可避免地要对企业生产经营活动，进行这样或那样的直接干预，政企分离也就无从完全实现。

总之，要搞活企业，发展市场经济，不仅需要转换政府职能，实现两种职能分开改革，财政职能也必须转换，也要进行两种职能分开改革。当然，财政职能转换与其他政府部门的职能转换应有所不同，那就是不必从全部国有资产管理领域退出去，因为国有资产就其经济社会性能而言，大体可分为经营性资产和公共性资产两类。经营性资产是指那些处于企业生产经营活动中的资产，如企业的固定资产、流动资产、无形资产等；公共性资产，是指用于满足社会公共事务需要的资产，如城市公共设施、政府机关办公用房及设备等。我们所说的财政职能与所有者职能分开，并不是指这类资产，而是特指经营性资产。公共性资产的形成，本是财政实现其职能投入资金的结果，其管理当然属财政职能范围之事，不必也不应当分离。

二　财政与国有资产管理分离形式的抉择

改革目标明确后，实现改革目标的方式或形式的选择，就是决定性的。内容决定形式，形式反作用于内容，正确的改革目标，如果实现形式选择有误，也会使改革走偏方向。如何实现财政职能与国有资产所有者职能分离，有两种思路供选择：一是财政管理机构与国有资产管理机构分立，国有资产管理机构分设于财政部门之外，财政把经营性国有资产管理职能，全部交给国有资产管理局，由国有资产管理局实行一元化和专业化管理；二是在财政部门内部设立专司国有资产管理职能的机构，在财政内部实现两种职能分离。前者是一个彻底分离的设想，后者是相对分离的方案。这两种分离形式，如果从便于实施角度来观察，则后者优于前者，前者由于分离幅度大，震动也大，而后者只在财政部门内部调整，幅度小，震动小，牵扯利益关系也较为单纯，故便于推行。并且只要严格分清财政职能与国有资产职能之间的界限，实行严格的两条线管理，也是可以达到消除两种职能搅在一起实施所带来的诸多弊端的。

但采用财政部门内部双条线管理办法也存在缺点：由于总体决策层次上（顶层决策）依然搅在一起，当考虑财政收入利益时，就有可能把国有资产管理置于财政利益的从属地位，不完全依照市场规则行使国有资产所有者职能，国有资产管理也就不可能完全市场化。而采用国有资产管理与财政分立方式则不同，由于国有资产管理部门是专司国有资产所有者的职能机构，它失去了政府的行政职能管理只能凭借国有资产最终所有权来实施，这就可以使国有资产的形成、运营和管理，完全排除政府的行政干预，从而走向市场，为充分发挥市场的资源配置基础作用，优化国有资源配置，提供充分条件。

当然，国有资产管理部门专司国有资产管理职能之后，仍然有一个防止所有权与经营权合一的旧体制复归问题。为了解决这一问题，国有资产管理部门不可直接管理企业，而应当在国有资产管理部门与企业之间，设置一个专门从事国有资本投资经营机构，并使这些机构成为承担国有资产保值、增值和收益责任的经济实体。由这些实体按照商业原则同企业发生关系，就可以杜绝政企不分状态的发生。财政则把国有资产管理的中介机构，也视作独立经济实体对待，与其他经济实体一视同仁地进行监督、管理和服务。

建立三个层次的新型国有资产管理体系，势必涉及中央与地方关系问题。是建立一个权力集中于中央的、集中化、一元化的国有资产管理体系，还是建立一个条块结合的分级管理体系，这是国有资产管理体制改革以来，始终争论不休的问题。归纳起来，大体有三种不同意见：（1）主张建立超脱于各级政府之外的、集中统一的国有资产管理体系，即所有权单一化，经营主体多元化和层次化的"一级所有，两级经营"体系。所谓一级所有，包括两层含义：一是国有资产最终所有权集中于中央一级；二是国有资产最终所有权集中在国家国有资产管理局。两级经营是指国有资产管理的中介机构的经营和企业的经营。（2）主张从中央到地方分级设立管理体系，各级都建立自己的具有三个层次的管理体制。这种设想实际上是一种国有资产分级所有的构想。（3）主张建立集权与分权、条块结合的管理体制，即最终所有权集中于中央，中介机构和企业则分别归地方管理的办法。看来第一种主张更切合市场经济发展的需要，更有利于克服前面所说的由国有资产条块分割所带来的弊端。后两种意见虽然可以与国有资产管理现状相衔接，但却难以摆脱国有资产产权条块分割所造成的诸多弊端和困扰。因为要分级管理，就必须明确各级管理的权、责、利，以防止产权责任不明晰。这样，随着产权交给地方，地方出于本地区利益，就会利用国有资产权能为本地区目标服务，企业就不可避免地被分割在行政条块利益束缚之中，造成资源横向流动困难，"诸侯经济"的根源也就无从消除。相反，如果按第一种主张去改革和构造国有资产管理体系，就可以有效地消除这些弊端。因为：（1）建立超越于地方政府之外的国有资产管理体系，也就把国有资产及其经营企业，从行政块块中解脱出来，放到国内统一大市场内，从而消除资源纵向和横向流动障碍，消除地区封锁和市场割据赖以形成的经济基础，达到充分有效地发挥市场优化资源配置的作用；（2）地方政府不拥有经营性国有资产所有者权力，地位超脱了，就能够公正地面对各类经济性质企业，一视同仁地进行监督和服务，集中精力搞好城市建设，搞好为生产和生活服务的各项基础设施、公共设施和公用事业，充分发挥位居经济社会第一线的政府行政管理职能作用，维护市场经济秩序，保障国民经济在良好的社会环境中运行。也许有人会提出这样的问题：环顾当今世界各国，几乎没有一个国家的地方政府不拥有管理公有资产的权力，为什么在我国实行市场经济条件下就不行？我们认为这并不奇怪，我国的国有经济与这些国家不同，这些国家所建立的国有经济，只限于"市场失灵"的领域，并不介入一般经济领域，因此没有必要从地方政府职能中分离出去，而在我国，国有经济居国民经济主体地位，如前所述，国有资产不仅包括"市场失灵"领域的公共性资产，还包括大量的经营性资产，为搞好这些资产，只有使之脱离政府干预才能办到。

三　分离的对策

如何具体地实现财政职能与国有资产所有者职能分离，建立超越各级政府部门的专业化的国有资产管理体系。由于这一改革是从政府的行政职能与国有资产所有者职能搅在一起实施的旧体制基础上起步，国有资产管理权责的任何变动，都不可避免地牵动方方面面的权、责、利关系的变化，所以，实现财政与国有资产管理分离，建立集中统一的专业化国有资产管理体系，不能孤立地进行，必须有相关方面与之配合，同步实施方能办到。为此，以下几方面改革的同步实施是必要的。

1. 在实现政府职能转换基础上，重新界定各级地方政府的职能范围及其财政职能范围，地方政府和财政除承担公共性国有资产形成所需投资及管理职能外，不再承担经营性资产管理职能，为此，需要相应地改革地方财政体制，全面实行分税制。

2. 改革财政与企业之间现有的财务分配关系，把财务分配关系中，属于所有者参与企业收益分配和资金投入关系分离出来，转由国有资产中介机构执行，为此：（1）要改革现行税制，全面实现税利分流改革。关于税利分流，虽然已成为国家与企业之间分配关系改革的一个既定内容，并正在试点，但至今还有人不同意这项改革。为什么要实现税利分流，已有许多文章作了充分论证，我们认为，只要从改革的大局出发，并不难理解，故这里不再赘述。（2）关于改税前还贷为税后还贷的必要性，人们已基本形成共识，问题是如何实现这一改变。时至今日，企业借债余额已经相当可观，截至1991年底，仅工业生产企业基建和专用借款年末余额就达到3675亿元以上，而工业生产企业实现利润只有235亿元；如果简单地从税前还贷改为税后还贷，尽管有降低所得税率至33%，取消"两金"等增加企业留利措施相配合，但对多数企业来说，仍然是一个难以承受的负担，可是不改变税前还贷办法，企业经营机制就难以真正改变。面对这种两难的严峻形势，何去何从，将直接关系到国有资产体制改革，关系到市场经济体制建设，绝不可因为困难而却步。此前我们曾指出，出路在于采取变通办法，那就是在实现增加企业留利基础上，对今后的新贷款坚决改为税后还贷，由企业自行归还，老贷则采取变通办法，对效益好的和有效益的企业贷款改为国家投资，解除企业还贷责任。与此相适应，对银行则把企业借款改为国有资产管理局的借款，或转化为国家债券，由以后国有资产收益归还，对无效益和失败的贷款项目则另行处理，失败项目由银行承担风险，用贷款风险基金解决，无效益的贷款如果已是资不抵债，则破产还贷，资尚抵债者则由银行将企业拍卖，用拍卖价款抵冲借款。这样，既可以尽快解决企业借贷上的"大锅饭"问题，建立起信贷约束机制，又可以为税利分流全面推行创造条件，解除财政对企业亏损弥补的责任，转由企业自行承担，或由国有资产中介机构处理。

3. 完善复式预算体系，现行的把国家预算划分为经常预算和建设预算两部分办法，实际上并没有摆脱财政职能与国有资产所有者职能搅在一起实施的旧思路，它满足不了两种职能分离改革的需要。为了适应全面转换财政职能范围，实现财政职能与国有资产所有者职能分开的改革，和建立国有资产的集中化、专业化管理体系需要，重新构造复式预算体系是必要的，为此，需要把国家总预算划分为五个单独预算，即（1）公共性国有资产形成和运营预算；（2）公共经费预算；（3）社会保障预算（以上三个预算构成公共总预算）；（4）经营性国有资本预算；（5）财政政策融资预算。

4. 清理现有分散于各政府部门的国有资产管理权能，转移其隶属关系，把处于国有资产管理局管理之外的国有资产管理机构和管理职能，归并到国有资产管理体系中来。为此，（1）把现在隶属于各部委的国有资产经营性公司、投资公司等全部置于国有资产管理局隶属之下，将其变为受国有资产管理局委托，实行独立投资经营的中介性企业。（2）加快企业经营机制转换，构造新型的企业组织制度，通过多种形式，逐步把国有企业改组为有限责任公司，以适应建立"一级所有，两级经营"的国有资产运营体系的需要；界定各企业与各国有资产管理的中介机构关系；把各国有企业及国有资本分别纳入各国有资产运营中介机构管理体系之中。

5. 制定国有资产管理法、财政法和预算法，加快国有资产管理的各项法制建设及其他相关法制建设。

（原载《财政研究》1993 年第 9 期）

论专业银行资产经营商业化
改革的主要矛盾

专业银行向商业银行转变的改革已取得一定成果，但同时也碰到了诸多矛盾和难点，阻碍着改革的深化。专业银行商业化改革是专业银行运行机制的根本性转换，它的实现要涉及多方面相关利益的变革，碰到这样那样的阻力和矛盾是必然的，问题是在这诸多难点和矛盾中，必有一个主要难点和矛盾，由于它的存在而制约着其他矛盾的解决，制约着改革的全局。在改革中只有抓住这个主要矛盾，并下大力气解决它，其余问题也就可以迎刃而解了。

当前，专业银行向商业银行转换中的主要矛盾是什么，尚有不同认识。我认为政府职能改革滞后，"两职不分"状态依然存在，乃是妨碍专业银行商业化的根本矛盾。专业银行向商业银行转换，从根本上说就是改变专业银行处于政府从属物和"第二钱包"的状态，使之成为自主经营、自我约束、自负盈亏、自我发展的、专司货币商品经营的企业。而要实现专业银行的这一变革，没有"两职分开"为改革开道是办不到的。

一 "两职分开"是银行自主经营机制形成的根本条件

我国专业银行是在传统的单一国家银行基础上分解组建的，它不仅继承了指令性计划经济下的银行组织原则，仍然依政府的行政分权格局构造组织体系，而且还继承了传统的政企不分（政银不分）的行政主导型运行机制。因此，要转换专业银行运行机制，使其自主经营，首要的就是要实现政银分开改革，把专业银行的日常运营从政府直接干预中解脱出来。然而改革实践经验却表明，政企不分或政银不分，仅仅是造成企业（银行）难以自主经营的表层原因，除此之外，还有更深层次的原因，那就是政府的社会经济管理职能与国有资产所有者职能搅在一起运作的行政体制。由于它的存在，才出现了政企不分状态，要解决政企不分问题，只有实现"两职分开"改革方能实现。事实正是这样，多年来为了使银行向自主经营方向转变，为了实现政银分开，我们曾沿着放权让利改革思路进行多方努力，明确提出向专业银行下放"六权"，可是各项放权的成效始终甚微，多是放权起步不久，就出现旧体制回归的现象。为什么会造成这种情况？原因就在于没有触动政企不分的旧体制根基，没有改变"两职不分"问题。旧根不除，就会是"野火烧不尽，春风吹又生"。（1）"两职不分"，政府部门都拥有社会经济管理职能和国有资产所有者职能，这样，各政府部门面对各专业银行，也就都具有双重身份，既是行政管理者又是专业银行资本的所有者，从而在日常管理银行活动中，就很难分清所有者行为和行政管理者行为的界限，用所有者行为代替行政行为，用行政行为代替所有者行为，用行政手段直接干预银行运营决策等情况就在所难免，政企不分也就成为必然。（2）所有者权利的实现，要以拥有经营收益权为条件。人们占有一定资源的目的，是为了取得一定的物质利益，所有权与收益权是不可分割的，所有者是既不可也不能放弃这一权利，失去或放弃这一权利，也就在事实上失去所有者地位。所以，只要"两职不分"体制不变，各级政府部门作为所有者职能执行主体，为了所有者利益再加上本部门行政利益，就必然要对国有企业包括专业银行的运营和收益分配，进行这样那样的直接干预。（3）政府作为社会管理者，它天然是社会效益维护者，天然要把社会管理利益放在第一位，在"两职不分"的条件下，使国有资产配置服务于行政利益是难免的。加之出于政绩考虑，为创速度、保安定，迫使银行发放"安定团结"贷款、保速度贷款等情况就会出现。总之，专业银行向商业银行转化，必须以实现"两职分开"为前提，否则政企就难以分开，银行自主经营机制就无从形成。

二　"两职分开"是建立银行自我约束机制的关键

经营实体的自我约束机制，主要来自产权约束。其条件是所有者主体明晰，产权约束进入企业。"两职不分"条件下，虽然从表面看，各部门都执行所有者职能，所有权主体似乎是明晰的，实际上由于各部门在社会行政管理职能分工的不同，各部门也只能结合自己行政职能分工，从某一侧面执行国有资产所有者职能，如财政部作为国民收入分配的主导机关，它结合社会经济管理职能，只能以所有者身份，执行银行国有资产经营收益分配权利，计委则以所有者身份执行信贷项目决策权力，等等，这样就肢解了不可分割的完整的所有者权利，形成各部门谁都有权干预银行经营运作，而又谁也不对国家承担国有资产保值增值的完整责任。因此，银行只有满足各部门特定要求的义务，而没有对所支配的资产，承担全面保值增值的责任，从而形成产权约束虚置的状态。相反，如果实现了"两职分开"，将国有资产的所有者职能归一个专司国有资产管理机构实施，国有资产所有者职能主体单一化，保值增值责任主体也就明晰了。国有资产所有者职能主体有了国有资产保值增值的完整责任，也就必然要对银行企业提出保值增值要求，从而产权约束也就进入银行。所以，只有实现"两职分开"改革，才能建立起银行的自我约束机制。

三　"两职不分"是银行自负盈亏机制形成的根本阻碍

自负盈亏是商业银行的一个基本特征。商业银行是以货币信用为经营对象的服务性企业，它必须与一般工商企业一样，在市场上依价值规律的要求与同行进行平等竞争，并在竞争中自担风险，就是说，它必须是自负盈亏的，无此特征就不可能成为真正的商业银行。而要使银行建立起这一机制，除了要赋予银行明确的法人财产权之外，还要使银行有追求利润最大化的权利，因为银行没有以营利最大化为目标的权利，就失去自负盈亏的依托。然而在"两职不分"条件下，银行由于不时地要受到政府的行政性干预，奉命贷款等情况时有发生，从而无法依贷款项目的经济效益高低和其风险程度进行选择客户和进行信贷决策，追求营利目标也就无从谈起，当然也就不必承担亏损的责任，也就不能自负盈亏。有人认为社会主义国家银行不应以追求营利为目标，而应以社会效益为重，这种意见虽然有道理，但把银行追求营利最大化同重社会效益对立起来是值得商量的。第一，在市场经济下，允许银行以追求营利为目标，并不意味着银行可以任意行事，唯利是图。市场经济是法制经济，银行运营只能是在遵守国家政策和法律法令的前提下追求利润目标，求得利润最大化。银行在遵纪守法条件下追求利润，是与社会效益要求一致的，因为在遵纪守法条件下追求利润最大化，银行只有努力改善经营管理、提高效率、降低经营费用和负债成本，依照社会需要进行经营活动方能实现，否则，它不仅难于取得盈利，而且会有在激烈竞争中站不住脚、难以求得自我生存与发展的危险，为了利润则要重视社会效益。第二，银行作为货币商品经营者，其经营活动目的也同物质生产企业一样，具双重性：一是为满足社会需要提供上乘的货币商品服务；二是为增加自己利益，努力创造更多价值。这双重目标中，价值创造和实现状况，决定着银行自身利益的大小，是它的基本目的。可是价值的创造和实现，又要以货币商品有效供给为载体，只有提供货币商品符合社会需要，并努力使其服务适合社会资源配置优化要求，才能得到价值的实现，才能取得盈利。因此，正是由于银行以追求营利为目标，才推动着银行努力按照社会需要进行经营，努力追求社会效益，这样营利目标与社会效益就在银行追求营利最大化目标基础上统一起来。第三，专业银行向商业银行转化的目的，是将银行运营建立在价值规律基础上，使信贷资源配置转移到市场轨道上。市场配置资源的作用，是以市场主体追逐利润为动力，通过价格机制及其相关的竞争机制实现的，当市场货币商品供不应求时，利率就会上升，银行为追求更多利润，就会千方百计提供更多货币服务。相反，出现供过于求时，利率就会下降，银行就会相应缩减货币供给，而转向其他服务。市场就这样以企业和银行追求利润为动力，在价格信号诱导下不断地改善着资源配置。可见，市场配置资源是离不开市场主体追求利润动力的，否定了银行作为市场主体追求利润的目标，也就否定了信贷资源配置的市场作用。

四　"两职分开"是落实银行法人财产权的前提

明晰银行的产权边界，使银行拥有法人财产权，是专业银行向商业银行转变的一项基本内容。所谓产权明晰化，在我国现实条件下，主要包括两方面内容，一是解决国有资产所有者职能执行主体多元化，谁也不拥有完整的所有者职能和保值增值责任的混乱状态，使产权责任主体一元化，以落实所有者责任主体；二是解决所有权进入专业银行，使银行拥有自己的资本金和保值增值的责任，以落实银行的法人财产权。解决这两方面问题，是建造现代商业银行制度不可缺少的条件或内容。而要达到这两个目的，唯有通过"两职分开"改革方能实现。因为如前所述，"两职不分"，各政府部门都不能对其管理的国有资产拥有完整的所有者职能，都对产权的保值增值没有实质责任。而没有明晰的所有者责任主体，也就缺少一个确定的机构代表国家向银行经营者授权，使其自主经营并承担保值增值责任，从而法人财产权就无从真正落实。

什么是法人财产权，当前还存在不同认识。有些人认为法人财产权是独立于出资者，即所有者之外的法人拥有的与财产有关的全部民事权；也有人认为，法人财产权是组成该法人的全体出资者的集体权益，法人不过是出资者全体利益法律上的人格化，所以，法人财产权的确立，并没有剥夺出资者所有权；也有人认为，法人财产权是相对财产的价值形态而言，所有者的所有权表现在价值形态，法人财产权是指实物形态。我们认为除了后一看法外，都有一定道理，对法人财产权应动态地观察和认识，辩证地理解。法人财产权从本质上说也就是所有权，它与原始出资者或最终所有权是辩证统一的关系，法人财产权来自出资人的授权，当经营者面对出资者时，他只是受托者，他只拥有出资者授权给他的全部资本金或财产的经营权，在这个意义上讲，或从这个视角考察，法人财产权当然不包括所有权；然而企业经营者作为受托人，当他背靠出资者面对社会其他自然人和法人时，他是出资者权益的集中代表，从这个角度看，法人财产权当然也必须包括所有权。所以，笼统地否定或肯定法人财产权是否包括所有权，都是不妥的。

　　综上分析可以看出，只要在宏观管理体制中，依然保持着旧体制的两种职能不分的状态，专业银行向商业银行转化所必需的各项要素就无法最终形成，其他相关因素的变革也难以取得实质性进展。所以，深化金融体制改革，取得专业银行向商业银行转化的突破性进展，就必须依照党的十四届三中全会《决定》提出的"两职分开"的原则，加快"两职分开"的改革。说到这里也许有人会问，我们社会主义国家，是全民所有制占主体地位的国家，所有者职能天然地是要由国家代表全体人民来行使的，所有者职能与社会经济管理职能归于政府一身是理所当然的，怎么两者能分开呢？如果分开，所有者职能又落在何方？这里是发生了一个小小的误解。所谓两种职能分开，并不是说要把所有者职能同政府分开，而是说要改变政府把两种职能搅在一起，由同一机构实施的不适应市场经济发展的状态，要把所有者职能从政府的各个经济社会管理部门的职能中分离出来，交由专司国有资产管理机构一元化实施，从而形成一个国有资产所有者职能管理体系与社会经济管理职能实施体系并行的态势。也就是说，政府的各经济社会管理职能的行使部门不再拥有行使国有资产所有者职能的权利，而专司国有资产所有者职能管理机构，也不拥有政府的经济社会管理职能的权利。这样行使经济社会行政管理部门不再拥有所有者职能，也就失去直接干预企业经营的物质依托，从而利于实现政企分开，国有资产所有者职能管理专业化和一元化，国有资产的最终保值增值责任主体也就得到明晰化，有利于理顺国家与银行的产权关系，落实银行和法人财产权。

　　此外，应当指出的是，我们强调"两职分开"改革是专业银行商业化的关键环节，并不是说只要实现"两职分开"改革，其余有关改革就会自动实现，而是说银行的改革与其他工商业的现代企业制度建设一样，也必须以实施"两职分开"改革为条件或前提，在实施"两职分开"改革的同时，以"两职分开"为原则，探索和实施其他有关专业银行向商业银行转化所必需的各项改革方能成功。

（原载《资产与产权》1994 年第 6 期）

建设有中国特色的国有资产
管理体制的研究

　　党的十四届三中全会通过的《中共中央关于建立社会主义市场经济体制若干问题的决定》（下文简称《决定》），系统而又具体地阐明了社会主义市场经济体制的基本框架及其建立的原则。并且在总结前十多年改革经验的基础上，结合当前改革和发展中出现的诸多问题及突出的矛盾，具体部署了各方面的改革任务和近期需要突破的重点。这是在今后一个时期内，全党和全国人民进行改革和现代化建设必须遵循的行动纲领。

　　《决定》提出，在国有资产管理体制改革方面要"按照政府的社会经济管理职能和国有资产所有者职能分开的原则，积极探索国有资产管理和经营的合理形式和途径"。在国有资产管理体制改革方面，突出两种职能分离的原则非常重要，击中了现行国有资产管理体制的根本弊病。当前，国有资产管理体制上的两种职能不分，不仅弱化了国有资产管理，而且也极大地妨碍着社会主义市场经济体制建设。

　　党的十一届三中全会以来，针对旧的政企不分的国有资产管理体制的弊端，进行了以政企分开和两权分离为主要内容的一系列改革，并取得了积极效果，配合各个时期改革和发展需要，促进了社会经济发展，但由于主客观条件所限，已有的改革并没有从根本上触动旧体制的根基，始终没有跳出旧的依行政分权格局构造国有资产管理体系的框架。因此，国有资产管理体制上两种职能的不分状态，始终没有得到有效解决。随着经济改革的深入发展，特别是在党的十四大提出以建立社会主义市场经济体制为改革目标之后，我国经济迅猛向市场经济方向转化，国有资产的行政分权体制与市场经济改革之间的矛盾，也就越来越尖锐起来，已经成为建立市

场经济体制的极大阻碍。主要表现在：（1）妨碍着政府两种职能的彻底分
开和国有企业经营机制的转换。改革以来，为实现政企分开、转换企业经
营机制，进行了许多努力，从1979年扩大企业自主权开始，到1992年推
出转换企业经营机制条例止，先后颁布和推出了近百条措施，几乎覆盖了
一切应当和可以下放的权利。中央为落实这些条款和措施，也曾三令五
申、反复督促，但至今得不到全面落实，政企仍然处于难分状态。这除了
财税体制不合理等问题之外，根本原因就在于，在国有资产体制构造上，
始终没有沿着以实现政府的经济社会管理职能与所有者职能分开的目标，
进行国有资产改革，因为，所有者权能的实现和存在，要以维护所有者最
终所有权和收益权为条件，所有者失去或放弃这一权利，也就不成为所有
者，所有者为了维护其他资产的利益，就必然要对企业经营进行某些干
预。所以，只要各级政府部门仍然保留着所有者职能，政企就不可能完全
分开，从而企业机制也就难以完全转换。（2）妨碍国内统一开放市场的形
成。国家统一的国有资产所有者权能，处于块分割状态，就使各级政府部
门面对国有企业都具有双重身份，既是行政管理者，又是所有者。这样，
在日常管理活动中，就难以分清所有者行为与行政管理者行为的边界，用
行政手段实现所有者职能，以所有者权能达到行政目的等情况就在所难
免。从而，政企也就难以彻底分开。此外，各级地方政府出于本行政区利
益考虑，也会运用自己手中的所有者权力，以本行政区利益最大化为目
标，配置国有资源，并以行政手段保护这些资源经营利益。这样，重复建
设、结构趋同、资源配置恶化、地区封锁、市场割据等问题，也就会应运
而生，妨碍统一市场的形成。（3）造成国有资产责任三主体模糊，弱化国
有资产管理，威胁着建立社会主义市场经济所必需的公有制主体地位。因
为国有资产管理的行政分权体制，使国家统一的所有权，分割在各级行政
条块之中，从表面上看，各级政府部门都是国有资产所有者权能代表，责
任似乎是明确的，但实际上谁也不能拥有完整的所有者权能，结果是谁都
有权，而又谁都不对国有资产运营的最终状态负完整的责任。这不仅极大
地弱化了对企业中的国有资产管理，也带来了国有资产大量流失。这个问
题如果不加以解决，国有资产就有被掏空的危险。

　　总之，当前国有资产管理体制所表现出的各种弊端，都无不源于两种

职能不分和行政性分权。出路在于实现两种职能分开和所有权集中化。《决定》提出国家统一所有、政府分级监管、企业自主经营的体制模式构想，我体会国家统一所有，包括两方面内容，一是所有权集中于中央，各地方不再拥有国有经营性资产的所有者权能；二是所有权集中于中央的一个专业机构统一管理，其余部门不再拥有所有者权能。因此，这是一个国有资产所有者职能高度集中、监管权和经营权分散的改革思路，乃是对现行的行政条块分割的管理模式的否定。当然，《决定》只是提出一个大思路，如何具体构造这一体制，还须依两种职能分开原则具体探索。但有一点是明确的，那就是任何具体形式，都必须以不背离两种职能分开的原则，和不破坏国有资产的国家统一所有权为前提。

（原载《国有资产管理》1994 年第 3 期）

论国有企业改革中的主要矛盾

一

辩证唯物主义告诉我们，在复杂的事物中有许多矛盾存在，但其中必有一个主要矛盾，由于它的存在和发展，规定和影响着其他矛盾的存在和发展。因此，研究解决当前企业改革中的诸多难点和矛盾，必须全力找出主要矛盾。那么，在当前企业改革中的主要矛盾是什么？从多年改革的实践经验，特别是企业改革试点经验及当前各种难点产生的原因和各种矛盾之间的关系来看，这个主要矛盾，就是政府的经济社会一般管理职能与全民所有制经济的所有者职能分开改革滞后（以下简称两职分开）。我们的改革目标，是要建立产权清晰、权责明确、政企分开、管理科学的现代企业制度，而要实现这一改革的核心内容，就在于实现政企分开，明晰国有资产管理和经营中的各当事人和各当事机构的责任。要达到此目的，唯有首先实现两职分开的改革，才能为之提供基本条件。

1. 政府的两种职能不分，产权责任主体就难以明晰，产权约束也不能进入企业，从而各方的权责也难明确。在政府的两种职能不分，混在一起实施的条件下，从表面上看，政府的各主管部门都执行着国有资产的所有者职能，产权责任主体似乎是明晰的；但由于各部门行政管理职能分工不同，都只能结合自己行政管理职能分工，从特定的角度执行所有者职能的相应侧面，而不能完整地执行所有者职能。例如，财政部门作为社会分配的主导机关，它只能结合自己这一特定的管理职能，以所有者身份对企业的资产经营收益执行分配决策权职能；计委作为国家计划综合管理部门，则只能结合对社会资源配置规划调节职能，以所有者身份执行国有投资决策权职能；各经济主管部门按行业或产品分管着企业，则只能从实物生产角度，以所有者身份按企业的行政隶属关系，分别控制企业国有资产的运营，等等。各政府部门这样分头执行国有资产所有者职能，对企业齐抓共管的结果，就是把完整的不可分割的所有者职能肢解了，造成各个政府部门谁都是所有者职能执行主体，而又谁也不是完整的所有者职能执行主体，谁都有权以所有者身份干预业经营和运作，但又谁也不能全面地监督企业运营，从而谁也不可能、也不必对国有资产保值增值承担实质性责任，也不能向企业提出国有资产保值和增值的全面要求。因此，企业只有满足各部门特定要求的义务，而没有对所占用和运营的国有资产承担保值增值的责任，从而国有资产的产权约束对企业来说就形同虚设，产权关系明确也就因此而无从谈起。

在理论研究中，有人把产权与所有权等同，每当提出产权明晰问题，就理解为要明晰所有权，从而加以反对。其实，所有权与产权是两个不同的范畴，产权是在一定所有制前提下形成的，是所有者的财产在具体运营中各当事人之间权、责、利关系的综合。在国有经济运行中强调明晰产权关系，既是为理顺各当事者的权、责、利关系，以保障经济高效率运作，更是保卫公有制、保护所有者权益所不可缺少的措施。当前国有资产流失的严重性，已引起各方面的严重关切，造成这种状况的原因很多，但从总体上说，最根本的原因恐怕就在于旧体制中所有者责任主体不明晰，缺少科学的产权关系界定，以致产权运营中权责关系也不明晰。所以，加快两职分开改革，明确国有资产运营中具体责任主体，实现产权责任明晰化，是杜绝国有资产流失，保卫全民所有制的一项根本性措施。

2. 政府两种职能不分，企业权责很难明确，即便明确了也难真正落实。要明确企业权责，首先需要政府的产权责任明确方能实现。以明晰企业法人财产权为例，企业法人财产权乃是实行产权委托经营制的产物，它的存在要以具有明确的所有者职能责任主体，并由这一主体实行委托为前提。若没有一个对所投资产承担风险的具体责任者，以及对所投资产的保值增值全面关心的委托人，是不可能建立法人财产机制的。当然，我们在改革试点中采取一定的变通形式，也实行了政府与企业之间资产委托与受托经营责任制，法人财产权从表面上看是明确了，但如果不相应地解决政府两种职能不分的问题，由于众多部门和人员插手其间，对企业日常活动齐抓共管的状况不改变，法人财产权在实践中还是很难落实的。

3. 政府的两种职能不分，政企分开改革目标就无从实现。多年来，政府为实现政企分开的改革采取了多种措施，可是至今成效不大，其原因就在于政府的两种职能搅在一起实施的状态没有得到实质性的改变。政企不分与政府两种职能搅在一起实施之间乃是因果关系，政企不分是两种职能搅在一起实施的结果，而政府两种职能搅在一起实施则是政企不分的根源。只要两种职能搅在一起实施，政府各主管部门就都拥有所有者和行政管理两种职能，它们面对企业时，既是行政管理者又是企业资产的所有者。这样，各政府部门在管理中，就很难分清两种管理的界限，难免用所有者权力达到行政目的，用行政权力实现所有者职能，从而时常对企业的日常经营进行一些不应有的行政干预，政企也就无从分开。

总之，只要政府两种职能搅在一起实施的体制不改变，现代企业制度建设就失去了基本前提条件，即使勉强按照现代企业制度的各项外在特征构造起来，也只能是形似而实非，不能真正形成现代企业制度的新机制。要加快企业改革步伐，切实地做到企业经营机制的转换，就必须紧紧抓住政府职能转换，实现两职分开，把它放在搞好搞活国有企业改革的首位，并与其他相关改革配套实施，方能达到目的。

有一种意见认为，我国是全民所有制经济占主体地位的社会主义国家，所有者职能天然地要由国家代表全体人民行使，所有者职能与行政管理职能都是政府职能，是不能分开的。这完全是一种误解。所谓政府的两种职能分开改革，并不是要把全民所有制经济的所有者职能同政府分开，而是要改变传统的把所有者职能与政府的社会行政管理职能搅在一起实施的体制，把所有者职能从各个主管部门中分离出来，集中到一个政府部门来实行专业化管理，使其他各个主管部门不再拥有所有者职能，而专司社会行政的管理职能。同时，使专司所有者职能部门不再拥有社会行政管理职能，从而构造一个专司国有资产所有者职能的管理体系和专司社会行政的管理体系并行、互不交叉的新体制。这样改革的好处是，可以使各经济主管部门失去直接干预企业日常经营管理的物质依托和权力，政企因此也就自然分开，所有者职能专业化管理，国有资产保值增值的终极责任主体也就得以明晰，为落实法人财产权和产权约束进入企业创造条件，国有资产保值增值责任也就可以落实。

二

转换政府职能、实现政企分开已讲了很多年，既写入党的决议，又有中央领导的三令五申，在实践中也采取了诸多措施，但至今没有得到真正的解决。为什么这项改革如此难？人们大多强调既得利益机制的制约。笔者认为，这并不是根本原因，其关键在于改革方法不当，是由于在改革中没有把企业改革和政府职能转换，以及国有资产体制重组作为统一整体联合动作的结果。多年来，在企业改革中，虽然十分注意政府与企业关系的调整，在向企业放权让利的同时强调了解决政府职能转换问题。但与此同时，却没有把国有资产管理体制重组，特别是建立和完善专司国有资产管理部门的改革放在与企业改革同等重要位置上。这种情况就不可避免地造成建设现代企业制度、实现两种职能分开、国有资产管理体制重组等三方面改革在时间与空间上的错位、相互掣肘的不良态势。

改革的实践表明，调整政府与企业的关系，与建立专司国有资产所有者职能部门的改革，乃是企业改革同一事物的两个不同侧面，两者是密不可分的。在改革中把这两个方面割裂开来，不同步实施，就不可能真正有效地进行现代企业制度建设。因为第一，各经济主管部门向企业放权让利，只是从部门多管朝少管方向转换，并不是放手不管，这并不能实现政企分开；第二，政企不分的根源在于政府两种职能不分，而要实现政府两种职能分开，又必须与重构国有资产体制，建立国有资产所有者职能专司管理部门同步实施方能实现。否则，孤立地强调政府职能转换，就会由于所剥离出来的所有者职能依然留在行政部门内部，而起不到两职分开的作用。当然从表面上看，这也是一种两职分离，但这仅是行政部门内的分离，这种分离在部门总决策层次上，依然处于两职不分状态，从而行政部门内的专司所有者职能管理机构，是无法超脱于行政职能之外的，这样在日常管理企业过程中，混有行政性干扰依然是不可避免的，其后果只能是旧体制机制在新形势下复归。多年的改革中，行政性翻牌公司反复出现，就是有力证明。反过来也是一样，国有资产管理体制改革不与政府两种职能分开改革联合动作，建立国有资产所有者职能专业化、一元化管理为目标的国有资产管理体制，也只能是空话。

三

如何实现现代企业制度建设、两职分开和国有资产管理体制重组三项改革联合动作？就当前具体情况而言，在进行调整政府与企业关系的各项改革同时，至少要同步解决以下几个问题。

1. 科学合理地划清政府两种职能的具体界限，主要是划清所有者职能与经济行政管理职能的界限，搞好国家国有资产管理局与各政府部门之间的分工。政府的社会经济行政管理是运用行政、法律、政策、信息等手段，对国民经济运行进行规范、指导、调节和监督等服务工作，目的是推动国民经济有序、协调、快速和高效率地发展。这种管理是面对各类所有制经济，面对全社会的。而所有者所关心的则是投资决策是否正确，是否促进资产的高效益运营和保值增值。就是说，政府的社会行政管理职能与所有者职能之间是有本质区别的，界限是清楚的，划分开来并不难。然而这在我国却有其特殊性，在传统体制下，由于两种职能长时期搅在一起运行，致使这两种不同性质的职能都发生了变形。许多旨在实现一般经济行政管理职能的措施和政策，搅进了所有者职能因素；而许多旨在实现所有者职能的措施和制度，也融进了一般经济行政管理意图。这不仅为具体剥离政府两种职能带来复杂性，也增加了剥离两种职能的紧迫性和必要性。

2. 转移国有经济收益权，调整收益的分配和收缴渠道。资产收益权是终极所有权的重要组成部分，收益必须归所有者，否则，也就否定了所有权。因此，实现政府两种职能分离，将所有职能集中于专司国有资产管理部门后，理所当然地要把收益权也归于国有资产管理部门。但在传统体制下，国有经济的收益权，特别是国有企业的税后利润始终（包括现在）是国家财政的权利，是财政收入的重要组成部分，并且已成为国家财政用于经济建设投资的重要来源。如果国有资产收益权转归国家国有资产管理局行使，就必须相应地调整财政职能范围，改革国家预算的编制办法，尽快完善复式预算制度，编制政府公共预算、国有资产经营预算和社会保障预算、政策投融资预算。将经营性国有资产投资建设职能从现行的预算中剥离出去，转给国有资产管理部门承担，纳入国有资产经营预算，以实现国有资产管理体制的权、责、利统一，才能使国有资产部门切实对国有资产保值增值负起责任。

3. 建立产权责任主体的硬约束机制。在私有制条件下，由于各个私有者对自己资产经营好坏要承担直接责任，这样，由于终极所有者财产硬约束的存在，也直接构成了产权运营中各个责任主体的硬约束。但公有制条件下有其特殊性，无论国有资产管理和经营的哪一级次上的责任者，都只能是所有者的代表，而不能成为终极所有者。在这种情况下，仅实现了政府两种职能分开改革，使国有资产责任主体明晰化，还不足以建立起财产责任的硬约束。要建立起实实在在的硬约束，还要使用责任物质化手段，才能达到目的。所谓责任物质化，是指责任主体实现责任状况与奖惩力度相对称，即责任重大与重奖重罚相一致。责任主体所承担的责任重大而又完成得好的要重奖，反之则重罚，直至承担法律责任。特别是建立终极所有者职能执行主体的物质化责任机制，才能搞好国有经济，充分发挥国有经济优越性。

4. 改革干部管理体制，在人事制度上实现政企分开。政府两种职能分开改革，绝不仅仅是各经济主管部门的事，还应包括所有的政府部门。在传统体制下，由于政府的两种职能搅在一起实施的结果，所有者职能不仅混入各经济管理部门职能之中，也搅入经济综合管理部门和其他一些相关的行政管理部门的职能之中，人事部门就是其中的一个。在传统体制下，人事主管部门也执行着选聘企业经理人员的职能，把企业干部和事业单位干部等同于国家公务员对待。这种做法在传统体制下是当然的。然而，它却无法适应市场经济体制建设的需要。因为它与政府两种职能分开和现代企业制度必需的政企分开改革，都是矛盾的。第一，在体制上实现了政府两种职能分开改革，将国有资产所有者职能交给国有资产管理部门实行专业化管理后，如果人事制度不相应变革，依然由人事部门按公务员制度选拔、任命企业经理人员，这就势必造成国有资产所有者职能运作中的权责严重脱节，承担国有资产保值增值责任的国有资产管理部门无权选拔具体实施保值增值的操作者，面对国有资产保值增值不承担任何责任的人事部门，却拥有选拔国有资产保值增值实际实施者的权利，从而导致国有资产责任主体不明晰的弊端复归；第二，由人事部门选拔经理人员，并以其不同的"官衔"派往企业，不仅会带来企业的"官衔"等级化，有违企业无"官衔"、无行政主管部门改革目标的要求，而且由于大小官员直接进入企业，指挥企业的重大决策，也阻碍了政企分开改革的最终实现。

现代企业制度发展的历史经验表明，企业经理人员职业化，乃是训练有素的企业家队伍形成的唯一有效途径。在市场经济条件下，国家公务员和企业经理人才的配置规律是不同的，公务员是为执行政府的社会管理职能服务的，追求的是社会共同利益最大化。因此，这方面的人力资源配置，只有通过行政手段，由政府配置才能达到优化目标。而企业经理人才是为一定的财产保值增值服务的，追求的是财产效益最大化，这方面的人力资源只有通过市场配置，才能取得最好效果，也只有使这方面的人才，通过市场竞争的洗礼，优胜劣汰，才能约束这些人员兢兢业业搞好管理，为不断提高企业经济效益而奋斗。

（原载《国有资产管理》1996 年第 2 期）

论国有经济体制改革中的责任
物质化机制

经过多年改革探索，我国国有经济改革的总思路和目标模式已初步确立，并在改革的实践中取得了喜人的成就，这表明我们确定的改革方向十分正确。但在前进中也碰到一个难题，那就是国有产权约束没有像预期的那样强化起来。为什么会发生这种情况？有的人认为主要还是产权不明晰所致；有的人则认为是所有者不到位所致。从当前国有经济运行的实践来观察，我认为主要问题在于旨在实现目标的各项改革举措中，缺少责任物质化这一关键性改革对策。

一　责任物质化乃是强化国有产权约束的关键一环

责任物质化，是将行为主体履行责任的实际状况与其自身利益得失、"饭碗"的好坏和有无、家产的安危直接而又严格地对应起来的一种财产管理运营制度。在这种制度下，受托责任主体只有全面履行了所承担的责任，才能取得事先规定的收益，否则就要相应地缩减其收益，如果发生责任事故或渎职、以受托财产谋私等情况，就不仅要失去全部预定的收益，而且还要打破其"饭碗"，追究刑事责任。这种制度，是现代财产委托—受托经济关系中，产权之所以能够对受托者形成强大物质约束力量的基本要素，没有这种机制，委托—受托经济就无法有效地运行和存在下去，其实质就在于管好管住受托人。在委托—受托经济中，受托者的经济利益存在着双重性，他既是委托者财产利益的代表者和实现者，又是自我利益最大化的追求者。这种利益双重性，决定了只有在两种利益一致的条件下，即委托者利益与受托者利益相互协调、高度统一时，受托者才能全力以赴地为委托者的利益、为管好和运营好所受托的财产而奋斗。而实现这两种利益统一的有效办法，就是受托者责任物质化。因为责任物质化机制，能够使受托者的利益，随着委托者利益的严重损失，也将荡然无存。因此，责任物质化是现代委托—受托经济赖以存在的基础。

责任物质化对社会主义公有制经济更有其特殊的重要意义，可以说在社会主义公有制下，没有责任物质化机制，就不可能搞好公有经济。因为，社会主义公有制与私有制不同，在私有制下，虽然责任物质化也需要法律给予保护，但其财产经营管理责任主体的责任物质化是自在的。而在社会主义公有制下，特别是全民所有制财产的经营管理中，各个层次上的行为主体的责任物质化都不是自在的，只有自觉地构造才能形成。在私有制下，无论是财产的所有者自己直接经营管理所占有的财产，或是委托他人去经管，私有者作为财产占有的自然人，他的财产经营管理的后果，都只能由他个人及其家庭承担，财产的保值和增值与其切身利益是息息相关的。因此财产权对其存在着自在的硬约束，财产会迫使占有它的主人兢兢业业地管理和经营好自己的财产。这种终极财产所有权硬约束的自在性，就会由此而传递给受托者，从而财产权对受托者，也会形成硬约束。事情很明显，任何私有者都不会拿自己的财产开玩笑，为保卫自己财产的安全和保值增值，都会时刻监督着受托人。一旦受托责任人履行责任不力时，就会毫不留情地打破责任者的饭碗，严重时更会将其送上法庭，追究其刑事责任。在这种财产硬约束下，受托者为了谋取和保护自己利益，除了兢兢业业履行受托责任，别无选择。同样，受托者如果将自己受托的财产实行再委托时，面对他委托的责任人，也会如同对待自己的财产一样来约束他们。这样，在私有制下，通过终极所有者自在的财产硬约束的传递，就形成一个财产责任物质化硬约束的约束链。在社会主义公有制条件下却不然，在社会主义公有制条件下，归全民所有的生产资料，从社会角度看，任何一个公民都是全部生产资料的主人，每一个公民面对任何一项生产资料，他都是终极所有者，而从各个社会成员角度看，每一项财产都是社会公共财产，都不归他自己所有。就是说全民所有制的财产属于全体人民，其财产权利对每一个公民都是无差异的，同时全民财产权对任何个人又都是绝对排他的，任何个人或任何集体除非受全体人民委托，否则都无权占有任何部分全民财产，更无权依照个人或集团利益占有、使用、处分任何部分全民财产。因此，全民所有制的财产所有权的执行，只能在全民集体决策基础上，实行委托—受托经营管理。终极所有权同样也只能由全体人民授权的政府来统一行使。因此，社会主义公有制天然是一个自上而下的委托—受托经济体系，从而无论处于国有资产管理和运营的哪一个层次上的责任者，即使是处于承担终极所有权管理的最高责任者，他也只是受国家，即全体人民的委托，是受托者而不是实际终极所有者，这种情况就导致了在国有资产经营管理中，无论效益高低，或者是发生重大损失，对各个层次的责任者的自身利益得失，都不会自然地形成直接对应关系，从而产权对各层次的责任者也就失去了硬约束。为了克服这一缺欠，在客观上要求国有资产管理运营的体制构造中，人为地构造起物质化责任机制，以便使各个行为主体履行国有资产经营管理责任的实际状况与责任者自身的利益得失直接对应起来。关于这一点，早在苏联建国初期，列宁在总结战时共产主义向新经济政策转变时期的经验中就已发现。当时为了搞好国有经济，扭转国有企业经营效率不高、大量亏损的局面，把国有企业和托拉斯改革成为能够在市场中自主运营的经济实体，推行了"经济核算制"，不仅向企业和托拉斯下放了权和利，也规定了盈亏责任等。经过这样改革后，苏联当时的企业和托拉斯虽然产权得到明晰，企业有了自主经营权利和物质条件，走向了市场，可是由于在体制构造中，没有注意到责任物质化问题，国家对企业和托拉斯虽然明确地规定了盈亏责任，但并没有形成硬约束，企业经营不佳状况依旧。列宁认真地总结了这一改革经验，明确提出要严惩不负责任的经营不善者，他在给财政人民委员部的信中指出："我想，各个托拉斯和企业建立在经济核算制基础上，正是为了要他们自己负责，而且负完全责任，使自己的企业不亏本。如果他们做不到这一点，我认为他们就应当受到审判，全体理事都应当受到长期剥夺自由，（也许在相当时期后实行假释）和没收全部财产等等的惩罚。"[1] 列宁的这一建议，实质上就是责任物质化问题。由于当时条件所限，列宁这一建议

---

① 《列宁全集》第35卷，人民出版社1959年版，第549页。

并没有引起有关方面足够重视，也没有得到推行。但列宁的建议应当引起我们认真研究和重视。在近年的改革中，人们十分推崇股份制的作用，特别是推崇西方世界存在的那种股东"用脚投票"的约束机制，可是在我们已建立的股份制企业里，这种机制并没形成，原因就在于我们没有建立责任物质化的硬约束。在西方股份制企业其所以能够形成"用脚投票"的硬约束，既不在于"股"，更不在于"脚"，而在于产权的硬约束，在于产权责任物质化机制的自在性，在于企业经营好坏与企业经理人员的"饭碗"好坏和有无存在着直接对应关系，直接连接着他们的家产安危，他们经营得好，可以得到优厚的酬劳；经营得不好，不仅会丢掉饭碗，更有坐牢的危险，这才是西方股份制对企业经理人员的真正约束力，有了这个硬约束，"用脚投票"才会发挥威力。我们只是学了股份制的组织形式和管理方式，而不去认真建立责任物质化机制，是不可能达到目的的。因此，在国有资产体制改革已取得长足进展的今天，只有把责任物质化问题，提到改革的中心地位上来，才能充分发挥已有改革成果的效率，杜绝国有资产的流失。

二　形成责任物质化机制必备的要素

国有资产管理与运营责任的物质化，是国有资产体制建设的有机组成部分，它不能孤立实施，须与国有资产改革的其他方面同步配套进行。择其要者，至少要同以下几方面改革同步实施才能达到目的。

1. 加快政府两种职能分开的改革步伐，将国有资产所有者职能集中委托给专司国有资产管理机构行使，以明晰国有资产终极所有权责任主体，为建立责任物质化机制提供组织条件。我们知道，在委托—受托经济条件下，受托者的产权约束是要通过委托者自身的产权约束传递才能形成的，如果国有资产终极所有权的责任主体的责任不明晰，物质化的产权责任约束，也就无从落实。因此，实现政府两种职能分开，建立健全专司国有资产所有者职能的管理机构，乃是建立责任物质化机制的首要条件，也是建立社会主义市场经济体制的一个先决性条件。政府两种职能分开的改革，人们早已提出，既写进了党的决议，又有中央的"三令五申"，在改革实践中也曾采取了不少办法，但至今没有很好地解决。为什么这项改革这样难？人们多强调既得利益原因，其实改革方法不当，也是重要原因。政府职能转换问题，是改革的深层次问题，在改革进程中，必须配套实施，联合动作才能顺利实现。多年来在改革中十分注意政府与企业关系的调整，这是非常正确的，但同时却没有把国有资产体制重组，特别是建立和完善专司国有资产管理机构的改革，放在与调整政府与企业关系的同等地位上，这就带来了此三项改革在时间和空间上的错位，形成相互掣肘的不良态势，政府两种职能分开的改革同调整政企关系及建立专司国有资产管理职能机构，实行国有资产所有者职能一元化和专业化管理，乃是同一事物的两个不同方面，是不可分割的。调整政企关系，实现政企分开，实际就是实现政府两种职能分开。如果要进行政企分开改革，而不同时转换政府职能，政企也就无从分开，而要转换政府职能，又必须重构国有资产体制，把国有资产所有者职能集中于专司国有资产管理部门方能实现。所以在实践中，必须将三项改革作为一个整体，统一步调，联合动作，方能达到目的。

2. 明晰界定受托者的责任，把将要建立的国有资产管理和运营体系中的各个层次上的受托主体，包括终极所有权，执行主体的资产责任明晰化并落实到人。这里讲的落实到人，是相对法人而言的，资产责任的明晰，当然首先要以法人为单位，诸如国有资产管理局、投资公司、控股公司、企业等，但落实责任不能停留在法人责任上，还要把法人责任具体分解到法人内部各层次上的负责人头上；如果资产责任仅明晰到法人，依然有可能在法人内部，出现谁都负责任，而谁又都不负实际责任的危险，从而不仅会使明晰的法人责任在实际运行中处于悬空状态，而且也无从具体考核法人内部各行为主体履行责任的状况，建立物质化责任制也就失去了依托。

3. 建立国有资产管理与运营的物质责任法，用法律形式明确规定各个层次的责任主体，履行责任状况的审计监督办法和奖惩条件、标准和力度等，对有突出贡献者重奖，对发生重大决策失误或玩忽职守者，以国家财产谋私者严惩。这里说的重奖重罚，绝不是通常意义上的，那种重于奖励轻于惩罚、增发或扣发工资奖金、或者是提职降职等奖惩，这样的奖惩制度，并不能真正建立起责任物质化机制。责任物质化制度中的奖惩，不仅将行为主体履行责任的质与量，和其自身利益得失严格对应起来，而且是向惩罚方向倾斜，罚重于奖。就是说，对履行责任优秀者给予其与贡献相对应的高额报酬，使其先富起来，对履行责任不力，有重大决策失误或玩忽职守，以国家资产谋私者，无论是谁，也无论其职位高低，则要坚决打破他的"饭碗"，直至追究刑事责任。这样才能形成产权硬约束，把各行为主体个人利益与国有经济利益统一起来，使各行为主体把国有财产视同自己的财产，尽心尽力搞好经营管理，谋求不断提高效益。

4. 建立对责任主体的社会压力机制。奖惩制会给责任者造成内在的动力和压力，仅此还不够，还要改革现在的各层次责任主体选拔圈子太窄，以消除经理层岗位呈特定阶层垄断的弊端，为此要建立外在的压力机制，即形成在岗的责任者与社会上想上岗人员之间的竞争机制，使在岗的责任者时时处于外部竞争者争夺"饭碗"的压力之下。这样，责任者既有内在动力，又有外在压力，就可形成一股强大的物质约束力，推动其尽心尽职，不断提高业务水平，不断提高国有资产管理质量和运营效益，

5. 与前述改革相适应，还要改革人事制度，在人事制度上也要实现政府两种职能分开的改革。在传统体制下，由于政府两种职能搅在一起，所有者职能不仅混入了各个经济主管部门职能之中，也搅入人事部门职能之中，人事部门也执行着国有资产所有者职能中的选聘企业经理人员的职能，把企业各层次经营管理人员等同于国家公务员，这种做法在传统体制下是当然的，然而它却与建立社会主义市场经济体制相矛盾，更与建立国有资产专业化、一元化管理体制和现代企业制度不相适应，更难以建立责任物质化机制。第一，不利于专司国有资产所有者职能的责任全面落实，因为国有资产专职管理部门成立后，如果人事制度不相应变革，依然由人事部门任命国有资产运营各层次的经理人员，这就势必造成国有资产所有者职能专职管理部门的责与权之间严重脱节，承担国有资产保值增值责任的国有资产专职管理部门，无权选择国有资产运营中具体承担保值增值任务的受托责任者，而对国有资产保值增值不承担任何具体责任的人事部门，却拥有选择国有资产运营中实施保值增值责任者的权利。这样，由于国有资产管理部门职能权利不完整，当然也就无从全面履行其保值增值责

任，这就有可能导致旧体制下责任悬空弊端的复归。第二，由人事部门以选拔国家公务员的标准和程序，选择企业经理人员，并将其按不同"官衔"派往企业，不仅会带来企业的"官阶等级化"，有违企业改革目标，财产责任物质化也就无从谈起。因此，要建立与市场经济相适应的国有资产管理与运营体制，实现国有资产责任物质化，就必须改革人事制度。首先要废除国有资产管理与运营体系中从业人员的行政级别制，使各层次经理人员的社会地位高低不再依赖政府首长的提拔，而是依靠由他的优异业绩所取得的社会威望；其次要实行由专司国有资产管理部门以所有者身份、按国家规定标准，不拘一格地从人才市场上公开招聘的办法，被聘者无论是从事哪一层次上的经营管理工作，都不列入公务员序列，要同普通劳动者一样实行合同制，搞好了可以连续聘用，搞不好就要被解聘，回归社会去待业。

（原载《财贸经济》1997 年第 6 期）

落实国有资产管理体制创新
任务的几点思考

　　党的十六大对深化国有资产管理体制改革作了战略性部署，明确地规定了改革目标。如何依照十六大的战略部署，正确选择实施方略，乃是当前亟须研究的一个重大课题，本文就此谈点看法。

一　创新体制宜分类构造

　　历史的经验值得重视。为实现政资分开，在各级政府编制中设置专司国有资产管理机构、代表国家执行所有者职能的改革，我们曾试行过，1988 年建立国家国有资产管理局就是这种试验。这次改革之所以没有完全实现预期目的，导致国家国有资产管理局被撤销，其原因有许多，但其根本原因之一，就是国家国有资产管理局的职能定位过于宽泛，把不同性质的国有资产都纳入国家国有资产管理局职能范围所致，因为不是所有的国有资产管理都能同政府的行政性管理职能分得开的。国有资产是改革中新出现的一个概念。它是泛指国家依法拥有的一切有形的和无形的，具有经济社会价值的财富。在社会主义市场经济条件下，国有资产按其在社会再生产中的地位和作用，按其不同性质归类，可分为经营性资产、公用性资产和资源性资产三类。经营性资产是国家投入一般商品生产、流通和服务领域的资产；公用性资产是国家交给行政事业单位占有和使用的资产，以及用来满足社会公共需要而投资构建的公共工程、公共设施等，故这类资产亦称行政事业性资产；资源性资产是国家依法占有的一切自然资源，包括土地、矿藏、水流、森林、草原、山岭、滩涂、海洋等。这三类国有资产，其社会经济性质及其在社会再生产中的功能是不同的，并各有其特殊的运行规律。只有分别采用不同的管理体制模式，方能取得良好的管理效果。经营性资产是市场经济条件下特有的经济范畴，它是作为一般商品生产要素，以资本形态存在着，故经营性国有资产也可称为国有资本，其基本特点是运动性和营利性，在社会再生产中通过不断地周转与循环，来实现自身价值的保全和取得赢利。这在客观上就决定了，只有采取彻底的市场化管理，必须实现政资分开改革，才能符合其运行规律，这一点已是人们共识，不再赘述。公用性资产是国家为满足行政事业单位实现其职能，保障社会必要的公共物品、公共服务的需要而占有和运用的资产，其特点与经营性资产不同，它不存在价值形态与实物形态之间的循环变化，其补偿来源不能通过周转与循环来取得，只能通过国家预算由财政供给来实现。因此公用性资产管理乃是财政之事，不能也不应当采用政资分开管理体制，只能在行政管理框架内来安排。资源性国有资产，是国家依法拥有的一切自然物，是国民生活和生产不可缺少的物质基础，其特点是稀缺性和自然垄断性。稀缺性：由于它的大部分是不能再生的，在既定的时空中，它不仅相对社会再生产和生活的需要的无限性总是有限的，即便是那些可再生资源，如森林、草原等，经过人的劳动可以将其再生出来，甚至可以扩大其规模，但在一定的时空内也依然是有限的，因为这些资源的存在是要以不可再生资源——土地为基础的。垄断性：由于自然资源都是存在于既定的空间中，具有不可移动性，加之稀缺性，谁拥有这些资源开发权，谁就可以利用这些资源进行垄断性生产经营而牟取暴利，为保护资源和有计划地合理利用这些资源，打破垄断，防止资源私有化可能造成的资源被滥用，就必须在实施资源国家所有制基础上，运用行政手段对资源的开发利用进行有计划的调控，才能确保资源开发利用走向可持续发展之路。

二　各类资产管理制度创新的设想

（一）经营性国有资产管理体制

经营性国有资产管理体制创新需从所有制形式和管理方式两个方面着

手。一是在所有制形式方面，基于现行国有资产管理中存在亟待解决的问题。看来，其改革着力点当是解决出资人到位的问题。党的十六大提出的，在坚持国家所有的前提下，采用国家依法律授权中央政府与地方政府分别代表国家履行出资人职责。所有权分级管理形式是正确的，是符合我国国情的。这样的体制的好处是既利于发挥中央政府与地方政府的积极性，利于解决出资人到位问题，又能确保国家对国有资产的终极所有权，利于民族的团结、国家的统一。然而分级管理并不是分级所有，我们以为分级所有并不妥，它与社会主义国家全民所有制性质不符。在社会主义条件下，国家所有的财产属于全体人民，其权利对每一个公民都是无差异的，每一个公民都是全部国有资产的主人，绝不能因国有资产所处的地理位置不同而改变。当然，我国的国有经营性资产规模十分庞大，将其出资人职能都集中到中央政府来行使是不现实的，必须发挥地方政府的积极性，这是一个矛盾，出路就在于寻找既坚持国家所有，又能发挥中央政府与地方政府的积极性的途径。党的十六大关于深化国有资产管理体制改革的战略部署中的选择，乃是唯一可行的选择。二是在管理方式方面，要从管理与经营两个层面来改革：（1）管理层面：改革的着力点应当是解决国有资产出资人权利被肢解的问题。解决的方略就在于将出资人权利集中于一个主体。为此，重构国有资产管理机构，使其在职能上享有所有者权益，做到权利、义务和责任相统一，管资产、管人和管事的统一，这样就可以确保政资分开改革目标的实现。（2）经营层面：改革的着力点则应当是解决经营者产权明晰和政企分开的问题。为此，要在深化企业制度改革的同时，改革行政体制，依国有资产体制创新的需要，调整和转换政府各行政部门职能范围，将国有资产管理的全部职能集中于专司国有资产管理的机构，以有效地解决政企分开问题。要制定国有资产法等有关国有资产管理与运营相关的法律，以法律手段规范专司国有资产所有职能管理机构与国有资产投资的公司企业，包括独资、控股和参股企业之间的权、责、利关系，以确保所有权与经营权的分离。

（二）公用性国有资产管理体制

公用性国有资产管理体制，多年来虽然也进行了不少改革，但由于大多数是从行政事业财务管理角度改革的，至今基本上依然没有突破旧体制框架。在计划经济下，实行财政统收统支、物资统购统配的条件下，旧的公用性国有资产管理体制基本上是与之相适应的，虽然也存在许多缺欠，但其消极作用并不明显。随着改革的深入发展，旧体制与市场经济不相适应的弊端越来越显露出来。旧体制从总体上说，基本上是一个缺少总辖性管理、高度分散的管理体制，资产的所有者权利被肢解，呈条块分割态势，所有者权利与占有使用者权利关系不明晰，国家所有者权利旁落，占有使用单位都拥有资产的处置权。各单位出于本位利益，往往是年年向上级、向财政要钱购建新的公用性资产，同时又借助市场经济的便利，把大量的资产出让、出租或用于经营搞小金库等，既加重了财政负担，又造成国有资产的严重流失和配置上的不经济，亟须进行体制创新。

公用性国有资产管理体制当如何创新，才既能有效地克服旧体制的缺欠，又能管好用好资产，更好地满足社会共同需要。依党的十六大改革国有资产管理体制的战略部署的精神，依据导致旧体制弊端原因的分析，看来建设一个所有权管理集中化、一元化，占有使用权管理动态化的体制是可取的。

所谓所有权管理集中化，包括两层含义：一是所有权与占有权分开，各占有使用公用性国有资产的行政事业单位，只拥有事先与所有权管理者约定的用途占有和使用权，而既不拥有所有权，也不拥有改作他用权。二是公用性国有资产所有权管理集中于出资者，即由财政部门总辖。这样就可以消除旧体制所具有的，所有权执行主体多元化所带来的产权责任不清，所有者权利旁落的弊病，从而建立起所有权对使用权的制约关系。

所谓占用权管理动态化，是指建立一种公用资产可以随时在各行政事业单位之间调剂使用制度，使财政部门有权依各单位实际需要与实际占用的情况，随时进行余缺调剂，抽多补缺。这样既可以充分运用现有的资产存量来满足部分增量的需要，提高资产使用效率，节省财政资金，又有利于加强监督，消除某些公用资产占用单位存在的，一方面不断要求购建新的资产，一方面又将存量资产移作他用，去谋取本单位私利的不良现象，以提高公用性国有资产使用效率，防止公用性国有资产的流失。

构造上述"两化"新体制，需要做如下一些制度安排：

1. 建立以财政为主体的公用资产所有权的总辖制。财政部门代表国家执行资产所有者权利，拥有对公用性国有资产的存在状态和使用情况，进行严格的统计、监督，行使资产使用权认定、资产占用权变更，资产处置及重新调配使用等权利。总辖制度，是相对各行政单位对所占用的资产的分散管理而言。我国有数以万亿计的公用性资产，其具体存在的实物形态更是千姿百态，数量庞大，并且分散于各行政事业部门和单位，分布的空间遍布全国的各个角落。这种情况下把全部公用性资产的具体管理都交给财政部门是不可能的，只能交由各占有和已经使用单位去具体管理。但如上所述，公用性国有资产占用，如失去所有权的约束，各单位的占用权就有变成所有权的可能，从而发生资产被侵蚀和滥用的危险，这就是一个矛盾。为解决这个矛盾，基于世界各国的经验，出路就在于，建立一个将公用性国有资产所有权集中交由财政部门执行，由财政委托各使用单位具体管理的制度，使各受托主体要依委托主体的规定办事，并接受其监督和对其负责。我们把这种制度称之为总辖制度。

2. 为保障总辖制度的落实，要建立公用性国有资产台账制度。在财政部门专司公用性资产的职能机构，设立公用资产总台账和受托管理部门的分户账和分类账，记录实物形态资产总量和分布情况，借以监督资产占有、使用、保全、调配、报废等情况。各行政事业主管部门和各占用单位也要相应设置台账。资产台账是搞好管理的基础，是财政部门借以审计监督、处置、确定各部门各单位资产报废更新的依据。

3. 建立新增资产的产权登记和占用权确认制度。各单位取得和依批准的国家预算计划购建的资产，必须持有关凭证并填制有关表格报送上级机关，并由上级机关汇总报财政公用资产总辖机构，经审定符合规定后，登录在资产总台账和分户台账上，并发给资产占用权和具体用途确认书，各单位方能取得合法占用权利。

4. 建立资产用途变更或处置的申报制度。各行政事业单位占用的各项资产，必须按总辖机关确认的用途使用，不得自行改作他用，如果需要改变用途，或者是多余需要处理者，以及发生需要更新报废等情况时，则要向总辖机关申请，经批准方可实施。

公用性国有资产管理总辖权交由财政部门实施，其依据是，除了财政部门是代表国家对资产购建的出资者外，还在于公用性国有资产管理和配置的优化，只有同财政支出预算分配统一起来，方能有效实现。把资产管理与支出预算分配管理结合起来，各单位在编报支出预算申报表的同时，填报增加公用资产的购建需求表，财政在确认支出项目合理的同时，对照各单位占用的各项资产存量状况，就可以发现有关单位申请新增资产合理与否，如果存量尚多不仅不必批准该项预算支出，还要将多余资产调配给需要新添资产的单位，从而可以极大地提高公用性资产存量的使用效率，又可以优化支出预算分配结构，节省国家财政资金。

（三）资源性资产管理体制。

资源性国有资产管理体制，经过多年改革，可以说已突破了传统的体制框架，初步建立了与资源性国有资产性质相适应的管理新体制。这个体制的基本特征可归结为"三个结合"，即综合管理与分类管理相结合，国家统一管理与各级政府分级管理相结合，经济手段管理与行政手段管理相结合。这个体制模式虽然对管好和用好国有资源发挥了积极作用，但也还存在着与市场经济体制不相适应的问题。主要表现在：第一，现行体制中的资源开发利用制度，在很大程度上还保留着无偿分配和无偿划拨的计划经济办法，妨碍资源开发产业化发展，不利于合理地、高效地、节省地开发利用资源，不利于资源开发走可持续发展的道路。第二，在所有权管理方面，国家统一管理权与各级政府分级管理权的划分还不够明晰，不利于确保国家所有制，也不利于资源开发使用权市场化发展。基于这些缺欠，看来进行以下改革是必要的：第一，在确保资源性资产国家所有的前提下，实行资源性国有资产所有者权利分级执行体制的创新，在各级政府编制中，组建国有资源性资产管理委员会，经国家以法律形式授权，代表国家执行所有者权利，并将各类资源都集中在该委员会，实现一元化管理。第二，全面实现国有资源所有权与开发利用权分离改革，保障资源开发利用企业化和市场化，以强化所有权对开发利用权的制约与监督，强化国有资源的保护和合理且高效率地开发利用。第三，明确界定资源国家所有权与开发利用者产权之间关系，实现资源开发利用产业化改革，使国有资源由事业型运作机制转变为经营型运作机制，成为自主经营的产业。第四，深化国有资源开发利用的市场化改革，全面取消国有资源的无偿分配和无偿划拨制度，在国家有计划供给的前提下，除国防等特殊需要外，一律有偿使用，实行市场定价。最后需要指出的是，资源是人类生产生活的物质基础，关系到人民生产生活可持续发展的大事，加之其稀缺性和垄断性特点，这在客观上就决定了资源开发利用是不应当、也不可能任其自由发展的，不可能如同经营性国有资产那样，可以完全消除政府行政性干预。为保卫国家总体利益，人民的长远利益，只能是在国家统筹规划、监督控制下有计划地开发利用，就是说，资源开发利用的市场化，只能是在国家统筹规划指导下自主经营，这也是为什么资源性国有资产管理须独立构造管理体制的根本原因。

三　体制创新需要相关配套改革

国有资产管理体制改革，不可避免地要涉及政府职能的转换，相关机构的重组，以及必要的法制建设等方面的变革，没有这些相关方面与之配套，改革是难以顺利实现的。这一点我们是有经验教训的，1988 年启动的国有资产管理体制改革建立起来的专司国有资产管理机构，为什么在改革后的运作会陷入十分困难的境地？原因就在于相关方面没有与之进行配套改革。改革虽然明确规定了国家国有资产管理局的职能，是专司国有资产管理职能的机构，并规定全部国有资产的所有者职能集中于国有资产管理局，但同时却没有相应地调整相关政府部门的国有资产管理职能，依然保留分头执行国有资产所有者职能的态势，这就不可避免地要造成新建的国家国有资产管理局职能处于虚化状态。这一点，在当前新一轮的国有资产管理体制改革中，应当引起我们充分注意。就当前实际状况看，进行新的国有资产管理体制改革的同时，至少需要有以下两项改革与之配套，方能顺利而有效地进行：

1. 需要行政体制相应改革与之配套。虽然 1998 年已经进行一次重大的行政体制改革，撤销了政府的各专业经济管理部门，解决了国有经济管理的条块分割的矛盾，初步解决了与市场经济不相适应的问题，但新的行政体制却形成了国有经济所有者职能被肢解的问题，出现了政府多部门分头履行出资人职能的矛盾。因此，要实现国有资产体制创新，建立专司出资人职能的机构，如果不同时调整行政体制，改变现存的出资人职能"多龙治水"的状况，撤销政府各有关管理部门的出资人的职能，将其集中于新建的国有资产管理机构，就难免重蹈 1988 年改革的覆辙。因此，党的十六大二中全会作出了深化行政体制改革的重大决策，是非常及时、非常正确的。对完成国有资产体制创新有着巨大意义。

2. 需要法制建设先行与之配套。我国现行的国有资产管理法律体系，是在没有国有资产管理母法的条件下，由相关的政府部门共同努力建立起来的。不仅法律法规体系不健全，法律规格不高，大多是由部门规章制度组成，特别是其中还有一些体现部门利益较强的部门规章，造成现行法律法规体系内部存在着不少相互矛盾、不兼容的情况，导致现行法律法规体系缺乏对国有资产整体一元化管理效力。这样的法律体系与我们将要建立的国有资产管理一元化的新体制的要求，显然是很不相适应的。如果不依照十六大有关国有资产管理体制创新的精神，不按照国有资产管理体制改革目标的需要，梳理、完善现有的法规体系，势必会给新一轮国有资产管理体制改革带来诸多的制约，不利于改革的顺利实现。

（原载《国有资产管理》2003 年第 4 期）

第五篇

财政监督体系改革

构建公共性国有资产监督管理新体制

党的十五届四中全会提出了要建立适应市场经济要求的国有资产管理、监督、运营新体系的重任，作为国有资产重要组成部分的公共性国有资产如何改革，也就紧迫地提上了日程。

一 公共性国有资产管理体制现状

公共性国有资产是国有资产的一个特殊组成部分，是指国家交给行政事业单位占有、使用的财产和政府为实现公共服务职能而建设的公共设施、公共工程，以及其他能以货币计量的各种处于公共服务领域中的经济资源的总和，这部分资产有人将其称为行政事业资产。但这种提法易于把满足社会公共需要的公共设施及公共工程等国有资产排除在外，故称之为公共性国有资产更为贴切。

我国现行的公共性国有资产管理体制，是在传统体制基础上演化而成的。传统体制从总体上看，基本上是以"高度分散、两轻两重"为特征的管理体制。高度分散主要表现在，缺少对资产终极所有权的总辖性管理，终极所有者职能被肢解，呈行政性条块分割状态。两轻两重主要表现在：一重货币形态管理，轻货币形态转化为实物形态资产后的管理。在确定购买或建造公共性国有资产的货币资金分配时，财政与资金需要方都十分认真，资金分配后，对货币资金向实物形态转化的效果如何使用，等等，却缺少严密的制度管理和监督。尽管在行政事业单位财务制度中，对公共性资产管理也有些规定，但由于没有资产总辖性管理，其规定也往往流于形式。二是重增量轻存量。主要表现在各行政事业单位申请购建公共性资产时，有一套比较完善的监督管理程序，而购建过程中和购建之后，特别是货币资金转化为公共性固定财产后，在日常使用和处置过程的管理中却缺少有效的章法。改革以来，虽然对公共性国有财产管理制度有许多改进，并取得一定成效，但由于改革没有跳出传统管理的旧思路，致使旧体制状态并没有得到根本性改变。多年实践表明，这种体制既不利于管好用好公共性国有资产，又不利于财政资源的有效配置，所带来的弊端是多方面的。

（一）资产流失严重

公共性国有资产同其他国有资产一样属全民所有的财产，政府各行政事业部门和单位，在实现其职能过程中，对公共性国有资产只有占用权，并不是所有者。由于现行体制缺少对公共性国有资产总辖性管理方面的制度安排，产权总辖主体不明晰，致使公共性国有资产的终极所有者职能悬空，各个占用资产的部门和单位，对所占用资产的权利边际失去控制，不仅给各单位带来多占资产的无限冲动，千方百计争取财政多拨款以扩张所占有的公共性资产数量，而且由于缺少总辖性管理，产权过度分散，也使财政对各单位占用多少资产家底很难摸清。一些单位既年年向上级、向财政争要新的资产，同时又将大量的公共性资产通过出租或投资等方式转化成经营性资产，牟取收入、设立小金库，等等。这既加重了财政不应有的负担，又带来了公共性国有资产的严重流失。

（二）重复建设严重，资源浪费惊人

各项公共性资产建设，在许多情况下相互之间存在直接相关性。比如，城市的市政建设中，道路建设与地下排水管道、上水管道、电缆等是相关联的，在修建道路时，如果有关的地下管线建设能协作施工，则会带来极大的社会资源的节省，也会带来环保等多方面的社会效益，可以减少道路开挖次数，减少噪音，扬尘污染，减少妨碍交通次数，等等。

（三）资产配置难以优化

由于缺少资产的总辖性管理，产权分散于各个行政事业单位，造成了各单位对所占有的资产拥有最终的绝对处置权。其结果是既不能在各个行

政事业单位之间实施资产余缺的调剂，又无法制止各单位超标准、超量购置和滥用公共性国有资产等不良行为的发生，致使公共性国有资产配置劣化，不能充分发挥其应有的作用。

二　改革目标模式选择

建立什么样的公共性国有资产管理、监督和使用体系，才能有效地克服现行体制的种种弊端，以利于公共性国有资产配置的优化，从前面对旧体制弊端的分析，和市场经济运行的要求来看，建设一个所有权管理集中化、占有和使用权动态化、后勤用资产社会化为特征的管理、监督体系，似乎是可取的。

所有权管理集中化包括两层含义：一是所有权与占用权分开，各占用公共性国有资产的行政事业部门和单位，只拥有事先由所有权管理者与之约定好用途的使用权，而既不拥有所有权，又不拥有改作他用的权力。二是公共性国有资产所有权管理集中于出资者，即财政部门总辖。这样，就可以消除旧体制下所有权执行主体多元化所带来的产权不清、权责不明的弊端，硬化所有者对使用者的约束。

占有和使用权动态化，即指改变旧体制那种把公共性国有资产交给各行政事业单位使用后，一次定终身，财政不再有权变动使用者的办法，实行资产可以依各单位实际需要情况与实际占用情况随时进行调剂，抽多补缺的新办法。这样改革的好处是，有利于充分利用现有的资产存量满足部分增量的需要，将提高资产使用效益，节省财政资金，更有利于加强监督，防止超标和超量占有公共性国有资产或用国有资产来谋取本位私利现象的发生。

应当指出的是，在我国行政事业单位体制改革过程中，出现的所谓"非改经"现象，即非经营性国有资产改为经营性国有资产的现象，与吃国家预算的各行政事业单位，为了给本单位创收，搞预算外收入乃至搞小金库收入，而自作主张把公共性国有资产用于营利活动，是不可混为一谈的。在行政体制和事业体制改革中，党政机关后勤服务实行社会化改革，后勤服务单位走上企业化道路，以及一些事业单位从吃"皇粮"机构转化为自主经营、财务自理的企事业单位等，这时都要发生将原来占用的公共性资产转化为经营性资产问题，这是一种必然的正常现象。但国家机关和靠国家预算拨款的事业单位，把公共性国有资产用来谋利，则属于不正常现象，而且是十分有害的。因为，其一，公共性国有资产是为保障行政事业单位实现其职能，有效地满足社会共同需要而购买或建设起来的。在通常情况下，它应当严格按实际需要而构建，不应当移作他用，如果任意移作他用，不仅可能造成各行政事业单位实现职能所需资产得不到充分满足，而且又会造成对资产需求的无底洞，加重财政负担。当然，由于种种原因，的确在一些单位也会出现原来占用的资产多余的情况，但与此同时，另一些单位也会随事业发展而发生资产不足的情况，多余的资产除特殊专用资产外完全可以调剂给需要增添资产的单位使用，以节省财政支出。其二，公共性国有资产在社会再生产过程中，与其他性质资产合比例地配置，乃是社会再生产顺畅、高效运行，保障人民生活质量的大事。从我国的实际情况看，现存的公共性资产中，有许多是属于配置不足的资产，例如城市中的公园、广场、公共绿地以及文化设施等，如果由各占用单位随意将其转化为经营性资产，公共绿地卖给房地产开发商用来建筑高楼大厦，公园划成一块一块用来招商、开商店，等等，就会破坏社会再生产比例，导致环境恶化，破坏可持续发展条件，其后果将是十分严重的。

后勤用资产社会化，是指改变旧体制下各行政事业单位后勤服务的各项资产自备自用式的做法，实行后勤服务社会化改革，各单位所需后勤服务不再自理，而是向社会购买，即借助社会资产满足公共需要。这样改革，可以极大地节省国家财政资源，用有限的财政资源办更多的事情。多年来，我们也曾进行过行政事业单位后勤服务社会化改革，但实事求是地地说，由于依然是在各单位自给自足封闭式消费模式框架内实施的，改革已走了样，并不是真正意义上的社会化改革。

三　新体制如何构造

构造上述"三化"新体制，在公共性国有资产管理制度上，至少要做如下一些改革。

1. 建立以财政为主体的产权总辖制，由财政部门作为公共性国有资产终极所有权执行主体，对实物形态的公共性国有资产存在状态，进行严格的统计监督，统一行使资产使用权认定、资产占用权变更、资产处置及重新调配等权力。总辖制度是相对其他各行政事业部门对所占用的资产日常管理事务而言。我国有上万亿元的公共性国有资产，其具体存在的实物形态资产，更是数量庞大，并且都分别由各个行政事业单位占用着，分布的空间遍布国家各个角落。对这样分布面广、又数量庞大的资产，都由财政部门直接管理是不可能的，也是不应当的，只能由占用部门分工管理。但如前所述，如果占用者同时又拥有所有权，就有被滥用的危险，必须建立集中统一的所有权管理体制加以约束，这就是一个矛盾。为解决这个矛盾，有效地加强管理，有必要采取在所有权执行主体管辖下，实行委托管理制，把日常具体管理事务委托给各行政事业单位的主管部门实施，各受托主体要依委托主体的规定办事，并接受其监督和对其负责，故我们把这种制度称之为总辖制。

2. 建立科学的公共性国有资产台账制度，在财政部门的专司公共性资产管理机构内，设立公共资产总台账和受托管理部门的分户账，记录实物资产总量和分布情况，借以监督资产保全、使用、调配、处置等运作情况，各行政事业主管部门及各占用资产单位也要设置资产台账，记载资产数量、金额、变动等情况。资产台账反映着各项财产取得、占用主体转换、处置乃至报废的全过程。所以，台账具有各项资产的档案作用，乃是公共资产管理的基础，是各承担资产管理和占用单位必须设置的法定账簿。

3. 建立新增资产的产权登记和占用权确认制度。各单位取得或依批准的国家预算计划购入，或新建公共资产后，必须持有关凭证并填制有关表格上报上级机关，由上级机关汇总报财政总辖机关，经审核符合规定者，登录资产总台账和分台账，并发给资产用途确认书，取得和新购建资产单位方能取得合法占用权。

4. 建立资产用途变更或处置的申报制度。各行政事业单位占用的资产必须按总辖机关确认的用途使用，不得自行改作他用，如果需要改变用途，或者已经多余须处理者，则要向总辖机关申请，经财政机关确认，方可实施。

　　公共性国有资产管理总辖权之所以要交由财政实施，除了财政是该资产购建的出资者外，还在于公共性资产管理和配置的优化，只有同财政支出预算分配统一起来方能实现。把资产实物管理与支出预算分配结合起来，各单位在编报支出预算申报表的同时，填报占用资产使用权，再确认申报表，财政在确认行政事业部门和单位支出时，把查验各单位占用的各项用途的资产存量状况对照起来，就可以发现某些资产占用量是过多或不足的确切数额。如果过多，则不仅不必分给新的支出款，还可以将其多余资产进行重新调配，拨给需要单位，用以抵冲所需增加支出分配数额，从而可以极大地提高公共性资产配置效果，节省国家预算资金。

（原载《中国财政》2000 年第 3 期）

财政内部专职监督及其职责定位

财政内部专职监督是完善财政监督体系之必需

　　财政内部监督是对国家财政性资金分配状况及其相关业务管理主体的，履行职责和遵纪守法情况的检查督促活动。其目的是维护国家财政性资金的安全，防止和纠正、揭露和制裁违反财经纪律、徇私舞弊、贪赃枉法等行为，提高财政资金使用效果，确保财政政策正确实施和财政职能圆满实现。财政内部监督的职责和目的决定了它在财政运行中的地位，既是财政管理的有机组成部分，又有别于财政的一般管理活动。财政内部监督的这种特殊地位，又决定了财政内部监督活动的特殊性，既要内在于财政分配实际运行之中，又要外在于财政收支的业务管理活动。只有使财政内部监督运行处于这样的状态，才能实现财政分配权力到哪里，监督就到哪里的要求，使财政内部监督活动处于无处、无事、无时不在的态势，才能使财政监督覆盖财政分配全过程，在时空上不留下监督的任何空缺，才能充分而有效地发挥监督的威力。而要使财政内部监督体系达到这样的境界，就必须在财政内部建立强有力的专职监督机构，实行专职监督。

　　所谓财政内部专职监督，从本质上说，乃是财政部门为实现自我监督而设置的专门机构所从事的监督，是对财政分配全过程中，各个层级和各个方面管理主体业务活动的监督。当然，在财政管理业务活动中，通过科学的分工，也会在财政部门内部各个业务主体之间形成一种业务制约机制，这也是一种内部监督，但这种业务制约监督的实践表明，它天然存在着诸多不足，是不能替代专职财政监督的。

　　1. 财政管理主体之间的业务制约监督，是凭借各自的管理业务权限，通过各自的业务活动实现的，这样就使这种业务监督的各个主体，都处于既是"运动员"又是"裁判员"的状态，在利益机制人格化的作用下，就有可能发生内部合谋、内部人控制等道德风险，导致监督的失败。因此，就必须在业务制约监督之旁，构造另一种监督机制以对业务监督者实行监督。

2. 业务制约监督体系本身也存在着监督上的缺失。在实践中这种业务管理形成的制约监督，是从纵向和横向两个方面运行的。纵向的监督运行是直线的，并不是相互的，因为上级对下级的监督制约，既有行政手段又有物质手段，从而其监督是实的，有效的，而下级对上级的监督制约，在多数情况下，都没有实质性手段，常常是无能为力的，实际上是虚的。当然上级对下级监督也不是没有缺失的，在我国预算管理体制中，还存在大量的预算资金再分配权的情况下，上级对下级的监督，由于信息不对称，也存在着空当，也不是十分完整的。在横向监督方面，由于财政分配特点所决定，在财政部门内部的管理业务分工，只能依用途、性质和资金分配流程阶段来划分，这就不能不给业务分工所形成的监督带来极大的局限性。第一，各个主体的监督只能限于各自所辖业务范围内的相互制约，比如在预算编制中对支出预算分配的监督，行政政法方面的管理业务主体只能从行政政法需要方面，对支出预算分配的业务总责任主体进行制约，教科文卫方面的管理业务主体只能从教科文卫需要来制约，如此等等。各个管理业务主体对支出预算分配的制约都是片面的，不能从宏观总体上制约支出预算分配结构的优化。而由于部门业务主体对支出预算分配制约都是片面的，不能从宏观总体上制约支出预算分配结构的优化。而且由于部门利益的人格化，一旦发生"屁股指挥脑袋"的情况，反而有可能对支出预算优化发生逆向制约的不良作用。而承担支出预算分配总体责任的主体，虽然其职责是从宏观上把握支出预算结构的优化，但由于它与各个具体业务管理主体之间信息不对称性的存在，也难免力不从心，出现制约力度不足的问题。第二，财政系统内部的资金分配活动，是为满足行政事业部门实现其职能需要服务的，财政分配的管理业务活动，既有财政内部各业务主体之间的关系，又有财政管理各个业务主体与财政外部各政府部门、事业单位之间的业务关系。因此，当财政各个业务主体独立地向自己管理的行政事业部门和单位分配资金时，财政内部各主体之间的业务监督机制也就随之失去应有的作用，从而出现对各个业务主体的对外活动监督的缺口。第三，财政系统内部各个管理业务主体之间的监督，是通过在业务活动中相互制约而实现的。这种监督只能是事中的监督，而不具有事前预警式的监督和事后监督机制，就是说财政内部各管理业务主体之间的监督，不可能覆盖财政运行的全过程，其监督是不完整的，客观上需要在业务制约之外，设置别种监督予以补充，才能建立起完整的财政内部监督体系。

国内外实践的成功经验表明，在财政系统内部设置专职监督机构，从事专职监督乃是完善和强化财政内部监督体系不可或缺的办法。因为，专职财政监督机构身处财政管理系统内部，在财政部长直接领导下，有条件既能透过财政分配业务流程，又能超脱地站在具体业务操作之旁，对财政系统内的财政分配运行的各个层次、各个环节、各个侧面的管理业务主体实行直接的监督，以全面地弥补财政内部各个业务主体之间监督之不足，达到健全财政内部监督体系的目的。

专职监督职责范围之界定

专职财政监督虽然能够覆盖财政分配运行的全过程，但这并不意味着它可以包办财政内部监督的一切方面，更不意味着可以因专职监督的设置，而削弱或忽视财政系统内部的业务制约机制，即业务制约性监督的建设。相反，在建立健全专职财政监督体系的同时，只有建立强有力的财政分配管理的业务制约性监督体系，才能有效地建立起完整的财政内部监督体系。从前面分析可以看出，专职监督与管理业务制约监督，两者是相辅相成缺一不可、不能相互替代的两类不同的监督。专职监督机制由于不从事财政分配的具体管理业务，是无法透过具体管理业务活动，对相关业务主体实施制约监督的。当然，专职财政监督也必须进入具体管理业务活动之中进行监督，但进入并不等于可以从事具体管理业务活动，如果专职监督主体参加管理业务活动，这就是越俎代庖，而且使自己也陷入集"运动员"与"裁判员"于一身的不良境界，也就不成为专职监督。因此，在建立强有力的专职监督体系的同时，必须强化财政分配管理业务制约监督体系的建设。

在财政分配管理中建立业务制约监督机制的实质，就是利用业务主体间的利益制衡机制的作用。所谓利益制衡机制，就是利用人的趋利避害本性，在财政管理制度安排中，巧妙地安排一个对各个管理业务主体的利益激励与利益约束相对称的机制，将各个主体的利益锁定在国家、全体人民利益之中的一种办法。在财政管理中借助利益制衡机制建立各个相关主体之间的监督，其作用是巨大的。对此，人们早已经在实践中有所认识，并进行了有效的运用。《孟子·滕文公上》中记载，夏商周三代的财政收入形式不同，"夏后氏五十而贡，殷人七十而助，周人百亩而彻"，就是说在商朝之前财政收入形式采取的是"贡"，即靠人们自觉纳贡形式取得财政收入，至商朝人们发现这种没有官员去督促，仅靠人们自觉纳贡的办法不成，人们出于私利常常设法逃避纳贡，于是就想出一个用利益制约的"助"，即"井田制"。这种办法是把生产者组织起来，每630亩地为一个生产作业区，把630亩地分割成9块，每块70亩，周围8块交由8户人家为自己生产，中间一块则由8家共同耕种为国家生产，由于这种办法有相互监督作用，8家在公田中干活时谁也不能偷懒。但随着时间的推移，人们发现这个办法的制约力度还不够大，时间一长，8家可以串通起来在公田中一齐偷懒，结果是私田产量高，公田产量少。于是到周朝时，人们又对井田制进行了改革，实行了"彻"法，以加强利益制衡机制。具体做法是增加井田内土地亩数，从630亩增加到900亩，8户人家每家各100亩，公田100亩，依然由8家共耕，但国家取得的不再是公田的实际产量，而是按9块田的年平均实际产量，由8家平均分摊向政府交纳。这样在公田上偷懒就要8家贴上，如果大家共同努力多收了还可以剩下一些。这样在种公田的过程中无论谁偷懒都会损害自己利益，从而增强了互相监督作用。

总之，在完善财政系统内部监督体系中，运用利益制衡机制，强化管理业务主体之间的业务制约监督，与建立专职监督体系都是十分必要的，只有把两者有机地结合起来，才能建起一个完整、高效的财政内部监督体系。那么，在财政内部监督体系中，专职监督机构的职责范围当如何定位，基于前边关于专职监督和管理业务主体间业务制约监督的不同地位和特点的分析，以及弥补业务制约监督空缺之需要，看来专职监督的职责范围，至少要定位于以下几方面。

1. 财政收支运行全局的监督。对财政资金的筹集、资金的配置、资金的具体使用及其结果，进行全程的跟踪问效。

2. 财政系统内部管理主体的业务行为监督。对财政系统内之各个层次、各个方面、各个环节上管理主体的业务活动是否合法、合规、有效进行监督。

3. 财政系统内部控制机制，即业务制约机制运行状况的监督。专职监督机构为保障财政内部监督全面有效，还必须不断地促进业务制约的完善，诸如对预算编制、预算执行管理和预算支付相分离的情况进行监督，对各项财政政策、决策的科学性、合理性、效益性以及各项体制制度改革的落实情况进行检查等。

完善专职监督制度之必要举措

我国改革开放以来，为了适应强化财政监督的需要，对专职财政监督建设十分重视，虽然经历了一个曲折的发展过程，但在其发展的每一个阶段上，都取得了令人瞩目的成就，不断地证明专职财政监督的必要性和生命力。然而由于经验不足和财政监督理论研究落后于实践，缺乏理论指导，我国财政内部专职监督体系建设，至今还落后于实践需要。为加快财政内部监督建设，当前采取以下几方面举措是十分必要的。

1. 加快财政监督法律的建设。坚持依法行政是做好财政内部监督，充分发挥财政监督威力。我国至今尚未有一部全面、系统、完整的财政监督法律文献，导致财政监督，特别是财政内部监督定位不明，组织建设不够规范统一，极大地制约着财政监督体系的完善和发展。特别是党的十六届三中全会明确地提出要加强党风廉政建设，注重从源头上预防和解决腐败问题之后，财政监督，特别是财政内部监督体系建设的不完善状态，更是落后于形势要求，加快财政监督法制建设已是当务之急。

2. 优化整合财政监督资源。第一，加强财政管理业务制约机制建设，尽快构造起一个从上到下完整的管理业务制约性监督体系。第二，整合现有的专职监督机构，提升中央财政内部专职监督机构的地位，将中央派出的专员办纳入中央财政内部专职监督体系之内，同时在规范地方财政内部专职监督机构的基础上，对地方专职监督机构实行中央与地方双重领导体制，以完善财政分配纵向监督体系。

3. 建立财政内部信息沟通、信息共享制度。在"金财工程"和"金税工程"的建设基础上，运用计算机网络技术，在财政系统内（包括税务系统）建立起自上而下，自下而上，各个层次、各个部门、各个工作环节之间信息即时通报和沟通的平台，为财政监督提供信息保障。

（原载《中国财政》2004 年第 8 期）

财政内部制衡理论与实践的探索

一　财政内部制衡范畴

（一）财政内部制衡的内涵

财政内部制衡是财政管理学的一个概念，制衡是相互制约或控制，使之保持平衡状态。财政内部制衡的内涵是指在财政管理系统内部，通过科学的职权分工和特定的制度安排，使各个业务管理主体在行使职权中形成的相互制约关系。它是在财政管理内部构造的预防违法犯罪，约束各个业务主体忠实履行职责的内控机制，故亦称财政内部控制或财政内部制约。

任何权力必须有制约才能保障其正确行使，而能够制约权力的又只能是权力。迄今为止，权力制约的形式主要有两种：一是外在式。在权力者行使权力活动之外，安排一个权力主体实施监督和控制的形式；二是内在式。在权力者行使权力活动过程中，安排各相关的权力主体之间相互制衡的形式。外在式监督制约是处于财政活动之外的一种约束力量，对监督受体来说，只能是一种威慑力量，使之不敢违法。当受监督者预期违法成本低于违法获益时，他就有可能从不敢为变成敢为。而内在式监督制约是内在于财政运行过程中，各个主体之间在第一时间面对面的制约，从而造成一种主体不能违法的环境。因此，内在式对企图违规违法者有着极强的预警作用，是一种从源头治理的好形式。内在式和外在式这两种形式，各有长短，在构造财政监督体系的实践中，两者是不可偏废的，把两者科学地结合起来，才能使监督处于无缝的良好状态。

财政内部制衡机制构造的核心原理有两点：一是实行分权制约，构造职权分工边界清晰、权力者之间相互制约的管理体制；二是实行严格的责任追究与奖惩制度，使财政管理系统内，各个业务主体的利益激励与利益约束处于对称状态，将各个业务主体利益的取得锁定在国家利益实现之中。各个利益主体，只有忠实履行自己的职责，才能相应地取得自己的利益，而不会使自己利益的损失，任何权力都代表着一定的利益，所以人们常常把权力和利益联系起来，合称为权利。权力主体有了一定的权力，就包含着一定的利益，对权力者来说，就有了利益激励，然而权力本身并不会产生利益约束。人类社会任何事物，只有在激励与约束对称状态下，方能正常运行和存在，如果只有激励没有约束，或者只有约束没有激励，或激励与约束不对称，事物发展与运行就会超出常规而出现偏差，这乃是事物运动的一般规律。西方经济学研究中有一种观点，认为在市场经济下，只要放任自由，而不要有任何人为的约束，听任社会上所有的人都为自己利益最大化而奋斗，整个社会利益就自然会最大化，人们的利益也就会趋于均衡化。其实这种理论是建立在一个不存在的假定前提上，那就是市场这只无形的手，能够迫使每一个人都只能沿着社会利益最大化轨道为自己利益最大化而奋斗。

　　然而，无数历史实践都一再证明，这个假设前提是不存在的。事实上，市场只能激励人们为追求自我利益最大化而奋斗，却无力约束人们沿着社会利益最大化轨道奋斗。当今世界到处存在着的走私贩毒、制假卖假以及会计造假等现象，它们无一不是为自己利益最大化而奋斗的，但其结果却没有给社会带来利益最大化。前一时期在美国发生的大公司造假丑闻也再次证明了这一点，从揭露的事实看，美国公司造假的一个根本原因，就在于外在监督不力和内在约束缺失。美国各大公司为鼓励高层管理人员工作，多采取股票期权制，但在采用这个办法的同时，却没有制定相应的利益约束机制，结果激励与约束失去对称性，导致公司高层管理人员出于个人利益最大化，而与相关人员内外勾结起来，大搞财务会计造假，坑害股东。可见在市场经济下，只讲放任自由，只重视利益激励而忽视利益约束是不行的。

　　历史实践经验还表明，违法乱纪、腐败现象的滋生蔓延，固然与一些人的素质有关，但其根本原因还是在体制安排上重利益激励轻利益约束，留下了其生长的土壤。我国当前存在的财经纪律松弛、财经秩序混乱屡治不愈的状况，同样是由于我国现行的许多体制与制度安排上，利益激励有余而利益约束不足，激励与约束失去对称，缺少利益制衡机制的结果。我国自改革开放以来，为打破计划经济体制统得过多、管得过死、缺少激励的弊端，采取了一条放权让利的基本改革思路，实践证明这条思路是十分正确的。但在具体操作中也出现了这样那样的偏差，如在放权让利中，重利益激励机制构造而轻利益约束机制构造。在财政管理上，表现最突出的是预算外资金制度安排，搞了自收自支自管的办法，在预算内资金管理方面，搞了一些离开国家预算约束的自由裁量权，即由部门和单位自行再分配预算资金的办法等。结果造成许多方面只有利益激励而没有利益约束，为乱收费、乱设基金、乱罚款、私设小金库、乱花乱用，乃至贪污腐败留下了广泛的空间。

（二）财政内部制衡的特点

财政内部制衡监督方式比起其他各种外部监督制衡方式具有诸多特点：

首先，外部监督方式是单向的，监督主体与监督对象是分离的，两者是不能换位的，而内部制衡监督是双向的，即相互的，监督主体与监督对象是换位的，每一个权力者在行使权力过程中，既是监督者，又是受监督者。这种权力者之间的相互制约，就可以使权力的激励与权力约束处于对称状态，从而使权力主体在行使权力时处于难以违规的环境中。

其次，外部监督方式是外在于财政管理业务活动的，而内部制衡监督是内在的，是各个业务主体凭借管理业务的权限，在管理活动中实施的第一时间的监督，是从源头治理腐败的一种手段。

再次，外部监督方式在时间上具有迟滞性和间断性，而内部制衡是随着业务活动而发生，在时间上具有持续性，无时不在。

最后，外部监督方式在组织结构上是单元的，而内部制衡监督是多元的集合体，它既有财政运行总过程中各个管理环节之间的制衡组织结构，又有各个管理环节、各个管理侧面内部的、各业务主体之间的制衡组织结构，它是一个多层次、多环节、多侧面组合体系，在内部制衡体系构造中，忽略任何层次、任何环节的制衡机制构造，都会造成财政内部制衡体系的残缺，从而削弱内部制衡的功能。

二　财政内部制衡机制构成要素

财政内部制衡机制构造中，由于各个不同环节、不同业务方面各有其特殊性，不可避免地需要进行一些特殊处理，但就其总体而言至少需要具备以下一些要素，方能形成有效机制。

（一）责权分工边界清晰、各个权力主体之间相互制约的管理体制是构造内部制衡机制必备的前提要素

内部责权分工不清，势必造成各个业务管理主体之间责权相互交叉，相互重叠，或责权缺失等问题，这样不仅会导致责任主体之间制衡失去依据，也为责任主体间提供了相互推诿责任的空间，使制衡变成扯皮而失去应有的作用。

（二）严格的责任追究与奖惩制度是构成财政内部制衡机制的核心要素

在财政管理中划清了各个业务主体的责任边界，并依其承担的责任赋予相应权力，这对业务主体来说，虽然也具有一定的约束力，但它并不能形成真正的制衡机制，因为对业务主体来说，还缺少足以发动业务主体间积极进行相互制约的动力。如前所述，人的一切行为都是为一定利益所左右，只有把业务主体履行责任的状况，与其利益得失结合起来，才能使业务主体之间的制衡充满活力。在制衡机制构造中，责、权、利三要素是相辅相成的有机整体，缺少任何一个要素，都不能形成切实的制衡机制。明晰责任是构成制衡机制的基础性前提，各个管理主体没有责任，当然也就无所谓制约，因此责任是主，而权和利则是从。明晰的责任是配置权和利的依据，赋予责任主体一定权力，是为了给责任主体履行责任提供必要的物质条件，赋予责任者以利，既是为责任主体履行责任提供动力，又是促使责任主体忠实履行责任和正确行使权力的约束力和物质压力。值得指出

的是，构造制衡机制的利，绝不可片面理解为奖励，而应辩证地理解，对责任主体来说，利益的增添是利，利益的损失也是利，就是说奖是利，罚也是利。在制衡机制构造上，只有把责任主体履行责任状况同利益的得或失对应起来，才能对责任者形成实在的物质性约束力，才能为制衡机制提供原动力。

（三）完善的专职监督体系是保障内部制衡机制覆盖财政运行全过程、使内部制衡达到在时空上不留任何监督缺失的完满境界、最大限度地发挥财政内部控制的威力所不可或缺的要素

在研究中对此有一种不同的看法，认为一般财政业务管理天然是覆盖财政收支运行全过程的，只要把体制与制度安排好，完全可以使各个业务主体之间的制约不留下任何空缺，因此再设专职监督体系是多余的。然而实践表明，财政业务管理主体之间的制约与监督天然存在着诸多不足，不能替代专职监督的特殊作用。

首先，财政管理主体之间的业务制约监督，是凭借各自的管理业务权限，通过各自的业务活动实现的，这样就使这种互相制约监督的各个主体，都处于既是"运动员"又是"裁判员"的状态，在利益机制人格化的作用下，就有可能发生内部合谋、内部人控制等道德风险，导致监督的失败。因此，就必须在业务制约监督之旁，构造专职监督机制，对业务监督者实行再监督。

其次，业务制衡监督体系本身也存在着监督上的缺失。对此我们曾指出过，在实践中这种业务管理形成的制衡监督，是从纵向和横向两个方面运行的。我国行政体制实行的是民主集中制，在行动上强调的是下级服从上级，全体服从中央，决定了纵向的监督运行是直线的，是难以相互的。因为上级对下级的监督制约，既有行政手段又有物质手段，从而其监督是实质的，有效的。而下级对上级的监督制约，在多数情况下，都没有实质性手段，常常是无能为力的，从而下级对上级监督实际上是虚的。当然上级对下级监督也不是没有缺失的，在我国预算管理体制中，预算资金的分配还存在着大量的自由裁量权的情况，上级对下级的监督，由于信息不对称，也存在着空当，上级对下级监督不是完整的。横向监督运行由财政分配特点所决定，在财政部门内部的管理业务分工，只能依资金用途性质和资金分配流程阶段来划分，这就不能不给业务分工所形成的监督带来极大的局限性。这表现在以下几个方面：

第一，各个管理主体的监督只能限于各自所辖业务范围的相互制约。比如在预算编制中对支出预算分配的监督，管理行政政法方面的业务主体，它只能从行政政法需要方面，对支出预算分配的总责任者进行制约，管理教科文方面支出的业务主体，只能从教科文需要来制约。就是说各个管理业务主体对支出预算分配的制约都是片面、局部的，不但不能从宏观总体上制约支出预算分配结构的优化，而且由于部门利益的人格化，还有可能对支出预算优化发生逆向制约的不良作用。而承担支出预算分配总体责任者，虽然其职责是从宏观上把握支出预算结构的优化，但由于它与各个具体业务管理主体之间信息不对称性的存在，也难免力不从心，出现制约力度不足的问题。

第二，财政系统内部的资金分配活动是为满足行政事业部门实现其职能需要服务的，财政分配的管理业务活动，既有财政内部各业务主体之间的关系，财政管理各业务主体之间的关系，财政管理各业务主体与财政外部各业务部门事业单位之间业务关系，因此，当财政管理的各个业务主体独立地向自己管理的行政事业部门和单位进行预算执行管理和资金分配时，财政内部各主体之间的业务制衡机制也就随之失去应有的作用，从而出现了各个业务主体对外活动的监督缺口。

第三，财政系统内部各个业务管理主体之间的监督，是通过在业务活动中相互制约而实现的。这种监督只能是事前和事中的监督，而不具备事后监督机制，就是说财政内部各业务管理主体之间的监督，不可能覆盖财政运行的全过程，其监督是不完整的，因此客观上需要在构造业务制约之外，设置专职监督予以补充。

专职财政监督虽然能够覆盖财政分配运行的全过程，但却不能替代财政业务管理主体之间制约机制的建设。因为专职监督属于外在式监督，由于它不从事具体业务管理，是无法透过具体业务管理活动对相关业务主体实施监督制约的。当然，专职财政监督必须也应当进入具体业务管理活动之中进行监督，但进入并不等于可以具体从事业务管理活动，如果专职监督者具体从事业务管理活动，这就使自己也陷入集"运动员"与"裁判员"于一身的境界，也就不成为专职监督了。

总之，财政内部专职监督与财政业务管理主体间的制约监督两者在财政内部制衡体系建设中是相辅相成、缺一不可的整体，是不能相互替代的。只有把两者有机结合起来，把专职监督融入业务管理制衡之中，才能有效地建立起无时、无处、无事不在的，没有任何监督缺失的内部制衡监督体系。

（四）完善的财政监督法律体系是建立健全财政内部制衡监督体系不可缺少的政治基础

第一，无论是财政外部监督还是财政内部制衡监督，没有法律为后盾，监督就会失去依据和必需的手段。第二，从根本上说，财政监督机制的构造，只能是通过法律制度授权和安排来实现，因此，在财政内部制衡机制建设中，必须把法律建设放在突出位置上。离开法律建设、离开法律手段，就财政监督论财政监督是不可能取得成功的。

（五）建立统一、完整、透明、真实的信息共享体系

信息是财政监督的生命线，不能取得必要的真实信息，财政监督就失去了生命。特别是财政内部制衡机制追求的是第一时间内及时的监督，如果许多情况下各个权力主体的业务活动，都采取暗箱操作，或借口保密需要，使许多信息都处于不透明状态，第一时间的监督也就无从谈起。因此，建立财政内部制衡机制必须把信息建设作为制衡机制的构成要素，放在突出地位上，才能达到目的。

三　我国财政内部制衡机制建设成就和不足

多年来，在强化财政监督建设中，虽然没有明确提出建立财政内部制衡机制构造问题，但旨在强化财政内部监督的改革，已取得了有目共睹的成就，已初步搭起了财政内部制衡机制的框架。这集中表现在：

一是建成了财政内部专职监督体系，在财政部成立了财政监督纪律检

查局和驻各地财政监察专员办，各省市也相继成立了监督检查处或局，并进行了大量卓有成效的监督检查工作以及财政监督理论研究工作，为构建财政内部制衡提供了理论指导和积累了可资借鉴的丰富经验。

二是按照分权制衡的要求，改革了财政内部管理分工体制，初步搭起了预算编制、预算执行、国库资金拨付三分离，以及构建内部制衡需要相适应的组织分工框架。

三是实行了支出预算方式改革，实行了以国库单一账户为基础的国库集中支付制度和政府采购制度等改革。

四是颁布了《财政违法行为处罚处分条例》，为健全严格的财政内部问责制，提供了对责任者奖惩的法律依据。

五是进行了部门预算和细化预算改革，使我国预算编制形式，从一个部门按支出功能编制多个预算，向一个部门只编制一个预算转变。为解决由于预算编制过粗，给各个行政管理层次和预算单位留下大量的对财政资金分配和使用上的自由裁量权，不利于财政监督，不利于内部制衡机制发挥作用问题迈出了一大步。

通过以上改革，虽然为构造财政内部制衡提供了基本要素，初步在财政管理总层次上搭建起内部制衡框架。然而由于这是一项新事物，经验不足，监督理论研究滞后，缺乏理论指导以及传统的财政管理理念的惯性作用等原因，不仅以上改革尚未全部到位，初步搭起来的内部制衡框架还很不完善，还不能有效地发挥制衡作用。

（一）制衡体系构造及其正常运行所必需的法律保障不足

依法行政、依法监督是做好监督工作和有效发挥监督威力的前提条件。我国的财政监督法制建设经多年努力，虽然取得很大成绩，但依然满足不了实践需要，至今没有一部完整的财政监督的法律，仅有的一些单项法规多是法律层次不高的行政法规和部门规章，或地方性条例。许多监督事项的规定，多分散在一些相关法律之中，致使一些法律规定存在着相互冲突等情况，极大地制约着内部制衡机制建设和正常运行，也制约着财政监督效能的发挥。

（二）财政管理内部职权分工依然与构造内部制衡机制要求不相适应

财政管理内部体制虽然已按内部制衡原理进行了调整，但内部职权分工还不够明晰，各个分工环节之间存在着职能相互交叉、相互重叠等问题，而又没有形成权力主体之间相互制约的关系。如前所述，清晰的职权分工边界是构造制衡机制的前提条件，职权划分不清，相互制衡也就失去了基础。

（三）现行体制中利益制衡不足

由于制衡不足，导致各个权力主体职责的实现与利益没有结合起来，同时又没有形成权力主体之间的相互制约的关系。

（四）财政内部专职监督职能不到位

目前，财政内部专职监督基本上还处于重外部监督、轻内部监督状态，在对内监督方面主要是停留在事后监督，没有依照内部制衡需要把专职监督配置到内部管理、业务流程全过程，并参与到各业务主体间相互制衡中去。

此外，在法律授权方面，对专职监督机构的职能定位，也不够清晰和全面，现行的《财政监督机构工作暂行规定》把专职监督的职能界定为代表本级财政部门监督本级和下级及其所属各部门、各单位的预算执行情况，并对预算违法违纪行为提出处理意见和根据授权办理其他有关监督检查事项。这一职能界定不仅明显地残留着重外轻内的监督理念的痕迹，而且监督范围界定也过于狭窄，仅限于预算执行。而预算编制、行政事业性国有资产管理和使用以及国库资金管理和预算资金使用效果等都置于专职监督视野之外，致使内部制衡体系所必需的专职监督，参与各个业务主体之间的制衡活动，失去法律依据。

（五）财政内部制衡机制赖以充分发挥作用的必要条件尚不完备

这主要表现在：细化预算改革远没有完全到位，二次分配权大量存在；预算编制方法仍然沿用传统的基数法；大量的非税收入还处于预算之外，不受预算约束，纳入预算的很大一部分依然在很大程度上保留着原有的"三权"不变的机制，没有做到由预算统筹安排。预算管理上这些缺欠，不仅造成大量财政收支活动及其业务管理透明度不高，甚至存在暗箱操作，也使财政监督失去依据，内部制衡也难以运行。

（六）财政运行的信息传递不畅和透明度低，特别是在财政系统内部没有实现信息全面共享

信息是财政监督制衡的生命线，不能全面及时掌握信息，财政内部制衡也就失去基本条件，所构造起的内部制衡机制再科学，也只能处于空置状态。

总之，财政内部制衡机制构造乃是一个系统工程，不能就制衡关系论制衡关系，在构造制衡关系的同时，还必须注意制衡机制赖以正常运行、充分发挥其作用的必要条件的建设。

四　建设和完善制衡机制的方略

第一，在廓清各个业务环节的职权范围边界的基础上，构建权力者相互制约的管理体制，消除职权相互交叉、相互重叠的缺欠，以夯实构造财政内部制衡机制的基础。在此前提下，实行各环节的主要业务决策会签制，就财政内部管理业务流程总过程来说，就是实行预算编制、预算执行、国库资金拨付三个环节之间相互参与对方业务决策的审核，并拥有签署意见权。实行这种制度有以下意义：一是为制衡机制提供运作平台；二是赋予各主体实施制衡所必需的权力和手段；三是增强制衡机制的作用力。相互会签不仅对受制约者形成一个有形的约束力，对制约者也意味着要对对方违规违法承担连带责任，因此，对制约者也具有有形的约束力。

第二，明晰专职监督机构在内部制衡机制建设中的地位和职能范围，把专职监督职能从内审延伸到预算编制、预算执行、国库管理及资金拨付全过程的各个环节中去，对各层次、各个环节之间的相互制衡结果实行再监督，或直接作为第三方参与会签工作。这样配置专职监督的职能，既可以预防内部合谋、违法违规问题的发生，又可以增强内部制衡机制的威

力，更是构造无缝化、覆盖财政运行全过程的制衡体系不可或缺的。

第三，建设严格的问责制，以建立利益制衡机制。为此要将财政管理的各个层次、各个环节的职责分工落实到人，并将其个人利益与其责任完成状况直接结合起来。对忠于职守、工作成绩优良者奖，对成绩不佳、玩忽职守者罚，对违纪违法者严惩，并且相关制衡人也要承担一定的连带责任。有了这样的责任追究和奖惩制度，才能给内部制衡提供强大的动力。

第四，深化财政管理体制改革。首先，加快综合财政建设，将一切财政性收支纳入国家预算，做到一切财政性收入都通过国家预算统筹安排，一切财政性支出都通过国家预算供给；其次，加快细化预算改革步伐，在改革收支科目体系的基础上，把支出预算编制细化到目，以消除支出预算执行中各层次、各环节存在的再分配权。实现了这两项改革，才能确保将全部财政性资金收支纳入财政监督制衡视野之内，达到监督制衡处于无缝的理想状态。

第五，整合现行的有关财政监督的法律资源，排除法律间相互矛盾、相互重叠的条款，同时加快《预算法》的修订工作和着手《财政监督法》的建设，以满足强化财政监督及财政内部制衡体系建设的紧迫需要。

第六，建设规范的财政信息传递、沟通、共享制度。在"金财工程"和"金税工程"建设基础上，运用计算机网络技术，在财政系统内部建立上下左右、各个层次、各个环节、各个部门之间信息公开，在第一时间传递、及时沟通的平台。同时要改革政府会计制度，创新政府会计体系和信息披露制度，为财政内部监督制衡的运行提供信息保障。

（原载《财政监督》2006 年第 8 期）

财政防腐体系建设的目标模式
及其基本构成要素浅析

一　财政防腐体系构造的目标模式设定

　　财政在深化防腐体系建设中要以什么样模式为目标，党的十七大基于多年防腐倡廉工作的丰富经验，已为我们作出了科学的抉择和设定。

　　改革开放以来，党始终高度重视惩治与预防腐败的斗争，并不断地总结经验以提高这场斗争的水平。党的十六大在总结长期斗争经验的基础上，提出了从源头治理腐败，建设防腐体系的新思路，并制订了《建立健全教育、制度、监督并重的惩治与预防腐败体系实施纲要》，指明了我国防腐体系建设的基本方针和方略。由于在社会主义市场经济条件下，建设防腐体系乃是一项前无古人的伟大事业，没有现成的模式可以遵循，只能在实践中摸索和创造。在党的十六大精神指导下，经过多年实践和探索，在源头治理腐败方面取得了丰硕的成果和经验，为我国防腐体系建设目标模式的抉择提供了条件。党的十七大在总结十六大以来防腐体系建设成功经验基础上，作出了"要坚持用制度管权、管事、管人，建立健全决策权、执行权、监督权既相互制约又相互协调的权力结构和运行机制"的战略部署，这一战略部署虽然没有用防腐体系建设目标模式这一概念，但它不仅明晰地阐述了防腐体系建设的指导方针，也明晰地确定了防腐体系的要素组织结构及其运行方式和机制。实际上已对我国防腐体系目标模式作出了明确的、科学的抉择和设定。

　　党的十七大设定的这一防腐体系建设的目标模式，乃是一个非常科学而又符合中国国情的崭新监督模式：第一，它创造性地更新了监督理念，突破了我国几千年传下来的公共行政权力的监督理念，即只能是自上而下，上级对下级的监督制约，而不能实施下级对上级的监督制约。党的十七大提出了权力要相互制约的新理念，既然权力是相互制约的，当然下级权力者也要对上级形成权力制约。第二，突破了传统的在监督工作中只注意制约而不讲协调的旧理念，明确提出在权力监督机制安排上，既要相互制约又要相互协调，这就有效地把监督的效率与管理业务效率有机地统一起来，保障了各个权力主体之间的和谐，充分体现了社会主义制度下权力监督的特色和优越性，也把防腐体系建设全面纳入科学发展观统领之下。第三，打破了传统的监督者与被监督者在第一时间不能相互转化的理论认识，提出权力要相互制衡的新理论。第四，打破了传统的监督权的行使只能是处于监督受体行使权力之外的理论，确立了专职监督权可以、并且必须介入公共行政管理业务权力相互制约之中，与业务权力主体一样都在权力行使第一时间实现相互制约和监督的新理论。所以，将权力相互制约又相互协调的权力结构和运行机制作为我国防腐体系建设目标模式，乃是一个最佳的抉择。财政作为公共行政管理体系中的一个组成部分，在深化财政防腐体系建设中，必须以这一模式作为目标，并以此模式作为防腐体系建设的着眼点，全面、切实地落实十七大关于完善监督机制的战略部署。

二　构成财政防腐体系目标模式本体的基本要素

党的十七大设定的防腐体系目标模式，其实质就是在公共行政管理系统内，建设一个强大有力的自我免疫系统，这是创造性地运用管理学内部权力制衡理论的集中体现。任何权力都必须有制约才能保障其正确行使，而能制约权力的又只能是权力，这乃是人类社会管理实践所不断证明的一条颠扑不破的真理。而推动权力有效实现相互制约的动力则是利益机制。因此，防腐体系目标模式的最基本构成要素，可归结为两点：一是构造权责分工边界清晰又能使权力相互制约的财政管理分工体系，这乃是构造防腐体系的前提性要素或基础性要素，没有这一点权力制约也就无从谈起，这是不言自明的道理。二是制定严格的责任追究与奖惩制度，使管理系统内各个权力主体的利益激励与利益约束处于对称状态，并将各个权力主体的利益取得锁定在国家利益实现之中，锁定在忠实地履行职责实现之中，使各个权力主体只有忠实地履行自己的职责和正确地行使权力方能取得相应的利益；否则就会失去相应利益，乃至失去更多的利益。人的一切行为归根到底都是为一定利益所左右，任何权力都代表一定利益，所以人们常常把权力和利益联系起来，合称为权利。权力主体拥有了一定权力，就包含着一定利益，对权力者来说，就有了一定的利益推动力。然而，权力本身却不会产生利益约束，这就必须在制度上设定一个，对权力滥用和权力行使上的违规、违法等行为，进行利益惩罚的机制，使利益激励与利益约束处于对称状态，方能约束权力者正常行使权力。人类社会的任何事物，只有在激励与约束处于对称状态，方能正常运行和存在。如果激励与约束不对称，只有约束没有激励，或只有激励没有约束，事物的存在与发展就会超出正常而出现偏差，这乃是事物存在和运动的一条规律。

三　财政权力相互制约模式的特点

迄今知道的权力制约形式主要有两类：一类是外在式的，一类是内在式的。如前所述，权力相互制约模式是财政系统内部权力之间的监督制约，乃是内在式的权力制约。它比起财政外部制约监督具有许多特点。

第一，外部监督是单向的，监督主体只是监督权的行使者，监督受体只是接受监督者。而内部权力制约是双向的，即是相互的，监督主体与监督受体是换位的，每一个权力主体在行使权力过程中，都既是监督者又是被监督者，这种权力相互制约方式，就可以使权力的激励与约束处于对称状态，从而使权力主体在行使权力中第一时间都处于被监督状态，这就造成权力主体行使权力处于难以违规的环境中。

第二，外部监督方式，是外在于财政业务管理体系之外，而内在式监督财政管理权力主体是相互制约的，各个监督主体是凭借管理业务权力，在业务活动中行使监督权，乃是从源头治理腐败的基本监督方式。

第三，外部监督方式下，监督主体处于财政管理业务运行之外，其监督在时间上具有迟滞性和间断性，不能在第一时间持续地实现监督。而内部权力相互制约式监督，是随着监督受体权力行使而发生，其在时间上具有即时性、持续性，无时不在、无处不在，是事前、事中、事后全方位、全过程的监督。

第四，外部监督方式在组织结构上是单元的，即单线的，只有监督主体对监督受体的制约关系。而内部权力相互监督是多元的集合体，它既有财政运行总过程中的各个层级上权力主体之间的权力相互制约关系，又有管理活动各个侧面中相关权力主体之间相互制约关系。因此，在防腐体系构造中，必须全面搜寻权力节点，把权力制约的责权落实到各个节点和各个层面的权力主体头上，方能组织起覆盖所有权力主体的权力制约体系，遗漏任何节点、任何层面的任何权力主体的制约，都会影响防腐体系的整体效果。

四　深化防腐体系建设的主要举措

防腐体系的构造是一个复杂的系统工程，既包括构造防腐体系本体的各项必要举措，又包括与防腐体系赖以运行的必要条件的各种举措。就当前深化防腐体系建设的需要来看，主要应当着重解决以下几个问题。

第一，廓清各权力节点上各个权力主体的责权范围边界，并通过法律授权，把各个权力主体之间在权力行使中的、相互制约的责权纳入财政管理体制规定之中。

一是在实现全面的权力节点搜索基础上，把权力制约全面纳入财政运行体系各个权力运行节点中，以实现对权力的全过程、全方位的相互制约监督。

二是强化和拓展专职财政监督职能的作用范围，把专职监督配置到各个管理业务的权力制约节点中去，即将专职监督全面融入业务管理全过程中，使权力制约达到在时空上不留任何缺失的完满境界，以完成决策权、执行权和监督权、三权相互制约又相互协调的防腐体系构造。在讨论中对此有一种不同认识，认为财政管理业务天然就是覆盖财政收支运行的全过程，只要管理全过程中各个权力节点上的权力构造起相互制约机制，就可以不留任何监督制约空缺，再设专职监督权力参加制约是多余的。

　　我们认为恰恰相反，专职监督不仅不是多余，而是防腐体系建设中不可或缺的，因为财政管理业务权力主体之间的制约监督，天然就存在着不足，不可能替代专职监督的特有作用。在财政业务管理体系中，各个业务主体间权力相互制约监督体系的构造，无论多么完整，在运行中也依然存在着风险。财政管理业务主体的权力相互制约，是通过业务活动来实现的，这样就使各个权力主体都处于既是"运动员"又是"裁判员"的状态，在业务利益机制人格化的作用下，就有可能发生内部合谋、内部人控制的道德风险，从而导致业务权力相互制约的失灵，所以党的十七大才提出要建设决策权、执行权、监督权三权相互制约的权力结构和运行机制。这三项权力中，监督权就是指专职监督权，将专职监督权融入财政业务管理权相互监督制约活动中去，对业务主体之间权力的相互监督实行再监督，这样就如同在业务权力相互监督中打进一个楔子，形成三权相互制约态势。由于专职监督权力主体没有财政业务上的利益，就可以防治在业务管理利益上的合谋，或出现内部人控制的风险。当然专职监督融入财政管理业务活动全过程，并不意味专职监督主体直接参与业务活动，专职监督不能替代财政业务管理权力主体之间的权力相互制约。原因在于，虽然专职监督必须也应当进入业务活动之中，开展第一时间监督，但监督不等于具体参与业务管理活动，从而也不能以业务管理权实施权力的制约，如果专职监督直接参与管理业务，自己也就陷入了集"运动员"与"裁判员"于一身的被动境地。所以，在财政防腐体系构造中，绝不仅仅是业务管理系统之事，专职监督必须全面参与其中，必须十分重视专职监督的重要地位和作用。将构造业务权力相互制约与专职监督权力制约结合起来，形成决策权、执行权与监督权相互制约又相互协调的权力结构和运行机制，乃是我国监督事业一大科学创举。只有构建这样的防腐体系，才能构造起无时、无处、无事不在的和没有监督缺失的，从源头治理腐败的长效机制，而使财政专职监督进入应有的地位和发挥其最大的作用。

　　三是拓展权力制约机制建设的视野，财政防腐体系建设不可局限于财政部门之内，要从大财政视角，即从财政收入的筹集、财政资金的配置到财政资金最终使用，这个全过程的视角来构建财政防腐体系，把财政防腐体系建设延伸到各个政府部门，以及吃财政饭的事业部门的预算执行活动领域中去，这是实现对财政管理全方位的权力监督制约不可缺少的一个节点。

四是深化国家预算制度改革，加快全口径的预算改革进程，将一切财政性收支纳入国家预算管理，实现一切财政性收入都通过国家预算统一管理，一切财政性支出都通过国家预算一个口供给，即做到收归收、支归支，真正意义上的收支两条线管理。同时深化支出预算细化改革，在改革和完善预算收支科目的基础上，把支出预算编制细化到目，以消除各个综合部门所拥有的，预算执行中既不受人民代表大会监督，又不受财政部门监督制约的自由裁量的再分配权。完成这两项改革，才能确保全部财政性资金收支活动被完整地纳入财政防腐体系直接监督制约的视野之内，达到财政防腐体系监控作用无缝的理想状态，最大限度发挥财政监督源头治理的功效。

五是深化问责制度建设，将财政运行全过程中各个层次、各个环节的管理和监督权责分工落实到人，并将个人利益的得失与责任完成情况直接对应起来，纳入年终业绩考评，与绩效工资得失挂钩，对忠于职守、工作业绩优良者奖，对不认真履行权力相互制约者不发绩效工资，违法违纪者还要严惩，并且相关的权力制约人也要承担一定连带责任。使各个责任主体对所承担的管理职责和权力制约职责的完成状况承担实质性的责任，有了这样严格的责任追究和奖惩制度，才能给防腐体系运行提供强大动力。

第二，建立健全财政监督法律体系。齐备的法律、法规体系乃是防腐体系建设和财政监督有效运行的制度基础。在防腐体系的构造中，各个权力主体之间相互制约权责的设定，只能通过法律授权方能生效。防腐体系的运行，权力制约的权责行使，没有法律为后盾，就会失去依据和必要支撑手段。所以没有法律制度，或不以法律为依据，防腐体系的构建就有流于形式的危险。

第三，建设完整、真实、第一时间发布的信息共享制度。信息是实现监督的生命线。特别是财政系统内部各个权力主体之间相互制约和监督，乃是第一时间的监督，没有完整的真实信息在第一时间实现相互交流和传递机制，防腐体系有效运行也就无从谈起。这是一个不言自明的道理。因此，深化防腐体系建设必须将建设第一时间信息共享系统放在突出位置上，否则防腐体系建设只能是一个不能运转的空架子。因此，运用计算机网络技术，在财政系统内建设一个上下左右、各个层次、各个环节、各个权力节点信息全面公开的，并在第一时间传递、即时沟通的信息平台，乃是深化防腐体系建设的一项要务，是事关防腐体系建设成败的大事。

（原载《财政监督》2009 年第 7 期）